Franz-Elmar Wilms · Wunder im Alten Testament

Schlüssel zur Bibel

Verlag Friedrich Pustet Regensburg

Franz-Elmar Wilms

Wunder im Alten Testament

Verlag Friedrich Pustet Regensburg

CIP-Kurztitelaufnahme der Deutschen Bibliothek

Wilms, Franz-Elmar:
Wunder im Alten Testament / Franz-Elmar Wilms.
– Regensburg : Pustet, 1979.
(Schlüssel zur Bibel)
ISBN 3-7917-0569-5

ISSN 0341-6925
ISBN 3-7917-0569-5

Umschlag: Peter M. Loeffler, Regensburg
Gesamtherstellung: Friedrich Pustet, Regensburg
Printed in Germany 1979

Franz und Wilhelmine Hochgürtel,
meinen Großeltern,
zum Gedenken

Inhalt

Vorwort

In dieser Arbeit wird versucht, die Wunderterminologie des hebräischen Alten Testaments vorzulegen und zu erklären. An ausgewählten Wundertexten soll der Leser sehen, welchen Zielen die Wundererzählungen dienten. Abschließend wird gezeigt, welche Antworten die Menschen im Alten Testament ihrem Gott, der Wunder wirkt, gegeben haben.
Die Arbeit entstand aus zwei Vorlesungen an der Pädagogischen Hochschule Karlsruhe. Aus Gründen der Lesbarkeit wurde auf zahlreiche Anmerkungen und auf die Umschrift hebräischer Worte weitgehend verzichtet.
Dem Verlag danke ich für die Aufnahme in die Reihe »Schlüssel zur Bibel«, der Landeskirchlichen Bibliothek Karlsruhe für die stets freundliche Hilfe bei der Literaturbeschaffung.

Karlsruhe, den 7. 12. 1978 F.-E. Wilms

Einführung

Zu Beginn unseres Jahrhunderts sah man die Wunder als »Erweis der Macht Gottes« an, den die Apologetik als nachprüfbaren Beweis der göttlichen Macht und als eindeutiges Zeichen für die Wahrheit der christlichen Offenbarung in Anspruch nahm.

Mit der Neubelebung der biblischen Studien fanden die Theologen, daß in der Hl. Schrift »Wunder« etwas anderes meint. Es ist eine Tat Gottes, die als zeichenhaftes Ereignis durch ihr »außergewöhnlich sein« den Blick des Menschen, der von der Welt ganz in Anspruch genommen ist, auf eine »andere Welt« richtet. Gott offenbart im Wunder seine Liebe, »übernatürliches Heil« wird in irdischer Rettung aus Not und Krankheit vorgezeichnet. Das Wunder ist Verständigungszeichen zwischen Gott und den Menschen, die das Zeichen verstehen.

So mußte das Zeichen als Argument der Apologetik entlassen werden, weil es die Glaubenszustimmung des Menschen niemals erzwingen kann. Dafür sind die Wundererzählungen der Bibel Zeuge, daß von einem Menschen die Zeichen Gottes erkannt werden, ein anderer sie aber mißversteht. Sie sind Zeichen, denen zumindest widersprochen werden kann.

Die Wundererzählungen sind Glaubenszeugnisse. Menschen formulierten in ihnen die Gotteserfahrung, die ihnen zuteil wurde. Wenn wir diese Glaubenszeugnisse verstehen wollen, müssen wir uns klarmachen, daß folgende Komponenten in ihnen sichtbar sein werden: Der Gläubige formuliert einen Satz wie »Gott ist mein Heil«. Damit ist eine Erfahrung ausgesprochen, der im Leben dieses Menschen eine Tatsache entsprechen muß. In der Erfahrung wird die Tatsache aufgenommen und zugleich ausgelegt. In der biblischen Darstellung der Wundererzählungen wird diese interpretierte Erfahrung des einzelnen von anderen, meist späteren Autoren in eine Form gebracht, die ihrer Zeit und theologischen Intention entsprach[1]. Ja, es können bestimmten Personen durch Traditionsbildung oder einen theologischen Schriftsteller Titel und Erfahrungen zugesprochen werden, die an den überlieferten Tatsachen nicht verifizierbar sind (z. B. die Darstellung des Mose als Prophet).

Es gibt ferner erbauliche Lehrstücke und theologische Bekenntniserzählungen, die eine Wahrheit in Form einer »Geschichte« darbieten, die aber nicht als geschichtlich verstanden sein will. Beim Lesen der Wundererzählungen muß der Leser diese Möglichkeiten im Auge behalten. Zu der Tatsache, daß Wundererzählungen Glaubenszeugnisse sind, kommt hinzu, daß wir die literarische Art bestimmen müssen, wenn wir die Beziehung zwischen Zeugnis, Erfahrung und Tatsache eruieren wollen. Ein Siegeslied hat einen anderen Bezug zur Geschichte als ein Kriegsbericht. Glaubenszeugnisse stehen und fallen nicht damit, daß ihre Fundamente in der Geschichte relativ sicher oder unsicher herauspräpariert werden können. Es gibt verschiedene Arten dieser Zeugnisse. Wenn wir die Bibel und ihre Wundererzählungen verstehen wollen, müssen wir versuchen, unvoreingenommen aufzunehmen, was jene Erzähler und Schreiber ihrem Hörer- und Leserkreis damals mitteilen wollten[2].

Für das AT ist Israel in seiner Geschichte und seinem Glaubenszeugnis das eigentliche Wunder Jahwes. Dtn 29,28 lesen wir: »Was verborgen ist, gehört Jahwe, unserem Gott; was aber offenbar geworden ist, gilt uns und unseren Kindern immerdar, damit wir alle Worte dieses Gesetzes befolgen.« Zuvor spannt das Deuteronomium den Bogen vom Auszug aus Ägypten über den Bundesschluß am Gottesberg bis zur Landgabe. Israel ist sich selbst als Zeichen erkennbar geworden. Indem seine Geschichte eine Geschichte mit Gott ist, trägt sie den Charakter des göttlichen Handelns an sich. Zeichen ist für Israel Erweis und Anspruch zugleich, vornehmlich Anspruch Gottes an sein Volk. Sein Volk soll sich in Freiheit zu Gott wenden.

Die Frage, ob Israels Kerygma – die Wundererzählungen – die richtige Antwort auf das erfahrene Geschehen ist, können wir heutigen Leser meines Erachtens nicht kompetent beantworten. Geschichtliche Erinnerungen an Krisen und entscheidende Hilfen Gottes haben das Wundergefühl Israels schon früh befruchtet. Israel ist der Überzeugung, daß Jahwe sein Volk aus der Knechtschaft zum Sieg und zur Freiheit führte, daß nicht Menschen, sondern Gott ihr Retter ist, indem er menschliche Retter berief.

In diesen Rettungserzählungen sieht es so aus, als ob es keine weltliche Politik gäbe. Das Schema glaubender Geschichtsüberlieferung konkretisiert die Erfahrung: Der Mensch, der auf Gott hört und nach seiner Hilfe ruft, findet in Jahwe den Retter, der Menschen zu Rettern für das Gottesvolk bestimmt und sie mit Kraft und Wundermacht ausrüstet.

G. Quells Überlegungen sind bedenkenswert: »Soll also das Wunder als das, was es nach der Überlieferung sein soll und im Blickpunkt der Überlieferer tatsächlich ist, erkannt werden, so erheischt es nicht nur einen empirischen Aspekt, sondern auch einen geistigen. Damit ist die gewichtigste Schwierigkeit des Verstehens, das Odium der ›Wunderlichkeit‹ des Wunders umschrieben. Denn der geistige Aspekt ist, wenn man es ganz zurückhaltend ausdrückt, immer mit minderer Sicherheit zu gewinnen als der empirische. Das Wunder ist wie das Gleichnis auf Interpretation angewiesen, und zwar durchweg auf subjektive. Hilfreiche Interpreten von außen können dort, wo ein Funke schon auf den Leser übersprang, kaum noch etwas nutzen«[3].

Was versteht das Alte Testament unter Wunder Jahwes?

Aufs Ganze gesehen erscheint das AT keineswegs besonders wunderfreudig. Am Umfang des Gesamttextes gemessen nehmen Wundererzählungen im AT einen bemerkenswert geringeren Raum ein als im NT. Aber auf der anderen Seite bezeugt das ganze AT, daß die Geschichte des Gottesvolkes und die sich in ihr manifestierende Führung Gottes das einfachste und einzigartige Zeichen ist, an dem Israel seines Gottes gewiß wurde. Daher gedachte es der göttlichen Taten.

Jahwe gedenkt seines Volkes, Israel gedenkt seines Gottes

In theologischer Verwendung ist »Gedenken« der Ausdruck für das personale, wechselseitige Verhältnis zwischen Jahwe und Israel bzw. dem einzelnen Israeliten. Das AT greift mit dem Theologumenon vom »Gedenken Gottes an seine Verehrer« einen Gedanken auf, der bereits in der Umwelt Israels vorgeprägt war. »Gedenken« meint die Hilfe, die Jahwe seinem Volke und dem einzelnen Bedürftigen gewährt. Gen 30,22 (a E, b J) spricht von der Hilfe, die Gott einem einzelnen angedeihen läßt: »Nun gedachte Gott der Rachel, Gott erhörte sie und öffnete ihren Mutterschoß.« Das Thema finden wir in den Bitten der individuellen und kollektiven Klagelieder und entsprechend im Rückblick auf die Hilfe in der Not im Danklied und im beschreibenden Lob in den Hymnen wieder. Der Mensch kann nur dadurch bestehen, daß Gott seiner bösen Taten nicht gedenkt (Jes 64,8; Ps 25,7), sich seiner Versprechen gegenüber dem Gottesvolk aber gnädig erinnert.

In einem späten Text (Num 10,9 P_s) lesen wir: »Und wenn ihr in eurem Lande gegen den Feind, der euch bedrängt, in den Krieg zieht, dann blast mit den Trompeten und stoßt Zurufe aus, damit euer gedacht werde vor Jahwe, eurem Gott, und ihr gerettet werdet vor euren Feinden.« Daher versuchen die Gläubigen des Alten Bundes, Gottes Sinn zu wenden, wenn etwa Mose Ex 32,12 f (J) bittet: »Laß ab von deinem glühenden Zorn und lasse dich das Unheil gereuen, das du über dein Volk verhängen wolltest. Gedenke des Abraham, Isaak und Jakob, deiner Knechte, denen du bei dir selbst geschworen und denen du verheißen hast: Ich will eure Nachkommenschaft so zahlreich machen wie die Sterne des Himmels, und dieses ganze Land, von dem ich gesprochen habe, will ich euren Nachkommen geben, damit sie es auf immer besitzen«. Oder wenn P Ex 6,4 f Gott zu Mose sagen läßt: »Weil ich meinen Bund mit ihnen geschlossen habe, ihnen das Land Kanaan, das Land ihrer Fremdlingsschaft, in dem sie als Fremdlinge weilten, zum Besitz zu geben, habe ich das Wehklagen der Israeliten ... gehört und meines Bundes gedacht.« So sind Gottes Verheißungsworte, der von ihm gewährte Bund und sein Erbarmen Beweggründe, der Israeliten zu gedenken und zu ihren Gunsten helfend einzuschreiten.

Gott hat aber nicht immer geholfen, weil er seinem Willen treu bleiben wollte. Dann erinnert Israel Jahwe an die Schmach, die es tragen mußte. Es bittet, Gott möge der Volksfeinde im Bösen gedenken (Ps 137,7): »Jahwe, gedenke an den Söhnen Edoms den Tag von Jerusalem ...« Er soll sein armes Volk an den übermächtigen Fremden rächen und die Volksgenossen strafen, die sich nicht bundesgemäß verhielten (Neh 6,14; 13,29). Das »Gedenken« hat in der Geschichte Israels stets beide Seiten gehabt.

In dem Maße, wie Jahwe Israels gedenkt, muß das Volk sich Gottes und seiner Heilstaten erinnern und entsprechend leben. Die Erkenntnis lebt weiter in der Form des erinnernden Gotteslobes, das seiner vergangenen Großtaten gedenkt, vor allem aber in der Paränese, wo durch die Vergegenwärtigung der Werke Gottes in der Heilsgeschichte und der Untaten der Feinde Israels der Zuhörer motiviert wird, die Gebote seines großen und hilfreichen Gottes zu beachten[1].

Festtage und kultische Einrichtungen erinnern und aktualisieren bestimmte heilsgeschichtliche Fakten und Überlieferungen. Erinnernd tritt der Israelit in den Geschehenszusammenhang ein, der durch Verkündigung oder Zeichen die Vergangenheit dem Heute vergegenwärtigt. »Der erste Tag des siebten Monats«, also der Frühlingsbeginn, soll von den Israeliten als Ruhe- und Gedächtnistag begangen werden (Lev 23,24 P). Auf ewige Zeiten soll das Pesachfest als »Fest für Jahwe« gefeiert werden (Ex 12,14 P). Lev 23,43 (P) nennt ähnlich wie das Sabbatgebot einen Festtag als Mittel zur Gotteserkenntnis für Israel: sie wohnen in Laubhütten, damit sie erkennen, »daß ich die Söhne Israels habe in Laubhütten wohnen lassen«. Der Prediger von Dtn 8,2 formuliert ausführlicher und eindringlicher: »Erinnere dich an den ganzen Weg, den dich Jahwe, dein Gott, nun vierzig Jahre lang in der Wüste geführt hat, um dich zu demütigen, um dich zu prüfen und zu erkennen, was in deinem Herzen ist, ob du seine Gebote halten wirst oder nicht.« Nur das Leben vor den prüfenden Augen Gottes und das »mit-Gott-gehen« ermöglichte Israel zu überleben. Die Hoffnung auf das gleiche Heil in der Zukunft ruht auf der Verheißung, die bedingungsweise gegeben ist: wenn Israel Gottes Weisungen beherzigt und sie befolgt. Die Wurzel der Zukunftshoffnung ist die Vergangenheit. Die Geschichte ist Argument und Zeugnis für Gottes Macht und Zuverlässigkeit.

Nach der Schilderung der Amalekiterschlacht, in der Josua dank der fürbittenden Geste des Mose auf dem Gipfel des Hügels den Sieg erringen konnte, lesen wir Ex 17,14: »Danach sprach Jahwe zu Mose: ›Schreibe dies zum Gedächtnis in ein Buch‹ ...«. Im Buch Josua wird bei der Jordanüberquerung etwas Ähnliches erzählt. Nachdem ganz Israel ins versprochene Land hinübergegangen war, nahmen zwölf Männer, je einer aus jedem Stamm, mitten aus dem Jordan je einen Stein auf. Die zwölf Steine wurden mitten im Jor-

dan aufgestellt. Sie sind bestimmt als Zeichen für die nachfolgenden Generationen.
»Daß die Wasser des Jordan sich gespalten haben vor der Lade des Bundes Jahwes, als sie durch den Jordan hindurchzog, dafür sind diese Steine den Israeliten ein Gedächtnis auf ewig«[2], sollen nach Josua 4,7 die Augenzeugen ihren Kindern später erzählen, die die wunderbare Jordanüberquerung nicht miterlebt haben. Aus der Vergangenheit, aus dem, was Gott schon alles vollbracht hat, wird in der »Erinnerung« Kraft für die Gegenwart, Sicherheit und Furchtlosigkeit vor den Völkern (Dtn 7,18).
In den schwierigen Tagen der Rückkehr aus dem Exil kann der Beter des Ps 77 »am Tage seiner Drangsal« zu Gott schreien, weil sein Geist verschmachtet (v. 3 f). Er fragt sich: »Hat Gott vergessen, gnädig zu sein?« (v. 10) Aber anstatt zu verzweifeln, tröstet er sich (v. 12 f): »Ich gedenke der Taten Jahwes, ich denke an die Wunder der Vorzeit und sinne nach über deine Werke, und deine Taten erwäge ich.« Hoffnung ist ein Konstitutiv solchen Glaubens, das auch in schlimmster Notlage durchgehalten wird. In Jes 26,7–18 steht eine Volksklage, die in v. 8 mit einem Vertrauensbekenntnis beginnt: »Ja, auf dem Pfad deiner Gerichte, Jahwe, hoffen wir auf dich. Das Verlangen der Seele steht nach deinem Namen und deinem Gedenken.« Diese Gemeinde sieht zwar in ihrer eigenen Geschichte Jahwes gerechte Führung nicht, aber die Hoffnung bleibt unerschüttert (v. 12): »Jahwe, du wirst uns Heil schaffen, denn all unsere Taten hast du ja für uns gewirkt.« Aus eigener Fähigkeit hat die Gemeinde keine Hilfe zu erwarten. Sie ist wehrlos und ohnmächtig. Aber die zurückliegende Geschichte Israels, in der Jahwe immer wieder geholfen hat, läßt die Hoffnung nicht erlahmen.
In Jes 57,7–13, einem prophetischen Gerichtswort, lesen wir, daß Israels Gedenken gelegentlich falsche Inhalte aufwies. »Auf hohem und ragendem Berg schlugst du dein Lager auf. Du bist dort hinaufgestiegen, um zu opfern; sollte ich deswegen Mitleid haben? Und hinter die Türe und den Pfosten

machtest du Gedenkzeichen. Treulos gegen mich hast du dein Lager aufgedeckt« (v. 7.8a). Israel hat anderer Götter »gedacht«. Die Kritik richtet sich gegen die Höhenheiligtümer und die damit verbundenen Fruchtbarkeitsriten. Tritojesaja benutzt für den Fremdgötterkult dasselbe Wort wie bei der Jahweverehrung. Mit den »Gedenkzeichen« sind in diesem Falle wohl die Fruchtbarkeitssymbole in den Häusern der Israeliten gemeint. Jahwe fragt seine treulosen Diener: Wie sollte ich in solcher Lage Mitleid mit euch haben? D. h. wenn der Mensch seines Gottes nicht gedenkt, gedenkt er des Menschen nicht. Jahwe achtet die Freiheit seiner Partner und zwingt den Menschen nicht in den Dienst des allein geschichtsmächtigen Gottes.
Die Erfahrung der Wirkmächtigkeit Gottes bezieht sich nicht nur auf das Volk und die großen Ereignisse in seiner Geschichte, sondern auch auf den einzelnen Frommen. Er weiß sein privates, persönliches Leben in der Hand Gottes, Ps 139 ist dafür ein beeindruckendes Zeugnis.
In diesem Gebet reflektiert der Fromme über die göttliche Allwissenheit und Allwirksamkeit in Raum und Zeit, in Vergangenheit, Gegenwart und Zukunft seines kleinen Lebens. Es hebt an: »Jahwe, du hast mich erforscht und du kennst mich!« – Er kennt den Beter, weil er ihn von allen Seiten umgibt und ihm bis ins Innerste schaut. Gott ist zwar im hohen Himmel, aber er sieht, wie sich auf der Erde ein jeder Mensch entscheidet. Gedanken und Handlungen liegen vor Gott offen, er hört jedes Wort. So erkennt der Fromme in seinem privaten Leben, in seinem Alltag mit seinen Lebensäußerungen das Wunder der Allgegenwart Gottes. Sein Gehen und Ruhen, sein Denken, Reden und Handeln ist in Gottes Hand und von ihr umfangen.
Diesem allumfassenden Herrn mit seiner überall wirkenden Kraft, dem Weltenherrn und -richter kann sich niemand entziehen. Himmel und Unterwelt, oben und unten, Osten und Westen, die extremen Grenzen im biblischen Weltbild, vermögen dem Menschen vor Gott keine Deckung und keinen Schutz zu geben[3]. Jahwe ist in allen Dimensionen gegenwär-

tig. Nicht einmal das Dunkel hindert seinen Blick, für ihn ist es Licht.
Daß der Mensch ganz in Gottes Hand ist, erklärt Ps 139,13–18: Gott hat den Menschen und sein Leben geschaffen. Der Schöpfer durchschaut sein Werk[4]. Im himmlischen Buch ist alles verzeichnet, was der Mensch unternimmt. Diesem wissenden und richtenden Gott unterwirft sich der Mensch. Er preist Gottes wunderbare Taten und weiß sich Jahwe unentrinnbar und doch in freier Entscheidung verbunden, er vertraut ihm und seiner zukünftigen Hilfe.

Die Werke/Wunder Jahwes

Der religiöse Mensch ist sich seiner Kleinheit vor Gottes Handeln bewußt. Seine Hinfälligkeit wird mit dem Schicksal der Blumen verglichen, die der sengende Steppenwind verdorren läßt (Jes 40,6 f). Jahwe ist nicht nur allwissend, er ist auch dadurch dem Menschen überlegen, daß er sagen kann: »Kommt zurück, Menschenkinder«, denn tausend Jahre sind vor ihm wie ein einziger Tag, ja wie eine Nachtwache, die schnell vergeht (Ps 90,3 f). Unserer Jahre Zahl hingegen ist siebzig, wenn es hoch kommt, achtzig Jahre. Und das meiste von ihnen ist Mühsal und vergebliche Plage (Ps 90,10).
Gott ist schon vor seiner Schöpfung. So ist er Zufluchtsstätte seines Volkes von Urzeiten an. Gottes unendliches Leben kontrastiert zur Todesverfallenheit des Menschen, dessen Leben vor dem uralten Gott unsagbar kurz und belanglos ist. Gottes Ewigkeit ist der menschlichen Zeit nicht vergleichbar. Die Hoffnung des Gläubigen gründet auf dem Werk Jahwes von dem Ps 90,16 sagt: »Laß dein Werk an deinem Knecht offenbar werden, deine Herrlichkeit über ihren Kindern!« Der vergängliche Mensch ruft nach der Tat des unvergänglichen Gottes.
Mit »Werk« oder »Tat Gottes« wird in der heutigen Theologie zumeist die Erschaffung und die Erhaltung der Welt be-

zeichnet, denen die Geschichte der Offenbarung und Erlösung gegenübersteht. Im AT meinen Pō'al JHWH oder Ma'aśāh JHWH mehr[5].

Das Wort Pō'al

Wir finden insgesamt 36 Belege, von denen sich 15 auf das Werk Jahwes beziehen. Ps 111,2–4 sagt: »Die Werke Jahwes sind groß, denkwürdig allen, die sich über sie freuen. Hoheit und Pracht ist sein Werk, seine Gerechtigkeit besteht auf ewig. Ein Gedächtnis seiner Wunder hat er gestiftet; gnädig und barmherzig ist Jahwe.« Das Hauptstück des Psalms, vv. 2–10a, handelt von den großen Taten Gottes an seinem Volk. Meditativ befaßt sich der Beter mit der Vergangenheit. Man kann an den Jahwetaten nur Freude haben, wenn man sich ihrer »mit ganzem Herzen« dankbar erinnert.

Jahwe ist Herr der Schöpfung und der Geschichte. Daher strahlt aus seinen Taten Hoheit und Pracht, Macht und Güte. Seine Taten sind aber nicht nur repräsentierte, erinnerte Vergangenheit, weil seine »ewige« Gerechtigkeit auch Gegenwart und Zukunft des Psalmisten mit umfängt. Gott hat Israel erwählt, er steht auch weiterhin zu seiner Gemeinde, der er sich einst aus freiem Entschluß zuwandte (v. 9). Das stete Gedenken findet wohl im Kultus statt. Diese Stiftung ist göttliche, nicht menschliche Tat, wie wir vorne gesehen haben (etwa Ex 12,14 P u. ö.). Die Intention des Kultus geht auf das Heute und Morgen, in denen Gottes Taten heilvolle Gegenwart sein sollen.

Dem eben gezeichneten Bild des frommen Beters, der Gottes Taten meditiert, stellt Jesaja in einem großen Wehruf den Antityp entgegen: »Zither und Harfe, Pauke, Flöte und Wein vereinen sie zum Gelage. Das Werk Jahwes aber kümmert sie nicht, und, was seine Hände tun, sehen sie nicht« (Jes 5,12).

Die Landgabe Gottes[6] wird dadurch pervertiert, daß in den Städten reiche Leute Haus an Haus reihen, daß Großagrarier die Bauern von ihrem Land jagen und alles aufkaufen. An-

statt zu arbeiten, leben sie wüst und unüberlegt in den Tag hinein. Gott sieht nicht zu, er straft sie. Die Häuser werden zu Ruinen, die Äcker werden keine Frucht mehr bringen, die der Fläche, die angebaut wurde, entspricht (Jes 5,8–10).
Diese Gottlosen sind einzig in ihren Reichtum und ihr Vergnügen verliebt. Sie zechen von morgens bis abends ohne an das zu denken, was Gott früher getan hat und an ihnen noch tun wird. Die Nichtbeachtung der Gottestaten bringt den abgefallenen Israeliten Verbannung und Not. Wer sich von Wort und Tat Gottes absondert, vergibt damit seine Lebensmöglichkeit im Gottesvolk, die Jahwes Tat Israel gnädig gewährt hatte.
Welche »Taten Gottes« werden im AT aufgezählt? Ganz allgemein sagt das Volksklagelied Ps 44, daß die Väter den Söhnen Gottes Taten in der Vorzeit erzählten (v. 2). Die wichtigste Tat war, daß Jahwe sein Volk in das Land Kanaan brachte und die fremden Völker aus dem versprochenen Land vertrieb. Kanaan ist Heilsgabe, weil es nicht mit dem Schwert genommen, sondern von Gott empfangen wurde. Dem Bedrängten sind die Heilstaten von ehedem für seine Zeit Trost und Hoffnung (Ps 143,5). Bedrängnis und Verspottung durch die Bedrücker können Israel diese Erinnerung nicht nehmen (Ps 77,12 f). Ps. 90,16 bittet: »Laß dein Werk an deinen Knechten offenbar werden, deine Herrlichkeit über ihren Kindern!« Etwas Wunderbares, Notwendendes wird hier von Jahwe erwartet. Da Israel am härtesten unter äußeren Feinden litt, verwundert es nicht, daß die Erzählungen der vergangenen göttlichen Wundertaten politische Dimension und Farbe erhielten: »Kommt und schaut die Werke Jahwes, der entsetzliche Dinge auf der Erde tut« (Ps 46,9). Jahwe bringt seine Kriege zu einem guten Ende, er richtet Israel wieder auf. Man erkennt Israels Gott daran, daß er in jeder Weise um sein Volk besorgt ist. So wird er das Unglück der Gegenwart nicht ewig dauern lassen, das ist einhellige Überzeugung der Beter. Mit dem Pfeil wird der Kriegsheld Jahwe am Ende dieser Weltzeit die Feinde Israels vernichten. Dann »werden sich alle Menschen fürchten, Jahwes Tat ver-

künden und sein Tun erkennen« (Ps 64,10). Wie Israel am Anfang in Freiheit lebte, wird es am Ende wieder seinen Gott preisen, der ihm Recht verschaffte.
Aber in der »Zwischenzeit« kennt Israel auch ein Strafhandeln Gottes an seinem Volk. Habakuk, der unmittelbar vor der Katastrophe des Südreiches verkündete, klagt über das Unrecht, das Gott den Israeliten durch fremde Völker antun ließ. »Der Frevler hat den Gerechten in der Gewalt!« steht Hab 1,4. Doch Jahwe antwortet zu Beginn der sog. prophetischen Liturgie (Hab 1,2 – 2,4) in 1,5: »Schaut hin auf die Völker und seht zu, ihr werdet euch wundern und euch entsetzen, denn ich vollbringe in euren Tagen ein Werk[7]; ihr würdet es nicht glauben, wenn man es euch erzählte.« Jahwe sieht dem Unrecht in Israel zu, ohne etwas dagegen zu unternehmen. Er will es sogar noch verstärken und keineswegs gegen das Unrecht einschreiten. Erst im Exil wurde klar, was Gott damit voraussagen ließ. Aber hinter all dem steht weiterhin die Hoffnung. Geheimnisvoll klingt die Rettung schon vor der großen Theophanie im dritten Kapitel an, wo der Prophet (Hab 3,2) sagt: »Jahwe, ich habe deine Botschaft vernommen und bin erschrocken über dein Werk ... Im Zorne gedenke deines Erbarmens.« In der nachfolgenden Theophanieschilderung wird der »Tag Jahwes« beschrieben: Am Ende wird Gott kommen, gegen die Völker kämpfen und sie »zerdreschen« (v. 12). So wird er seinem Volk Rettung bringen.
Neben den Stellen, die von geschichtlichen Taten Jahwes reden, finden wir auch Belege, in denen das allgemeine Wirken Gottes geschildert wird. Im sog. Lied des Mose bekennt Dtn 32,4: Jahwe ist »der Fels, vollkommen ist sein Werk.« Dies Wort will sagen, daß Gott eine Wirklichkeit ist, auf der man sein Leben gründen kann. Sein Werk wird nicht von Fehlern beeinträchtigt, die den Menschen häufig unterlaufen. Ps 92,5 bezieht sich weder auf die Schöpfung noch auf die große Heilsgeschichte: »Du hast mich durch die Werke erfreut, ich frohlocke über die Werke deiner Hände.« Wie der Kontext versichert, geht es um das gerechte Wirken Gottes in Is-

rael. Böse Menschen kommen zwar hoch, aber Jahwe vernichtet sie, während er den Gerechten rettet und in seine Gemeinschaft aufnimmt. Daß es den Bösen im Leben oft gut geht, ist eine schwere Anfechtung für den Frommen. Ps 92 versichert, daß schließlich Gottes Zuwendung zu seinen Frommen die Gerechtigkeit in der Welt wiederherstellt. Der Psalm enthält keine theoretische Abhandlung, die Gottes Handeln aus seinem Wesen und seiner Gerechtigkeit ableitet. Wenn der Beter in v. 2 Jahwe dankt, dann hat er Gottes Handeln in seinem Leben erfahren. Aus demselben Grund empfiehlt Elihu in seinem Hymnus auf die allmächtige Weisheit Gottes dem Ijob, er solle sich über sein Leid emporheben und sich dadurch Gott nähern, daß er seine Werke preist (Ijob 36,24): »Bedenke, daß du seine Werke preisest, von denen doch die Menschen Lieder singen!«
Wenn wir auf die Belege zurückschauen, fällt die Dominanz der Psalmtexte auf. Wort und Thema scheinen einer bestimmten Überlieferung und Phraseologie anzugehören. Diese Psalmen entstammen dem Kult und damit der Gebetssprache. Man gedenkt, rühmt oder erbittet Gottes Pō'al. G. von Rad führt dazu aus: »Die Annahme liegt nahe, daß der Begriff ursprünglich an wunderhaften Ereignissen des Exodus oder der Führung in das Land Kanaan haftete und daß er von da in die Gebetssprache des einzelnen übergegangen ist«[8].

Das Wort Maʿaśāh

Im dtr Geschichtswerk ist vom »Werk Jahwes« in anderen Zusammenhängen die Rede. Es wird nicht an das erinnert, was Gott früher getan hat. An der Peripetie der Wüstenzeit sprach Gott (Num 14,22 f): »Fürwahr, alle die Männer, die meine Herrlichkeit und meine Zeichen geschaut haben, welche ich in Ägypten und in der Wüste gewirkt habe, und die mich dennoch schon zehnmal versucht haben und nicht auf meine Stimme gehört haben, die sollen das Land, das ich ihren Vätern zugeschworen habe, nicht zu sehen bekommen ...«. Die Generation, die das versprochene Land betreten durfte, oder wenigstens deren Führer, Josua und die Ältesten, »wußten von allen Werken Gottes« (Jos 24,31). Und solange die Wunder der Führung ins versprochene Land lebendige Erinnerung waren, diente »Israel« seinem Gott. »Als aber auch jenes Geschlecht (der Ältesten) zu seinen Vätern versammelt wurde, da wuchs nach ihnen ein anderes Geschlecht heran, das Jahwe nicht kannte und das Werk, das er für Israel vollbracht hatte« (Ri 2,10).

Meines Erachtens[9] ist als jahwistischer Beleg Ex 34,10 das älteste Vorkommen. In einer göttlichen Selbstverpflichtung am Sinai verspricht Jahwe, vor dem ganzen Volke Wundertaten zu vollbringen. »... Das ganze Volk soll das Werk Jahwes sehen.« Die darauf folgenden Verse beinhalten einen Landgabebundestext. Mindestens die Redaktion des Kapitels wird das Werk Jahwes demzufolge als ein Werk in der Zukunft, als die göttliche Führung ins verheißene Land, verstanden haben.

Auf dasselbe Thema weist Dtn 3,24 hin. Die darin angesprochenen »Taten« meinen die vergangene Eroberung des Ostjordanlandes und die noch ausstehende Führung der Stämme ins Westjordanland durch Josua. Auch das Summarium in Dtn 11 (v. 3.7) rechnet die großen Werke Jahwes unter die »Erfahrungen Israels«. Der Paränetiker will diejenigen zum »beobachten der Gebote« bringen, die nicht selber Zeugen der Großtaten Gottes waren. Nach seiner Ansicht wird auch das Leben der Späteren von der großen Vergangenheit mitgeprägt und getragen. Das Summarium beginnt mit den Zeichen und Taten in Ägypten, fährt fort mit dem Wunder am Meer und dem Geschehen in der Wüste. Es endet mit der Geschichte von Datan und Abiram. Verheißungen und Warnungen schließen sich an. Hier ist im Begriff »Taten« oder »Werke« eine lange Reihe von geschichtlichen Erfahrungen brennpunktartig und abstrakt zusammengefaßt. Die Einzelheiten werden als bekannt vorausgesetzt und in der Aussage nur ein Aspekt herausgehoben: Jahwe hat all das vollbracht, nicht Israel.

Je nach Anlaß kann die Aufzählung verschiedenartig variiert

werden. Der Terminus »Werk« ist für Zukunftsaussagen besonders geeignet, weil er relativ inhaltsleer ist. Nähere Präzisierungen sind nicht nötig: Gott wird handeln, das genügt dem Glaubenden.

Wo wir in den späten Psalmen den »Werken« begegnen, ist das Wort sicherlich Ergebnis der theologischen Abstraktion und Reflexion. Durch langes »Gedenken« und eingehendes Meditieren kamen die Beter auf die Formel »Tat (oder Werk) Jahwes«[10] als Summe einer Vielfalt von göttlichen Aktionen, die damit auf einen sachgemäßen und charakteristischen Nenner gebracht wurden.

Es ist anzumerken, daß mit der summarischen Definition der Einzelhandlung als »Werk Gottes« nur eine Seite der Sache zum Vorschein kommt, die schematisch verkürzt und verallgemeinert wird. Die Zusammenschau abstrahiert von allen konkreten Inhalten. Das birgt die Gefahr der Versteinerung der Geschichte in sich. Die »Erinnerung der Werke Gottes« wird zunehmend weniger »repräsentativ«, bis sie schließlich nur noch formale Pflichtübung ohne konkreten Geschichts- und Lebensbezug ist. Dieser Gefahr entgeht keine institutionalisierte Form, wenn die Kultteilnehmer, die der Werke »gedenken« sollen, innerlich nicht beteiligt sind.

Die Paränese des Dtn blickt zurück auf Gottes Taten in der Vergangenheit. Eine ganz andere Richtung vertritt der Prophet Jesaja, wenn er von zukünftigen Taten Gottes spricht. Jes 28,21 wird ohne genauere Beschreibung der zukünftigen Gefahr eine Gottestat angekündigt, die für die Zeitgenossen äußerst gefährlich sein wird. Den Spöttern wird gesagt, daß Jerusalem der künftigen Bedrohung gegenüber völlig wehrlos sein wird. Der Prophet verweist auf zwei berühmte Katastrophen der Vergangenheit: auf die vernichtende Niederlage der Philister am Berg Perazim (vgl. 2 Sam 5,17–25; 1 Chr 14,8–16) und auf das göttliche Eingreifen in der Schlacht bei Gibeon (vgl. Jos 10,10–13). In beiden Fällen war Gott auf der Seite der Israeliten. Diesmal, sagt Jesaja, steht Gott auf der anderen Seite. Er wird Jerusalem und Juda wehrlos den Völkern ausliefern, die sich zum Krieg rüsten. Die »Steine vom Himmel« fallen diesmal auf die Gottesstadt, ein wahrhaft »befremdliches Werk«. Es ist die konsequente Antwort Gottes auf menschlichen Unglauben und schamlose Bosheit, die sich in Juda breitmachte. Gottes Werk beginnt schon in der Gegenwart, wird aber erst in der Zukunft zu einer ungeheuren und unerwarteten Gottesoffenbarung. Die Zeitgenossen des Propheten sind in das letzt- und endgültige Werk Gottes einbezogen. Daß trotzdem noch Hoffnung besteht, wenn Gottes Strafgericht vorüber ist, wenn Juda sich bekehrt hat, steht Jes 10,12: »Aber wenn Jahwe sein ganzes Werk am Berg Zion und an Jerusalem vollendet hat, dann wird er[11] die Frucht des Übermuts des Königs von Assur und seine stolz erhobenen Augen ahnden«[12]. In dieser Trostbotschaft spricht – vielleicht ein Späterer – die Hoffnung aus, daß Gottes letzte Tat an seinem hl. Berg nicht Strafe, sondern Rettung sein wird[13].

Handeln wir nun von den Belegen im Psalter. Eine erste Gruppe finden wir in Klage- und Dankliedern, die Gottes Werk in der Geschichte preisen. Ps 66 erwähnt in v. 3 und v. 5 Gottes Taten. Im ersten Teil des Psalms ist vom Durchzug durch das Meer und die Befreiung des Gottesvolkes die Rede, d. h. das Meerwunder wird hymnisch vergegenwärtigt. Dann geht es umfassend um den Exodus und die Wüstenwanderung (v. 12). Ps 66,13–20 hingegen ist ein individuelles Danklied, das keine näheren Aussagen über die erlittenen Bedrängnisse und Anfechtungen macht. Ps 106,7–46 finden wir eine groß angelegte Geschichtserzählung. Das Lied ist ein exilisches, vom Dtn beeinflußtes Danklied auf die »Taten« Gottes (v. 13). Sie umfassen den ganzen geschichtlichen Weg des Gottesvolkes. Der »historische Teil« des Psalms ist eventuell von der abgeschlossenen Pentateucherzählung abhängig, dann wäre er noch jünger. Die »geschichtlichen Themen« werden weithin als bekannt vorausgesetzt und nur knapp angesprochen: die Exodusüberlieferung, die Wachtelspeisung, die Erzählung von Datan und Abiram, der goldene Jungstier, das Murren in der Wüste, der Abfall zum Baal Peor, die Erinnerung an das Haderwasser und die Vergehen bei der

Landnahme. Der Gnadentat Gottes werden die zahlreichen Untaten Israels im Sinne der dtr Geschichtstheologie gegenübergestellt. Ps 106,13 spricht vom »Vergessen der Taten Gottes«, eine ständige Sorge der Deuteronomisten[14]. Der Bittruf von v. 47 zeigt, wie das unter die Fremden zerstreute Volk um die Sammlung der Übriggebliebenen bittet[15]. Aus dem Gedenken der Gottestaten wurde ein Schuldbekenntnis des Volkes Israel, das immer wieder auf das Werk göttlicher Verzeihung und Rettung hofft.

Der nächste Beleg findet sich in Ps 107, einem von Deuterojesaja beeinflußten Danklied über die Taten Jahwes. Die Erlösten »sollen Dankopfer darbringen und seine Taten jauchzend verkünden« (v. 22). V. 24 redet von den Schöpfungstaten. Die Verse 33–43 sind ein Zusatz, in dem das weisheitliche Thema von der Umkehrung der Lebenslagen und Geschicke entwickelt wird. Die ältere Schicht handelt von den Gottestaten beim Exodus (vv. 4–9), beim »zweiten Exodus«, der Rückkehr aus dem Exil (vv. 10–16) und bei Gefahrensituationen einzelner (vv. 17–22 Reisende; vv. 23–32 Reisende auf dem Meer).

»Groß sind Jahwes Taten«, sagt auch der nachexilische Psalm 111,2. Im Dankhymnus werden die historischen Großtaten Jahwes erinnert: die Ernährung des Volkes in der Wüste und die Landgabe.

Ps 118 ist der Abschluß des Hallel, eine Dankliturgie zum Laubhüttenfest. V. 17 rühmt der Beter seinen Gott, der ihn aus Lebensgefahr errettet. Gott hat das Leben einer Einzelperson erhalten, das hat exemplarische Bedeutung für die Gemeinde, die mit dem Geretteten Gottes Handeln preist.

»Gib das Werk deiner Hände nicht auf!« so bittet ein Frommer im nachexilischen Dankpsalm 138,8. Der einzelne formuliert seine Erfahrung als für die Menschheit gültiges Zeugnis der Heilstaten Gottes. Sein Werk hat für alle Menschen Bedeutung, weil Jahwes Heil ein universales Angebot ist. So wendet sich der Sänger an »alle Könige der Erde« (v. 4), weil sie alle Jahwe unterstehen, von ihm Hilfe erwarten können und ihn loben sollen.

Eine zweite Gruppe von Werk-Gottes-Belegen steht in den Schöpfungshymnen. Ps 19, wohl ein alter Schöpfungshymnus, erklärt (v. 2): »Die Himmel erzählen die Herrlichkeit Gottes, und das Werk seiner Hände verkündet die Feste.« Nicht der Mensch, die Schöpfung preist hier ihren Schöpfer.
Ps 8,4 nennt die Gestirne »Werk Gottes«. Der Hymnus singt von dem Glanz der himmlischen Leuchten. Trotz ihrer Herrlichkeit sind sie nur das Werk seiner Finger. Die Pracht der Schöpfung ist Hinweis auf die Macht und Größe des Schöpfers. Mit diesen Belegen begegnen wir einer anderen Überlieferung des AT, in der nicht von den Geschichtstaten, sondern von den Schöpfungswerken Gottes die Rede ist. Die Schöpfungshymnen-Überlieferung hat im AT eine breite und alte Basis. Während im Kult das Klage- und Danklied das Heilshandeln Gottes erinnert, besingt der Hymnus seit alters das Lob des Schöpfers. Bedeutet die Rede von den historischen Ereignissen als »Werk Jahwes« eine hohe theologische Abstraktion, so ist dies in den Schöpfungshymnen nicht der Fall. Die Werke Jahwes – Himmel, Erde, Sterne und Menschen – werden dort additiv aufgeführt.
Eine dritte Gruppe von Belegen in einigen späten Texten bezeichnen mit den »Werken« Gottes sein Walten, durch das er die Erde und alles Geschaffene erhält. Diese welterhaltende Tat Gottes ist nichts geschichtlich Einmaliges. Sie ereignet sich täglich und allenthalben. Für die Möglichkeit zu leben weiß der Israelit Gott stetigen Dank[16]. Ps 145 ist ein sehr junges Preislied auf das Königtum Jahwes. V. 17 lautet: »Gerecht ist Jahwe auf all seinen Wegen und huldvoll in allen seinen Werken.« Aller Kreatur schenkt er sein Erbarmen. Der Horizont dieser Texte ist damit weiter als der Umkreis göttlicher Machttaten an Israel. Ein Zeugnis für die Unbegreiflichkeit und Größe der Natur ist die hymnische Aussage von Ijob 37,5; v. 7 dagegen weist darauf hin, daß Gott sein Siegel auf die Hand eines jeden Menschen drückt, »damit alle Menschen sein Werk erkennen«[17].
Kohelet und Jesus Sirach haben die gleiche theologische Ausgangsbasis. Daß die göttliche Schöpfung gut ist, steht für bei-

de nicht in Frage, aber auch nicht, daß Dunkelheit und Verborgenheit die Güte göttlichen Tuns umschließt. So lesen wir Sir 11,4: »... denn bewundernswert sind die Werke des Herrn, doch verborgen ist den Menschen sein Walten.«
Ab dem Zeitpunkt, zu dem hellenistisches Ordnungsdenken auch Israel befruchtete, wächst das Belegmaterial für die theologische Reflexion der Schöpfung und des göttlichen Waltens in ihr. In der nachprophetischen Zeit verstand Israel unter »Jahwes Werken« vorzüglich sein Handeln an der Schöpfung. Die älteren Überlieferungen bezeichneten mit dem Ausdruck schwerpunktmäßig Gottes Heilshandeln an Israel. Tritojesaja (65,17) weist auf Gottes zukünftiges, endzeitliches Handeln: »Siehe, ich schaffe einen neuen Himmel und eine neue Erde. An das Frühere wird man nicht mehr denken, es kommt nicht mehr in den Sinn.«
Demnach umfassen die »Werke Jahwes« im Sprachgebrauch des AT sowohl die geschichtlichen Heilstaten Jahwes an den Vätern, dem Volk (Exodus, Landgabe, Rückführung aus dem Exil) und dem einzelnen, als auch sein Wirken an der Schöpfung (Erschaffung, Erhaltung und Erneuerung der Welt).
»Wunder« sind für den gläubigen Israeliten alle Werke seines Gottes. Sie verweisen den Menschen an Gott und fordern ihn auf, Jahwe zu preisen, »weil er Großes getan«.

Der I. Teil der Untersuchung kreist um die Wunderterminologie. Die verschiedenen Bezeichnungen der Wunder fächern den abstrakten Begriff »Werk Jahwes« auf. Daraus kann genauer erhoben werden, was Israel unter »Wundern« verstand.

Teil I
Die alttestamentliche Wunderterminologie

Die Bezeichnung »Werk Jahwes« beleuchtet nur einen Teilbereich des bezeichneten Geschehens. Sie nennt Gott als den Urheber einer Tat. Die Autoren des AT haben die Werke Gottes durch verschiedene Begriffe in andere Richtungen weiter spezifiziert: als Zeichen, Machttat, Schrecknis oder Wunder Gottes. Ein komplexes Geschehen wird aus einem bestimmten Blickwinkel betrachtet. In der gewählten Terminologie gewinnen die theologischen Überlegungen der Autoren Profil. In diesem Teil wird versucht, für die einzelnen termini Vorkommen, Inhalt und theologische Konzeption darzustellen.

1. Kapitel: 'ōt = Das Zeichen

Das Wort kommt in der hebräischen Bibel 79mal vor, davon 39mal im Pentateuch, in allen Quellenschichten. Die Belege sind gleichmäßig auf erzählende und prophetische Texte wie auch auf die Psalmen verteilt. Ijob 21,29 ist der singuläre (und hier untypische) Beleg in der Weisheitsliteratur.
H. Gunkel definierte in seinem Genesiskommentar (^{6}1964, 150): »'ōt ›Zeichen‹ ist eine Sache, ein Vorgang, ein Ereignis, woran man etwas erkennen, lernen, im Gedächtnis behalten, oder die Glaubwürdigkeit einer Sache einsehen soll. Solche Erkennungs-, Beglaubigungs-, Erinnerungs-Zeichen spielen in der Antike . . . eine große Rolle.« Es liegt im Wesen des Zeichens, daß es auf etwas hinweist. Ausweise oder Hinweise

lassen sich naturgemäß nicht auf bestimmte Lebens- und Sprachbereiche einengen; so ist das Wort auch im nichttheologischen Sprachgebrauch im AT vertreten.

a) Zeichen im profanen Bereich

Jos 2,12.18 erbittet Rahab von den durch sie geretteten Kundschaftern ein Zeichen dafür, daß sie mit »ihrem Haus« bei der Einnahme von Jericho verschont wird. Die Kundschafter geben ihr eine Purpurschnur. Sie ist ein rechtliches Vertrags- und Garantiezeichen, das die einmarschierenden Israeliten bei der Ausführung des Kriegsbannes achteten. Rahabs Familie wurde verschont. Auch Tätowierungen werden Zeichen genannt und zumeist theologisch »sekundär« interpretiert. Das bekannteste ist das Kainszeichen in Gen 4,15 (J). Merk- und Erinnerungszeichen nennen die drei Belege Ex 13,16 (D); Dtn 6,8 und 11,18.
Gegen den Götzendienst wendet sich ein Gotteswort in Ez 14,6–8. Jahwe droht, er werde sich gegen den Götzendiener wenden und ihn zum »Zeichen und Sprichwort« (v. 8) machen und aus dem Volk ausrotten. Es geht in Ez 14 zwar um die alleinige Anerkennung und Verehrung Jahwes. Die exemplarische Bestrafung, die zur mahnenden Denkwürdigkeit für die Gemeinde werden soll, scheint dennoch kein religiöses Zeichen zu sein.
Ijob 21,29 lautet: »Habt ihr nicht die Wanderer gefragt? Und habt ihr nicht ihre Zeichen verstanden?« Thema von Kapitel 21 ist Leben und Schicksal der Gottlosen. Ijob hält seinen Freunden und ihrer Vergeltungstheologie entgegen: Nicht der Gerechte hinterläßt große »Zeichen« seines Lebens hier auf der Erde. Man kann die Weitgereisten befragen. Große Herrscher und Tyrannen haben in ihren Bauten, Denkmälern und Inschriften ihrer Gewalt und Grausamkeit, nicht aber ihrer Gerechtigkeit imponierende »Zeichen« gesetzt.
Astrologische Vorzeichen sind zweimal belegt. Jeremia

warnt vor dem Götzendienst (10,2): »... laßt euch nicht durch die Zeichen des Himmels in Schrecken versetzen, denn davor erschrecken die Heiden.« Betont verkleinernd werden Himmel und Gestirne in der Schöpfungserzählung als »Werke Gottes« bezeichnet. Daß die »Zeichen des Himmels« im Alten Orient den Menschen imponierten, ist bekannt. Israels Religion steht dagegen. Diese Zeichen haben für Jahwes Volk keine religiöse Bedeutung.
In Deuterojesajas Kyrosorakel 44,25 steht, daß Gott »die Zeichen der Zauberer vereitelt und die Wahrsager zu Toren macht ...«. In Babylonien waren Orakel und Zeichendeutungen aus den Sternen weit verbreitet. Es sind Heilsorakel. Das Kyrosorakel hingegen verheißt den Untergang der Weltmacht, deren Zauberer und Sterndeuter immer das Heil verkündeten. Damit erweisen sich Deuter und Zeichen als nicht zuverlässig[1]. Sie stammen nicht von Gott.
Für die Beurteilung der Zeichen ist nicht entscheidend, *was* sie mitteilen. Vielmehr ist wichtig, auf wen die Zeichen verweisen. Im AT ist Jahwe der Herr der Zeichen. Für das theologische Zeichen gibt es folgende »gegenständliche« Bereiche: die Schöpfung, die Geschichte und die kultischen Institutionen.

b) Die religiösen Zeichen

Beim Jahwisten finden wir den ersten Beleg Ex 8,19 in der Erzählung von der Stechfliegenplage. Israel wird im Lande Goschen von dieser Plage verschont[2], den Ägyptern droht das Übel, wenn sie das Volk nicht in die Wüste entlassen. Die Stechmückenplage soll als Zeichen für zwei Sachverhalte dienen. Einmal ist es der Beweis, daß der Gott der Israeliten in Ägypten Macht hat. Er kann die »Natur« gegen die Bewohner des Landes wenden. Zum zweiten hat Mose die Plage vorausgesagt. Ihr Eintreffen legitimiert ihn vor den Ägyptern als Boten Gottes und Führer seines Volkes. Seine Verbindung zu Jahwe erlaubt ihm sogar, fürbittend die Plage zu beenden.

Ex 10 behandelt die 8. Plage. Obwohl Jahwe die Zeichen geschehen lassen will, verhärtet Israels Gott das Herz des Pharao[3]. Das Zeichen wendet sich also nicht an den König von Ägypten, sondern an sein Volk. An den Zeichen sollen die Israeliten erkennen, »daß ich Jahwe bin«[4]. Die Zeichen Gottes sollen die Augenzeugen beeindrucken und ihre Überlieferung an die Kinder und Enkel soll die Nachkommen erkennen lassen, wie mächtig Jahwe ist. Die Taten Gottes leben in der Verkündigung und im Zeugnis weiter.

Mit folgenden Belegen schließt sich der jahwistischen Quellenschicht die elohistische im selben Sinne an. Die Geschichte von Moses Sendung (Ex 3,7–12) enthält im letzten Vers den ersten Zeichenbeleg des Elohisten. Nach der Beistandsformel verspricht Gott Mose »das Zeichen dafür, daß ich *dich* gesandt habe« (v. 12)[5]. Nach E ist Mose Gottes Gesandter. Dreimal wird von seiner Sendung gesprochen (Ex 3,10.11. 12). Später charakterisieren die Propheten ihren Auftrag mit dem Begriff »Sendung«. Mose soll nach E Israel aus Ägypten führen, während bei J Gott selber diese Aufgabe übernimmt. Ex 3,12 ist offensichtlich nur bruchstückhaft überkommen. Man kann noch soviel erkennen, daß darin von einem Zeichen gesprochen wird, das Mose davon überzeugen soll, daß er zum Gesandten Gottes erwählt ist. Mit dem Zeichen kann nicht der Inhalt von Ex 4,1–9[6] gemeint sein. Die Verehrung Gottes durch »Israel« auf dem Sinai kann gleichfalls nicht angezielt sein. Der Wortlaut von Ex 3,12 hat Parallelen in den Zeichenbitten der charismatischen Retter Israels (etwa Ri 6,17). Wir wissen nicht, ob der Inhalt des Zeichens von v. 12 versehentlich aus der Tradition herausgefallen ist oder ob hier von der Redaktion etwas entfernt wurde, was der J-Fassung widersprochen hätte. Soviel ist noch zu sehen: Gott hat Mose mit einem Zeichen Mut gemacht, nach Ägypten zu seinem Volk zurückzukehren.

Ein weiterer E-Beleg ist Ex 4,17: »Nimm diesen Stab in deine Hand, mit ihm sollst du die Zeichen tun.« Am Ende der Gottesrede an Mose, die ihn zum Führer des Volkes macht und ihm Aaron als Hilfe an die Seite stellt, taucht hier plötz-

lich ein Stock auf, mit dem Mose mehrere Zeichen tun soll. Nach Ex 4,1–9 kann es sich in v. 17 nur um ein weiteres Stück der E-Version handeln, in dem von Zeichen die Rede ist, mit denen sich Mose vor anderen als Gesandter Gottes legitimieren kann. Ex 4,1–9 nennt drei Legitimationswunder. Mose vermag seinen Stab in eine Schlange und wieder zurück zu verwandeln. Er ist in der Lage, seine Hand leprös und wieder rein zu machen. Damit kann er seinen Führungsanspruch gegenüber Israel und seine göttliche Sendung gegenüber dem Pharao beglaubigen. Ein drittes Zeichen wird ihm für den Fall mitgegeben, daß die beiden ersten Wunder nicht »wirken«. Mose vermag ein wenig ausgeschüttetes Nilwasser in Blut zu verwandeln. Welche Zeichen in v. 17 gemeint sind, ist nicht recht ersichtlich. In Ex 4,1–9 wird nur bei *einem* Zeichen der Stab gebraucht, nach Ex 4,17 soll Mose »die Zeichen« mit dem Stab wirken.
Mose macht sich auf den Weg zurück nach Ägypten. Aaron geht ihm auf göttlichen Befehl in die Wüste entgegen. Nach Ex 4,28.30 (E) erzählt Mose dem Aaron, was Gott ihm aufgetragen und welche Legitimationszeichen er ihm mitgegeben hat. In Ägypten angelangt, führt Aaron vor dem zusammengerufenen Volk die Befehle aus. Er verkündet (v. 30) die Worte Gottes und tut die Wunderzeichen vor dem Volk. Die letztgenannten Wunder in Ex 4 haben keinen inneren Bezug zum Offenbarungswort. Sie sind keine Zeichen, die den Inhalt der Botschaft erklärend oder andeutend ans Licht bringen. Die Zeichen sind nur Hinweis auf eine Macht, die mehr vermag als der gewöhnliche Mensch. Der Beauftragte weist mit dem Zeichen darauf hin, daß ein Mächtiger hinter dem Wort steht, das er verkündet. Dabei ist völlig offen, ob diese Macht dem Augenzeugen des Zeichens Glück oder Unglück bereiten will. Die Entscheidung darüber liegt beim »Zuschauer«, der dem Beauftragten folgt oder nicht. »An 'ōt sieht man schließlich doch nicht die Wahrheit selbst, höchstens den Weg zu ihr. In der Einwirkung auf den Willen, den Weg zu beschreiten, liegt die Kraft des Zeichens«[7].

Gideon ist einer der charismatischen Retter Israels. Ri 6,14 wird er von Jahwe damit betraut, Israel aus der Hand der Midianiter zu retten. Gideon will sich dem Auftrag dadurch entziehen, daß er auf die Kleinheit seines Hauses im Stamm Manasse und auf seine völlige Belanglosigkeit innerhalb seiner Familie hinweist. Aber Gott wählt nach seinem Willen das Schwache: »Ich werde mit dir sein, und du wirst Midian schlagen« (v. 16). Mit dem Wort gibt sich Gideon nicht zufrieden. Gott hat ihm zwar seines Wohlwollens versichert, Gideon verlangt aber ein Zeichen dafür, daß nicht irgendwer, sondern Gott mit ihm gesprochen und ihn gesandt hat. Das Zeichen ist hier und in den anderen Berufungserzählungen ein wesentlicher Bestandteil. Die Texte Ri 6,17–21.36–40; 7,2–8 wollen Gideon Mut machen, Jahwes Ruf zu folgen. Aus den Zeichen gewinnt er die Überzeugung, daß Jahwe »mit ihm« ist.

1 Sam 14,1–14 schildert den Angriff Jonatans auf einen Vorposten der Philister. Jonatan war mit seinem Waffenträger allein losgezogen. Er ist davon überzeugt, daß Jahwe über Sieg und Niederlage entscheidet (v. 6). Während sonst Zeichen von Gott angekündigt werden (Ex 3,12, oder von einem Gottesmann: 1 Sam 2,34), macht Jonatan den Vorschlag, Gott möge mit einem Zeichen in der Zukunft Antwort darauf geben, wer den Kampf gewinnen wird. Er sagt v. 9 f: Wenn uns die Philister zurufen, wir sollen stehen bleiben, sie kämen herüber, dann gehen wir nicht hinüber. Wenn sie uns aber zurufen, wir sollen hinaufkommen, »dann wollen wir hinaufsteigen, denn Jahwe hat sie uns in die Hand gegeben. Das soll uns das Zeichen sein!« Die Philister rufen die zwei Hebräer zu sich hinauf. Jonatan sieht damit die Sache als von Gott entschieden an. Er und sein Waffenträger töten zwanzig Philister. Die Erzählung zielt auf die Heldentat des Königssohnes. Die Zeichenforderung gehört zu den Praktiken religiöser Kriegsführung. Bei dem Zeichen handelt es sich um ein nicht-kultisches Orakel. Die Feinde bekommen

in dieser Befragung zwei alternative Verhaltensmöglichkeiten »zur Auswahl«. Diesen unterlegt Jonatan eine affirmative oder negative Antwort Gottes auf seine Frage. Die Weisung ergibt sich aus dem Verhalten der Feinde, sie wird als Gottesbescheid angenommen[8], während es den Philistern auch möglich gewesen wäre, gar nicht zu rufen.

In den »geschichtlichen Büchern« finden wir Belege mit einem etwas anderen Gebrauch von »Zeichen«. Es soll ein Prophetenwort legitimieren. Die Voraussage des Propheten kündet etwas Zukünftiges[9]. Mit dem Inhalt der Botschaft hat das Zeichen nichts zu tun. Es ist äußerliche Legitimation. Gott autorisiert durch das Eintreffen der Ankündigung den prophetischen Sprecher.

1 Sam 2,12–36 enthält die Drohbotschaft gegen die Eliden. Elis Haus soll die Priesterwürde verlieren. Die Familienmitglieder haben sich beim Kult bereichert, mehr genommen, als Priesteranteil ist. Das wird in Form eines Gottesspruches getadelt und dem Haus Elis Unheil angedroht. In v. 34 soll ein Zeichen dieses »Wort« legitimieren: »Folgendes sei dir ein Zeichen, das über deine beiden Söhne Hofni und Pinhas kommen wird: Beide werden an einem Tage gemeinsam sterben.« Nach 1 Sam 4,11 starben beide im Kampf gegen die Philister. Gott hatte das Zeichen gewirkt.

1 Sam 9,26b – 10,8 erzählt mit der Salbung Sauls die rührende Geschichte von dem Bauernjungen, der auszog, um die verlorenen Eselinnen seines Vaters zu suchen, und der mit einer Königskrone zurückkommt. 1 Sam 9,16 erhält Samuel den Auftrag, Saul zum Fürsten zu salben. 1 Sam 10,1 (den wir nach der LXX ergänzen) schildert die Salbung. Die Zeichen, die Samuel v. 2.3–6 ankündigt, treffen ein. »Sobald (Saul) den Rücken gewandt hatte, um von Samuel fortzugehen, da wandelte Gott sein Herz in ein neues um, und es trafen alle jene Zeichen an diesem Tage ein« (v. 9). V. 10 spricht vom dritten Zeichen. Der Bericht der beiden ersten ist vermutlich aus dem Text herausgebrochen. V. 6 und 9 heben als wichtigstes Zeichen die Umwandlung des Herzens hervor.

In diesem Beleg gilt das Zeichen nicht mehr als technisches Hilfsmittel des Propheten, das ihn legitimiert.
2 Kön 19,20–34 verkündet Jesaja dem König Hiskija einen Gottesspruch, in dem v. 29 lautet: »Dies aber soll für dich ein Zeichen sein: In diesem Jahr wird man den Nachwuchs essen, im nächsten Jahr den Brachwuchs, im dritten Jahr sollt ihr säen und auch mähen, Weinberge pflanzen und den Ertrag genießen.« Die Interpretation des Zeichens ist schwierig, zumal Sanherib nach der gängigen Meinung nicht einmal ein Jahr in Palästina blieb[10]. Vielleicht ist das Zeichen aber auch anders in die Geschichte einzuordnen[11].
2 Kön 20,1–11 und die Parallele in Jes 38,1–8.21 f[12] handeln von der Krankheit und Heilung Hiskijas. Jesaja kommt mit einem Gotteswort zum König, er soll Hiskija den Tod ankündigen. Weil der Monarch zu Jahwe betet, erhält der Prophet ein zweites Gotteswort: Der König soll genesen, das Dankopfer nach drei Tagen im Tempel darbringen und noch 15 Jahre weiterleben. Jesaja verordnete dem König ein Feigenpflaster, an dem der Herrscher genas. Dann erst erfährt der Leser, daß Hiskija v. 8 vom Propheten wissen will: »Welches ist das Zeichen dafür, daß Jahwe mich heilen wird?« Jesaja bietet als göttliches Zeichen an, daß »der Schatten zehn Stufen rückwärts statt vorwärts gehe«. Der König akzeptiert, der Prophet betet zu Gott, der das »Sonnenwunder« wirkt. – Der aufmerksame Leser findet eine gewisse Spannung zwischen der Heilung des Königs durch den Propheten und dem Bericht, daß Jahwe das Gebet des Königs erhörte und ihm noch 15 Lebensjahre schenkte. Sind hier zwei verschiedene Traditionen literarisch miteinander verknüpft worden? Oder war ursprünglich der Prophet der von Gott gesandte Retter und Heiler? Weitere Spannungen bestehen zwischen den beiden Gottesworten, die sich widersprechen und doch unmittelbar nebeneinander stehen. Sollte Gott nicht gewußt haben, daß Hiskija zu ihm beten wollte? Der König ist auf alle Fälle skeptisch, er erbittet für das Rettungswort ein Beglaubigungszeichen und wählt den schwierigeren Fall aus: der Schatten, den die Sonne wirft, soll der normalen Rich-

tung entgegen rückwärts laufen. Damit gibt der König sich zufrieden.

Sind wir heutigen Leser mit dieser Erzählung »zufrieden«? Können wir ein Zeichen akzeptieren, das dem Lauf der Natur widerspricht und unserer Erfahrung entgegensteht? Ich stelle eine Gegenfrage: Will diese Legende naturwissenschaftlich analysiert werden, würde eine »natürliche Erklärung« nicht den Sinn der Erzählung verfälschen? Ich glaube, daß solch frommes Erzählen über Gottes Macht in der Welt keine »Naturwunder« postulieren will. G. Quell sagt aaO., 275: Mirakellegenden »sind Glaubensaussagen im gewollten fortissimo mit der mächtigen Resonanz der Dinge und Begebenheiten in der Erscheinungswelt«, und zu diesem Text: »Historie und Legende sind getrennt. Die Frage, ob die Sonnenuhr wirklich rückwärts gegangen ist, hat eine andere Dimension als die Frage, ob der Prophet Jesaja ein heilkundiger Mann war.«

Im Bereich der prophetischen Literatur und der geschichtlichen Bücher gibt es auch Zeichen, die als Denkmal einer früheren Heilstat Gottes fungieren. Der klassische Beleg ist Jos 4: Wie schon besprochen, wurde ein Steinkreis namens Gilgal, der ein Kultort des Stammes Benjamin war, zum Denkmal gemacht. Drei geschichtliche Ereignisse sollen dort erinnert werden: 1. die wunderbare Jordandurchquerung, die Jos 4,1–8.21–24 geschildert wird; 2. die Beschneidung und das erste Pesachfest im Lande Kanaan (Jos 5,7.8.10.11) und 3. der Eid von Jos 9,6–15, durch den die Israeliten den Gibeoniten einen Bund gewährten und ihnen Beistand gegen die Kanaanäer versprachen.

Jes 19,1–15 ist eine frühestens im Laufe des 4. Jh. entstandene Gerichtsankündigung gegen Ägypten. Die vv. 16–24 sind Ergänzungen dazu, die noch später angehängt wurden. Jes 19,19 f lautet: »An jenem Tage wird es mitten im Lande Ägypten einen Jahwealtar und an seiner Grenze eine Jahwesäule geben. Sie werden Jahwe Zebaot als Merkzeichen und Zeuge im Lande Ägypten dienen. Wenn sie Jahwe angesichts ihrer Bedränger anrufen, wird er ihnen einen Retter senden ...«. Sachliche Voraussetzung für v. 19 ist die Existenz unterdrückter jüdischer Gemeinden. Sie sind der Grund, warum Jahwe über Ägypten mit seinen Schlägen und Strafgerichten hereinbricht (v. 17). Ein neuer Mose wird das bedrängte Volk in Ägypten retten. Durch diesen Sieg erfahren die Ägypter die Macht Jahwes und haben damit die Möglichkeit, sich für Jahwe zu entscheiden. Altar und Denksäule haben hier eine doppelte Funktion als sichtbare und dauerhafte Zeichen: Jahwe erinnern sie an die Gemeinde seiner getreuen, verfolgten Israeliten, für die Ägypter sind sie Glaubenszeugnisse der jüdischen Gemeinde und Hinweis auf Jahwe, Israels Gott. In Leontopolis und früher in Elephantine sind für Ägypten jüdische Heiligtümer belegt.

Jes 55,13 ist das Schlußwort der Verkündigung Deuterojesajas. Er hat zuvor ein Preislied auf die Wirksamkeit des Gotteswortes gesungen, das »nicht wieder leer ... zurückkehrt«, sondern den Willen Gottes durchsetzt (v. 11). Gott ist verläßlich und mächtig. Er setzt seine Pläne gegen alle Widersacher durch und ist am Ende der Geschichte Sieger. V. 12 klingt noch einmal das große Thema Deuterojesajas an: die Botschaft der Freude über die Heimkehr der Verbannten. Sogar die Natur wird sich wandeln, »statt Dornenbüschen wachsen Zypressen, statt Nesseln Myrten« (v. 13). Auch in der Natur setzt Jahwe sinnfällige Denkmäler seiner Macht, die an die Größe und Herrlichkeit Gottes erinnern, der sein Volk machtvoll wieder zusammenführt. Am Schluß von Tritojesaja ist in einer »eschatologischen Rede« (Jes 66,19) ein letztes Zeichen verheißen: Gott richtet unter den Völkern ein Wegzeichen auf, das den Gottgesandten die Richtung weist.

In den letzten vier Belegen sind Zeichen gemeint, die nicht als Vorgänge hinweisenden Charakter haben, sondern dinglich-massive Zeichen darstellen.

Eine Zeichenansage steht in Jes 7,10–17[13]. Ob der Text messianisch zu interpretieren ist oder nicht, kann hier nicht erörtert werden. In der neueren Forschung hat sich das Ver-

ständnis dieses Stückes so kompliziert, daß nicht einmal in vordergründigen Fragen ein Konsens erreicht ist.
Hier steht der Zeichengedanke im Vordergrund. Nur darüber soll gehandelt werden. König Ahas sieht sich einem Bündnis des Nordreichs mit den Aramäerstaaten gegenüber. Dem drohenden Angriff seiner Gegner fühlt sich der Regent nicht gewachsen. Er trifft Vorbereitungen zur Verteidigung der Hauptstadt und sieht sich nach einem Bündnispartner um. Er will sich freiwillig den Assyrern unterwerfen. Die Verbindung mit Assur mußte religiöse Folgen haben, weil der Vertrag durch die Staatsgötter beider Kontrahenten garantiert wird. Gegen sein politisch kluges Vorgehen wendet sich das Gotteswort v. 4: »Hüte dich und verhalte dich ruhig! Fürchte dich nicht!« Dem König wird klargemacht, daß es um eine theologische, nicht um eine politische Entscheidung geht (v. 9 b): »Wenn ihr nicht glaubt, werdet ihr keinen Bestand haben.« Für diese prophetische Botschaft soll als Legitimation ein göttliches Zeichen geschehen. Intention des Zeichens ist der Glaube des Königs. Das Zeichen wird nicht erbeten, sondern dem König von Gott angeboten (v. 11), um ihn des göttlichen Beistands zu vergewissern und ihm die Glaubensentscheidung zu ermöglichen. Die gesamte Schöpfung »in der Höhe oder in der Unterwelt« steht für das Zeichen zur Verfügung. Es ist müßig, sich vorstellen zu wollen, was damit genau gemeint sein kann. Ahas weicht dem Zeichen mit der frommen Begründung aus, er wolle Gott nicht versuchen[14]. Gott läßt ihm diese Ausflucht nicht, sondern droht ihm – mit »lākēn« werden gewöhnlich Drohworte eingeleitet – ein Zeichen an, das den Unglauben des Königs ans Licht bringen soll. Jes 7,14 schildert das Zeichen. »Worin aber ist das Zeichen zu sehen? In dem Kind, in seiner ungewöhnlichen Speise oder in seinem Namen? Am nächsten liegt die Annahme, daß der Name Immanuel, der dem Kind beigelegt werden wird, das Zeichen ist. Dieser Name, ein prophetischer Symbolname . . ., deutet auf ein nahes Heil«[15].
V. 16 nimmt das vorher Gesagte wieder auf. Die für Jerusalem scheinbar günstige Entwicklung besteht darin, daß das

Nordreich und der Aramäerstaat vernichtet werden. Aber weil der König das Zeichen in seinem Unglauben abgelehnt hat, wird das ganze Volk schlimmen Zeiten entgegengehen, wie sie seit der Trennung der beiden Reiche nicht mehr gewesen sind (v. 17).

Das eigentliche Zeichen Gottes besteht meines Erachtens darin, daß Gott seine Pläne mit und ohne Zustimmung des Königs und des Volkes durchführt. Der Symbolname Immanuel verkündet Heil für den Gläubigen und Unheil für den Ungläubigen. Gottes Zeichen sind unterscheidende Zeichen, vor denen Glaube und Unglaube möglich sind. Aber die Zeichen entlarven die Haltung der Menschen.

Die Propheten haben in zwei Formen ihre Botschaft den Menschen ausgerichtet, durch ihr Wort – das eventuell durch Zeichen beglaubigt wurde – oder durch Taten, die wir »prophetische Zeichenhandlungen«[16] nennen. Einige Zeichenhandlungen müssen hier besprochen werden, weil sie im Text ausdrücklich als »Zeichen« gekennzeichnet sind. Während Legitimationswunder keinen inneren Zusammenhang mit dem Inhalt der prophetischen Verkündigung haben, eignet den prophetischen Zeichenhandlungen die Einheit von Botschaft und Zeichen, d. h. die Handlung bringt das Bezeichnete bei, bzw. das Bezeichnete wird in der Handlung dargestellt[17].

Jesaja sagt 8,18: »Siehe, hier bin ich und die Kinder, die Jahwe mir gab als Zeichen und Vorbedeutungen für Israel, sie sind von Jahwe Zebaot, der auf dem Berge Zion wohnt.« Mit dem »hier bin ich« stellt der Prophet sich und seine Kinder in den Dienst Gottes. Sie haben kein Wort zu verkünden, sie selbst sind Hinweis für ihre Zeitgenossen. Die Symbolnamen der Kinder (»ein Rest kehrt um« Jes 7,3 und »Eilebeute-Raubebald« Jes 8,3) verweisen auf den bevorstehenden Untergang des Nordreiches und des Aramäerstaates von Damaskus, auf das Gottesgericht über das Südreich und auf den Rest des Gottesvolkes, der übrigbleibt und umkehrt. Daß diese Ankündigungen eintreffen, garantiert der Gott des Zion, der diese Zeichen setzte.

Jahwe sagt Jes 20,3 f: »Wie mein Knecht Jesaja drei Jahre

nackt und barfuß als Zeichen und Wahrzeichen gegen Ägypten und Kusch einhergegangen ist, so wird der König von Assur ... die Deportierten wegtreiben ...«. In diesem Gotteswort wird eine Zeichenhandlung des Propheten erklärt, die v. 2 befohlen wurde: »Geh, streife den Sack von deinen Hüften und ziehe deine Sandalen von deinen Füßen«. Von vielen Exegeten wird der Vers als sekundäre Einfügung betrachtet. Die Zeichenhandlung wird in der Form des Fremdberichts geschildert. Vers 3 verhält sich zu Vers 4 wie die Bild- zur Sachhälfte. Der Prophet zeigt sich »nackt«, d. h. ohne Oberbekleidung; er symbolisiert die Ägypter und Kuschiter, die nackt und gefangen von Assur expatriiert werden. V. 3 erweckt den Eindruck, als ob dem Jesaja erst nach langer Zeit klar wurde, warum er nackt vor die Leute treten mußte. Der Vorgang hebt den Gehorsam des Propheten hervor, der »Knecht Gottes« genannt wird.

Jer 44,29 f dient zur Bekräftigung des Voranstehenden. Gott will einige Zeugen des Untergangs der Juden in Ägypten nach Palästina entkommen lassen. Sie sind für die übriggebliebenen Judäer Zeugen der Geltung des Jahwewortes. Zeichen ist, daß Pharao Hofra gegeben wird »in die Hand seiner Feinde und in die Hand derer, die ihm nach dem Leben trachten« (v. 30). Vermutlich hat Jeremia selbst die Zeichen nicht mehr erlebt. Man nimmt an, daß Jer 44,30 in Erfüllung ging, als Hofra von Amasis gestürzt und schließlich von den Ägyptern getötet wurde. Historische Gewißheit darüber ist nicht mehr zu erlangen.

Die komplizierte Einheit Ez 4,1–5,17[18] zerfällt in zwei Teile, die eigentliche Zeichenhandlung Ez 4,1 – 5,4 und deren Interpretation in Ez 5,4–17. Wir betrachten nur den ersten Teil. Er ist nicht in einem Zug niedergeschrieben worden, wir finden in ihm erklärende Zusätze. Letztere sind in einem komplizierten Traditionsprozeß zum ursprünglichen Text hinzugewachsen. Zimmerli hat aaO., 102 den Grundbestand folgendermaßen rekonstruiert:

1 »Du aber, Menschensohn, – nimm dir einen Ziegel / und lege ihn vor dich hin / und zeichne darauf eine Stadt / und verhänge über sie die Belagerung / und baue Belagerungswerke gegen sie / ...
2 Du aber – nimm Weizen und Gerste / und Bohnen und Linsen ... und mach dir daraus Brot / und deine Speise soll 20 Schekel am Tag ausmachen / zu festen Zeiten sollst du sie einnehmen / und Wasser sollst du trinken ein Sechstel Hin / zu festen Zeiten sollst du trinken.
3 Du aber, Menschensohn, – nimm dir ein scharfes Schwert / und laß es über dein Haupt und deinen Bart gehen / und nimm dir eine Waage / und teile sie (die Haare) / ein Drittel sollst du mit Feuer verbrennen / und sollst ein Drittel mit dem Schwert zerhauen / und ein Drittel sollst du in den Wind streuen.«

Ez 4,3 sagt: »... Ein Zeichen ist dies für das Haus Israel.«
Der Prophet muß also die Belagerung der Stadt Jerusalem, die Lebensmittelknappheit und die Katastrophe darstellen, die über die Bewohner der Stadt mit ihrer Zerstreuung hereinbricht. Das sagt Ez 5,4–6 mit eindringlichen Worten.

In der Zeichenhandlung verbürgt sich der Prophet mit seiner Autorität für das Angekündigte.

Prophetische Zeichenhandlungen sind nicht vom menschlichen Geist erfundene Illustrationen einer Botschaft, die sozusagen im Bild den Zeitgenossen nahegebracht wird, sondern eine andere Art göttlicher Verkündigung und Übermittlung, die Jahwe dem Propheten aufgetragen hat.

Es ist nicht sachgemäß, die Zeichenhandlungen unter dem Gesichtspunkt der Biographie des jeweiligen Propheten zu lesen. Die Aussageintention ist eindeutig die Verkündigung, die hinter dem Zeichen sichtbar wird. Die Gestalt des Propheten und sein Leben treten in den Zusammenhang der Gottesbotschaft mit hinein. Er erlebt im voraus am eigenen Leib, was Gott dem Volk verkündigen will.

In katechetischen Formulierungen wird das Hauptgebot von Dtn 6,4–6 eingeschärft: nur die ungeteilte Hingabe an Jahwe, den Bundesherrn und Spender des Landes, der seinem

Volke Weisungen gegeben hat, vermag Israel ins Land zu bringen, bzw. ihm »Ruhe« im Lande zu verschaffen.
Eine Gruppe der Zeichenbelege steht in diesem Zusammenhang. Der Sitz im Leben ist die Gesetzespredigt, denn das Erzählen der »Zeichen und Wunder« soll zum Halten der Gebote motivieren. Aus der literarischen Fiktion der Rede des Mose ergibt sich, daß man auf die Zeichen in Ägypten, am Gottesberg und bei der Wüstenwanderung rekurriert, nicht auf Ereignisse nach der Landnahme. Die Belege stehen in der Paränese. Diese will nicht erzählen, sondern etwas erreichen und in Bewegung bringen. Sie mahnt zur Bundestreue (Dtn 29,1 f), oder sie warnt mit abschreckenden Beispielen wie z. B.:
Num 14,22 (dtr). Im voraus wird die Kundschaftergeschichte erzählt. Die Wüstengeneration will, von wenigen Ausnahmen abgesehen, den Einmarsch in das versprochene Land trotz Gottes Aufforderung nicht beginnen. Dadurch hat Israel Jahwe »verachtet«. Gott will das Volk vernichten. Mose tritt als Fürbitter vor Gott. Er bittet um Vergebung. Wenn Jahwe sein Volk jetzt vernichten würde, wäre die Führung in der Wüste sinnlos gewesen. – Gott läßt sich besänftigen. Aber die Männer der Wüstengeneration – außer Kaleb und Josua – werden das verheißene Land nicht betreten, weil sie, wie v. 22 sagt, zwar die Herrlichkeit und die Zeichen Gottes in Ägypten gesehen haben, ihn aber »schon zehnmal« versucht haben und seiner Stimme nicht gehorsam waren. Gott will, daß die Menschen seine Zeichen ernst nehmen und seinen Willen tun. Wer die Zeichen nicht beachtet und sich gegen Gottes Willen entscheidet, den läßt Jahwe nicht in das versprochene Land.
Dtn 4,34 f wurde wohl nach der Katastrophe von 587 formuliert. Gott hat nur ein Volk erwählt und »herausgeholt«. Er kann auch jetzt helfen. Trotz seiner Untreue bekommt Israel Trost zugesprochen (Dtn 4,29): ». . . ihr werdet Gott suchen, und du wirst ihn auch finden . . .«, weil er barmherzig ist. Die Zeichen der Vergangenheit in Ägypten fungieren hier als »historischer Beweis«. Gott hat in den Wundern der

Rettung aus dem Hause der Knechtschaft seinem Volk ein Hoffnungszeichen gesetzt. »Damit du erkennst, daß Jahwe allein Gott ist« (v. 35), hat er so Großes getan. Der alte Gott ist auch heute mächtig genug, wenn er will. Das Zeichen meint »die ganze Gottesgeschichte in Ägypten, also das Grunddatum deuteronomistischer Theologie, 'ōt ist so die Gestalt der Jahwe-Offenbarung, die gegenwärtig verstanden werden will«[19]. In gleicher Art will die Paränese von Dtn 6,22 überzeugen. Die Generationen, die nicht den Horebbundesschluß miterlebt haben, werden danach fragen, warum Israel sich auf solche Verpflichtungen eingelassen hat. Neben der einmaligen, »vernünftigen« Argumentation, daß diese Gebote »menschenkonform« seien (Dtn 30,11–14), wird immer wieder auf die Zeichen in Ägypten und beim Auszug hingewiesen.

Auch für das Verhalten gegenüber fremden Völkern rekurriert das Dtn auf die göttlichen Zeichen. Dtn 7,19 stellt fest, daß Israel sich vor den Kanaanäern und allen Völkern, »die Gott in eure Hand gegeben hat«, nicht zu fürchten braucht. Die Großmacht Ägypten mußte sich unter die Schläge Jahwes beugen. Gott ist also stärker als der Pharao. Erst recht werden die fremden Völker im verheißenen Land, vom »Gottesschrecken« demoralisiert, für Israel ungefährlich sein. D. h. für den dtr Prediger: Wenn ihr Zuhörer wieder auf Gottes Zeichen vertraut und seine Gebote haltet, könnt ihr euren politischen Feinden erfolgreich widerstehen.

Dtn 7,1–10 ist ein Summarium der Erfahrungen Israels, das in hymnischer Art, doch mit erzieherischer Abzweckung spricht. Die alleinige Verehrung des einzigen Gottes Israels ist in Variationen das Hauptthema des Dtn. Nicht einmal eintreffende Wunder oder Zeichen sollen *den* Propheten oder Träumer vor dem Tod bewahren, der zum Fremdgötterdienst aufruft (Dtn 13,2–5). Widergöttliche Zeichen werden nicht anerkannt. Die Deuteronomiker waren aufgrund verwirrender Erfahrungen mit Propheten, Priestern und Sehern[20] den von Menschen vorausgesagten Zeichen gegenüber sehr kritisch und reserviert. Um so wichtiger wurden die Zeichen

der klassischen Zeit in Ägypten und in der Wüste, wie der alte Glaubenssatz Dtn 26,8 formuliert. Der aktuelle Bezug der Zeichen wird stets hervorgehoben (Dtn 29,1 f): »Ihr habt selber gesehen, was Jahwe alles vor euren Augen im Lande Ägypten dem Pharao, all seinen Dienern und seinem ganzen Lande getan hat ... jene großen Zeichen und Wunder.«
Die dtr Theologie hat den fundamentalen Glaubenssatz von den Zeichen und Wundern in Ägypten auch an andere Bibelstellen weitergetragen. Im Kapitel über den »Landtag von Sichem« wird von den Wundern gesprochen (Jos 24,17). Im später erweiterten Gebet des Jeremia (Jer 32,17–25) werden v. 20 f die Wunder in Ägypten in literarischer Abhängigkeit vom Dtn erzählt; eine ähnliche Darstellung findet sich in Nehemias Gebet im Sühnegottesdienst (Neh 9,10).
Daß der auswendig gelernte, in der Predigt immer auftauchende Glaubens- und Bekenntnissatz von den Zeichen Gottes im Gebetbuch des Alten Bundes ebenfalls seinen Widerhall fand, verwundert nicht. Ps 78 ist eine unter dem Einfluß des Dtn stehende, lehrhafte Betrachtung über die Geschichte des Gottesvolkes. Im dtr Schema von Sünde, Bestrafung und Erbarmung handelt das Weisheitslied von den Untaten des Volkes und den Zeichen und Machttaten Gottes. Ab v. 43 meditiert der Psalm die »Zeichen im Lande Ägypten«. Bis v. 51 werden die »ägyptischen Plagen« abgehandelt. Dann wird die Heilsgeschichte weiter verfolgt über die Landnahme, die Tage Samuels und Sauls. Am Schluß hören wir von der Erwählung des Zion und von David, dem Gesalbten Jahwes und dem Hirten seines Volkes.
Der Kulthymnus Ps 105, der zum Teil in 1 Chr 16,8 ff zitiert wird, gedenkt der großen Geschichtstaten Jahwes, der Patriarchengeschichte (vv. 8–13), der Josefsgeschichte (vv. 16–23), der Sendung des Mose (vv. 24–27), der ägyptischen Plagen (vv. 28–36), des Aufbruchs und der Wüstenwanderung (vv. 37–42), schließlich des Einzugs in das verheißene Land Kanaan (vv. 44.45). – Die einziehende Festgemeinde verherrlicht mit diesem Hymnus die wichtigsten Taten Jahwes, wie sie der Pentateuch in seiner Endgestalt darlegt. Die

Zeichen in der Frühzeit Israels sind Argumente für den Glauben der Israeliten, die Gott wiederum in das versprochene Land zurückgebracht hatte.
Ps 135 ist eine anthologische Zusammenstellung von Anklängen und direkten Entlehnungen aus früheren Psalmen und Bibeltexten. Er stammt aus einem Überlieferungsstrom, der die zentralen Themen des »Exodus aus Ägypten« und der »Hineinführung nach Kanaan« behandelt. V. 9 redet explizit von den »Zeichen und Wundern«.
Soweit ich sehe, ist von den »Zeichen«, die sich nicht auf Ägypten und den Auszug beziehen, nur Ps 65,9 die Rede: »Da fürchteten sich die Bewohner der Weltenden vor deinen Zeichen. Die Aufgänge des Morgens und des Abends läßt du jubeln.« Dieser Hymnus ist vermutlich vorexilisch. Sein Thema sind nicht die einmaligen Geschichtstaten Jahwes, sondern die Wohltaten, die Gott seinem Volke immer wieder zukommen läßt. Gott ist der Herr der Welt, der Beherrscher der Natur und Sieger über das Chaos. Die gewaltigen Taten Gottes in der ganzen Schöpfung beeindrucken nach der Meinung des Psalmisten nicht nur Israel, auch im entferntesten Osten und Westen fürchtet man sich vor den Zeichen, durch die Jahwe seine Macht in der Schöpfung kundgibt.
Den Zeichen in der Vergangenheit Israels und in der Natur stehen in der dtn/dtr Literatur eine weitere Reihe von Zeichen gegenüber. In ihnen wird die Gegenwart und Zukunft als Zeichen Gottes gesehen, das man entschlüsseln kann.
Ex 13,9 ist das Mazzenessen am Fest der ungesäuerten Brote Erinnerungszeichen; Ex 13,16 schließt derselbe Gedanke die Regelung der Satzungen über die Erstgeburt ab. Sie einzuhalten ist Erinnerungszeichen für den Schlag, mit dem Gott die ägyptische Erstgeburt vernichtet hatte. Nach dem Glaubensbekenntnis Israels fordert Dtn 6,8, daß der Israelit die Worte Gottes »als Zeichen auf seine Hand binden« soll, daß sie Marken auf seiner Stirn sind. Die gleiche Formulierung des Gebotes finden wir Dtn 11,18. Solches Erinnern ist nicht Rückblick, sondern Freisetzung des göttlichen Heilswillens und seiner Macht für die Gegenwart. Im Befolgen der Gebote

findet der Gläubige Gottes Hinwendung zu ihm. Diese Hinwendung zu finden und ihr zu leben, ist die Aufgabe Israels, das sich seines Gottes erinnert.
Auch die Zukunft des Gläubigen wird durch die Zeichen der Gegenwart berührt. »Jahwe wird dich zum Haupt machen ..., wenn du auf die Gebote hörst ... Und über dich werden alle diese Flüche kommen ... bis du vertilgt bist, weil du nicht gehört hast auf die Stimme Jahwes, deines Gottes, seine Gebote und Satzungen zu bewahren, die er dir geboten hat. Sie werden für alle Zeiten zum Zeichen und Wunder an dir und deinen Nachkommen werden« (Dtn 28,13.45.46). In diesem Kapitel wird der kanaanäische Baal als Segensspender »theologisch entmachtet«. Jahwe wird die vorgetragenen Segensworte und Flüche zuverlässig erfüllen. Damit erweist er sich in der Zukunft als der einzige wirkliche Machthaber über Natur und Geschichte. Zeichen ist Segens- und Fluchwort insofern beide Worte krafterfüllt und wirksam sind. Sie gehen nicht ins Leere. Gott kann wahrmachen, was da vorausgesagt und angedroht ist. So werden die Worte zu Zeichen.
Die priesterschriftliche Theologie übernimmt die Tradition von den göttlichen Zeichen und differenziert sie weiter.
Ex 6,2 – 7,7[21] enthält die Berufung des Mose durch Jahwe nach der P-Version. Ex 3 f steht die J/E-Version. Der ins Auge fallende Unterschied zu den beiden älteren Überlieferungen ist, daß nach P Mose in Ägypten berufen wurde. Die abschließende Pentateuchredaktion hat aus der P-Berufung eine erneute Bestätigung der früher ergangenen Erwählung gemacht. Allen Überlieferungen ist die Verheißung gemeinsam: »Ich will im Lande Ägypten viele Zeichen und Wunder wirken« (Ex 7,3b). So hat P, der J und E kannte, das ältere Erzählungsgut zusammengefaßt und den wesentlichen Inhalt vereinfacht dargestellt. An die P-Berufung schließt sich die große Erzählungseinheit der »ägyptischen Plagen« an, die mit den Legitimationswundern vor dem Pharao beginnt. Um die »zehn Plagen« zu ermöglichen, braucht der Redaktor das »Verhärtungsmotiv«. Die Zeichen durften den Pharao nicht

vorzeitig überzeugen, sonst wäre die großartige literarische Komposition der heutigen Endfassung nicht möglich gewesen. So hält auch die jüngste Pentateuchschicht die Theologie des Zeichens als Legitimation durch.

Bei der 10. Plage steht Ex 12,13 (P) das Gotteswort: »Das Blut soll euch aber zum Zeichen dienen an den Häusern, in denen ihr seid. Wenn ich das Blut sehe, dann will ich euch übergehen. Es soll euch kein vernichtender Schlag treffen, wenn ich das Land Ägypten schlage.« Das Zeichen hat hier die Funktion des Schutz- und Erkennungszeichens.

Eine dunkle Stelle ist Num 15,39 (P). Der hebräische Text lautet übersetzt: »Es soll euch zu einer ›Quaste‹ werden, und ihr sollt es ansehen und dabei an die Gebote Jahwes denken und sie befolgen ...« F. Stolz schlägt in THAT I, 1971, »sp« 94 die Emendation von »Quaste« in »Merkzeichen« vor. Das ist sicherlich von P gemeint. M. Noth schreibt zutreffend in ATD 7, 1966, 104: »Daß die ›Quasten‹ mit den auf irgend eine nicht bezeichnete Weise an ihnen angebrachten violett-purpurnen Schnüren ... ursprünglich eine magisch-apotropäische Bedeutung gehabt hatten ..., ist sicher anzunehmen; ihre Umdeutung auf ›Erinnerungs-Mittel‹ ... ist gekünstelt ... und offensichtlich sekundär.« Die Priesterschrift hat den alten Brauch »entmagisiert« und dafür mit korrekt jahwistischer »Erinnerungstheologie« aufgeladen.

Num 17,3b (P) erzählt ein Wahrzeichen für Israel. Feuer war von Jahwe gegen die aufrührerische Rotte Korach ausgegangen und hatte sie vernichtet. Durch dies Gottesurteil wurde die Autorität von Mose und Aaron bestätigt. Laien dürfen keine Räucheropfer darbringen. Auf Moses Befehl werden die Räucherpfannen der Umgekommenen zu Platten für einen Metallüberzug des Altars umgearbeitet, als Mahnzeichen für die Späteren: In Israel darf sich kein Unbefugter liturgische Funktionen anmaßen, ohne es mit dem Leben zu büßen. Das entspricht der Grundanschauung der Priestertheologie.

Num 17,25 (P_S) schließt sich hier an. Die Geschichte vom Stab Aarons[22] (Num 17,16–26) erzählt einen Vorgang, der »als Wahrzeichen für die Widerspenstigen« der Erinnerung und Mahnung zugleich dienen soll. Die Erwählung der Aaroniden zum führenden Priestergeschlecht wird durch einen wunderbaren Vorgang sichtbar gemacht. Man wählt zwölf dürre Zweige für die zwölf Stämme Israels. Jeder wird mit einem Stammesnamen beschriftet und dann auf göttlichen Befehl »im Offenbarungszelt vor dem Zeugnis« (v. 19) niedergelegt. Der Zweig des erwählten Stammes soll ausschlagen. Am nächsten Morgen hatte Aarons Stab sogar Blüten getrieben und Mandeln hervorgebracht. Dieses Mahn- und Erinnerungszeichen sanktioniert den Anspruch der Leviten gegenüber den Laien. Der Wunderstab wird aufbewahrt. Spätere Gelüste der Laien, sich in levitische Angelegenheiten einzumischen, sollen im Keim erstickt werden.

In der Priesterschrift wird der Sabbat besonders betont. Seitdem ein geordneter Gottesdienst im Exil dadurch nicht mehr möglich war, daß der Tempel nicht zur Verfügung stand, hatte der Sabbat als unterscheidende Übung der Israeliten an Gewicht gewonnen. Seine korrekte Einhaltung wurde zum Glaubensbekenntnis des Juden. Damit wurde es möglich, den Sabbat mit seinen Gesetzen als »Zeichen« zu betrachten. Er erinnert Israel an seinen Gott, dessen Heilstaten und die Pflichten, die Israel auf sich genommen hat.

Ex 31,13 (P_s) steht der Auftrag an Mose: »Gebiete den Söhnen Israels: Beobachtet meine Sabbate, denn sie sind ein Zeichen zwischen mir und euch für eure Geschlechter, damit ihr erkennt, daß ich, Jahwe, es bin, der euch heiligt.« Die Aussonderung und Erwählung des Gottesvolkes ist nur vollziehbar und erkennbar, wenn Israel das vorangehende Handeln Gottes in seinem Leben ratifiziert. Das Zeichen ist hier einerseits Gottes Setzung, andrerseits menschliche Tat und Aufgabe. Damit wird für die Priesterschrift Israel selbst Zeichen, Hinweis auf Gott in der Welt.

Ex 31,17 (P_s) legt genauer aus: Israel soll die Sabbatruhe auf sich nehmen und als göttliche Verpflichtung tragen: »Zwischen mir und den Israeliten soll er ein Zeichen für immer sein, denn in sechs Tagen hat Gott den Himmel und die Erde erschaffen, und am 7. Tage ruhte er und holte Atem«.

Für P ist der Bund keine wechselseitige Verpflichtung nach der Art der »Bundesformel«. Als Gabe hat Jahwe für Israel einen Bund aufgerichtet. Er ist göttliches Geschenk, der Mensch sein Empfänger. Diesen Gnadenbund kann menschliches Versagen nicht zunichte machen. Zwar spricht auch P vom Halten der Gebote, er kennt auch in Lev niedergelegte, komplizierte Sühneeinrichtungen, die Israel im Rahmen des Bundes wieder kultfähig machen sollen, wenn es gesündigt hat. Aber grundsätzlich ist für P der Bund menschlichem Zugriff entzogen. Die priesterschriftliche Quelle kennt zwei Bundesschlüsse mit den entsprechenden Bundeszeichen.
Sie entfernt die Bundesaussage aus dem Sinaikomplex und legt das Gewicht auf den Abrahamsbund in Gen 17, der zu *dem* Bund mit Israel wird. Der vorangehende Noachbund wird als universale Heilssetzung Gottes für die gesamte Menschheit verstanden.
Diese Reduzierung der Bundesschlüsse ist dadurch möglich, daß bei P der Bund die Erwählungsaussage nicht mit umfaßt. Die Erwählung Israels ist in Gen 17 niedergelegt. So umfaßt der Abrahamsbund alle späteren Heilszuwendungen Gottes.
Der universale Bund von Gen 9,12 f (»Noachbund«) hat den Bogen[23] als Zeichen: »Und Gott sprach: Dies ist das Zeichen des Bundes, den ich zwischen mir und euch und jeglichem lebenden Wesen bei euch für ewige Geschlechter setze: Meinen Bogen setze ich in die Wolken, daß er ein Zeichen des Bundes sei zwischen mir und der Erde.« V. 17 wiederholt mit ähnlichen Worten. In Gen 8,20–22 wird erklärt, warum die Natur und ihre Ordnungen stabil bleiben, obwohl die Menschen weiterhin Gewalttaten verüben und verwildern. Gott setzte einen Akt der Geduld. Er garantiert die Ordnung des Kosmos trotz allem Anlaß zu einer neuen Sintflut.
Der Abrahamsbund (Gen 17,1–14 P) hat die Beschneidung als Bundeszeichen (v. 11): ». . . ihr sollt euch beim Fleisch der Vorhaut beschneiden lassen, das wird ein Bundeszeichen zwischen mir und euch sein.« Während in diesen Versen von Abraham nur einmal kurz gesprochen wird, spricht alles andere nur über Jahwe. Die lange Gottesrede ist schwerfällig

und umständlich formuliert. Sie formuliert die Intentionen des Bundes. Abraham soll ganz und gar vor Gott wandeln. Dafür errichtet Gott ihm »einen« Bund, d. h. er gibt Abraham das Versprechen, ihn zu einer Völkermenge zu machen. Abraham fällt stumm vor Gott nieder. Diese Geste zeigt seine Ergebenheit und die Annahme des göttlichen Versprechens. Ein zweiter Redegang wiederholt die göttliche Zusage. Daran wird mit einem merkwürdigen Wortspiel die »Änderung« des Namens Abram in Abraham angehängt. Wie bei J in Gen 12,3 wird in Gen 17,4 (P) verkündet, daß in Abraham das Heil über Israel hinaus ausgeweitet wird.

Gen 17,7 f (P) weist auf die zeitlose Gültigkeit des Bundes hin und nennt als weitere Heilsgaben das neue Gottesverhältnis und das Land[24]. Der nächste Abschnitt handelt von den Pflichten des menschlichen Partners in dieser Gemeinschaft, die der Mensch »bewahren« muß. Die geforderte Beschneidung der männlichen Nachkommen ist Bekenntnis und Zeichen der Annahme des Bundes. Im Unterschied zum Noachbund richtet sich der des Abraham an einen bestimmten Kreis von Adressaten und fordert ihren besonderen Gehorsam. Der Ungehorsame wird aus seiner Sippe ausgerottet[25].

Durch die Beschneidung wird das Individuum, nicht mehr das Kollektiv (Israel) verpflichtet. Durch den Wegfall des gemeinsamen Kultus in der Exilszeit liegt bei P die Verantwortung beim einzelnen, der das Zeichen der Beschneidung trägt. Es geht nicht um »inneren Glauben« und Umkehr des Lebens, sondern um ein äußeres Zeichen, mit dem man sich zum Bundesgott Jahwe bekennt.

F. Stolz definiert (in THAT I, 1971, sp. 94 f) Zeichen als »das Sichtbarwerden einer umfassenden Gottesordnung, die Natur und Zeit umgreift, sich in der Geschichte Israels verdichtet und schließlich im Kult zur Vollendung kommt.«

Zur Endredaktion des Pentateuch gehört Num 14,11: »Jahwe sprach zu Mose: Wie lange wird mich dies Volk verschmähen, und wie lange werden sie mir nicht Vertrauen schenken trotz all der Zeichen, die ich in seiner Mitte getan habe?« Hier wird noch einmal klar, daß »Zeichen« Hinweise

Gottes sind, mit denen er dem Menschen die Glaubensentscheidung erleichtern will. »Das ist schon eine ganz massive Theologie. Der Gedanke: man kann, ja man muß die Wahrheit sehen, wenn man über Geschehenes und Erfahrenes nachdenkt, verbindet sich mit dem von Deuterojesaja viel variierten Thema von Jahwe als dem Schöpfer und Herrn der Welt und Menschheit. Verstehen wird allerdings immer nur der, welcher den ›ausgestreckten Arm‹ zu sehen vermag«[26].
Diese Interpretation von P und R geht mit der Theologie der Deuteronomisten zusammen. Dort wird alles, was an Wundern geschah, unter dem Begriff göttlicher Versuche und Versuchungen zusammengefaßt. Gott prüft die Bereitschaft des Menschen, der sich der göttlichen Allmacht vertrauend unterwerfen soll.
So ist an allen Fundorten das »Zeichen« Symbol für die Behauptung des Glaubens: Man kann die Wahrheit sehen, – wenn man will! Von der Macht der Zeichen sprechen auch noch die Apokalyptiker (Dan 3,32 f; 6,26–28), also praktisch das ganze AT.

Zusammenfassung

Wie der Name »Zeichen« sagt, hat 'ōt vor allem Hinweischarakter. Das Zeichen will eine Erkenntnis mitteilen. Das Vehikel dieser Mitteilung ist eigentlich nicht wichtig, weil es beim Zeichen nicht um das »was«, sondern um das »wohin« geht. Zeichen sind um ihrer Funktion willen beachtenswert, nicht »an sich«.
Das Vorkommen der »Zeichen« im AT umfaßt die ganze Erfahrungsmöglichkeit des Menschen. Die Schöpfung, die Geschichte der Gemeinschaft und der Kult Israels enthalten Zeichen genauso wie das einzelne Menschenleben, in dem Gott manifest wird.
Zeichen haben das Ziel, im Wahrnehmenden eine Erkenntnis hervorzubringen oder ihn über die Einsicht hinaus zu einer Änderung des Lebens zu bewegen. Dem Empfänger göttlicher

Zeichen legen sie eine Entscheidung nahe, er soll Gott anerkennen. Im Zusammenhang mit dem Exodusereignis und der Führung in das versprochene Land geht es um die Erkenntnis israelitischen Glaubens, die das Dtn (6,4) zusammenfaßt: »Jahwe ist Gott als einer allein!« Das ist die Quintessenz aller Zeichen des Gottes, der für sein Volk sorgt.
Abgesehen von der Weisheitsliteratur finden wir vom Jahwisten bis Daniel in der alttestamentlichen Theologie das Zeugnis von den Erkenntniszeichen Jahwes. Allerdings gehören die Belege bei J sicher zu den jüngeren Schichten. Daß vom Dtn und seiner Schule die Zeichen des Auszugs besonders hervorgehoben wurden, liegt an der Zeit, in der und für die jene Theologie konzipiert wurde.
Im Bereich der Paränese wirkt das Zeichen als Motivation zum Halten der Gebote. Als Bestandteil einer Gerichtsankündigung schildert es die Folgen des göttlichen Eingreifens. Es beweist die Geltung des göttlichen Wortes.
Wenn Gott mit Zeichen gegen Nichtisraeliten vorgeht, z. B. Ägypter oder Assyrer, will er (zumeist) nicht Vertrauen oder Glauben schaffen, sondern die Andersgläubigen dazu bringen, daß sie Jahwes Macht anerkennen. Wenn der Fromme um ein Zeichen bittet, soll es die Gegner des Beters beschämen. Er vertraut seine Sache Gott an. Im Zeichen sollen seine Widersacher sehen, daß Gott die Not der Frommen wendet.
Das Zeichen steht »zwischen« Gottes Aktion und der Reaktion des Menschen. So kann man einen guten Teil der Zeichen auch als »Glaubenszeichen« ansprechen (z. B. in Jos 24,17), während andere als Erinnerungszeichen den vorangehenden Glauben dokumentieren (Ex 13,9; Jos 4,6 f, wie speziell die Bundeszeichen Gen 17,11; Ex 31,13.17).
Die Bestätigungszeichen etwa bei den Berufungsberichten (Ri 6,17) bringen neben der Beistandszusage Sicherheit für den von Gott Berufenen, auch wenn sie sich erst in der Zukunft ereignen. Daneben stehen die Legitimationswunder, z. B. Ex 4,1–9, die im Gegensatz zu den Zeichenhandlungen keine innere Beziehung zum Inhalt der jeweiligen Botschaft haben.

Zusammenfassend schreibt F. J. Helfmeyer im ThWAT I, 203: »Die Verwendung von 'ōt in einer bestimmten literarischen Schicht oder in einem bestimmten traditionsgeschichtlichen Stadium zu lokalisieren, ist nicht möglich, wohl aber ihre Beheimatung in einer bestimmten Gattung, wenn auch nicht ausschließlich, so doch überwiegend in paränetischen Texten. Mag sein, daß die Paränetiker bei der barocken Aufzählung von »Zeichen und Wundern« u. ä. ... auf den Hymnus zurückgreifen (Quell 289; ThWNT VII, 214), es überwiegt jedoch die lehrhafte Tendenz, wie sie in den Gesetzespredigten, paränetischen Geschichtsrückblicken und bekenntnisartigen Konstatierungen zum Ausdruck kommt. Als ihr Ort kommt am ehesten der Kult in Frage.« Das Wirken Gottes wird also interpretiert und bekommt dem glaubenden Menschen gegenüber den Charakter eines Hinweises. So wird die gesamte Wirklichkeit auf Gott hin transparent.

2. Kapitel: g^{e}būrōt = Krafttaten

Der Grundbedeutung des Verbs »gbr« entsprechend bedeutet das abgeleitete Nomen g^{e}būrā Stärke oder Kraft. Es wird von den physischen Kräften des Menschen und der Tiere gebraucht.
Zunächst galt der König als Personifizierung der Macht. Später bekannte Israel, daß Jahwe der »König der Könige« ist. Deswegen wurde seine höchste herrscherliche Macht über die Menschen und Zeiten besungen und die Schöpfungswerke als »Krafterweise Gottes« gewertet (Ps 65,7). Jahwes Taten in der Geschichte wurden als Leistungen seiner starken Hand und seines ausgereckten Arms gepriesen (vgl. Dtn 4,34; 11,2; 26,8 u. ö.) und verherrlicht[27]. Der Name Gottes wird mit seiner Kraft identifiziert, oder beide Begriffe werden gleich-

wertig nebeneinander gestellt. Jer 16,21 sagt: »Ich will ihnen meine Hand und meine Kraft zeigen, und sie werden erfahren, daß mein Name Jahwe ist.«

In dem Israel geoffenbarten Gottesnamen birgt sich die Garantie der Nähe und Hilfsbereitschaft Gottes. Der Name ist die Offenbarungsseite Gottes. So gehört er in besonderer Weise dem Kultus zu (vgl. »den Namen Jahwes anrufen« in Gen 12,8; 13,4; 21,33). Wo der Name Gottes wohnt, ist Gott zwar nicht ausschließlich – weil ihn auch die Himmel der Himmel nicht fassen können (vgl. 1 Kön 8,27), aber in besonderer Art hörend, sehend und hilfreich gegenwärtig (vgl. 1 Kön 8,16.29 u. ö.). Der Mensch, der von Gott nach Anrufung seines Namens erhört wurde, kann leicht Namen und Kraft Gottes in eins setzen. Beide wurden als göttliche Hilfe erfahren.

Dtn 3,24 lautet: »Herr, Jahwe, du hast begonnen, deinem Knecht deine Größe und deinen starken Arm zu offenbaren. Wo ist im Himmel oder auf Erden ein Gott, der solche Taten und Machterweise wirkte wie du?«

Der Text steht in der »ersten Einleitung« zum Dtn. Sie enthält eine Rekapitulation der Ereignisse zwischen dem Aufbruch Israels vom Horeb und seiner Ankunft im Ostjordanland. Der Verfasser hat sieben Einzelereignisse, die vorher schon bei JE dargestellt worden sind, durch verbindende Zwischenstücke zu einer beeindruckenden, flüssig lesbaren Einheit zusammengearbeitet. Das Stück enthält überraschende Übereinstimmungen und ebenso überraschende Divergenzen zu den vorangehenden Pentateuchüberlieferungen. So verwundert es nicht, wenn der Autor die Taten Gottes unter einem neuen Gesichtspunkt sieht und vorträgt. Der Satz steht in einem Gebet, das Mose in den Mund gelegt wird. Die Taten und Machterweise sind im Gebetsstil als feststehender Topos zu finden und müssen aus dem Kontext erklärt werden.

Meines Erachtens zeigt die nähere Umgebung des Gebets, daß hier Gottes Machttaten in der Vergangenheit und in der Zukunft gemeint sind. Dtn 3,1–7 zeichnet ein Stück Vergangenheit. Og von Baschan wurde mit seinem ganzen Kriegsvolk den Leuten des Mose überantwortet und verfielen dem Bann. Die beiden Könige Sihon und Og wurden durch Jahwes Hilfe besiegt. Dtn 3,21 hingegen weist auf die Zukunft: Josua, der Nachfolger Moses, soll den Jordan überschreiten und das Westjordanland erobern. Gott wird auch die Reiche jenseits des Jordan vernichten. »Fürchtet sie nicht, denn Jahwe, euer Gott, wird für euch kämpfen« (Dtn 3,22). Der Prediger sagt, wenn Israel glaubt, wird es Gottes mächtige Taten in der Zukunft ebenso erwarten können, wie sie in der Vergangenheit den Altvorderen zur Rettung geschahen. Denn Gott hat ja erst »begonnen«, seine Macht zu zeigen. Der einzigartige Jahwe wird noch mehr und Größeres tun, wenn Israel ihm die Treue hält.

Zu den Belegen in den Prophetenbüchern: Jes 63,15 steht eine einleitende Bitte und das Bekenntnis der Zuversicht. Die Beter erflehen die Hinwendung Gottes zu seinem Volk. Gott in der fernen, unerreichbaren Wohnung seiner Herrlichkeit soll sich den Rufenden zuwenden. Zwei Dinge werden vom bedrängten Volk vermißt: Gottes Eifer und seine Krafttaten.

Der Begriff »Eifer« wird im AT doppelsinnig verwandt. Als positiver Effekt meint er in Jes 9,6; 37,31 f und wohl auch hier Jahwes Garantie für seine Heilsweissagungen gegenüber Israel, während die Mehrzahl der Belege sein Eifern gegenüber fremden Göttern meint, die Israel neben und wider ihn verehrt. Jahwe hat mit seinem Volk einen Bund geschlossen. Daran erinnert Israel seinen Gott in jeglicher Notlage. Der Herr des Bundes hat die »moralische Verpflichtung«, seinem armseligen Volk zu helfen. Seine Krafttaten sollen Israel aus der bedrängten Gegenwart befreien und einer besseren Zukunft entgegenführen. Israel bittet um Heilstaten in der Zukunft. Nicht die Berufung auf »die Väter« hilft in der Gegenwart weiter, nur »der Vater«-gott ist »Erlöser von uran«. Auf diesem Wege kommen die Heilstaten der Vergangenheit mit in den Betrachtungshorizont hinein. Weil Gott sich seinem Volk in der Vergangenheit immer wieder huldvoll zuneigte, können spätere Generationen es wagen, weiter auf Gott zu hoffen, von dessen Machttaten Israel nicht aufhörte, Zeugnis abzulegen. Jes 64,11 zeigt, daß die Beter einzig von Gott die Wendung ihres Schicksals erwarteten.

Die Mehrzahl der Belege findet sich in den Psalmen. Ps 20 ist ein Gebet für den König aus der Zeit des Exils oder kurz davor. Der Psalm ist einer Bittliturgie zuzuweisen. Begründung der Bitte ist die Überzeugung, daß der göttliche Name und die Hilfe Jahwes den König des Zion vor allen menschlichen Waffen und kriegerischen Zugriffen schützen können. Ps 20,7 sagt: »Nun weiß ich, daß Jahwe seinem Gesalbten hilft. Er erhört ihn von seinem heiligen Himmel, in den Krafttaten seiner siegreichen Rechten.«

Der König wird als »Gesalbter« bezeichnet. Der Ausdruck betont die Dignität und Unantastbarkeit des von Gott Erwählten, der menschlichem Zugriff nicht mehr zugänglich ist (vgl. Ps 2,2.5 f; 18,51; 28,8 u. ö.). Als Gottes Erwählter bedarf er keiner menschlichen Hilfe. Gottes Machttaten schenken ihm das Reich, den Sieg und den Frieden. Jahwe erhört ihn in jeder Not.

Gottes Krafterweise werden in der Zukunft erwartet, in exilischer Zeit mit einem in Babylon gefangenen König wahrhaftig ein starkes Wort. Die Berechtigung zu solcher Hoffnung wird aus der Geschichte genommen. Ps 20,8 begründet so: einige Leute setzten auf Streitwagen, andere auf die Reiterei, wir aber riefen den Namen unseres Gottes an. Jene stürzten und fielen, doch wir haben alles überstanden, ein Zeugnis des Vertrauens in einer aussichtslosen Lage.

Ps 66,1–11 enthält einen Chorhymnus. Er erinnert an Deuterojesaja, ist also nachexilisch. Die »Namen-Theologie« finden wir auch im Kontext dieses Beleges (66,2), sie gehört offensichtlich mit der Rede von den »Krafttaten Gottes« zusammen. V. 7 lautet: »Er herrscht auf ewig in seiner Macht (g^ebūrā), seine Augen meistern die Völker. Die Empörer können sich nicht erheben.« – Mit den in vv. 5–7 angeführten Machttaten finden wir uns in der Vergangenheit Israels. Gemeint sind die »typischen Befreiungstaten« am Schilfmeer und bei der Jordanüberquerung. Daß Jahwe sein Volk durch seine Macht befreit, ist Erfahrung und Glaube in Israel.

Ps 71,16 ist ein nachexilischer Beleg. Beter des Psalms ist ein alter Mann in höchster Lebensgefahr. Er ist gewiß, daß Gott ihn rettet und ihm Anlaß zu Lob und Dank gibt: »Ich werde einziehen dank der Krafttaten des Herrn, allein will ich deine Gerechtigkeit rühmen.« Gott wird in diesem Gebet als Fels der Zuflucht und feste Burg beschrieben. Ihm vertraut der Beter von Jugend an. So bittet er nun, Gott möge seinem Alter die Hilfe nicht entziehen, die er seiner Jugend gewährt hat. Seine Feinde meinten, die Krankheit erweise als Strafe Gottes den Alten als Sünder. Der Kranke hingegen ist überzeugt, daß ihm seine Gesundheit durch Gottes Krafttaten wiedergeschenkt wird. Damit würde er auch vor den anderen gerechtfertigt. – Ps 71 handelt in diesen Stellen nicht von geschichtlichen Heilstaten Gottes, sondern von der Hilfe Jahwes im Leben des einzelnen. Insofern ist dieser Beleg nicht repräsentativ. Ps 71,18 bittet der Autor, daß Gott ihn bis ins hohe Alter nicht verlasse. Er will Gottes große Taten verkünden, von seinem starken Arm reden. Damit würde er ein dankbarer Zeuge der Großtaten seines unvergleichlichen Gottes auch noch in seinem von Krankheit gezeichneten Alter.

Ein weiterer nachexilischer Beleg ist Ps 106. Die geschichtliche Darstellung ist an dtr Strukturen angelehnt. Die vv. 1–5 und 48 bilden einen liturgischen Rahmen. Bevor von den Gottestaten und der Schuld Israels die Rede ist, wird das Gotteshandeln unter dem Begriff »Krafttaten« zusammengefaßt und gepriesen: »Wer könnte die Krafttaten Jahwes erzählen und allen seinen Ruhm verkünden?« fragt Ps 106,2. Der Aufruf zu Dank und Lobpreis greift auf Gottes Handeln in der Geschichte zurück, während v. 47 ein Hilferuf der Exilierten in der Diaspora ist, der von ihrer Notlage ausgeht.

Ps 145,4 steht in einem der spätesten Psalmen, die uns über-

liefert sind, und lautet: »Ein Geschlecht künde dem anderen seine Werke, deine Krafttaten sollen sie erzählen.« Thema des Psalms ist das Königtum Jahwes. Die folgenden Verse nennen sein Handeln »furchtbare Taten« oder »Großtaten«. Die Beter gedenken Jahwes Barmherzigkeit, seiner Langmut, seiner Huld, seiner Güte und seines Erbarmens, schließlich der Herrlichkeit des Königreichs Gottes. Weiter lesen wir, daß Gott allen Lebewesen Wohltaten erweist und allen nahe ist, die ihn aufrichtig anrufen. Jahwe behütet die Menschen, die ihn lieben, die Gottlosen vertilgt er. – Das Thema von Ps 145 ist breit angelegt. Neben Gottes Handeln in der Geschichte des Volkes und des einzelnen steht als Großtat Gottes sein Handeln in der Schöpfung. Gott ist der Herr des Universums. Er leitet das Ganze und führt einen jeden einzelnen – eine staunenswerte Krafttat Gottes, die »alles Fleisch« preist und mit Bewunderung erfüllt.
Ps 150 ist die nachexilische Schlußdoxologie des Psalters. V. 2 lautet: »Lobt ihn um seiner Machttaten willen, lobt ihn ob seiner gewaltigen Größe!« – Die Machttaten Gottes werden nicht näher umschrieben. Vermutlich sollen in dieser schlagwortartigen Zusammenfassung die Taten in Schöpfung und Geschichte zusammengedacht werden, wie der Psalter insgesamt Gott in seinem geschichtlichen Walten und in der Größe seiner Schöpfung zu preisen versteht.

Da die Weisheitsliteratur über die Größe der Schöpfung nachdenkt, sind die Krafttaten Gottes auch ihr Thema. Ijob 26,14 lautet: »Siehe! Dies sind nur die Säume seines Weges, welches Flüsterwort hören wir nur von ihm. Doch den Donner seiner Krafttaten, wer vernimmt ihn?«
Am Anfang des Kapitels nimmt Ijob Stellung zu den Vorwürfen seines Freundes Bildad. Der Rest des Textes ist eine imponierende Schilderung der Krafttaten Gottes. Für Jahwe ist die Schöpfung ein aufgeschlagenes Buch. Einem jeden setzt er seine Grenze. Was sich ihm nicht fügt, das zerschmettert er. Aber was der Mensch auch immer sieht, ist nur der »Saum« dessen, was wirklich Gottes Werk ist.

Ijob ist sich mit der Weisheitsschule klar, daß menschlicher Geist das Gesamt und die Größe der Taten Gottes nie verstehen kann. Der Donner in seiner imponierenden Gewalt ist Symbol der Machttaten Gottes, vor denen der Geist des Weisen sich stumm bescheidet (vgl. Ijob 42,1–5).

Jesus Sirach kennt verschiedene griechische Äquivalente für die Krafttaten Gottes. Er benutzt für Großtaten *megaleia,* weil sie bei den Menschen Erstaunen hervorbringen, werden sie *thaumasia* genannt; *dynasteia* weisen sie als Krafttaten aus.

Es entspricht dem Denken der theologischen Weisheit, über die Größe Gottes zu sagen: »Keiner ist imstande, seine (Gottes) Werke zu verkünden, und wer ergründete seine großen Taten« (Sir 18,4)? In der Schöpfung ist dem Allerhöchsten alles bekannt. Die Weisheit und Heilkunst des Arztes samt der Heilungsmöglichkeiten und den Mitteln der Natur stammen im Grunde von Gott (Sir 38,6): »Einsicht gab er den Menschen, damit sie sich seiner gewaltigen Taten rühmen.« Menschliches Denken und Handeln ist Nachvollzug der Gedanken Jahwes. Je größer die Einsicht des Menschen in die Zusammenhänge wird, um so mehr sieht er, wie groß Gott ist, der alles erdacht und gemacht hat. Die Größe Gottes erfaßt der Mensch in der Bruchstückhaftigkeit seiner Einsicht und Fähigkeit.

Von der Herrlichkeit der Taten Gottes in der »Natur« finden wir noch folgende Belege: »Der Herr hat die Heiligen (= die Engel) nicht befähigt, all seine Wunder zu künden, was der Herr, der Allherrscher, fest begründete, damit das All in seiner Herrlichkeit bestehen kann« (Sir 42,17). »Furchtbar ist der Herr und überragend groß, und wunderbar sind seine Machttaten« (Sir 43,29).

Der Kontext zählt einzelne Wundertaten Gottes auf: Schnee, Donner, Wind, Regen, Reif usw. Die Ungeheuer des Meeres gehören hierhin genauso wie die Allwissenheit Gottes, die Meere und menschliche Herzen erforscht, ferner die Ordnung der Welt als Wunder der göttlichen Führung.

Beter, Propheten und die Paränetiker der 1. Einleitung des Dtn sprechen von den Krafttaten Gottes ebenso wie die Lehrer der theologischen Weisheit. Insgesamt sind die Belege nicht vor dem Exil zu finden, die meisten gehören der nachexilischen Zeit an. Zahlenmäßig liegt der Schwerpunkt in der Psalmenliteratur. Die Fundstellen sind in großer Mehrzahl nicht konkret formuliert. Welche Taten im einzelnen gemeint sind, muß zumeist aus dem Kontext erschlossen werden. Der Zusammenhang mit der Theologie des Jahwe-Namens weist darauf hin, daß mit den »Krafttaten« ein ganz bestimmter Aspekt des göttlichen Handelns in der Welt aufgezeigt wird. Diese Zeichen konfrontieren den Menschen in seiner Umwelt, in der Natur und in der Geschichte mit Ereignissen, in denen dem Menschen die Kraft und Mächtigkeit Gottes erfahrbar werden. Krafttaten sind daher konstatierbar in Schöpfung und Geschichte, in Vergangenheit, Gegenwart und Zukunft. Wer von »Gottes Krafttaten« spricht, behauptet, daß es in der Welt Ereignisse gibt, bei denen Gottes Tat sichtbar wird. Der Blickwinkel des Ausdrucks ist begrenzt. Gottes Tun wird als Machttat erfahren. Gott ist als große Kraft in der Welt erlebbar, so lautet das Zeugnis dieser Theologie.

3. Kapitel: g^edōlōt = Großtaten

Diese Bezeichnung ist der substantivierte feminine Plural von gādōl.

Gād^{o}l von Gott ausgesagt: Diese Belege haben Gottes Größe in seinem Geschichtshandeln zum Thema. Num 14,19 bittet Mose um die Vergebung der Schuld des Volkes entsprechend der »Größe« der Huld Gottes, wie er von Ägypten bis nach Paran immer wieder Vergebung gewährt hat.

Dtn 3,24 beruft sich auf die Größe Gottes wie Dtn 5,24, wo Mose ebenfalls Mittlerfunktion zugeschrieben wird. Dtn 9,26 finden wir ähnliche Gedanken in einem Bittgebet des Mose wie in Num 14,19 und Ex 32,11–14. Nach Dtn 11,2 hat die Generation des Exodus die Größe Gottes erfahren. Die Belege rekurrieren also entweder auf das Wirken Gottes beim Exodus oder auf »Gottes Größe in der Vergebung« gegenüber dem starrköpfigen Israel, das nicht den Mut hat, sich Gott anzuvertrauen. Erst der große Fürsprecher – so wird Mose hier gezeichnet – vermag Gottes Zorn zu besänftigen. Demnach meint Gottes Größe nicht nur seine Macht, sondern auch seine verzeihende Großmut. Der Hymnus kennt dies Thema auch: Dtn 32,3; Ps 79,11; 150,2.
g^{e}dūllā: Dieses Wort wird durchgängig nur mit positivem Sinn gebraucht. »Es meint die herrscherliche Hoheit, den Glanz und die Würde Gottes oder eines Menschen, der einen besonderen Rang bekleidet«, definiert R. Mosis[28].

Die Belege für »Größe« und »Großtaten« Gottes

In zwei traditionsgeschichtlich völlig verschiedenen Bereichen wird im AT von der Größe Gottes gesprochen. Daher lassen sich auch verschiedene Gruppen sprachlicher Ausdrucksmöglichkeiten feststellen, weil von der Größe Gottes jeweils unter einem besonderen Blickpunkt und in einem anderen Zusammenhang die Rede ist. Eine dritte Gruppe von Belegen ist als die Mischform aus den beiden ersten Gruppen in späterer Zeit entstanden.

Die Belege »mythischen« Charakters in den Psalmen

Diese Gruppe finden wir in den Zionsliedern und Jahwe-Königs-Psalmen. »Groß ist Jahwe!« so hebt Ps 48 unvermittelt an. Da dieser Nominalsatz von Jahwe in der dritten Person spricht, proklamiert er eine Stellungnahme des Beters. Als Bekenntnisformel eines einzelnen finden wir

Ex 18,11 und Ps 135,5: »Ich habe erkannt, daß Jahwe groß ist.« Einmal bekennt dies der Midianiter Jitro, im Psalm ein israelitischer Frommer.
Es ist heute anerkannt, daß die Inhalte dieser Titulatur auf die vorjahwistische Schicht der Zionstradition zurückweisen. Dem Gott des Zion wird darin das universale Königtum über die ganze Erde und die Herrschaft über alle Götter zugesprochen. Der Zion ist die Residenz des großen Königs (Ps 48,3). Jahwe ist der Höchste, furchtbar und ein großer König über die ganze Erde (Ps 47,3.8). Er ist König über die Erde (Ps 97,5) und alle Völker (Jer 10,6 f). »Denn ein großer Gott ist Jahwe, ein König, über alle Götter erhaben!« lesen wir Ps 95,3 und ähnlich Ps 96,4 und 97,9. Die angeführten Texte sind relativ jung. Die Götter meinen hier die »Götter der Heiden«, die sich vor dem einzigartigen Jahwe als »Nichts« erweisen (Ps 96,5; Jer 10,6 ff). Diese Psalmen sind vermutlich von der Götzenpolemik des Deuterojesaja beeinflußt. Weil die anderen Götter nichts taugen, ist nach Ps 77,15 Jahwe allein der Gott, »der Wunder tut«.
Der Zionsgott hat den Himmel gemacht (Ps 96,5) und den Menschen geschaffen (Ps 95,4 ff). Auch die Vorgänge in der Natur – Wolken, Regen und Blitze – unterliegen seinen Anordnungen (Ps 135,6 f). Er umsorgt die ganze Schöpfung (Ps 147,8.9.16–18).
Neben der Macht über den Kosmos hat der Zionsgott auch das Amt des universalen Richters, der Recht und Ordnung garantiert und vor Zugriffen schützt (Ps 76,9 f). Vermutlich gehört in diese Überlieferung auch das Motiv des Völkersturms. Vor dem Gott, der auf dem Zion thront, müssen die angreifenden Volksscharen zurückweichen (Ps 48,4–8). Diese hier aufgezählten Elemente entfalten im einzelnen, was die hymnische Prädikation »Groß ist Jahwe!« aussagen soll. Der Zionsgott ist groß als König, Schöpfer und Richter.

Die Belege typisch israelischer Provenienz

Sie entstammen nicht der Zionstradition, sondern den geschichtlichen Überlieferungen Israels. Hier werden nicht Eigenschaften in Nominalsätzen, sondern in Verbalsätzen bestimmte Einzelereignisse dargelegt. Im Meerlied, wohl dem ältesten uns überlieferten Hymnus Israels, lesen wir Ex 15,21: »Singet Jahwe, denn hocherhaben (g'h sinngleich zu gdl) ist er, Roß und Reiter warf er ins Meer!« Jahwe hat Israel am Schilfmeer errettet, dadurch hat er sich vor seinem Volk als mächtig erwiesen. So nach dem »Sitz in der Literatur« von Ex 15,21. Ursprünglich war das Siegeslied wohl auf Davids Sieg über die Philister gemünzt als theologische Kritik an der »Königspropaganda« von 1 Sam 18,7b. 2 Sam 7,26 spricht ebenfalls von Gottes geschichtsmächtigem Wirken.

Die Belege einer Mischform

Ps 147,1–18 wird der Lobpreis des allmächtigen Schöpfers gesungen, die beiden folgenden Schlußverse sprechen dagegen von der Verkündigung von »Recht und Gebot« in Israel. Auch Psalm 48 schließt mit dem Bekenntnis (v. 15): »Jahwe führt Israel«. Ps 99 zitiert nicht nur die alten Zionstraditionen, sondern auch die großen Gestalten der Geschichte: Jakob, Mose, Aaron und Samuel. Ps 77,14–21 erzählt in der Sprache des Mythos den Auszug Israels aus Ägypten. Die mythischen Formulierungen werden zur Formulierung des israelischen Glaubensbekenntnisses benutzt, das besagt, daß die Größe Jahwes vornehmlich in der Errettung aus Ägypten und in der Landgabe sichtbar wurde.
»Die aus dem vorjahwistischen Zionskult übernommene Akklamation teilt nun nicht mehr dem Gott, der auf dem Zaphon wohnt, eine Stellung an der Spitze eines Universums von Göttern und Menschen zu, sondern benennt auf Grund der erfahrenen Geschichtstaten JHWHs seine einzigartige und umfassende Wirkmacht in Geschichte und Natur«[29].

Mehrere Formen des Stammes gdl werden dazu benutzt, um Gottes Größe zu beschreiben, die sich in seinen Großtaten der Schöpfung und der Geschichte darstellt.

Umschreibungen der Großtaten Gottes

Am Ende der Erzählung über das Schilfmeerwunder steht Ex 14,31 (J): »Israel sah die große Machttat (jad gādōl), die Jahwe an den Ägyptern gewirkt hatte; so fürchtete das Volk Jahwe und seinen Knecht Mose.« An anderer Stelle zu besprechende Belege reden von den großen, furchtbaren Taten und Prüfungen. Ex 15,16 formuliert das Meerlied: »Gottesschrecken und Furcht fielen auf sie, wegen der Größe deines Arms verstummten sie wie ein Stein. So zog dein Volk vorüber, so zog dein Volk vorüber, das du erworben hast.« Gottes Größe kann also nicht nur der Hand, sondern auch dem Arm zugeordnet, kann adjektivisch und subjektivisch ausgedrückt werden (vgl. Dtn 4,34). Israel vertraute darauf, auch weiterhin von seinem großen Gott geführt zu werden (Ps 48,15) bis zum Tag Jahwes, der den endzeitlichen Sieg bringen wird. In einem Danklied ungewisser Herkunft und Entstehungszeit wird Jes 12,6 der Heilige Israels als groß gepriesen, weil er Großes getan hat. Das Gebet des Jeremia bezieht die Größe Gottes Jer 32,18 f darauf, daß Gott über »die Wege der Menschenkinder wacht, um einem jeden zu vergelten nach seinem Wandel und nach der Frucht seiner Werke.« »Die Fülle seiner Größe« (Ps 150,2) zeigt sich in der Schöpfung, der Heilsgeschichte des Volkes und in der Sorge Jahwes für den einzelnen Frommen.

Der Begriff »Großtat« macht eine spezifische Aussage über das »Wunder«. Eine Krafttat, die Jahwe vollbringt, ist in ihrer Größe ein Hinweis auf die Göttlichkeit Gottes, auf seine Herrschaft über Menschen, Völker und Kräfte der Natur. Die Terminologie ist, wenn auch vom Stamm »gdl« ausgehend, nicht einheitlich. Gottes Taten haben an verschiedenen Stellen das Attribut »groß«, weil sie Gottes Größe und seinen starken Arm bezeugen (Dtn 3,24), für die Gegner große Schrecknisse darstellen und für alle Zuschauer den Charakter der Versuchung und des Entscheidungszeichens haben (vgl. Dtn 4,34 f)[30].

Von den dtr Autoren werden besonders die großen Gottesmänner wie Mose, Josua und Samuel mit theologisch befrachteten »letzten Worten« und Abschiedspredigten an ihr Volk ausgestattet, die programmatische Aussagen enthalten. Samuels Abschiedspredigt fängt mit Mose und dem Exodus an; sie handelt von dem Abfall des Volkes in Kanaan, von den Rettergestalten, die Gott den Stämmen sandte, und schließlich vom König, den »Israel« wollte. Ein wunderbarer Donner und Regen bestätigte »vom Himmel« die beschwörenden Worte Samuels: »Dient dem Herrn von ganzem Herzen!« (1 Sam 12,20). Der nächste Vers stellt fest, daß Jahwe sein Volk »um seines Namens willen«, nicht um der Verdienste des Volkes willen bei sich behält. Der treue Dienst des Volkes wird damit motiviert, daß es aus der Geschichte entnehmen kann, »wie große Dinge er an euch getan hat« (v. 24). Seine große Geschichte läßt Israel bei seinem großen Gott ausharren.

Der nachexilische Text Ps 126,2.3 nimmt die Heimkehr aus Babylon als Bild für das Kommen des messianischen Zeitalters. Sogar unter den Heiden wird kund, daß Jahwe an den Exulanten Großes getan hat, d. h. jeder unvoreingenommene Zuschauer vermag Gottes Größe zu sehen, und Israel fällt es zu, Gott für sein Handeln zu danken: »Ja, Großes hat Jahwe an uns getan, wie wurden wir fröhlich!«

Joel 2,21 lautet: »Fürchte dich nicht, du Acker, frohlocke und freue dich. Denn Großes vollbringt Jahwe.« Nach der Vision vom Tag Jahwes und dem Aufruf zur Buße lesen wir, daß Gott für sein Volk eifert. Der Prophet verkündet das Ende der Strafe und die Befreiung. Joel sieht eine Vision von überreichem Erntesegen, die mit dem oben zitierten Text beginnt. Auch die Tiere des Feldes und »die Kinder Zions« sollen sich freuen an ihrem Gott Jahwe.

Dtn 10,21 gehört zu der großen Paränese der 2. Einleitung des Dtn. Man soll Jahwe fürchten, ihm dienen und ihm anhangen. Das wird mit v. 21 begründet: »Er ist dein Ruhm, der Gott, der ... jene Großtaten und furchtbaren Taten wirkte, die du mit eigenen Augen gesehen hast«. In diesem Fall ist die Heilsgeschichte der Ort der Erkenntnis.
Der nächste Beleg ist schwierig. Von Jer 33,2 f ist v. 3 zwar klar: »Rufe zu mir, dann antworte ich dir und künde die Großtaten und schwierige (= unzugängliche) Dinge.« In den anschließenden Versen wird klar, daß diese Großtaten als Heilsweissagungen für die Exilierten zu verstehen sind. Ihnen wird Genesung, Heil und der Wiederaufbau Israels und Judas versprochen. Gott will sich an seinem Volk groß erweisen und schwierige Dinge für seine Gemeinde tun. – Aber die Kombination von Jer 33,3 mit dem voraufgehenden Satz ist problematisch. V. 2 beginnt sehr umständlich: »So spricht Jahwe, der es tut, der es bildet, um es auszurichten, – Jahwe ist sein Name«. Ein Bezug auf die Großtaten Gottes wäre möglich. Jahwe führt auch aus, was er verspricht. Das kann als eine Zusicherung an Jeremia gelesen werden. Er sitzt nämlich in hoffnungsloser Lage im Gefängnis und zweifelt daran, ob es für ihn und seine Leute überhaupt noch Rettung gibt. In diese Richtung weist die Klage in Jer 32,17 ff. Auf der anderen Seite trägt der Versschluß liturgisches Gepräge[31]. Vielleicht handelt es sich in Jer 33,2 um eine spätere Erweiterung der Wortüberlieferung. Die klare Darstellung von v. 3 zeigt uns, was wir in diesem Zusammenhang wissen wollen: Gottes Großtaten für die Zukunft sind angesagt.
Die LXX liest Jer 33,2: »So spricht der Herr, der die Erde schuf, der sie bildete, um sie festzustellen, Jahwe ist sein Name!« Will man dieser Version folgen, dann hätten wir einen Beleg dafür, daß Jahwe durch Hinweis auf sein Wirken in der Schöpfung dazu ermuntert, auf seine Heilstaten in der Zukunft zu hoffen. Beide Möglichkeiten ergeben einen Sinn.

In dem Trostwort Jeremias für Baruch steht Jer 45,4 f: »So sollst du zu ihm sprechen: So spricht Jahwe: Siehe, was ich gebaut habe, reiße ich ein, und was ich gepflanzt habe, reiße ich aus ... und da verlangst du Großtaten für dich? Verlange es nicht ...« – Baruch erhält keine »Sonderbehandlung« durch Gott. Jahwe will seinen Bau zerstören, seine Pflanzung roden. Die Großtat, die Baruch als einzelner für sich erwartet, bedeutet meines Erachtens seine persönliche Rettung aus der verkündeten Katastrophe. Gott will ihn nicht herausnehmen und verweist den Prophetenschüler auf seinen Platz im Volksganzen. Aus dem Wortgebrauch hier ergibt sich, daß Großtaten Gottes nicht nur in der Schöpfung und Erhaltung der Welt bzw. in der Führung und Rettung des Volksganzen erwartet wurden. So wie Kranke ihre Heilung als Großtat Gotes verstehen, kann Schutz und Rettung des einzelnen als Großtat Jahwes erhofft werden.

Frevler und Spötter nehmen für sich in Anspruch, genausoviel wie Gott zu tun. Ein solcher Anspruch ist in den Augen des Gläubigen eine Provokation, die Gott strafen muß (Ps 12,4): »Jahwe, vertilge alle glatten Lippen, die Zunge, die Großtaten redet.« Ein unschuldig Verfolgter bittet, daß Jahwe einschreitet, den Hochmut beugt, die Anmaßung der Spötter und Verleumder entlarvt und die Feinde des Frommen entmachtet. Nur mit dem Mund können sie Großtaten vollbringen, Gott hingegen kann sie wirklich tun. Daher bekennt der Fromme sich als arm und demütig (vgl. den nachexilischen Beleg Ps 131,1): »Jahwe, mein Herz ist nicht hochmütig, meine Augen erheben sich nicht. Ich wandle nicht in Großtaten und in Wundertaten, die meine Fähigkeiten übersteigen.« H. J. Kraus nennt in seinem Psalmenkommentar zur Stelle dieses Bekenntnis eine »Loyalitätserklärung« des Armen für sein rechtes Verhalten zu Gott. Zwischen den Möglichkeiten des Beters und der Macht Gottes ist ein Unterschied, den der Fromme bemerkt. Er erklärt, daß er seine Möglichkeiten nicht in Fehleinschätzung und Übermut zu hoch bewerten will. Der Mensch zieht nicht in falscher Demut die Grenze zu eng, erklärt aber, seine Grenzen anzunehmen und den ihm zustehenden Raum auszufüllen. Das übrige ist »Aufgabe Gottes«, wie der nachexilische Ps 71,18 f sagt: »Auch bis ich alt und grau werde, Gott verlaß mich nicht, daß ich deinen Arm verkündige . . ., deine Heldenkraft und Gerechtigkeit, Gott, bis zur Höhe. Der du Großtaten vollbracht, wer ist dir gleich?« Ein Verfolgter bittet um Rettung von Gottlosen, Frevlern und Bedrückern. Die Großtaten sind nicht näher beschrieben. Ps 22,5 bekennt das Heilshandeln Gottes an Israel (»Auf sie vertrauten unsere Väter, sie vertrauten, und du hast sie gerettet.«). Die Nöte (Ps 71,20) können im Vordergrund stehen, aber auch die Wunder, die Gott an seiner Gemeinde wirkt. Die Heilswirklichkeit Israels kann für den einzelnen Trost in seiner Not sein. Schließlich ist noch möglich, daß der Beter Gott daran erinnert, daß er schon früher Menschen aus der Todessphäre errettet hat.

Es gibt auch Israeliten, die Gottes Taten einfach vergessen. Im nachexilischen Ps 106,21 f lesen wir, daß die Moseschar am Horeb den Götzendienst unmittelbar nach der Befreiung aus Ägypten und während der Führung in der Wüste aufnahm. Sie vergaßen, daß Gott sie durch seine Großtaten gerettet hatte.

Die Großtaten Gottes in der Natur

Vom Thema her ergibt sich, daß im Buche Ijob die Großtaten Gottes in der Natur den Vorrang vor seinen Geschichtstaten haben. Für die Weisheitslehrer ist es Anlaß zum Staunen, daß Jahwes Großtaten nicht zählbar und erforschbar sind. Gott besiegt nicht nur die gottlosen Weisen und schafft den Armen und Elenden ihr Recht. Um den Beobachter herum geschieht so viel Großartiges, daß er nicht in der Lage ist, es in seinen Erfahrungshorizont total einzuordnen (Ijob 5,9). Ijob (9,10) spricht fast wörtlich den selben Gedanken in seiner Entgegnung an Bildad aus. An beiden Fundorten wird die Ordnung der Welt, der Himmel, die Sterne und ihre Bahnen, Regen, Winde und andere Naturerscheinungen zur Bestätigung der behaupteten Größe Jahwes angeführt. In einem Hymnus auf die Weisheit und Allmacht Gottes steht: Die Schöpfung ist etwas, das kein Mensch voll versteht (Ijob 37,5).

Zusammenfassung

Die Botschaft von der Größe Gottes und seiner Taten hat, wie wir sehen konnten, im AT zwei Wurzeln. Der vorjahwistische Zionskult verehrte den Gott des Zion als den großen König, Schöpfer und Richter. Diese Gedanken werden vom Jahwismus assimiliert. Daneben finden wir von den ältesten Zeugnissen über das Geschichtshandeln Jahwes (Ex 15,21) an das Bekenntnis: Israel hat in den Taten an der Moseschar die Größe Gottes, seine Macht und sein verzeihendes Erbarmen (Ex 32–34) erkannt, Gottes große Taten gepriesen (Ex 14,31) und Gottes Größe in Bekenntnissätzen (Ex 18,11 im Munde eines Nichtisraeliten) formuliert.
Die meisten Belege über Gottes Großtaten finden sich in der dtr Literatur oder noch später. Die Erweise göttlicher Größe wurden in einer Zeit, in der an Israels Gegenwart nicht viel Großes zu entdecken war, als ein sichtbarer Hinweis darauf gewertet, daß Gott in der Zukunft so große Taten vollbringen kann, wie er es früher getan hat.
Auch in dieser Bezeichnung für »Wunder« erweist es sich, daß sie Hinweischarakter haben und zur Gotteserkenntnis führen sollen. Große Taten weisen auf Gottes Größe hin.
Wie in jedem vorher besprochenen Fall bezieht sich auch dieser Ausdruck auf den Komplex Ägypten-Schilfmeer-Wüstenwanderung-Landgabe. In der dtr Paränese treten als weitere Motive die Fürbitte des Mose und die Vergebungswilligkeit Jahwes hinzu. Sie regen an, die Gebote zu halten, bei Gott auszuharren und für die Zukunft zu hoffen.
Die späte Weisheit bringt ein letztes Argument und anderes Anschauungsmaterial hinzu. Die Natur ist *die* Großtat Gottes. An sich ist sie für den Menschen nicht voll durchschau-

bar. Die Großartigkeit göttlichen Wirkens in der Natur läßt den Schluß darauf zu, daß er als Wirkender noch undurchschaubarer und größer sein muß als sein Werk.
Nicht alle Menschen ziehen diesen Schluß der Weisheit. In hochmütiger Überschätzung seiner Einsicht erkennt der Frevler Gott nicht an. Dem Weisen aber ist es gegeben, vor der Größe der Welt zu staunen und sich vor dem Herrn der Welt zu beugen.
Gerade in diesem Abschnitt zeigt es sich, daß die moderne Unterscheidung zwischen dem »natürlichen« Handeln Gottes und seinen »Wundern« im AT keine Grundlage hat. Geschichte und Natur lassen beide in dem Menschen, der sehen und verstehen kann, die erstaunliche Erkenntnis aufleuchten: »Groß ist Jahwe, und gar würdig des Rühmens!« (Ps 48,2)

4. Kapitel: »Schlag« oder »Plage« als Tat Gottes

Wir haben »Werke Gottes« kennengelernt, die als Zeichen auf seine Größe und Kraft hinweisen. Gott wirkt aber auch so, daß er sich im Leben der Gemeinschaft oder des einzelnen geradezu »fühlbar« manifestiert. Während die Zeichen sich sozusagen außerhalb und auf Distanz darbieten, sind die hier gemeinten Vorgänge unmittelbare Erlebnisse, die der einzelne oder eine Gruppe an sich erfahren, die sie fürchten oder die ihnen angedroht werden, falls sie Übles bedeuten, oder auf die er hofft und die er verheißen bekommt, wenn es sich um die heilvollen Zuwendungen Jahwes zu seinen Dienern handelt.

makkā = Schlag, Niederlage

Die vorgeführten Belege sind nicht vollständig, aber – hoffentlich – repräsentativ.

In der jahwistischen Überlieferung von der Wachtelspende (Num 11,31–33) steht der merkwürdige Satz (v. 33): »Aber das Fleisch war noch zwischen ihren Zähnen und war noch nicht völlig aufgebraucht, da entbrannte auch schon wieder Jahwes Zorn gegen das Volk, und Gott schlug das Volk mit einem sehr schweren Schlag.« Diese Erzählung steht im Zeichen des göttlichen Zorns. Die unverschämte Gier des Volkes wird mit einer maßlosen Überfülle der Gabe »bestraft«. Über 3000 Liter war das geringste Maß, das der einzelne sammelte. Ein »sehr schwerer Schlag«, der nicht näher erläutert wird, ist die Strafe, die das Volk erhält. Ein Zusammenhang zwischen dem Essen und dem Schlag wird nicht klar formuliert, soll aber vermutlich angedeutet werden. Die Ortsnamensätiologie des folgenden Verses deutet darauf hin, daß viele Leute starben.

Gottes Schläge richten sich nicht nur gegen sein Volk. Als Josua den Gibeoniten zu Hilfe kam, versetzte Jahwe die Heere der fünf Amoriterkönige in Verwirrung »und schlug sie mit einem großen Schlag bei Gibeon« (Jos 10,10). Im Jahwekrieg verwirrte Jahwe durch seine Macht den Feind und demoralisierte ihn so, daß ihm nur noch die Flucht blieb. Israel konnte zuschauen, wie seine Gegner unter den Schlägen Gottes zusammenbrachen. Auch den großen Rettergestalten hilft Gott mit seinen Schlägen, die Feinde zu besiegen[32], damit Israel »Ruhe« im versprochenen Land bekommt. Wer dem großen Gott Israels nicht den schuldigen Respekt erweist, bekommt Gottes Schläge zu verspüren.

1 Sam 6,19 ist ein nicht ganz sicher überlieferter Text: »(Und die Söhne Jechonias hatten nicht an der Freude der Männer von Bet-Schemesch teilgenommen: eine Ergänzung mit der LXX) Und Jahwe erschlug von den Männern von Bet-Schemesch, weil sie die Lade Jahwes gesehen hatten, und er erschlug vom Volke siebzig Mann – 50 000 Mann. Und

das Volk trauerte, weil Jahwe das Volk mit einem großen Schlag geschlagen hatte.«

Als die Gotteslade von den Philistern zurückgegeben wurde, hätte sich ganz Israel freuen sollen. Wer diese Freude nicht teilte, hatte Gott nicht die rechte Reverenz erwiesen. Er verfiel der gerechten Strafe. Der ursprüngliche Text gibt die Zahl der Umgekommenen mit siebzig Mann an. Die Zahl 50 000, die neben die erste Angabe geschrieben wurde, soll in ihrem Ausmaß wohl den Ernst der Angelegenheit sichtbar machen. Der Grund für die göttliche Maßnahme, die den Tod brachte, wird im hebräischen Text in Übereinstimmung mit Num 4,15–20 darin gesehen, daß die Männer die Lade »gesehen« haben. Der große Schlag, der durch Gott ausgelöst wurde, tötete die Vorwitzigen. Die Bewohner von Bet-Schemesch waren genauso entsetzt, wie vordem die Philister, als die Lade in ihren Städten ihre furchtbare Wirkung entfaltete. In seinen Schlägen erweist Jahwe sich als der heilige Gott (1 Sam 6,20).

Ahas wird in 2 Chr 28 als ein gottloser König beschrieben. Er brachte Kinderopfer dar. Er opferte auf den kanaanäischen Höhenheiligtümern und »unter jedem grünen Baum. Da gab ihn Jahwe, sein Gott, in die Gewalt des Königs von Aram. Sie schlugen ihn, machten viele Gefangene ... auch in die Gewalt des Königs von Israel wurde er überliefert, der ihn mit einem großen Schlag schlug« (2 Chr 28,4b.5).

Es ist nebensächlich, ob Jahwe selbst den Schlag führt oder ob er sich menschlicher Werkzeuge bedient. In diesen Machterweisen setzt sich Gott gegen den widerspenstigen Menschen durch und erweist sich dadurch als Macht in der Welt. Die Zeichenhaftigkeit dieser Schläge liegt auf der Hand. Sie richten sich direkt gegen den Menschen oder gegen seine Habe. Sie sind Gottes fühlbare Reaktion gegen menschlichen Ungehorsam. Sie dienen zugleich als Strafe und als Hinweis auf Gottes Macht. Die Schläge treffen nicht immer unmittelbar das Menschenleben. Gott hat, wie in Lev 26,14–38 geschildert wird, eine breite Palette von Möglichkeiten, den Menschen zu treffen. Eine militärische Niederlage erleiden diejenigen, die Gottes Gebote nicht einhalten. Wer danach nicht zu Gott umkehrt, dem droht völlige Unfruchtbarkeit des Landes. Weitere Strafen sind wilde Tiere, die Kinder und Vieh töten. Eine Hungersnot ist ebenso angedroht wie das Schwert.

negaʿ = Schlag, Plage

Auch bei diesem Wort ist Vollständigkeit der Belege nicht intendiert, besonders die »Plage des Aussatzes« in Lev 13/14 und die dortigen 61 P – Belege sind nicht berücksichtigt.
Nach der Etymologie meint dies Wort das »Berührtwerden«. Die Texte zeigen, daß hier ausschließlich die negative Seite im Blickpunkt steht, das unheimliche Getroffenwerden des Menschen aus der Sphäre übermenschlicher Mächte. Wieweit ganz früh hinter dem Wort die alte Vorstellung von Dämonen als Urheber solcher Schläge eine Rolle spielte, ist heute nicht mehr auszumachen. In der offiziellen Theologie des AT ist eindeutig Jahwe der Urheber dieser Schläge und Plagen.
Als Abraham in Ägypten weilte, so erzählt der Jahwist in Gen 12, gab er Sara als seine Schwester aus. Die schöne Frau wurde in den Palast des Pharao gebracht, der von den daraus entstehenden Verwicklungen nichts ahnt. »Und Jahwe schlug den Pharao und auch sein Haus wegen Sarai, der Frau Abrams, mit großen Plagen« (v. 17). Es wird nicht darauf eingegangen, was genau dem König von Ägypten passierte. Jedoch sieht der Pharao in den ihn treffenden Plagen Gottes mächtige Hand. Er erkennt auch, was Abraham ihm angetan hat, und hält ihm die Folgen vor. Die Ahnfrau ist gerettet, die Plagen haben ihren Zweck erfüllt[33]. Ein Bezug zu der Handlungsweise des Patriarchen wird nicht hergestellt.
Der Ausdruck negaʿ steht an entscheidender Stelle in den Plagenerzählungen. Die Tötung der Erstgeburt des Pharao und der Ägypter kündigt Jahwe Ex 11,1 (E) mit den Wor-

ten an: »Ich lasse noch einen Schlag kommen über den Pharao und über Ägypten, dann wird er euch entlassen! ...« So kann die ganze, kunstvoll aufgebaute Konstruktion der Plagen und Machterweise und Zeichen in einem Wort zusammengefaßt werden. Für Ägypten und seinen König waren sie Schläge, Kraftakte, die aufzeigen sollten, daß Gott der mächtigste König der Welt ist, nicht der Pharao.

Man kann nicht ohne weiteres behaupten, daß jedes Übel ein göttlicher Schlag ist. Als die Philister die Gotteslade erobert hatten und verschiedene Unglücksfälle über sie hereinbrachen, wandten sie sich an ihre Priester als die sachverständigen Interpreten des Gotteswillens und kundigen Deuter der Zeichen. Die Priester sagen: Wenn die Bundeslade nach Bet-Schemesch hinaufgeht, dann hat Jahwe euch dies große Übel angetan; wenn aber nicht, dann wissen wir, daß nicht seine Hand uns geschlagen hat, sondern daß es ein Zufall war, der uns zugestoßen ist (vgl. 1 Sam 6,9). Die Auslegung ist nicht nur dem Israeliten möglich, sondern allen Menschen, auch den Philistern. Ferner ist eine Plage für mehrere Interpretationen offen. Hier steht die Alternative Jahwe oder der Zufall. Wie bisher auch erweist sich das Zeichen als etwas, das der Deutung unterliegt und verstanden oder mißdeutet werden kann.

In der Natanverheißung steht das Jahwewort (2 Sam 7,14): »Ich will ihm Vater sein, und er soll mir Sohn sein. Wenn er sich verfehlt, werde ich ihn mit Menschenruten und mit menschlichen Schlägen züchtigen.« Gott droht also mit »Schlägen«. Andrerseits lesen wir Ps 89,33 in ähnlichem Zusammenhang wie 2 Sam 7,14, daß Jahwe die Söhne, die die Ordnungen Gottes nicht wahren, mit dem Stab ihrer Vergehen und mit den Schlägen ihrer Schuld bestraft (pkd). Beiden Stellen kann man entnehmen, daß der Ungehorsam eines Davididen die Grundverheißung der Zuwendung und des Schutzes Jahwes nicht annulliert. Diesem Haus bleibt das Schicksal Sauls erspart, von dem der Geist Gottes wegging. Das Haus Davids wird zwar auch bestraft, aber es geht der letzten Bindung an Gott nicht verlustig. Die Schläge sind

Mittel, mit denen Gott sich gegen ungehorsame Regenten durchsetzt, um das Haus seines Erwählten zu besorgen.
Das sog. Tempelweihgebet Salomos zählt eine ganze Palette von göttlichen Plagen auf, mit denen das Volk zu rechnen hat (1 Kön 8,37 f): Hungersnot, Pest, Kornbrand, Rost, Heuschrecken, Ungeziefer, Krankheiten und einen Schlag in seinem Herzen. Diese Schläge sollen Israel zur Rückkehr zu Gott und zum Gebet veranlassen. Dem büßenden Gottesvolk schenkt Gott wieder seine Gnade und Befreiung von den Übeln.
Plagen treffen nicht nur die Feinde Israels oder das ganze Volk. In den Psalmen häufen sich die Bitten einzelner Frommer, die von ihren Plagen befreit zu werden wünschen.
Ps 38 wird von einem geplagten und angefeindeten Menschen gebetet. Vielleicht leidet er unter der Plage des Aussatzes (vgl. Lev. 13,1–46). Er akzeptiert seine Krankheit als göttlichen Straf- und Machtakt gegenüber seiner Schuld (Ps 38,12 spricht von »seiner Plage«). Weil er sein Vergehen bekannt hat (v. 19), hofft er, daß Gott ihn nicht verläßt, sondern ihm zu Hilfe kommt (v. 23).
Ps 39,8–12 formuliert die Nöte eines Israeliten, der allein auf Gott vertraut. Er bittet um die Befreiung von seinen Feinden und vom Spott der Narren (v. 11): »Nimm hinweg von mir deine Plage, ich erliege der Gewalt deiner Hand.« Aus diesem Satz spricht die Überzeugung, daß der Mensch angesichts einer unabwendbaren Gottestat nur an das Erbarmen Jahwes appellieren kann. Der Gottesschlag ist in diesem Zusammenhang vermutlich eine Krankheit, die den Beter in Todesgefahr bringt.
Der Mensch, der am Heiligtum Schutz gefunden hat, nennt Gott seine Zuflucht und seine Burg. Die belehrende Ansprache in Ps 91,3–13 zeigt, daß die Grundlagen dieses Bekenntnisses in der weisheitlich-paränetischen Sprache liegen. Jahwe ist der Helfer der Verfolgten, vor allen Gefahren birgt sich der Mensch bei ihm, (v. 10) »so wird dir kein Unheil begegnen, keine Plage kann sich deinem Zelte nahen«. Gott ist Herr der Plagen. Er vermag den Beter und

seinen Bezirk vor ihnen zu bewahren. So kann der Fromme sich bei seinem Gott geborgen fühlen. Es sei denn[34], Gott schlägt seinen unschuldigen Knecht und läßt ihn sich in stellvertretendem Tod für sein Volk opfern.
Der Ausdruck »Plagen Gottes« kommt im Rahmen atl. Geschichtsbetrachtungen schon in den Plagenerzählungen der alten Pentateuchquellen vor. Die meisten Belege finden sich aber in der dtr Literatur und bei den Psalmen. In diesen Texten wird von der Gefährdung des Menschen und der Mächtigkeit Gottes gesprochen, die im Leben des Frommen in vielerlei Not und Anfechtung sichtbar wird.

Der Stamm ngf = schlagen, stoßen

ist im Qal und Nifal belegt; die Belegstellen des Verbs sind nicht alle angeführt. Hinzu kommen die vom Stamm abgeleiteten Substantive n^{ä}g^{ä}f und maggēfā.

ngf qal

Als der Pharao sich weigert, die Israeliten zu entlassen, droht Gott, Ägypten mit Fröschen zu schlagen (Ex 7,27 J). Ex 12,23 (J) berichtet den entscheidenden Schlag Gottes gegen die Ägypter. Das Blut an den Türpfosten und an der Oberschwelle ist als Markierung gedacht, damit der »Verderber« keinen Israeliten schlägt. Auf die Kinderfrage der Liturgie soll nach Ex 12,27b (J) geantwortet werden: Das Pesachopfer wird für Jahwe dargebracht, weil er Ägypten schlug und die Moseschar verschonte. Insgesamt benutzt der Jahwist 4 mal ngf qal. Alle Belege sind in den Plagenerzählungen zu finden. Gottes Machterweise an den Ägpytern werden als unheilvolle Schläge Jahwes gegen den König und sein Volk ausgelegt, das entgegen den göttlichen Plänen Israel nicht die Freiheit geben wollte.
Wenn sich aber das Volk gegen die Verehrung Gottes versündigte – sagt Ex 32,35 im Zusammenhang mit dem goldenen

Stierbild, das Aaron angefertigt hatte –, traf der göttliche Zorn Israel genauso wie beim Exodus die Ägypter.
An den Schlag Gottes gegen die Ägypter erinnert der heilsgeschichtliche Abriß der »Josua-Rede« auf dem Landtag von Sichem (Jos 24,5). Die Erinnerung soll zum wahren Gottesdienst mahnen.
Eine Reihe von Belegstellen stehen in den Erzählungen über militärische Aktionen der Jahwekriege. Diese Schilderungen legen besonderen Wert darauf, daß Gott selbst sich in diesen Kämpfen für sein Volk einsetzt und seinen Willen gegen seine Gegner durchsetzt. Charakteristisch in der Formulierung ist Ri 20,35: »Und Jahwe schlug Benjamin vor Israel, und an jenem Tage töteten die Israeliten aus Benjamin 25 000 Mann, alle mit Schwertern bewaffnet«. Die Bewohner von Gibea hatten sich schwer an der Nebenfrau eines durchreisenden Leviten vergangen und sie dadurch getötet. Der Levit kehrte mit der Toten in seine Heimat zurück, zerteilte die Frau mit dem Messer in zwölf Stücke und sandte Boten mit diesen Stücken zu den zwölf Stämmen. Er forderte »Israel« auf, über dies unerhörte Verbrechen (»Hat man solches gesehen?« Ri 19,30) zu beraten und entsprechende Sanktionen einzuleiten. In Mizpa fand die Beratung statt. Man beschloß, Gibea für den begangenen Frevel zu bestrafen vereint wie ein Mann. Die Gibeoniten hatten sich gegen göttliches Recht vergangen und einen unschuldigen Menschen zu Tode gebracht. Nun trifft sie der Schlag Jahwes, der sein Recht gegen die Menschen schützt. Israel braucht »nur noch« zu vollstrecken, was Jahwe eingeleitet hat und erreichen will.
In der Schlacht von Afek unterlagen die Israeliten den Philistern. Ins Lager zurückgekehrt, suchten die Ältesten keinen Sündenbock unter den militärischen Leitern der Aktion. »Warum hat Jahwe uns geschlagen vor den Philistern?« Diese Frage von 1 Sam 4,3 fragt über den Horizont menschlicher Fähigkeiten hinaus und sieht in Gott die Ursache von Sieg und Niederlage. Die Israeliten holen daher die Gotteslade zur Verstärkung, damit Gott sein Volk vor den Feinden rette.

Ein reicher Kalebiter, Nabal mit Namen, wird von David aufgefordert, ihm eine Schutzsteuer zu bezahlen. Da er sich weigert, will David ihm seine Söldner auf den Hals schicken. Abigajil, Nabals Frau, entschuldigt sich für den Dummkopf und gibt David, was er forderte. Damit ist für David die Sache erledigt. Jahwe aber rächt die Beleidigung, die seinem Erwählten widerfahren ist. »Etwa zehn Tage danach schlug Jahwe den Nabal, so daß er starb« (1 Sam 25,38).
Als David Gelegenheit hatte, Saul zu töten, achtete er in ihm den Gesalbten Gottes (1 Sam 26,10): »So wahr Gott lebt, entweder wird Jahwe ihn schlagen, oder sein Tag wird kommen, an dem er stirbt, oder er wird in den Krieg ziehen und hinweggerafft werden.« Saul kann also eines natürlichen Todes sterben oder als König im Kampf fallen. Nur Gott, nicht David, hat das Recht, Sauls Leben mit einem Schlag zu beenden.
In der Davidsverheißung Ps 89,24 steht: »Zerschmettern will ich (Jahwe) vor ihm seine Feinde, und die ihn hassen, werde ich schlagen.« Die Schläge sind sozusagen Gottes Reservat, dem der Mensch nicht vorgreifen darf.
Auch die Propheten sprechen von göttlichen Machterweisen, auf unbotmäßige Völker richten sich die Schläge Gottes. Jes 19,22 steht im Spruch gegen Ägypten, daß Jahwe das Land zum Heile schlagen will. Dann werden sich die Bewohner des Landes bekehren, und Jahwe wird sie heilen. Sach 14 spricht vielfältig von den Schlägen, die die Völker im eschatologischen Kampf erhalten werden (vv. 12.18.). Wer sich nicht zum Gott Israels bekehrt, ist dem Untergang geweiht.
In 2 Chr 13,4–18 ist eine Art Jahwekrieg geschildert. Es ging um die Treue zur rechtmäßigen Priesterschaft. Der Kampf tobte zwischen Jerobeam von Israel und Abija von Juda. Der Überlegenheit Israels und dem Feldherrngeschick Jerobeams zum Trotz »schlug Gott den Jerobeam und ganz Israel vor Abija und Juda, und Gott gab sie in ihre Gewalt« (v. 15). Danach richtete Abija mit seinen Judäern ein furchtbares Blutbad unter den Israeliten an. Auch in dieser Erzählung wird Gott die Ehre gegeben und ihm der Sieg zuge-

schrieben. Mit märchenhaften Zahlen ist die Erzählung vom Kampf gegen den Kuschiten Serach ausgestattet (2 Chr 14,8–14). Asa rückte ihm zur Schlacht nach Marescha entgegen. In einem Gebet wird die theologische Zielsetzung der Erzählung erklärt: Zwischen einem Starken und einem Kraftlosen kann nur Jahwe helfen, weil neben ihm kein Mensch bestehen kann. Dem gläubigen Gebet gibt die Geschichte recht (v. 11): »Da schlug Jahwe die Kuschiten vor Asa und Juda, so daß die Kuschiten flohen.« Der Schlag Gottes traf eine Million Mann und 300 Wagen. Keiner überlebte, und Asa machte sehr große Beute. Der in v. 13 erwähnte Gottesschrecken ist vielleicht eine Beschreibung dieses Gottesschlages. Beide bringen den Getroffenen dazu, daß er sich nicht mehr helfen kann. Gottes Gewalt macht ein riesiges Heer und ganze Städte kampfunfähig.

Auch einzelne trifft der Schlag Gottes, wenn sie gegen Jahwe handeln. In einem fiktiven Brief Elijas an Joram lesen wir die Drohung (2 Chr 21,14), daß Gott den König wegen seines Lebenswandels mit einem schweren Schlag schlagen werde. Die Voraussage trifft ein. Gott »reizt« fremde Völker zum Kampf gegen Juda, das erobert wird. Der König wird noch unmittelbarer geschlagen (2 Chr 21,18 f): »Nach all dem schlug ihn Jahwe in seinen Eingeweiden mit einer unheilbaren Krankheit. Schließlich starb der Gottlose unter großen Schmerzen.«

ngf nifal

entspricht dem Passiv zum qal »schlagen«: Schon der Jahwist bringt einen Beleg. Jahwe wollte die Moseschar von Ägypten ins versprochene Land bringen. Da die Kundschafter vom Einzug in Kanaan abrieten, murrte die Wüstengeneration und mißtraute Gott. Nur Kaleb und Josua, die sich für den Einmarsch ausgesprochen hatten, durften das Land betreten. Den anderen galt die Mahnung Num 14,42: »Zieht nicht hinauf, denn Jahwe ist nicht in eurer Mitte. Ihr werdet sonst von euren Feinden geschlagen werden.« D. h. für

Israel: wenn Jahwe die Feinde nicht schlägt, schlagen sie das Volk. Eine parallele Überlieferung findet sich in der 1. Einleitung zum Dtn (1,42): »Jahwe sprach aber zu mir: Sage ihnen: Zieht nicht hinauf und kämpft nicht, denn ich bin nicht unter euch. Sonst werdet ihr von euren Feinden geschlagen werden.«

Die dtr Paränese malt die Gotteschläge breit aus. Den Menschen, die dem göttlichen Willen folgen, wird folgender Segen zugesprochen (Dtn 28,7): »Dann übergibt Jahwe (dir) deine Feinde, die sich gegen dich erheben, als vor dir geschlagene. Auf einem Wege ziehen sie gegen dich aus, und auf sieben Wegen ergreifen sie vor dir die Flucht.« Umgekehrt hört der Ungehorsame den Fluch von v. 25: Wenn du die Gebote nicht hältst, »dann übergibt dich Jahwe (deinen Feinden) als Geschlagenen vor deinen Feinden. Auf einem Weg ziehst du gegen sie aus, und auf sieben Wegen wirst du vor ihnen fliehen, so daß du für alle Königreiche der Welt zum Schreckbild wirst.« Die Macht Gottes ist insofern von den Menschen abhängig, als sie zu Gunsten dessen wirkt, der den Willen Gottes tut.

In der Beschreibung des Kampfes gegen die Benjaminiten wird dreimal (Ri 20,32.35.39) gesagt, daß ein Heer »vor jemandem« geschlagen wurde. Die Vorstellung, daß Jahwe den Schlag geführt hat, scheint mir in der Übereignungsformel formuliert zu sein (v. 28): »Zieht aus, denn morgen werde ich ihn (den Bruder = den Stamm Benjamin) in eure Hand geben.«

1 Sam 4,2 f ist ebenfalls ein Beleg, weil v. 3 Jahwe als Verursacher der Niederlage nennt. 1 Sam 7,2–14 erzählt gleichfalls eine Art Jahwekrieg. In Mizpa hatte sich Israel bei Samuel versammelt. Die Philisterfürsten rüsteten gegen die Gemeinde zum Kampf. Furcht lähmte die Israeliten. Samuel legte Fürsprache bei Gott ein und opferte für sein Volk. Als dann die Philister angriffen, »ließ Jahwe ein Gewitter und gewaltigen Donner über die Philister losbrechen und verwirrte sie so, daß sie geschlagen wurden vor Israel« (v. 10). Die Israeliten verfolgten sie und vollendeten die Niederlage

des Feindes. Der »Stein der Hilfe« (v. 12) bezeugt, daß Jahwe durch einen Schlag gegen die Philister Helfer in der Not war.
Daß im Normalfall ein Krieg gegen Fremde religiösen Charakter hat, belegt auch die Erzählung vom Ammoniterkrieg Davids in 2 Sam 10 (vgl. 1 Chr 19,16.19). Joab sagt zu seinem Bruder (2 Sam 10,12): »Halte dich stark, damit wir uns als die Stärkeren erweisen für unser Volk und für unseren Gott!«. Joabs Sache und Gottes Sache sind miteinander verbunden. Merkwürdig unmotiviert ergreifen die fremden Heere die Flucht. So wurden die Aramäer vor Israel geschlagen (vv. 16–19), und die Vasallen des Hadad-Eser machten mit Israel Frieden. Das Gottesvolk sah in diesem Geschehen einen Eingriff Jahwes »vor Israel«.
Einen Jahwekrieg »wie aus einem Märchenbuch« schildert 2 Chr 20. Gottes Eingreifen wird nicht allgemein als Schlag gekennzeichnet, sondern beschrieben (v. 22): »In dem Augenblick, wo sie mit Jauchzen und Lobgesang begannen, beorderte Jahwe Auflauerer gegen die Ammoniter und Moabiter und die vom Gebirge Seïr, die gegen Juda zogen, und sie wurden geschlagen.« Gott hatte bewirkt, daß sich die feindlichen Heere gegenseitig umbrachten, Israel brauchte nur zuzusehen. Die tödliche Verwirrung bewirkte Gott durch »Auflauerer«[35], die wir mit W. Rudolph am besten als überirdische Mächte oder Engelwesen (vgl. Spr 16,14; Ijob 33,22) verstehen können. Hinter diesem dunklen Ausdruck verbirgt sich das unheimliche Wirken Gottes, dessen Schläge Länder, Heere und Könige zerschlagen können.
Die verbalen Belege über göttliche Schläge finden wir von den frühen Pentateuchquellen bis hin zum chronistischen Werk. In der Mehrzahl der Belege hilft Gott den Israeliten. Aber die dtr Paränese schildert auch das Gegenbild. So bittet 1 Kön 8,33 (parallel dazu 2 Chr 6,24): »Wenn dein Volk Israel von einem Feind geschlagen wird, weil es sich gegen dich versündigt hat, sich dann aber bekehrt ... und vor dir in diesem Tempel fleht«, dann soll Gott sein Volk vom Himmel her erhören und das Geschick gnädig wenden. Gott schlägt

also sein Volk, wenn es seinem Gebote nicht gehorsam ist. Lev 26,17 (P_s) sagt: Wenn ihr mir nicht treu seid, »werde ich mein Gesicht gegen euch wenden, und ihr werdet von euren Feinden geschlagen werden; die euch hassen, werden über euch herrschen, und ihr werdet fliehen, und keiner verfolgt euch.«

Es fällt auf, daß die Belege für ngf qal und nifal zwar bis zum Jahwisten hinaufreichen, den Schwerpunkt aber im dtr Geschichtswerk und beim Chronisten haben. Wenn man die Belege kontrolliert, gewinnt man den Eindruck, daß zwischen diesem Ausdruck und den Schilderungen des Jahwekrieges ein enger Konnex besteht. Allerdings finden wir auch einige Stellen (z. B. Ps 38,3;39,11), in denen einzelne den Schlägen Gottes ausgesetzt sind, bzw. ihr Leid als einen göttlichen Schlag auslegen. In diesen Fällen wird Hilfe und Heilung erhofft, wenn der Getroffene zu Gott umkehrt.

n^{ä}g^{ä}f = Schlag

kommt in den folgenden Belegen immer nur als Subjekt vor. Die Priesterschrift interpretiert die Tötung der Erstgeburt der Ägypter als einen Schlag Gottes, vor dem sich Israel durch den Blutritus schützen kann (Ex. 12,13). In Num 8,17 (P) steht zwar der Ausdruck nicht, aber auch dort wird erzählt, daß Jahwe »alle Erstgeburt der Ägypter schlug«.

Nach der Theologie der Priesterschrift ist die Situation Israels von tödlichem Ernst gekennzeichnet. Auf Schritt und Tritt, bei allem Tun und Lassen drohte der Gemeinde ein Schlag Jahwes. Gottes Heiligkeit und Eifer für seine Ehre drohten einem Volk, das den hohen Anforderungen seines Gottes nicht gewachsen war.

Ex 30,11–16 (P) handelt von der Erhebung einer Kopfsteuer. Zunächst wird eine Zählung der männlichen Erwachsenen Israels angestrebt. Ein Sühnegeld soll erhoben werden, »damit bei der Musterung kein Schlag über sie kommt« (v. 12). Die Zählung birgt also die Gefahr in sich, sie könnte den

göttlichen Zorn reizen (vgl. 2 Sam 24; in Num 1 ist die Zählung deswegen ohne Gefahr, weil von Gott angeordnet).
In einem sekundären Zusatz zu P findet sich in Num 8,18 f das Gotteswort: »Nunmehr habe ich die Leviten an Stelle jeder Erstgeburt bei den Israeliten genommen und die Leviten als die ›Gegebenen‹ aus dem Kreise der Israeliten dem Aaron und seinen Söhnen überlassen, damit sie ... die Israeliten sühnen, damit kein Schlag über die Israeliten komme, wenn sich die Israeliten dem Heiligtum nähern.« Gott ist der Herr des Lebens, darum gehört ihm alle Erstgeburt. Hier wird ihm ein Kreis von Menschen stellvertretend ausgesondert. Weil Israel in seiner kultischen Unreinheit die Nähe Gottes fürchten muß, sollen diese Geopferten Sühne leisten, damit kein Gottesschlag die Gemeinde trifft und Unheil anrichtet.
Als sich die Gemeinde gegen Mose und Aaron auflehnte (Num 17,6), erschien die Herrlichkeit Gottes beim Begegnungszelt. Gott will die Gemeinde auf der Stelle vernichten. Der Schlag ist in Form einer Seuche schon hereingebrochen. Aaron soll deswegen die Gemeinde entsündigen (Num 17,11 f P_s). Dadurch wird die Seuche zum Stillstand gebracht, nachdem 14 700 Menschen durch den Schlag Jahwes getötet worden sind.
An dieser Stelle wird der Schlag Gottes nicht als ein unabwendbares Schicksal gesehen. Er kommt von Gottes Zorn und Allmacht. Wenn Israel Gottes Zorn durch Ungehorsam gereizt hat, droht ihm solches Unheil. Wenn es nach den Geboten des Herrn lebt, braucht es Gottes Zorn nicht zu fürchten. Selbst wenn Gottes Schlag über die Gemeinde hereinbricht, ist es den berufenen Gottesmännern möglich, durch Entsühnungsriten Gott in den Arm zu fallen und seinen Zorn aufzuhalten, wie der Text es zeigt. Nur die Heiligkeit Israels schützt sonst die Gemeinde vor Gottes Zorn.
Jos 22,17 wird meistens der priesterlichen Quelle zugerechnet. Die Stelle paßt nahtlos zu den bisher vorgestellten Belegen. Voraus wird der Bau eines Altars durch Ruben, Gad

und halb Manasse als todeswürdiges Verbrechen geschildert. Dann lesen wir: »Ist es denn nicht genug mit der Schuld von Pegor, von der wir uns noch nicht gereinigt haben bis zum heutigen Tag, und es kam der Schlag über die Gemeinde Jahwes.« Schuld und Schlag, die Sühne und das Überleben der wieder Geheiligten sind tragende Begriffe in der Theologie der Priesterschrift, die auch in Jos 22,9–34 anzutreffen ist.

maggēfā = Schlag, Plage, auch Niederlage

Von maggēfā gibt es insgesamt 25 Belege, von denen 23 theologische Relevanz haben. Inhaltlich ordnen sie sich in das vorher Gesagte ein. Die P-Schicht des Pentateuch enthält die meisten Belege, daneben das dtr Geschichtswerk, die Chronik und späte Propheten.

Ex 9,14 ist ein sekundärer Zusatz zu den Plagenerzählungen. Der Vers verbindet die »Plagen« mit der Erkenntnisformel und der Formel von der Alleinzigkeit Gottes: »... ich will all meine Plagen (Schläge) gegen dich ... kommen lassen, damit du erkennst, daß auf der ganzen Erde keiner ist wie ich.« Der Hinweischarakter der göttlichen Schläge geht eindeutig aus dem Text hervor. Der ebenfalls sekundäre Vers Ex 9,16 meint dasselbe: »Aber um dessentwillen habe ich dich hingesetzt, um dir meine Kraft zu zeigen, daß du auf der ganzen Erde meinen Namen verkündest.«

Num 14,37 (P) steht in der Kundschaftergeschichte. Weil die Späher das gelobte Land vor dem Volk schlechtgemacht haben, weigerte sich das Volk, in Kanaan einzumarschieren. Die böswilligen Kundschafter starben durch einen Schlag vor Jahwe.

Die nächste Reihe von Belegen finden wir in der P-Erzählung über den Abfall der Israeliten zum Baal-Pegor (Num 25,8.9.18.19). Zuvor wird erzählt, wie die Israeliten zu moabitischen Frauen ehebrecherische Beziehungen aufnahmen, die zu kultischen Verfehlungen führten. Es ging um den Lokalkult des Baal-Pegor. Darüber entbrannte Gottes Zorn.

Mose sollte alle Häupter des Volkes bestrafen, sie »für Jahwe« töten, um das Verbrechen zu sühnen. V. 5 besagt, daß die eigentlich Schuldigen bestraft wurden. Locker ist daran in vv. 6–9 die Pinhas-Episode angeknüpft. In ihr taucht unvermittelt und nicht recht zum Vorausgehenden passend eine »Plage«, eine unmittelbar von Gott gewirkte Heimsuchung auf, vermutlich eine Seuche, der 24 000 Menschen zum Opfen fielen. Durch das Eingreifen des Pinhas, dem sühnende Kraft zugeschrieben wird, kommt die Seuche zum Stillstand. Der Schluß (vv. 18 f) ist offenkundig sekundärer Zusatz zu P. In ihm werden die Midianiter für den Abfall zum Baal-Pegor verantwortlich gemacht (vgl. noch Num 31,16 P).

Angesichts der schrecklichen Plagen, die die Philister durch die Gotteslade erleiden mußten, beschlossen sie, ein Sühnegeschenk zu geben, um die Plage von sich abzuwenden (1 Sam 6,4 f).

2 Sam 24 und die Parallele 1 Chr 21 erzählen, daß David eine Volkszählung vornahm. Darüber ergrimmte Jahwe und schickte eine Seuche. David bittet, Gott solle ihm und seinem Hause die Strafe schicken, das Volk aber von dem Schlag verschonen (2 Sam 24,17). Zur Abwendung der Plage will er auf der Tenne des Arauna einen Altar errichten und Sühnopfer darbringen, damit die Plage ein Ende nimmt (v. 21). Schließlich läßt Jahwe sich besänftigen, die Plage wird von Israel abgewandt (v. 25). Die Verursachung der Seuche durch Jahwe wird vv. 12–16 besonders hervorgehoben.

Daß mit dem König das Volk mitbestraft wird, wenn er von Gott abfällt, legt auch 2 Chr 21,14 dar. In der nachexilischen Zeit scheint man diesen Zusammenhang allgemein angenommen zu haben.

Einen Beleg finden wir bei Ezechiel. Wohl unmittelbar vor dem Untergang Jerusalems erhält er den Auftrag zu einer prophetischen Zeichenhandlung (Ez 24,16): »Menschensohn, siehe, ich nehme dir fort die Lust deiner Augen durch einen Schlag; aber du darfst weder klagen noch weinen, es darf dir keine Träne kommen.« Dem Propheten wird der plötzliche Tod seiner Frau verkündet. Gott verbietet ausdrücklich, was sonst im Orient üblich ist, die gestenreiche und geräuschvolle Darstellung der Trauer, wie z. B. Bestreuen der Haare mit Asche, Ablegen der Schuhe, Singen von Klageliedern. Ezechiel soll den unvermittelt hereinbrechenden Schlag des Gottesgerichtes äußerlich ruhig aufnehmen. Im Tode seiner Frau macht Gott den großen Vernichtungsschlag gegen Jerusalem bildhaft sichtbar. In der Zeichenhandlung verknüpft sich persönliches Erleben mit der Botschaft, die Ezechiel seinen Mitverbannten ausrichten soll[36].

Ez 24,18 schildert das Eintreten des Todesfalles und den Gehorsam des Propheten. Drei Verse weiter entfaltet Ezechiel den Bedeutungsgehalt des Schlages: Gott nimmt Israel das Tempelheiligtum. Es wird entweiht. Ferner werden Angehörige der Deportierten den Tod finden. Dafür ist sein Widerfahrnis ein Zeichen. Der Nachtrag von v. 27 stellt formell den Hinweischarakter der göttlichen Schläge durch die Erkenntnisformel fest. Sach 14 wird Jerusalems Pracht und der eschatologische Kampf dargestellt. Dort finden wir in den vv. 12.15.18 die drei jüngsten Belege. Es handelt sich um Seuchen, die Mensch und Tier befallen können, falls sie dem Gott Jerusalems nicht untertan sind.

Außerhalb der Plagenerzählungen steht die Mehrzahl der Belege dort, wo göttliche Machterweise durch seinen Zorn ausgelöst werden, weil Menschen durch ihr unangemessenes Verhalten Jahwe herausgefordert haben. Wenn Israel Gott nicht achtet, seine Wege nicht geht und anderen Göttern nachläuft, wird es genauso geschlagen wie die »Heiden«, die sich dem Gotteswillen widersetzen. Im Jahwekrieg setzt Gott sie mit machtvollen Schlägen außer Gefecht.

Diese Sicht der Wirklichkeit paßt gut zu den paränetischen Gedanken der dtr Theologen. Die Belege aus der Priesterschrift weisen darauf hin, daß relativ späte Priesterlehre ihre Idee von der Heiligkeit Gottes und der ihr angemessenen Heiligkeit der Gemeinde darlegt: dem abgefallenen Volk steht die Möglichkeit der Sühne und die erneute Heiligung durch Gott unter bestimmten Umständen offen.

Die in diesem Abschnitt angeführten Termini zeigen einen bestimmten Aspekt göttlichen Handelns an der Welt. Wer Gott widersteht, bekommt die Größe und Macht Gottes furchtbar zu fühlen. Jahwes Heiligkeit ist in Israel geglaubte und gefürchtete Wirklichkeit. Nach dem Exil war Israel mehr eine Religionsgemeinschaft als eine politische Größe. Unter diesen Umständen war es sowohl ein Trost für das geknechtete Volk, von Gottes Schlägen gegen seine Feinde zu hören, als auch ein Grund der Hoffnung, daß er seiner heiligen Versammlung einmal Freiheit und Macht zurückgeben und die Feinde Israels demütigen und zerschlagen würde.

ṣidqōt JHWH = Jahwes Heilstaten

Israel wurde nicht müde zu verkünden, daß Gott gerecht ist, indem er zu Israel steht und sich in seinen Taten zu Israel bekennt. Der Friede ist das Werk der Gerechtigkeit (Jes 32,17), die vom Himmel herabströmen soll (Jes 45,8): »Ich lasse nahen meine Gerechtigkeit, sie ist nicht mehr fern, und meine Hilfe säumt nicht ...« (Jes 46,13). Das Gottesvolk hofft, daß Jahwes Wort sich erfüllt und seine Gerechtigkeit kein Ende hat (Jes 51,6). Der Beter formuliert in Ps 40,11: »Deine Gerechtigkeit habe ich nicht im Herzen verschlossen, ich habe deine Treue und Hilfe gepriesen ...«.
Der Plural *ṣᵉdāqōt* heißt wörtlich »Gerechtigkeitstaten«, die gängige Übersetzung lautet »Heilstaten«. Das ist im übertragenen Sinn gesprochen: Gottes Taten sind Ausfluß seiner Gemeinschaftstreue zu Israel. Stammen die Gottesschläge von Jahwes Zorn, so sind seine Heilstaten Zeugnis seiner Macht und Treue!
Ri 5,11 ist wohl der älteste Beleg: »... dort besingen sie die Heilstaten Jahwes ...«. Eine Episode aus der Frühzeit der Stämme wird so in die »Heilsgeschichte Israels« eingeordnet. Die gewonnene Schlacht gegen die Könige Kanaans ist eine der vielen Heilstaten Gottes für sein Volk.
Weiter zurück greift Mich 6,5, der an die Balak-Bileam-

Geschichte erinnert. Schon gegen den König von Moab hat Gott den Stämmen geholfen. In den »letzten Worten Samuels« finden wir ab 1 Sam 12,6 die Heilstaten Gottes aufgezählt, wie sie beim Auszug aus Ägypten, beim Zug durch die Wüste, in den Philisterkämpfen und bei dem Wunsch nach einem König sichtbar wurden. So hat Jahwe in der Geschichte Israels viele Taten seiner Gerechtigkeit vollbracht, weil er gerecht ist (Ps 11,7).

Eine Einzelperson dankt im nachexilischen Ps 103,6: »Heilstaten wirkt Jahwe, er schafft Recht den Unterdrückten.« Der Vers reflektiert nicht die Taten Gottes an seinem Volk, sondern spricht von der Erfahrung dieses Beters. Gott vergab ihm seine Sünden und heilte seine Gebrechen. Die Kraft seiner Jugend schenkte er ihm zurück. Weil Gott gnädig und barmherzig ist, schiebt er die Sünde weit vom Beter weg. Was der Mensch tun muß, um das göttliche Heil zu erfahren, sagt Ps 103,18: er muß den Bund halten und die Gebote beachten.

Ein Gebet in Dan 9 verweist zurück auf die Gottestaten in Ägypten und bittet um die Änderung der desolaten Situation (v. 16). »Entsprechend aller deiner Heilstaten« soll Gott seinen Zorn von seiner Stadt Jerusalem und von seinem hl. Berg abwenden. Der Beter erkennt an, daß die Sünden der Juden und ihre Missetaten Israel zum Gespött der Nachbarn gemacht haben.

Wir sehen daran, daß in der Apokalyptik wieder die alte Hoffnung auf die Heilstaten Gottes in der Geschichte zum Ausdruck kommt. Von Anfang an ist die gesamte Überlieferung Israels eine eindrucksvolle Darstellung der Überzeugung, daß die Heilstaten Jahwes Israel zu einem Volk machten und seine weitere Existenz garantieren werden. Die Heilstaten Jahwes zeigen, daß er Macht über die Geschichte und die Natur besitzt.

5. Kapitel: massāh = Versuchung

(Von nissāh (piel) = versuchen)

Die Versuchung kann man als Belastungsprobe definieren, die Gott über einen Menschen kommen läßt, um seinen Glauben und seine Zuverlässigkeit zu erproben[37]. Die drei »klassischen« Versuchungsgeschichten des AT erzählen von Adam und Eva, von Abraham und vom Dulder Ijob.

Die ältesten Belege sind die Rituale des Gottesurteils, in dem Schuld oder Unschuld eines Menschen erwiesen werden sollen wie z. B. Ex 15,25 und 1 Kön 8,31 f. Abgelöst vom kultisch-rituellen Bereich werden auch geschichtliche Gottestaten als Glaubensprüfung für das Volksganze verstanden. In der Weisheitsliteratur finden wir besonders häufig die Aussage, daß Eingriffe in das Leben des einzelnen (in der Form von Krankheit oder anderem Unheil) als Prüfung des Individuums betrachtet werden. Die weisheitlichen Belege werden nicht besprochen.

Die jahwistischen Belege

Ex 15,22–27 wird in Teil II, 4. Kapitel unter A, Ex 16 unter D besprochen.

Die elohistischen Belege

Die Einheit Gen 22,1–19 hat eine sehr lange Vorgeschichte. V. 1 stellt sie heute unter das Thema Versuchung: »Nach diesen Ereignissen versuchte Gott den Abraham ...« Gott prüft, ob Abraham im Glauben seine Zukunft, den Isaak, zu opfern bereit ist. Es geht um die Probe, ob Abraham bereit ist, die Verheißung Gottes weiter ernst zu nehmen und trotzdem den Verheißungsträger zu opfern.

Ex 20,20 steht nach dem E-Dekalog. Dem geht voraus, daß das Volk seinen Gott aus Angst um das Leben nicht selbst sprechen und sehen will, während in der J-Variante das

Volk ausdrücklich vom Berg ferngehalten werden muß (Ex 19,21). Vom Volk gebeten fungiert bei E Mose als Mittler. Er bringt die beruhigende Botschaft, das Volk habe die von Gott gewählte »Versuchung« bestanden und ihm Ehrfurcht erwiesen. Die Versuchung bestand wohl darin, die Neugier, der Erscheinung näher zu kommen, zu bekämpfen. Die rechte Selbsteinschätzung läßt den Frommen Distanz zu Gott wahren.

Die dtn/dtr Belege

Dtn 8,1–6 enthält eine Predigt. Ihr Thema ist der Gehorsam gegenüber den Geboten. Nach v. 2 wird die Zeit Israels in der Wüste als Prüfung Gottes angesehen. Durch Mangel und durch wunderbare Hilfe führt Gott sein Volk zur Erkenntnis der göttlichen Macht. Während die Mannaspeisung in JE als Speisungswunder verstanden wird, hebt dieser Prediger darauf ab, daß der Mensch nicht vom Brot allein lebt, sondern vom Wort Gottes. Dtn 8,16 steht in der 2. Predigt dieses Kapitels. Das Mannawunder wird als göttliche Prüfung dargestellt. Auch die Aktionen eines Propheten oder Träumers sind in ihrer Fragwürdigkeit Prüfungen, ob Israel wirklich Gott liebt und seine Gebote hält (Dtn 13,4).

Das Leben im Lande Kanaan wird ebenfalls unter diesem Gesichtspunkt betrachtet. Ri 2,22 steht in der Einheit Ri 2,20–23. Der Zorn Jahwes war entbrannt, weil das Volk den Bund übertreten und auf seine Stimme nicht gehört hatte. Die restlichen Kananäer will Gott nicht mehr vertreiben. Das soll den Israeliten als Probe auferlegt werden. Sie müssen sich entscheiden, ob sie Gottes Wege gehen wollen. Von derselben Probe spricht Ri 3,1; inhaltlich nahezu identisch ist Ri 3,4 (zu 2 Chr 32,31 später).

Die Deuteronomisten subsummieren die Wunder des Auszugs unter dem Begriff »Versuche Gottes«, der erfahren wollte, ob die Israeliten bereit sind, Gottes Wege zu gehen. In besonderer Aktualisierung sollen die Menschen des 7. vorchristl. Jahrhunderts ihren Glauben an den Taten der Mosezeit stärken und so das Heute unter der Anleitung der Vergangenheit zu meistern versuchen und Jahwe zutrauen, daß er auch sie vor den Völkern retten wird.

Dtn 4,34 f erklärt, daß Jahwe sein Volk aus den Völkern herausgenommen und erwählt hat. Prüfungen werden die Zeichen und Wunder in Ägypten genannt. Oberflächlich betrachtet ist nicht klar, wer geprüft werden soll. Hat Gott die Ägypter geprüft? Dagegen spricht die Formulierung »Gott hat alles an euch vor euren Augen getan.« Gegenüber den Plagenerzählungen des Exodus, nach denen Gott mit seiner Macht den Pharao beeindrucken wollte, findet der Leser hier eine andere theologische Aussage: Alles geschah vor Israel und als Rettungstat an Israel, damit sein Volk Jahwe als den allein auf Erden mächtigen und wichtigen Gott erkennen und anerkennen soll. Das Schauspiel der Geschichte fordert seinen Preis vom Betrachter: den Gehorsam, das Vertrauen und die Liebe, die Gottes Gebot ernst nimmt.

Die Predigt Dtn 7,17–26 spricht über die Seßhaftigkeit in Kanaan. Zuerst wird die Übermacht der Landesbewohner knapp geschildert. Dann wird die Hilfe, die Israel beim Auszug erfahren hat, erwähnt. Damals wie zur Zeit der Deuteronomisten galt: »Fürchtet euch nicht!« (vgl. Dtn 7,18). Der Hörer einer solchen Predigt soll sich vorbehaltlos für den Glauben an Jahwe entscheiden. Die Taten des Exodus sind insofern Prüfungen, als sie die Nachkommen der damaligen Generation fragen, ob ihnen mit diesen Zeichen im Rücken Glaube möglich ist. Ob sie vertrauen, daß Gott auch die Völker vernichten und verjagen kann, die jetzt drohen, Israel das Land streitig zu machen.

Dtn 29,2 bezeichnet das Exodusgeschehen nochmals als große Prüfung. Der nächste Vers aber sagt, daß Gott bisher den Israeliten »weder ein Herz zum Verstehen, noch Augen zum Sehen, noch Ohren zum Vernehmen geschenkt hat.« Die Führung durch die Wüste sollte das Volk zur Gotteserkenntnis führen. Das Ziel der Prüfungen wird nach der Art des Dtn beschrieben (v. 11): Israel soll in den Bund eintreten;

dieser Bund gilt auch für die Nachkommen, die jetzt nicht dabei sind, d. h. für die Hörer der Predigt.

Zusammenfassung

Nach Maßgabe der dtr Stellen, in denen Wunder als Prüfungen beschrieben werden, müssen wir sagen: Die Deuteronomisten sehen die Wunder der Vergangenheit als Argumente für ihre Zeitgenossen. Im Vertrauen auf den immer noch zuverlässigen Gott soll das Südreich den Jahwebund bewahren. Wiederum wird das Wunder als ein Zeichen gesehen, daß die Anerkennung Gottes fordert. Die spezifische Aussage dieser Predigten besteht in der Aktualisierung der Vergangenheit als Glaubensargument der Gegenwart.
Was immer im AT von Wundern ausgesagt wird, weist uns auf die Erfahrung der Gottesnähe, die einem Menschen widerfährt. Zumeist bleibt ungesagt, was geschah und wie es sich ereignete. Auch große Ereignisse werden meist sehr wortkarg geschildert, nur unter bestimmten Gesichtspunkten anvisiert. Die Deuteronomisten sahen so die Wunder als Prüfung des Glaubens der Israeliten an, denen sie diese Wunder predigten.
Das Wort »Prüfung« sagt wenig über das Geschehen des Wunders aus. Deswegen verbinden die dtr Schriftsteller den Begriff mit weiteren Ausdrücken wie Zeichen, Machttat und Schrecknis, die je andere Aspekte des selben Ereignisses widerspiegeln. Stil und Motive erinnern an Hymnen. Vielleicht haben die Paränetiker die Ausdrücke aus zweiter Hand, und der ursprüngliche Sitz im Leben ist der Hymnus.

6. Kapitel: mōfēt = Wahrzeichen, Zeichen

Etymologisch ist das Wort ungeklärt. Bei der Durchsicht der Belege fällt auf, daß der Begriff zuerst bei Protojesaja auftaucht. Die Mehrzahl der Fundorte steht in dtr Texten. Das Wort findet in der Priesterschaft und bei noch späteren Schriftstellern ebenfalls Verwendung. Mōfēt ist in den meisten Fällen mit 'ōt gekoppelt. Das könnte auf weitgehende Bedeutungsgleichheit hinweisen. Dtn 13,2 hingegen finden wir zwischen beiden Worten ein »oder«. D. h., beide Worte haben vor der Koppelung von Hause aus eine eigene Bedeutung gehabt.

Der erste ins Auge fallende Tatbestand ist, daß mōfēt nur im sakralen Gebrauch vorkommt, während wir bei 'ōt auch Belege im profanen Sprachgebrauch finden.

mōfēt als prophetisches Beweiszeichen

Dtn 13,2–6 wendet sich gegen den Abfall zum Götzendienst. An dieser Stelle sind 'ōt und mōfēt nicht als Synonyma verwendet, sondern durch ein »oder« voneinander geschieden. »Zeichen oder Wunder« (v. 2) werden im Normalfall als Mittel der Gotteserkenntnis angesehen. Die wahren Propheten glaubt man dieser Beweismittel mächtig. Hier wird darauf abgehoben, daß Zeichen und Wunder als »Hinweise« auf falsche Götter von falschen Propheten und Träumern vorgeführt werden können. Der Abschnitt weist auf ein Kriterium hin, dem mehr Gewißheit als dem Zeichen eignet: die Liebe zu Gott mit ganzem Herzen und ganzer Seele. Wenn also ein Prophet oder Träumer gegen die Liebe zu Jahwe spricht, sind seine Beweiszeichen nicht beweiskräftig[38]. Wenn er die zentrale Forderung der alleinigen Verehrung Jahwes mißachtet und zum Fremdgötterdienst aufruft, kann er »zeigen«, was er will. Er kommt mit solchen Forderungen nicht von Gott. – Diese fundamentale Aussage ist wesentlich schärfer profiliert als die beiden Belege Jer 28,9 und Dtn 18,22. Dtn 13,2–6 ist vor allem ein sofort und leicht anwendbarer Maßstab für den Gläubigen, der mit einem Propheten oder Träumer konfrontiert wird und sich entscheiden soll. Der Jahwedienst wird als die unabdingbare Mitte der Religion Israels dargestellt und in Dtn 13 Fälle angegeben, wo diese Mitte etwa durch Beweiszeichen von sog. Propheten in Gefahr gebracht wird.

1 Kön 13,3.5 enthalten drei Belege des Wortes. Ein anonymer Gottesmann kam in Jahwes Auftrag nach Betel. Während Jerobeam dort am Altar opfern wollte, verkündete der Gottesmann ein »Beweiszeichen«: »Der Altar wird bersten und die Asche, die darauf ist, verschüttet werden.« Zwei Verse weiter lesen wir die Erfüllung der Voraussage. 1 Kön 13,4.6 berichten ein Legitimationswunder für den Gottesmann: Als der König das Drohwort über seinen Altar hörte, streckte er seine Hand wider den Gottesmann aus. Könige vermögen aber nichts gegen Gottesmänner. Seine Hand wird unbeweglich und unbrauchbar. Der König muß den Gottesmann bitten, »Jahwe zu besänftigen«, erst dann kann er seine Hand wieder bewegen. Nun steht fest, wer von den beiden der Stärkere ist. Im Gegensatz zu den prophetischen Zeichenhandlungen, in denen Menschen Träger von Gottes Botschaften sind, wird môfēt hier von einer Erscheinung im materiell-sachlichen Bereich gebraucht. Daß ein massiver Steinaltar bersten wird, ist ein ungewöhnlicher Vorgang, der als Zeichen verstanden werden kann. Der anonyme Gottesmann wird durch die Voraussage als Jahwebote legitimiert.

2 Chr 32,24 lautet: »In jenen Tagen wurde Hiskija todkrank. Und da betete er zu Jahwe. Und der sprach zu ihm und gab ihm ein (wunderbares) Zeichen.« Nach »sprach zu ihm« ist wohl »ich will dich heilen« o. ä. hinzuzufügen. Das wunderbare Zeichen ist in 2 Kön 20,1–11 geschildert und als ᾽ōt bezeichnet.

2 Chr 32,31 lautet nach LXX korrigiert: »So war es bei den Mittelsmännern des Fürsten von Babel, die zu ihm gesandt waren, um sich nach dem (Wunder-)Zeichen zu erkundigen,

das im Land geschehen war. Wenn Gott ihn hier sich selbst überließ, geschah dies nur, um ihn auf die Probe zu stellen (nissāh) um alles in seinem Herzen zu erfahren.« Das ist eine Interpretation von 2 Kön 20,12–19. Die Gesandtschaft Merodach-Baladans erkundigte sich nach dem in 2 Kön 20,1–11 angeführten Zeichen. 2 Chr 32,24 und 31 beziehen sich also auf dasselbe Geschehen, auf ein Zeichen, das Jesaja angekündigt hatte. Der Chronist trägt einen kühnen theologischen Gedanken vor. 2 Chr 32,25 f spricht von Hiskijas Hochmut und dem Zorn Jahwes. Dem widerspricht v. 30 b. Der Widerspruch wird in v. 31 ausgeglichen: Gott hatte dem Hiskija die Gesandtschaft als Versuchung geschickt. Nach anfänglichem Schwanken hat der König sich für Gott entschieden und sich damit bewährt. Daher das positive Urteil über den König und seine frommen Taten.

Die Belege dieses Abschnittes haben gemeinsam, daß sie von Propheten vorausgesagt werden und sich im »außermenschlichen« Bereich abspielen.

In vier Belegen bedeutet mōfēt allgemein Schreckens- und Wunderzeichen: Dtn 28,46 wird angedroht, daß die Flüche an der jetzigen Generation und an den Nachkommen zu Wundern und Zeichen werden. Für die Zukunft drohen Schrecknisse und Zeichen. Hunger, Durst, Blöße und Knechtschaft werden sich wie ein eisernes Joch auf Israel legen (vgl. auch Dtn 28,49–68). Daran können die anderen Völker ermessen, was den erwartet, der Gottes Geboten zuwiderhandelt.

Wer Gott achtet, dem muß es nach israelischem Glauben gut gehen, weil dieser Mensch gerecht ist. Wenn ein Gerechter von Bedrückern und Verleumdern Unrecht erfährt, dann ist er nach Ps 71,7 »ein Schreckenszeichen für viele«. Weil an ihm Jahwes Zorn sichtbar wird, werden die Leute sagen, Jahwe habe ihn verlassen (v. 11). In diesem Fall ist der Mensch Zeichen für Gottes Handeln.

Wenn der große und furchtbare Tag Jahwes kommt, wird nach Joel 3,3 Gott (Schreckens-)Zeichen am Himmel und auf der Erde erscheinen lassen. Diese werden Vorboten des Endgerichts sein.

Außer Ps 105,5 = 1 Chr 16,12 weisen alle Belege auf ein zukünftiges Geschehen. Gott wird an den Menschen Dinge tun, die sie in Erstaunen und Erschrecken versetzen. Vor Gottes Größe erzittert der Mensch.

mōfēt als Machttat Gottes in Ägypten

Die Einleitungen in das Dtn sind mehrfach damit befaßt, die Forderung der alleinigen Verehrung Jahwes nachdrücklich zu formulieren. Die Prediger motivieren mit der Verklärung und Idealisierung der »großen Vergangenheit« Israels. Bei der Aktualisierung der Gottestaten spielt die Doppelbezeichnung »'ōt u mōfēt« (Zeichen und Wunder) eine wichtige Rolle. Voraus ging es um Zeichen in der Gegenwart oder Zukunft, hier im Dtn um Heilstaten zu Beginn der Volkwerdung Israels. Dtn 4,34 f werden die Machttaten als ein Erlebnis gepriesen, aus dem Israel Gotteserkenntnis gewinnen soll. Dtn 6,21 f dienen diese Wunder als Begründung dafür, daß die befreiten Israeliten Gottes Gebote halten sollen.

In einer Kriegspredigt, die altes Material für die Gegenwart aufarbeitet, dienen die Gottestaten als Ermutigung für das bedrängte Volk (Dtn 7,18 f): ». . . so wird Jahwe, dein Gott, an allen Völkern handeln, vor denen du dich fürchtest.« Auch in der Agende für die Darbietung der Erstlinge (Dtn 26,8) wird der Exodus-Wundertaten gedacht. In der letzten Rede des Mose wird gleich zu Beginn (Dtn 29,1 f) auf die »großen Zeichen und Wunder« verwiesen, die den Bund mit den späteren Hörern motivieren sollen. Nach dem Tode dieses »Knechtes Gottes« wird (Dtn 34,10–12) hervorgehoben, daß nach Mose in Israel kein Prophet mehr aufgestanden ist, der von Gott mit gleicher Wundermacht ausgestattet wurde »vor den Augen ganz Israels«. »Vor den Augen Israels« ist entscheidend. Bei J und E geschehen die Wunder an den Ägyptern, um sie für die göttlichen Pläne gefügig zu machen. Sie sollen erkennen, daß man Jahwes Plänen nicht ungestraft widersteht. Das Deuteronomium läßt diesen Aspekt ganz aus den Augen. Hier ist Israel Zuschauer des göttlichen Eingreifens. Die Wunder und Zeichen sind Beruhigungs- und Beschwichtigungsversuche: so groß und so mächtig wie damals ist Jahwe noch heute. Dem Jahwegläubigen kann daher keiner etwas anhaben. Das Wunder wird zur Demonstration der Größe Gottes für ein späteres Geschlecht. Die Priesterschrift sieht die Ereignisse wieder etwas anders. Für P sind die Wunder vernichtende Schläge, in denen die machtvolle Herrlichkeit Jahwes den Zorn Gottes über jene Nichtse ausschüttet, die sich ihm in den Weg zu stellen wagen. Die Betrachtung der »Exodus-Ereignisse« bekommt in den verschiedenen Argumentationsarten je verschiedene Akzente, die für die einzelnen Quellenschriften charakteristisch sind.

In der hymnischen Erweiterung des Gebetes Jer 32,20 f, die eine Parallele im umfangreichen Gebet Neh 9 hat, wird – theologisch abhängig vom Dtn – eine auffällige Formulierung benutzt: »... du hast Zeichen und Wunder gewirkt im Lande Ägypten bis auf diesen Tag« (v. 20). Hier ist die kultische Heilsvergegenwärtigung schon in der Formulierung greifbar.

In einem Weisheitsgedicht, das die Lehre der Geschichte Israels bedenkt, haben die Zeichen und Wunder in Ägypten ebenso ihren Platz (Ps 78,43), wie bei der Erinnerung an die wunderbare Geschichte Israels in theologischer Nähe zum Dtn erwähnt wird, daß Mose und Aaron Zeichen vor ihnen wirkten, große Wunder im Lande Hams (Ps 105,27). Auch der Hymnus Ps 135 erwähnt neben der Hineinführung nach Kanaan den Auszug aus Ägypten (v. 9): »Er sandte Zeichen und Wunder gegen Pharao und alle seine Knechte.«

1 Chr 16,12 entspricht dem oben behandelten Ps 105,5. Erinnert werden hier die Erzählungen über die Patriarchen, den Auszug, den Aufenthalt in der Wüste in der Form eines Kulthymnus, der nur die Sinaitradition nicht erwähnt.

Neh 9,10 erwähnt in seinem Gotteslob: »Du wirktest Zeichen und Wunder am Pharao, seinen Dienern und dem gan-

zen Volk seines Landes ...« Die Aktualisierung wird in der Formulierung sichtbar, wenn der Satz fortfährt: »So bereitest du dir einen Namen, wie er heute noch besteht.«
Eine Bedeutungsveränderung läßt sich nicht übersehen. Die Beweiszeichen und die allgemeinen Schreckens- und Wunderzeichen Jahwes vermitteln in einer »einmaligen« Situation durch diese Ereignisse die Gotteserkenntnis. Hier im dtn/dtr Sprachgebrauch ist man versucht, von »kanonischen Zeichen« zu sprechen, die ex definitione für »alle Geschlechter« Mahnung, Tröstung und Glaubensgrund sein sollen.

Die Belege in und nach der Priesterschrift

Ex 4,21 ist ein später, redaktioneller Einschub. Er bereitet die Plagenerzählungen vor und erwähnt neben dem Verstockungsmotiv »alle Wunderzeichen«, die Mose vor dem Pharao tun soll.
In der Moseberufung des P hingegen finden wir in Abhängigkeit vom dtr Sprachgebrauch 'ōt und mōfēt zusammen (Ex 7,3 b): »Ich werde viele Zeichen und Wunder im Lande Ägypten tun.« Nach Ex 7,9 (P) wird der Pharao zur Legitimation ein Wunderzeichen verlangen. In einem Zusatz zur Priesterschrift wird nach den neun vorläufigen Plagen eine weitere Drohung ausgesprochen: Gott wird seine Wundertaten in Ägypten noch vermehren. Mose und Aaron vollbrachten die Wunder vor dem Pharao (Ex 11,9 f).

Zusammenfassung

Die meisten Belege sind in der dtr Literatur zu finden oder sind noch jünger. Die »Zeichen in Ägypten« wurden zum stehenden Ausdruck, zu »kanonischen Zeichen« der israelischen Orthodoxie. Die Prediger des 7. Jh. verwiesen ihre Zuhörer auf die qualifizierte Frühzeit des Volkes zurück.

Anhangweise soll die Rede von einigen Ereignissen sein, die den Menschen über Gott staunen lassen. Jes 29,1–8 malt beeindruckende Bilder von der bedrängten Gottesstadt und der Errettung des Zion. Die Jerusalemer blicken wie im Traum auf die Tage der Not zurück, nachdem Gottes unmittelbares Eingreifen sie befreite. Ehe sie die Gefahr erfaßten, war sie abgewendet. Umgekehrt erwachen die Angreifer der hl. Stadt aus einem bösen Traum. Gottes Eingreifen hat sie um die Frucht ihrer Mühe gebracht. So sind beide Parteien über den Ausgang überrascht (v. 9): »Starret und staunet, werdet verblendet und blind . . .« Die ungläubigen Judäer, die die Botschaft des Jesaja in den Jahren 703–701 v. Chr. gehört haben, aber seiner politischen Einsicht nichts abgewinnen können, werden alsbald vor Schrecken erstarren und vergeblich nach Hilfe rufen. Noch wäre Zeit zur Umkehr, aber ihre Verblendung läßt keine Änderung mehr zu: ihre Augen sind verschlossen, ihre Köpfe verhüllt (v. 10). – Erschrecken überfällt den, der dem göttlichen Ruf nicht folgt und Gottes Hand an sich verspüren muß.

Nach der »Errettung der drei Jünglinge aus dem Feuerofen« ist König Nebukadnezzar bereit, den Gott der Israeliten als den »Höchsten« anzuerkennen, weil er Zeichen und Wunder gewirkt hat, staunenswerte Dinge, gewaltig und groß (Dan 3,32 f). Diese erstaunlichen Taten Jahwes sind es, die den fremden König zum Glauben an den Gott der Israeliten bewegen.

Im Zusammenhang mit der Erzählung von »Daniel in der Löwengrube« steht der letzte Beleg. Dan 6 endet fast wie Dan 3. Darius erließ ein Dekret, das über das des Nebukadnezzar hinausging. Er befahl die Verehrung des Judengottes, den er als lebendigen Gott, ewigen Herrscher, Erlöser und Befreier tituliert. Die wunderbare Rettung Daniels vor dem Hunger der Löwen erscheint als Zeichen und Anlaß zum Staunen (Dan 6,28). Jahwe war mächtiger als die Löwen. Gottes Handeln wird in wichtigen Situationen rettend sicht-

bar. So wirbt er um den Glauben des Zuschauers und um das Vertrauen jener, die solchen Erzählungen lauschen.
Ps 48,6 ist ein weiterer Beleg des Verbums. In den vv. 5–8 ist von einem feindlichen Ansturm auf die Gottesstadt die Rede. Der Feind wird durch den Zionsgott zurückgeschlagen. Das sind keine Zukunftsbilder, sondern Spiegelungen traditioneller Vorstellungen von der unüberwindlichen Gottesstadt des Himmels, die mythische Elemente enthalten und schon auf das vorjahwistische Jerusalem übertragen wurden. Diese Kulttraditionen wurden vom Jahwismus rezipiert und in die Hymnen und Zionslieder aufgenommen.
Könige rotten sich gegen die Stadt zusammen, sie führen den Völkersturm gegen den Sitz des Weltenschöpfers, aber (v. 6) »sie schauten auf – sogleich erstarrten sie und stoben in Verwirrung von dannen.« Sie sehen den großen, göttlichen König, dessen Herrlichkeit vor seinen Feinden erscheint. Der Gottesschrecken lähmt sie und schlägt sie in die Flucht. Gott als das tremendum bringt dem Gottesfeind Entsetzen und Erstarrung[39]. Gottes Erscheinung erschüttert den Feind, seinem hl. Berg und den Bewohnern der Gottesstadt ist er Schutz und Rettung.
Hab 1,5 sagt der Prophet zu Israel: »Schaut hin auf die Völker und seht zu. Ihr werdet euch wundern und euch entsetzen, denn ich vollbringe in euren Tagen ein Werk, ihr würdet es nicht glauben, wenn man es euch erzählte.« Nach diesem Gottesspruch ist das Handeln Jahwes für den Gläubigen ein Zeichen göttlicher Macht. Hier handelt es sich um eine Drohung. Jahwe bringt die Chaldäer als Strafe über das Gottesvolk. Sein Geschichtshandeln ist erstaunlich und erschreckend. Wie ein Sturm kommen die Eroberer, ihr Weg ist von Zerstörung gekennzeichnet. Letztlich liegt der Erfolg des Feindes im Willen Gottes. So ergreift das ungehorsame Volk das Erschaudern vor der Größe Gottes.
Nicht nur der Mensch verharrt staunend vor der Größe Jahwes, sagt uns der Hymnus auf die Allmacht Gottes (Ijob 26,11): »Die Säulen des Himmels wanken, sie staunen (entsetzen sich) wegen seines Scheltens.« Die hohen Berge

(»Säulen des Himmels«) werden mit menschlichen Gefühlen begabt gedacht. Sie wanken, wenn der Donner erschallt, obgleich sie Symbole der Festigkeit der Erde sind, die Israel immer beeindruckt haben.
Wenn wir den Anhang zusammenfassen, ergibt sich, daß der älteste Beleg bei Jesaja steht. Die anderen Vorkommen sind nachexilisch. Gottes Handeln läßt den Menschen erstarren, den er mit seiner Macht trifft. Wenn Jahwe Nichtisraeliten erstarren läßt, bedeutet das für das Gottesvolk Hoffnung und Beistand. Wenn Gott Israel damit straft, erstarrt es vor Gott, bis er sein Volk wieder heilt und tröstet.

7. Kapitel: mōrā' und nōrā' = furchterregende Taten

Beide stammen von der Wurzel jr', die »erschauern«, »sich fürchten« und abgeleitet auch »verehren« bedeutet. Mōrā' ist Substantiv, nōrā' ist Partizip des Nifal bzw. Adjektiv. Der Stamm kommt im AT 435mal vor. Besprochen werden die Belege, die von Jahwes furchterregenden Taten handeln.

Verbale Belege

Jakob schläft in Betel und wird der Nähe Gottes inne, die ihm vorher nicht bewußt war. »Und er fürchtete sich und sprach: Wie schauerlich ist diese Stätte ...« (Gen 28,17 J), die ihm durch seinen Traum als Wohnung Gottes und Tor des Himmels angezeigt worden war. Der flüchtige Betrüger, den wir vorher als rücksichtslosen Realisten kennengelernt haben, ist hier ergriffen von der Furcht vor Gott, gegen den menschliche Tücke nichts auszurichten vermag. Jahwes Oberherrschaft will er wenigstens bedingt anerkennen.

Als Gott Mose am Gottesberg im Midianiterland ansprach, »verhüllte Mose sein Gesicht, denn er fürchtete sich, Gott anzuschauen« (Ex 3,6 E). Ex 3,1–6 erinnert dem Typus nach an Gen 28. Der Gottesmann fürchtete sich ebenfalls, den redenden Gott zu sehen (vgl. Ex 33,20 J). Gottes Macht läßt den Menschen seine Kleinheit erkennen. Er erschaudert vor dem Herrn Jahwe.

Auch das Volk als Gemeinschaft will sich dem furchtbaren Gott nicht stellen. Ex 20,18–20 (E) erzählt die majestätische Theophanie am Berge der Offenbarung, die das Volk zum Fürchten brachte. Mose wird vorgeschickt, das Volk will Gott nicht einmal anhören. Mose kommt mit der Botschaft zurück, daß Gott das Volk nicht in Furcht versetzen will, um ihm zu schaden, sondern, um es auf die Probe zu stellen. Scheu vor Gott ist die Reaktion des atl. Menschen auf die Erscheinung Jahwes. Der Mensch erfährt vor Gott seine Schwachheit und Vergänglichkeit. In späteren Texten geht es um kultische Vergegenwärtigung Gottes im Heiligtum, dort ist das Erschauern eher abgeschwächt als Verehren aufzufassen. Aber die Distanz zwischen dem Herrn und seinen Dienern bleibt für das Gottesverhältnis charakteristisch.

Die eschatologischen Hymnen erzählen, daß der furchtbare Gott so gewaltig in der Welt wirkt, daß »die Erde erschrickt und verstummt« (Ps 76,9). Nach dem schrecklichen Chaoskampf wenden sich die »Entronnenen der Völker« an den einzig gerechten Gott und Retter (Jes 45,20 f). Auch Gottes Taten lassen den Menschen in Furcht erstarren. Die Belege des Verbums finden wir vorzüglich bei den Propheten und in den Psalmen.

Verschiedene inhaltliche Gesichtspunkte kann man unterscheiden. Ex 14,31 sagt aus: Nach der Rettung am Schilfmeer sah Israel, welche Machttat Gott an Ägypten vollbracht hatte, »und das Volk fürchtete Jahwe und glaubte an Jahwe und an seinen Knecht Mose«. Der Beleg zeigt, wie das Volk, durch die Rettungstat überwältigt, seinen Gott fürchtet, weil er sich als treuer Gott erwiesen hat. Gleichzeitig ist mit dieser Tat Mose als Gottesmann legitimiert.

Als die Philister erfuhren, daß die Israeliten nach der Niederlage bei Afek die Gotteslade ins Lager geholt hatten, »fürchteten sich die Philister« (1 Sam 4,7). Der Verfasser läßt sich die Philister an die Gottestaten in Ägypten und in der Wüste erinnern. Sie fürchten ähnliche Plagen. Zunächst werden die Israeliten trotz der Lade besiegt, dann schlägt Gott die Philister mit Plagen (1 Sam 5.6). Daher sollen die Fremden »sich vor Jahwe fürchten« (Mich 7,15.17).

In einem Dankgebet (Jes 25,3) werden die Wundertaten Jahwes gerühmt: »... Städte von gewaltigen Geschlechtern werden dich fürchten.« Jes 41,5 sagt, daß die Inseln und die Grenzen der Erde erschrecken und beben angesichts der Großtaten Jahwes. Der hebräische Text von Jes 59,19 besagt, daß die Menschen im Osten und Westen »den Namen Jahwes fürchten«. Auch Jeremia setzt Jahwe von den Göttern ab, vor denen die Heiden erschrecken. Keiner kommt Jahwe gleich. »Wer sollte dich nicht fürchten, du König der Völker?« (Jer 10,7). Ähnliche Aussagen machen Hab 3,2; Sach 9,5; Ps 65,9; 67,8; Ijob 6,21. Besonders furchtauslösend wirkt das Eingreifen Jahwes in das Leben des einzelnen. Ps 40,4 bekennt ein Beter, daß Gott ihn gerettet hat. Viele sollen es sehen, sich fürchten und auf Jahwe vertrauen. Gottes Strafgericht über die Gewalttätigen gibt dem Gerechten neuen Lebensmut. Ps 52,8: »Die Gerechten mögen schauen und erschauern und über ihn (den Übeltäter, den Gott verdirbt) lachen«. In Ps 64,10 ruft Gottes Einschreiten gegen Verleumder ähnliche Reaktionen hervor.

Gleichermaßen sind Naturkatastrophen Anlaß zur Gottesfurcht. Jer 5,22 meint, weil Gott die Welt und ihre Ordnung gesetzt hat, muß die Menschheit Gott fürchten und vor ihm erbeben. Die trotzigen Menschen, die glauben, sich allein weiterhelfen zu können, fürchten Jahwe nicht. An sich muß »die ganze Erde Gott fürchten« (Ps 33,8). In besonderen Fällen sind Zeichen in der Natur unmittelbarer Anlaß zur Gottesfurcht. Auf Samuels Bitte wirkt Gott das »gewaltige Wunderzeichen«, er sandte an jenem Tage Donner und Regen, »so daß das ganze Volk in große Furcht geriet« (1 Sam 12,16.18). Die Fürbitte des Gottesmannes verhindert, daß Jahwe der Sünden wegen das Volk vernichtet.

Das Substantiv mōrā'

Die bekenntnisartigen Formulierungen von »furchterregenden Taten Gottes« leiten sich von der Aussage her, daß Gott schreckenerregend und furchtgebietend (Ps 76,12) ist. Eine Konfession des Jesaja entstand angesichts einer Koalition zwischen dem Nordreich und den Aramäern von Damaskus. Dem Propheten kam die Einsicht, daß nicht politische Machtpositionen den Lauf der Geschichte bestimmen, sondern der Gott Jahwe. »Er soll eure Furcht und euer Schrecken sein« (Jes 8,13). Für seine Gegner ist Gott ein Fallstrick, für seine Gläubigen ist er Zuflucht in allen Gefahren, weil er Herr der Geschichte ist. Jahwe muß respektiert werden, er rettet den, der ihn fürchtet und die gottgemäße Distanz zum »Heiligen Israels« einhält.

Am Anfang des Buches Maleachi steht eine Anklage gegen die Priester. Sie erläutert den Begriff »Furcht vor Gott« (Mal 1,6): »Der Sohn ehrt den Vater, und der Knecht fürchtet seinen Herrn ... und wenn ich nun der Herr bin, wo ist die Furcht vor mir? spricht Jahwe Zebaot.« Die Gottesfurcht ist das Korrelat zur »Herr«-lichkeit Jahwes. Gerade die Priesterschaft, die in der Nähe Gottes lebt, kann dieser Distanz vom Herrn leicht verlustig gehen. Mal 2,5 beschreibt als Bundesgaben Jahwes an Levi und die Priesterschaft Leben, Heil und »Furcht, daß er mich fürchtete und sich vor meinem Namen scheute«. Leben und Heil im allgemeinsten Sinne sind die Vorgaben Gottes. Der Mensch soll in Furcht oder Verehrung Gottes Gaben annehmen und sich dankbar erweisen.

Der Plural von mōrā' hat in einigen dtn/dtr Belegen die Bedeutung »furchterregende Taten« oder »Schrecknisse« bekommen. So finden wir das Wort in Dtn 4,34. Es beleuchtet einen bestimmten Aspekt der Herausführung Israels aus Ägypten. Das Handeln von damals soll der Generation der Zuhörer zu Furcht und Ergebung gegenüber Jahwe verhelfen. Gott hat Israel so mächtig erschaffen und so lange erhalten. Er tat es nicht vergeblich und wird dem gläubigen Volk immer wieder helfen. Der Unvergleichliche fordert vom Menschen Ehrfurcht vor seinen furchterregenden Taten. Auch Dtn 26,8 erinnert an die »großen Schrecknisse, Zeichen und Wunder« beim Exodus. Wenn Gott seinen Arm ausstreckt und seine machtvolle Hand wirkt, ist der Mensch zur Passivität, zum Hinnehmen verurteilt. Diese religiöse Grunderkenntnis besagt, daß der Mensch, wenn ihm die Wunderzeichen Gottes sichtbar werden, nur in Schauer und Furcht fallen kann. Die Furcht, die den Menschen befällt, ist »Zeichen« der Göttlichkeit Gottes am Menschen, der des göttlichen Wirkens inne wird.

Hier ist die Rede von »großen Schrecknissen«, nicht von »kleinen Ängsten«, die den Menschen befallen. Das tremendum erweist seine Macht, wie wir vorne sahen, selbst in Ägypten, in der Wüste und am Sinai. Wunder sind Versuchungen Gottes, Proben, die aufweisen sollen, ob der Mensch die Ehrfurcht gegenüber dem Heiligen im Herzen trägt. Ein anderer Gesichtspunkt ist als Pendant zu diesem Gottesbild im Auge zu behalten. Zu Unrecht nennt man die Religion des AT die Religion der Furcht im Gegensatz zur ntl. Religion der Liebe. Diese knappe Skizze ermöglicht nicht, auf die Theologie des Vertrauens, der Liebe und der Gottsuche einzugehen, die wir im Dtn, in den Psalmen und bei den Propheten finden. Ein charakteristischer Satz stehe für viele (Jes 12,2): »Ich vertraue und zittere nicht, denn meine Stärke und meine Kraft ist Jahwe, er wurde mir zum Heil.« Der Verfasser dieses Bekenntnisses spricht zu der angefochtenen Gemeinde des 2. Tempels. Nach der Zeit des Gerichts kommt die Zeit des Heils. Zur Furcht vor dem Richter gehört das Vertrauen auf den Retter und Heiligen Israels. Wer das Gericht durchgestanden hat, ist sozusagen »jenseits des Gerichtes« (vgl. Joh 3,18). Die nachexilische

Gemeinde, die das Danklied der Erlösten anstimmen soll, tut dies nach dem »zweiten Exodus« bezeichnenderweise mit den Worten, die in Ex 15,2 der Moseschar des »ersten Exodus« in den Mund gelegt wurde: »Meine Stärke ist Jah und mein Lied, er wurde mir zum Heil ...« Furcht und Vertrauen gehören zusammen.

Neben den pluralischen finden wir auch Singular-Belege. So sagt Dtn 34,12: Seit Mose gab es keinen solchen Propheten mehr in Israel mit »dem großen Schrecken, den Mose vor den Augen Israels gewirkt hatte«. Der Vertreter Gottes repräsentiert in seiner Wundermacht Gottes Fähigkeit, furchterregende, schreckliche Taten zu vollbringen.

Ps 9 schildert Gott als Retter der Armen und Bedrängten. Der junge Text bittet in v. 21: »Jahwe, bereite ihnen einen Schrecken, damit die Völker erkennen, daß sie nur Menschen sind.« – Wenn Gott handelt, bemerken die Menschen die Grenzen ihrer Möglichkeiten. In der Erfahrung der schrecklichen Taten Gottes erkennt der Mensch, was Gottsein und Menschsein bedeuten. Somit kann Israel hoffen, von Jahwe einen geachteten Platz unter den Völkern zu erhalten (Jes 55,4).

In Jer 32,21 nennt der Beter die Wunder des Auszugs ein großes Schrecknis. Es gibt demnach eine gewisse Fixierung des Ausdrucks mōrā' auf das Exodusgeschehen und seine Wirkung auf Israel. Aber auch in der Zukunft werden Schreckenstaten von Jahwe erwartet. Die Gegenwärtigsetzung der Vergangenheit als Garantie für die Zukunftshoffnung ist für die Predigersprache charakteristisch.

Das Adjektiv nōrā' = furchtbar

Weil Jahwes Handeln den Menschen Furcht einflößt, kommt das Adjektiv »furchtbar« häufig als Beschreibung Gottes vor. Damit wird vor allem die einzigartige Kraft und Herrschaft Gottes angedeutet, Ex 15,11 fragt das Siegeslied angesichts der Rettung der Moseschar: »Wer ist wie du unter den Göttern, Jahwe? ... Furchtbar an Ruhmestaten, Wunder vollbringend!« Als Attribut Jahwes gehört nōrā' zum typischen Vokabular der Zionslieder und Jahwe-Königs-Psalmen. Der »höchste« Gott wird im Jahwe-Königs-Hymnus Ps 47,3 als furchtbarer und mächtiger »König über alle Lande gepriesen. Ps 68,36 nennt als später Dankpsalm Gott »furchtbar an seiner hl. Stätte«. Es gehört zu den Vorstellungen der Zionslieder, daß Jahwe dem Völkersturm Einhalt gebietet. Vor ihm erstarren Krieger und Rosse. Israel spricht Ps 76,8.13: »Furchtbar bist du, wer wollte ... bestehen vor der Gewalt deines Zornes ... (du bist ein Gott), der sich furchtbar zeigt den Herrschern der Erde.« Ähnlich drückt sich das Weisheitslied Ps 89,8 aus. »Der furchtbare Name« Jahwes soll nach Ps 99,3 gepriesen werden, weil er heilig ist.

Aufgrund der Belegstellen ist »nōrā'« als Ausdruck der Kultsprache anzusprechen. Er hängt mit dem Komplex »Königsherrschaft des Zionsgottes« zusammen. Vermutlich ist der Ausdruck von der Kultsprache aus in die Rahmenstücke des Dtn und die noch jüngeren Texte des AT eingedrungen.

Im Rahmen der Predigt Dtn 7,17–26 wird vom Exodusgeschehen ausgehend zur Eroberung Kanaans aufgerufen. Entsetzen und Gottesschrecken werden die Landesbewohner den einrückenden Israeliten ausliefern. V. 21 versichert, die Israeliten können furchtlos einmarschieren, weil der große und furchtbare Jahwe in ihrer Mitte ist. Diese erneuerte Vorstellung vom Jahwekrieg verkündet Gott als den Mächtigen, den man fürchtet.

Dtn 10,12 f beschreibt die Jahwefurcht als »Wandeln auf dem Wege Gottes«, als »Gott mit ganzem Herzen lieben und verehren«, bzw. »die Satzungen und Gebote Jahwes halten«. Die Erwählung durch diesen »großen, mächtigen und furchtbaren Gott« (v. 17) ist hinreichender Anlaß, Jahwe zu verehren.

Im Laufe der theologischen Entwicklung zum theoretischen Monotheismus (vgl. Jes 45,5–7.18.20–22; 46,1–13) wird dieser Ausdruck der Kultsprache dazu benutzt, um die Alleinwirksamkeit Gottes gegenüber den nichtigen Götzen auszusprechen (Zef 2,11): »Furchtbar wird sich Jahwe an ihnen erweisen, denn er vernichtet alle Götter der Erde.« Weil er »furchtbar über alle Götter« ist (1 Chr 16,25), muß seine Herrlichkeit allen Nationen kundgemacht werden. Seine Größe und Macht soll den Völkern einen Schrecken einjagen und sie von ihrem falschen Leben und den falschen Göttern abbringen.

In den Gebeten des Jeremia-, Daniel- und Nehemiabuches hingegen ist der Ausdruck »du großer und furchtbarer Gott« (Dan 9,4), die ähnlichen Formulierungen in Neh 1,5; 4,8; 9,32 und Jer 32,18 ein Zeichen des Vertrauens. Die Beter bringen damit ihren Glauben zum Ausdruck, daß Gott sich groß und furchtbar erwiesen hat und dem Beter in Zukunft die Erhörung ebenfalls nicht versagen wird. Der Fromme kann auf die furchtgebietende Macht Jahwes bauen, die Völker müssen sich seiner Wundermacht beugen (Ps 96,4): »Denn groß ist Jahwe und des Lobes würdig, mehr zu fürchten als all die Götter.«

Wie schon bei den g^{e}būrōt ausgeführt, ist der Name Gottes nicht nur Garantie der Nähe und Hilfsbereitschaft Gottes, sondern seine Offenbarungsseite. Der Name war als »Doppel des Wesens Jahwes« (G. von Rad, ThAT I, ^{6}1969, 196) für Israel eine heilige Wirklichkeit besonderer Art. Dem Namen eignete dieselbe Würde wie Jahwe selbst. Daher ist auch sein Name glorreich und gefürchtet (Dtn 28,58), weil er »heilig und groß« ist (Ps 99,3 und 111,9). »Denn ein großer König bin ich, spricht Jahwe Zebaot, und mein Name ist gefürchtet unter den Völkern« (Mal 1,14).

Am eschatologischen Gerichtstag soll der Glanz, die Hoheit und Furchtbarkeit Gottes sichtbar werden. Dieser Tag ist »groß und furchtbar« (Joel 2,11; 3,4 und Mal 3,23). Eine kosmische Katastrophe läßt die Berge bersten und die Erde wanken (Hab 3,6). Die Gründe der Erde werden aufgedeckt (Ps 18,16). Gottes Herrlichkeit ist furchtgebietend. Wo Jahwe »in der Pracht seiner Majestät« (Jes 2,19) zum Gericht erscheint, erbebt der Mensch. Vor der Herrlichkeit Gottes

wirft er sich in den Staub. So ist Gott für alle Zeit eine furchtbare Macht, die Ehrfurcht vor sich und ihrem Tun erheischt.
Ex 34,10 (J) wird dem Mose in einer eidlichen Zusage Gottes versichert: »... denn, was ich an dir tun werde, wird furchterregend sein.« Gemeint ist ein zukünftiges Gotteshandeln, dessen Ausmaß ungewöhnlich sein soll. Im nachexilischen Ps 66,3 begeistert das Handeln Gottes den Menschen: »Wie furchtbar sind deine Taten!«

Der Plural nōrā'ōt

Er bedeutet »die Vielfalt der furchtbaren Gottestaten« und steht an folgenden Stellen:
Dtn 10,21 f subsummiert unter jenen großen und furchtbaren Taten die Volkwerdung Israels. Die Väter sind mit wenigen Männern nach Ägypten gezogen und dort ein zahlreiches Volk geworden. Das ist genauso wie die Rettung aus dem Knechtshaus einzig Gott zu verdanken. Daneben wird auf andere Jahwetaten in Geschichte und Natur verwiesen.
2 Sam 7,23 (parallel 1 Chr 17,21) erklärt Davids Gebet, daß kein anderer Gott Jahwe gleichkommt, weil er sich Israel erkauft und für sein Volk »große und furchtbare Taten« vollbracht hat. Ps 65 preist Jahwe, der auf dem Zion thront, als den Erhörer, der die Sünden vergibt. V. 6: »Mit furchtbaren Taten antwortest du uns in Gerechtigkeit, Gott unseres Heils! ...« Die ganze Welt erfährt Gottes Taten, mit denen er dem Gebet der ganzen Welt antwortet und Reichtum und Fruchtbarkeit schenkt. Die Geschichtsbetrachtung von Ps 106 trägt dtr Strukturen. Er ist nachexilisch. V. 22 beklagt sich darüber, daß die ungetreuen Israeliten die »Wunder im Lande Hams und furchtbaren Taten am Schilfmeer« vergaßen. Ps 145,6 lautet: »Sie reden von der Macht deiner furchtbaren Taten.« Der Hymnus preist die unerforschliche Größe und Macht Jahwes.
Das Volk bittet (Jes 64,1 f), »daß dein Name deinen Fein-

den kundwerde, daß vor dir die Völker erbeben, weil du furchtbare Taten tust.« Jahwe erweist sich als der alleinige Gott, wenn er mit Macht und Majestät erscheint. Das Eingreifen Gottes wird mit dem Vokabular der alten Epiphanieschilderungen dargestellt. In Jes 63,15 – 64,11 wirken Dtn 10,21 und Ps 106,22 nach. Die Niederwerfung der Feinde und die Errichtung der Machtstellung des Gottesvolkes werden erbeten. Israel denkt zurück an die uralten Gottestaten und fragt aus der traurigen Gegenwart heraus in v. 11: »Kannst du darüber an dich halten, Jahwe?«

Zusammenfassung

Israel hat seinen Gott als mysterium tremendum erkannt und ist vor ihm verstummt in Beben und Zittern. Die Machttaten Gottes sind furchterregend. Für mōrā' ist der früheste Beleg im Jesajabuch. Die anderen Belege stehen im Rahmen des Dtn, bei den späten Propheten und den späten Psalmen. Die Explikation der Werke Gottes weist sie als furchterregende Taten kaum früher als im Exil aus. Meines Erachtens gehört die Bestimmung der Gottestaten als furchtbare Taten genauso zur dtn/dtr Paränese wie die Bezeichnung als Versuchung und Großtat.
Das Attribut nōrā' ist hingegen für Gott schon früher belegt im Bereich der Jahwe-Zion-Theologie. Von dort fand es Eingang in die dtr Paränese. Der substantivierte Plural »furchtbare Taten« ist erst im Rahmen des Dtn und in noch späteren Texten belegt.
Kurz vor, in und nach dem Exil sprachen israelische Theologen von Gottes »furchtbaren Taten«. Ihre Zeitgenossen sollten den mächtigen Jahwe fürchten und verehren. Diese Jahwefurcht ist Anfang der Hoffnung, daß Gott sein Volk in Zukunft nicht im Stich läßt. Der Zeichencharakter der Werke Gottes ist auch in diesem Terminus nicht vergessen, sondern spezifiziert auf die Erfahrung des tremendum, das sich in Natur und Geschichte manifestiert.

8. Kapitel: Die pl'-Aussagen über Gott

Das Verb pl' I (?) ni und hi, die Substantive pälä', miflā' und niflā'ōt und zwei adjektivische Belege beschreiben göttliche Taten als Staunen erregende Manifestationen göttlicher Macht. Alle Belege entstammen dem sakralen Bereich.

pl' I ni = außerordentlich, wunderbar sein

Gen 18,1–15 beschreibt ein »Wunder an der Wende«: Abraham soll als alter Mann von der unfruchtbaren Sara einen Sohn bekommen. Isaak heißt so, weil im Zusammenhang mit seiner Empfängnis und seiner Geburt Lachen erklingt. »Ist denn für Jahwe etwas zu wunderbar?« fragt Jahwe in der Ankündigung des Wunders (Gen 18,14). Die neunzigjährige Sara lacht, als der geheimnisvolle Fremde von ihrem Kind spricht. Der lachenden Skepsis der alten Frau steht Jahwes Allmacht gegenüber, die des Wunderbaren fähig ist. Und Gott nimmt der alten Frau das Lachen nicht übel (Gen 18,15: »Und du hast doch gelacht.«). Jahwes Mächtigkeit zeigt sich im Unerwarteten und Ungewöhnlichen (vgl. G. Quell, a.a.O. 290: »... von pälä' darf gesagt werden, daß es die Kraft vollkommen als Phänomen göttlicher Tat kennzeichnet.«). Dem entspricht das Lachen des Vaters, das die Priesterschrift (Gen 17,16 f) überliefert. Nur bei E (Gen 21,6) ist das Lachen einfacher Ausdruck menschlicher Freude über das Gottesgeschenk des Sohnes.

Dtn 30,11–14 handelt vom Verhältnis der göttlichen Weisung zum Menschen, der sie beachten soll. V. 11 betont, daß Gottes Weisung für ihn nicht zu schwer und zu wunderbar ist. Das Gebot ist dem Menschen adäquat (»nicht zu fern«). Der Text gibt keine Auskunft darüber, ob menschliches Leben in der Welt diese Behauptung bestätigt. Aber die Aussage trennt scharf zwischen den Möglichkeiten Gottes (= das Wunderbare) und denen des Menschen (= das »nicht-zu-schwere«). Gottes Domäne ist das Wunderbare. Das Gesetz ruft den Menschen zum Machbaren, das nicht außerordentlich, nicht zu schwer, nicht wunderbar ist. Gott überfordert den Menschen nicht, weil seine Weisung den menschlichen Möglichkeiten angepaßt ist (v. 14: deinem Herzen und deinem Mund nahe). Nur Gott »kann« das Wunderbare!

2 Sam 1,26 gehört zur Klage Davids über seinen toten Freund Jonatan: »Mir ist weh um dich, mein Bruder Jonatan! Du warst mir über alles lieb. Wunderbarer war mir deine Liebe als Frauenliebe«[40]. Wohl kaum sind diese Worte im Sinne weltlicher Liebe zu interpretieren. Der Satz ist das Bekenntnis zu einer menschlichen Bindung, die das Maß gewöhnlichen Lebens übersteigt. Die Zuneigung zwischen David und Jonatan wird von David als ein Geschenk Gottes ausgelegt, vor dem beide Menschen verwundert standen. Daher die erschütternde Klage und die Trauer des Überlebenden, dem die Gottesgabe durch den Tod entrissen wurde.

Nach Jer 32,17.21 ist Gottes Handeln in Schöpfung und Geschichte gleichermaßen wunderbar: »... du bist es, der du doch den Himmel und die Erde geschaffen hast mit deiner großen Kraft und deinem ausgestreckten Arm; dir ist kein Ding unmöglich, ... Und du hast dein Volk Israel aus Ägypten geführt ...«. V. 27 sagt Jahwe in einer Selbstvorstellung: »Siehe, ich bin Jahwe, der Gott allen Fleisches! Ist irgend etwas für mich unmöglich?« – Die »Möglichkeiten Gottes«, die in den Augen der Menschen schwer und unmöglich, damit auch staunenswert und wunderbar sind, sind in dieser Form klar getrennt vom menschlichen Vermögen. Was »wunderbar« ist, gehört in den Wirkungskreis Gottes.

Zwei Belege für pl' I nifal enthält Sach 8,6: »So spricht Jahwe Zebaot: Wenn dies auch zu wunderbar ist in den Augen des Restes des Volkes in diesen Tagen, wird es auch in meinen Augen zu wunderbar sein? ...«. Als das Gottesvolk vor Not und Hoffnungslosigkeit den Mut sinken ließ, versprach ihm Jahwe in vv. 4.5 das Überleben in Macht und Sicherheit: In Jerusalem wird man wieder alt werden können. Viele Kinder werden die Stadt bevölkern. – In der politischen Realität der Hörer gab es dafür keinen Anhalt. Aber, was dem Rest der Bevölkerung unmöglich erscheint, ist für Jahwe, »der Wundertaten vollbringt« (Ex 15,11 J), nicht unmöglich.

Ps 118 ist ein später Psalm, eine Dankliturgie zum Laubhüttenfest. Der Beter lobt Gott, der ihn errettet hat. Vv. 22 f verkünden in einem Bild, das auch im NT bekannt ist, die Rettung: »Der Stein, den die Bauleute verworfen haben, der ist zum Eckstein geworden. Durch Jahwe ist dies geschehen, ein Wunder in unseren Augen.« Ein als wertlos weggeworfener Stein fand als Eckstein oder Schlußstein des Gewölbes eine wichtige Funktion, er kam zu Ehren. Genauso ist ein verachteter Mensch, der in Lebensgefahr schwebte, gerettet worden. Jahwe hat ihn zu Ehren gebracht, und dieser Umschwung in der Bedeutung wird ausdrücklich als Tat Gottes gepriesen. In den Augen der Gemeinde, die diese Gottestat miterlebt, ist das ein Wunder (vgl. Mt 21,42 par; Apg 2,33; 4,11; 1 Petr 2,6 f).

Ps 139,14 (plh ni = pl' I ni) lautet: »Ich danke dir, daß ich so wunderbar geschaffen, daß wunderbar geschaffen deine Werke ...«. Gott, der den Menschen geschaffen hat, ist auch sein Richter. Nur wer den Menschen kennt, kann ihn gerecht beurteilen. So ist der Schöpfer der angemessene Richter des Geschöpfes.

Das Hitpael von pl' I ist nur Ijob 10,16 belegt: »Wenn ich mich erhebe, jagst du mich wie ein Löwe, du betätigst deine Wundermacht an mir.« Gott wird von Ijob als der Allmächtige erfahren, der sein Werk grausam vernichtet. Ijob klagt. Er kann sein Haupt nicht als freier Mensch erheben, einerlei, ob er im Recht ist oder nicht. Wenn er sich erheben wollte, würde Gott ihn ergreifen, wie ein Löwe seine Beute jagt. Leicht kann Gottes Wundermacht den Menschen vernichten. Ijob kommt sich vor wie ein Gefangener, der dem Allmächtigen nicht zu entgehen vermag. Das mysterium tremendum wird als der Wunder-Mächtige gedeutet, gegen den der Mensch seine Freiheit nicht auszuüben vermag. Der Mensch scheint hier durch die Wundermacht seines Schöpfers bedroht.

Dtn 28 verkündet Segen und Fluch. Die Betonung liegt auf den Flüchen, die aus dem Lebenskreis von Bauern genommen sind. »Die restlose Verdrängung Baals aus seiner in Kanaan und weit darüber hinaus althergebrachten Kompetenz als Segensspender kommt selten im Alten Testament zu einem so umfassenden Ausdruck wie in dem penetranten Realismus dieser Segens- und Fluchformeln« (G. von Rad, ATD 9, 1964, 125). V. 59, der zu einer sehr jungen Schicht des Dtn gehört, droht: Wenn du die Worte dieses Gesetzes nicht beachtest, »so handelt Jahwe wunderbar, indem er dich und deine Nachkommen schlägt mit großen und anhaltenden Schlägen und bösen und anhaltenden Krankheiten«. Gottes Macht wird vom Gläubigen auch dort gesehen, wo Gottes wunderbares Handeln die Gestalt der Strafe und der Bedrohung des Menschen annimmt. Das geschieht in Form von Schlägen, also Katastrophen oder Krankheiten, denen der Mensch nur dadurch ausweichen kann, daß er im Gehorsam gegenüber dem Gesetz sich das Wohlwollen Gottes erwirbt.
Ri 13 ist eine konstruierte Erzählung. Folgende Motive stehen im Text: die Verheißung eines Sohnes für die unfruchtbare Frau, Gastfreundschaft gegenüber dem göttlichen Besuch, das Erkennen des Ankömmlings, Furcht vor Gott bzw. dem Gottesengel. Manoach will dem Gottesboten, der seiner unfruchtbaren Frau ein Kind vorhersagte, Ehre zuteil werden lassen. V. 17 fragt er den Engel nach seinem Namen. Die Antwort des Engels (v. 18) lautet: »(Mein Name) ist zu p^{ä}lä' gehörig«. Formal ist das Wort die »Nisba« (grammatischer Ausdruck: Adjektiv, das die Herkunft bezeichnet) des Substantivs p^{ä}lä'. Der Engel sagt: Mein Name gehört zur Sphäre Gottes, zum Bereich des Wunderbaren, es ist kein menschlicher Name. Die Ausdrücke »außergewöhnlich, nicht mitteilbar, geheimnisvoll« o. ä. treffen den hier gemeinten qualitativen Unterschied nicht. Der Jahwebote ist demnach nicht bereit, dem Menschen seinen Namen zu offenbaren, wie Jahwe es getan hat. Auf Gott verwiesen nahm Manoach das Zie-

genböckchen und das Speiseopfer und opferte »ein Brandopfer für Jahwe, der Geheimnisvolles tut« (v. 19), man könnte auch übersetzen »für den Wundertäter Jahwe«. Die Gottesprädikation bezieht sich auf die wunderbare Verkündigung des Kindes einer unfruchtbaren Mutter. Das Feuer, mit dem der Jahweengel zum Himmel emporsteigt, läßt die beiden zukünftigen Eltern erkennen, daß die Botschaft von Gott kommt. So werfen sie sich nieder vor dem hl. Gott, der wunderbar in ihr Leben hineinwirkt.

Jes 28,23–29 ist ein zweistrophiges Weisheitsgedicht. Es besagt, daß Jahwe den Bauern darüber belehrt, daß er alle seine Arbeiten in der richtigen Reihenfolge und mit angemessenen Mitteln tut. Der Schlußvers verweist darauf, daß Gott damit wunderbar am Bauern handelt: »Auch dies geht aus von Jahwe Zebaot. Er macht wunderbar den Rat und groß den Erfolg.«

Jes 29,13 wendet sich gegen Israel mit dem Vorwurf, daß es Jahwe nur »mit den Lippen«, in äußerlicher Observanz dient, während die Menschen »mit ihrem Herzen«, mit dem eigentlichen Leben, mit ihren Gedanken und Zielen fern von Gott sind. Nach dieser Schelte folgt in v. 14 die drohende Ankündigung Gottes: »Ich will weiter verwunderlich verfahren, ja sehr verwunderlich verfahren mit diesem Volk, und die Weisheit seiner Weisen wird vergehen, und die Klugheit seiner Klugen wird sich verbergen.« Die Weisen und Klugen nehmen im allgemeinen für sich in Anspruch, den Lauf der Welt und das Handeln der Menschen zu verstehen. Somit können sie es in einem gewissen Rahmen prognostizieren. Gott kündigt nun eine Tat an, die allen weisen und klugen Prognosen der Menschen zuwiderläuft. Und diese Menschen meinten in ihrer Gottferne, den Sinn der Welt zu verstehen. Ein Zweifaches ist damit ausgesagt: einmal, daß der Mensch nur mit Gott die Welt recht auslegen kann; zum anderen, daß Gottes Handeln den Menschen immer wieder in Erstaunen versetzt, weil Gott in seinem Handeln dem Menschen zutiefst unerklärlich ist. Der verwunderlich handelnde Gott ist der Mächtige und Allwissende. Daher ist sein Handeln anders, als der Mensch es sich ausdachte, so »wie niemand es erwartet«.

Joel 2,18 – 3,5 beschreibt, daß Jahwe sich für sein Land einsetzt und Mitleid mit seinem Volk hat. Gott erweist seinen Segen in der Fülle der Landesprodukte Korn, Most und Öl. Den »Nördlichen«, den mythischen Feind, wird Jahwe vernichten. Dem Großtun des Feindes steht die vernichtende Großtat Gottes (v. 21) gegenüber. Immer längere Begründungen rufen das Ackerland, das Vieh und die Söhne des Zion auf zu Furchtlosigkeit und Jubel. Auf einen Nenner gebracht heißt das: Jubelt, denn Jahwe hat die Not gewendet: Die Großtaten Gottes schaffen Lebensmittel und -kraft. Gott ersetzt, was die Heuschrecken vernichtet haben (v. 25). V. 26 faßt zusammen: »Und ihr werdet essen und satt werden und den Namen Jahwes, eures Gottes, preisen, der wunderbar an euch gehandelt hat.« Mit dem adverbialen Ausdruck der wunderbaren Gottestat wird die ungewöhnliche Durchschlagskraft seines göttlichen Handelns zum Ausdruck gebracht.

Gott handelt wunderbar, damit der Mensch aus seiner Not befreit wird, aber auch, damit er Jahwe preist. Die Voraussetzung dafür bildet das Wort des göttlichen Selbsterweises (v. 27): »Ihr werdet erkennen, daß ich inmitten Israels bin, daß ich Jahwe, euer Gott, bin und sonst keiner. Mein Volk wird nimmer zuschanden werden.« Die Erkenntnisformel ist hier besonders stark ausgeweitet, sie ist das Ziel der göttlichen Handlung. Es geht Gott nicht nur um den Menschen, sondern auch darum, daß er als Gott erkannt und anerkannt wird »inmitten« seines Volkes als der Israel zugewandte Bundesgott und als der einzig wahre Gott, den es gibt. Der Gott der alten Heilstaten tut jetzt und in der Zukunft seine Wunder. Die Erkenntnisformel ist nicht der Abschluß der Einheit. Die folgenden Verse verkünden, daß Gott seinem Volk auch in der Zukunft und endgültig hilft. Die Bitte um Abwendung des Jahwetages wird er wunderbar erhören. Am Ende sendet Jahwe seinen Geist über das Volk. Der Jahwetag wird zwar kommen, die Jahweverehrer aber werden gerettet.

Ps 4,4 lautet: »Wisset, Wunder vollbringt Jahwe an seinen Getreuen; Jahwe hört, wenn ich zu ihm rufe.« In diesem Gebet spricht ein Mensch, der von Feinden bedrängt wurde. Er nennt Jahwe »Gott meiner Gerechtigkeit«. Dem Bedränger hält der Beter vor, daß Jahwe Wunder tut, wenn der Mensch auf ihn vertraut und zu ihm ruft. Gottes Gerechtigkeit zeigt sich darin, daß er seinem Diener außergewöhnlich hilft.

Ps 17 ist der am Heiligtum erschallende Hilferuf eines unschuldig Verfolgten. Wie bei Ps 4 läßt sich der zeitliche Ansatz auch hier nicht festlegen. V. 7 bittet: »Wirke Wunder deiner Barmherzigkeit, denn du rettest vor dem Feind, die zu deiner Rechten sich flüchten.« Die unschuldig Verfolgten erwarten Gottes außerordentliches, wundersames Eingreifen, weil er früher dem Volk Retter sandte.

Ps 31 ist zeitlich ebenfalls schwer festzulegen. Der Beter hat nach leidvollen Tagen die Heilszuwendung Jahwes erfahren. Gott war seine Zuflucht, wenn andere wie Fallensteller ihre Netze ausspannten, um ihn einzufangen. Daneben setzten ihm Krankheiten zu und das Fernbleiben von Bekannten und Freunden. Der Beter erfleht, daß Gott die Frevler verstummen läßt und ihn gegenüber den ungerechten Anwürfen rechtfertigt. Die Erfahrung der Rettung faßt v. 22 zusammen: »Gepriesen sei Jahwe. Er hat mich wunderbar begnadigt in der Zeit der Bedrängnis« (Textkorrektur für »in der befestigten Stadt«). Die Begnadigung kam so unverhofft, daß der Beter das Tun Gottes als persönliche Wundererfahrung formuliert.

Nach 2 Chr 2,8 trägt Salomo Sorge, möglichst viel Holz zu bekommen, um das Gotteshaus, das er errichten will, »groß und bewundernswert« erbauen zu können. Es wird der Größe und Wunderherrlichkeit dessen entsprechend gebaut, dessen Namen es geweiht wird (v. 3). Der Tempel muß die Würde Gottes anzeigen. Wenn ich recht sehe, hat dieser Vers und Gedanke in den Königsbüchern keine Parallele. Demnach hat erst die Spätzeit es gewagt, den Begriff des »Wunderbaren«, der zur Sphäre Gottes gehört, in dieser abgeschwächten Form zu verwenden.

Usijas Glück im Philisterkrieg wird ausdrücklich auf seine Gottesfurcht zurückgeführt (2 Chr 26,5). Ferner wird von seiner Bautätigkeit in Jerusalem berichtet. Der »Liebhaber des Ackerbaus« (2 Chr 26,10) tat viel für die Bauern. Sein Heer war von stattlicher Größe und gut ausgerüstet. Der Chronist verwendet diese Nachrichten zur theologischen Geschichtsschreibung. Die außenpolitischen Erfolge des Königs wie auch seine erfolgreiche Konsolidierungspolitik im Innern des Staates werden nicht der Umsicht und Tüchtigkeit des Monarchen zugeschrieben, sondern Jahwe (2 Chr 26,15): »... Sein Ruf drang bis in die Ferne, denn ihm wurde wunderbar geholfen, bis er stark geworden war.« Was die Bewunderung des Menschen hervorruft, wird dem Handeln Gottes zugeschrieben. Als aber, wie v. 16 erzählt, der König übermütig wurde, schlug Gott ihn mit Aussatz bis zu seinem Tode. Jotam übernahm die Geschäfte des Regenten. Übermut führt zum Fall!

Zusammenfassung zu den verbalen Belegen

Die Belege von pl'I sind abgeschritten. Im Gegensatz zu den vorher besprochenen Wundertermini beschreibt dieses Verb nicht das subjektive Erleben des Gotteshandelns, es konstatiert die Tatsache, *daß* Gott gehandelt hat. Deswegen kommt der Ausdruck im weltlichen Sprachgebrauch nicht vor. Er ist für die religiöse Sphäre reserviert.
Das Verb ist im Bereich der Exodus- und Plagenerzählung im Gegensatz zu den anderen Termini nicht belegt. Mit pl'I werden Widerfahrnisse beschrieben, die Einzelpersonen oder ein beschränkter Personenkreis (Abraham und Sara, Manoach und seine Frau, Salomo uam.) hatten. Nur zwei dtn Belege wenden sich mit einer Gesetzespredigt an die Gemeinde. Jeremia visiert damit die Schöpfungswunder an. Jesaja, Joel und Sacharja benutzen den Ausdruck für Jahwetaten in der Zukunft (eschatologische Hilfe, Beschreibung des Jahwetages).

Zwei substantivische Belege (Ex 3,20 und 15,11) stehen im Kontex der Exoduswunder. Die Erzähler der Befreiung aus Ägypten wollen belehren und motivieren, dazu verwenden sie statt dieser mehr konstatierenden Ausdrücke lieber die Wundertermini, die das Erleben der »Wunder am Anfang« ans Licht heben.

Das Substantiv miflā'ā = Wunder

findet sich nur Ijob 37,16. Im Zusammenhang mit diesem Beleg möchte ich die im selben Kapitel vorkommenden beiden Belege von niflā'ōt (Ijob 37,5.14) gleich mitbehandeln.
Die Kapitel 36/37 enthalten die vierte und letzte Elihu-Rede. Ijob 37,1 f schildert den Eindruck einer Theophanie auf Ijob und seine Freunde. In vv. 3–13 schließt sich die hymnische Darstellung eines Gewitters und dessen Wirkung auf Mensch und Tier an. Blitz und Donner demonstrieren die Macht Gottes (v. 5): »Gott läßt uns Wunder (niflā'ōt) schauen, er wirkt Großtaten, die wir nicht begreifen« (vgl. BHK). Wie das Gewitter bezeugen Schnee, Sturm und Eis die Macht Jahwes. Die Kräfte der Natur sind Zuchtrute oder Hulderweis Jahwes für den Menschen. Ijob wird angehalten, Gottes Kraft zu würdigen (v. 14): »... betrachte Gottes Wundertaten (niflā'ōt).« In v. 16 steht das singuläre miflā'ā in der »Anwendung« Elihus. Ijob soll seine Kleinheit vor Gott einsehen: »Verstehst du etwa, wie seine Wolken schweben, die Wunderwerke des allweisen Meisters?« Typisch weisheitlich ist die Mahnung von v. 24: »Deswegen sollen die Menschen (Gott) fürchten!« Wunder reißen den Abgrund zwischen Schöpfer und Geschöpf auf. Israel weiß diesen Abgrund durch sein Rufen zu Gott zu überwinden. Die Weisheit läßt es den Abstand nicht vergessen, indem sie immer wieder auf die Wunder der Schöpfung hinweist.

niflā'ōt = Wundertaten Gottes

Das substantivisch gebrauchte niflā'ōt bezeichnet die »Wundertaten Gottes«. Mit diesem Ausdruck definiert die hebräische Bibel ein Geschehen als »das durch p^{ä}l^{ä}' bestimmte Handeln Gottes.« Es ist Gott vorbehalten und macht in seiner Großartigkeit den Menschen betroffen.

Die Geschichtstaten Jahwes

Als Wundertaten Jahwes werden vorwiegend Gottestaten in der Geschichte angeführt. Offensichtlich werden sie als Zeichen angesehen, die die gewohnten geschichtlichen Zusammenhänge durchschneiden und im Gegensatz zur menschlichen Politik als Rettungstat Gottes Hilfe für Israel darstellen.

Ex 3,20 (J) gehört zu den Anweisungen für die Sendung des Mose. Weil der Pharao Israel nicht freiwillig entläßt, muß Jahwe tätig werden: »Darum werde ich meine Hand ausstrecken und die Ägypter mit allen meinen Wundern schlagen . . .« Die Betonung liegt nicht auf der Wirkung, sondern auf der Tatsache: Gott wird handeln. Andere Stellen heben darauf ab, daß Gottes Handeln für die Ägypter eine Plage ist oder die Israeliten mit Furcht erfüllt. Von der Einzigartigkeit des göttlichen Handelns spricht Ex 34,10 (J) mit überschwenglichen Worten (»Wundertaten, die auf der ganzen Erde noch nicht getan worden sind und unter allen Völkern«).

Jos 3,5 befiehlt den Israeliten, sich zu heiligen, »denn morgen wird Jahwe in eurer Mitte Wunder tun.« Es folgen die Wunder bei der Jordandurchquerung. In Ri 6,13 treffen wir einen mißgestimmten Gideon, der mit Gott rechtet, weil es seinem Volk nicht gut geht: ». . . Wenn Jahwe mit uns ist, warum hat uns all dies getroffen? Wo sind all die Wundertaten, von denen uns unsere Väter erzählten? . . . Uns hat Jahwe verlassen und in die Hand Midians gegeben.« Gideon stellt Jahwes Initiative in der Vergangenheit und seine Untätigkeit in der Gegenwart scharf neben einander. Er kommt nicht auf die Idee, den Grund im Verhalten seines Volkes zu suchen. Der Vorwurf geht ausschließlich an Gott. Jahwe bringt keine Gegenargumente vor. Er ernennt Gideon zum »Retter« (v. 14), der vorsichtshalber ein Zeichen dafür fordert, daß wirklich Gott mit ihm redet. Der »Engel Jahwes« gewährt das Zeichen. Und Gideon rettet Israel vor Midian, wie Jahwe ihm verheißen (vgl. Teil II, 3. Kap. B).

Während der Belagerung von Jerusalem schickt der König Zidkija Bittsteller zu Jeremia (Jer 21,2): »Wende dich doch für uns an Jahwe, weil Nebukadnezzar, der König von Babel, gegen uns Krieg führt, ob Jahwe vielleicht mit uns verfahren will wie bei allen seinen Wundertaten, so daß jener von uns wegzieht.« Es ist üblich, in kritischen Situationen ein Orakel von Gott zu erbitten. Die Begründung für diesen Schritt ist die babylonische Heeresmacht, die gegen Juda im Feld steht und Jerusalem belagert. Jahwe soll sagen, wie dieser Krieg zu Ende geht. Der König spricht die Hoffnung aus, daß Jahwe diesmal wie bisher immer ein Rettungswunder wirken wird, um die gefährliche Lage zu Gunsten seines Volkes zu bereinigen[41].

Ohne auf die gewünschte Befragung einzugehen, schließt Jeremia ein Gotteswort an. Die Hoffnung des Königs wird zerschlagen. In diesem Fall kämpft Gott nicht für, sondern gegen sein Volk. Vom »Gott Israels« ist diesmal nicht Heil, sondern Unheil zu erwarten. Eine Seuche wird in der Stadt wüten. Was übrigbleibt, fällt in die Hände des babylonischen Königs, der entschlossen ist, alle zu töten »ohne Mitleid, Schonung und Erbarmen« (v. 7).

Der Schluß des Michabuches gehört wahrscheinlich in die Zeit unmittelbar nach dem Exil. Mich 7,8 ff drückt Israels Hoffnung aus, daß Gott sein Volk ans Licht führt und seine Feinde vernichtet. Jerusalems Mauern sollen wieder aufgebaut werden, das Volk aus der Diaspora heimkehren. V. 15 formuliert: »Wie in den Tagen, da du aus Ägypten auszogst, laß uns Wunder schauen« (Korrektur nach BHK). Wieder einmal beruft man sich auf die große Vergangenheit.

Während Neh 9,10 von den »Zeichen und Wundern am Pharao« spricht, steht in v. 17 der Ausdruck niflā' ōt, die Israel befreien. Hier geht es um die Sache, nicht um die Wirkung auf bestimmte Personen.
Die meisten Belege des Wortes finden sich im Psalter. Ps 9 gehört nicht zu den frühen Psalmen, vielleicht ins 6. Jh., das die Form des Akrostichons liebte. V. 2 ist eine typische Einleitung für das »Danklied eines einzelnen«: »Ich will dich preisen . . ., Jahwe, all deine Wundertaten will ich verkünden.« Dann wird Jahwe als Höchster, d. h. als Weltenherrscher und Richter über die Völker dargestellt. Das Thema »Wunder« wird unter dem Gesichtspunkt »Gericht über die Völker« abgehandelt. Die Feinde, die den Beter verfolgten, mußten vor Jahwe zurückweichen, sie strauchelten, weil Gott eingriff. Im Rückgriff auf jerusalemische Kulttraditionen erfolgt die Darlegung der Herrschaft Jahwes über die ganze Welt. Deswegen darf der einzelne sich hilfesuchend an den Zionsgott wenden. Der Arme wird »aus den Pforten des Todes« wunderbar gerettet (v. 14). Jahwe beherrscht den einzelnen und die Völker.
Ein unschuldig Angeklagter ist der Beter des 26. Psalms. Im Heiligtum von Jerusalem hat er vor seinen Verfolgern Asyl gefunden (vgl. 1 Kön 8,31–33). Er appelliert an Gott, den gerechten Richter. Er soll einen Reinigungseid leisten, vor dem Altar seine Unschuld beteuern und von Jahwe gerechterklärt werden. Das Ziel der Bitten beschreibt v. 7: »Laut will ich dein Lob verkünden, all deine Wundertaten will ich erzählen.« »Lobpreis« und »Erzählungen der Wundertaten« sind offenbar dasselbe. Die Gerechterklärung des Unschuldigen durch Gott ist ihm ein Wunder, er kann seine Position im Leben der Gemeinde wieder einnehmen. Gott hat ihm seine Ehre wunderbar wiedergegeben.
In eine ähnliche Situation führt Ps 40,6: »Eine Vielzahl von Wundern hast du vollbracht, Jahwe, du mein Gott . . .«. Im hymnischen Stil werden die Wunder nur angedeutet: sie sind unvergleichlich und unzählbar. Nach v. 4 hat Gott dem Sänger das »neue Lied« vom wunderbaren Handeln Gottes in

den Mund gelegt, damit Furcht und Vertrauen gegenüber dem Bundesgott wachsen und befestigt werden. Die wunderbare Errettung des einzelnen wird in v. 6 ausgeweitet auf alle Heilserweise Gottes an Israel. Gottes Taten sollen die Gemeinde zum Lob Gottes ermuntern.

Der nachexilische Ps 71 wird von einem alten Mann in Todesgefahr gesprochen. Er konnte vor einer Anklage ins Heiligtum fliehen. »Gott, du hast mich gelehrt von Jugend an, bis heute erzähle ich deine Wundertaten« (v. 17). Sein Lebenszweck war, Israel Gottes Taten zu verkünden. Er hofft, auch im Alter und bei schwerer Krankheit wieder Gottes Hilfe dankbar bezeugen zu können: Gott hat mir in meiner Not geholfen.

Ein hymnisches Schlußstück ist in v. 18 an den vorexilischen Ps 72 angehängt worden. Jahwes Name soll gepriesen werden, seine Herrlichkeit wird die ganze Erde erfüllen. Diese sehr allgemeine Aussage wird vom Anfang des Verses noch übertroffen. Er konzentriert die ganze Heils- und Gotteserfahrung Israels im Bekenntnis, daß »Jahwe allein Wundertaten tut«. Auch Ps 75,2 bezeugt, daß Gottes Volk nicht aufhörte, seine Wunder zu rühmen.

Ps 78 ist ein Lehrgedicht. Die Geschichte wird zur Mahnung für die kommenden Geschlechter, denn sie ist Beleg für die Stärke Gottes und die undankbare Vergeßlichkeit der Menschen. V. 4 lautet: »Wir wollen dies nicht vor den Söhnen verbergen, künden wollen wir es dem Geschlechte, das kommt: die Ruhmestaten Jahwes, seine Stärke und die Wundertaten, die er getan.« Die Thematik der Hymnen und Danklieder klingt hier in der Erinnerung der großen Geschichtstaten Jahwes für sein Volk an. Das unterscheidet den Psalm im Thema von der Weisheitsdichtung, die sich meist den Schöpfungswundern zuwendet. Dann fällt auf, daß der Verfasser betont, er gebe nur das von den Vätern überkommene weiter. Ob hier die »Wunder der Frühzeit« schon kanonische Wertigkeit als Teil des paränetischen Schemas haben? V. 11 beschreibt, wie Israel die Wunder Jahwes vergaß und den Bund nicht bewahrte. Im Zusammenhang mit der

Vernichtung der ungläubigen Wüstengeneration sagt v. 32 nochmals: »Trotz allem sündigten sie weiter und glaubten nicht an seine Wunder.« Hinter Ps 78,32 steht die Überzeugung, daß die Wüstengeneration sündigte, weil sie glaubte, sie müßte das von Gott versprochene Land mit eigener Kraft erkämpfen. Riesen sind ein Argument, wenn Menschen ein Land besetzen wollen. Wer aber glaubt, daß Gott mit seinen Wundertaten das Land erobert und seinem Volk gibt, den können selbst Riesen nicht beunruhigen. Die Überzeugung, daß Jahwe Wunder an Israel und am einzelnen immer wieder tun wird, gehört zum Wesen des Jahwismus.

Ein spätes, individuelles Klagelied ist Ps 86. In v. 10 bekennt der Beter: »Denn du bist groß und tust Wunder, du allein bist Gott.« Die Wunder bestätigen die wahre Gottheit Jahwes.

Nachexilisch und noch später ist Ps 96, ein eschatologisches Lied. Der Weltenschöpfer und -richter muß von allen gepriesen werden. Israel fällt die Aufgabe zu, Gottes »Herrlichkeit unter den Heiden zu künden, seine Wundertaten vor allen Völkern« (v. 3).

Der eschatologische Hymnus Ps 98 begründet in v. 1 das neue Lied, das Gott gesungen werden soll, mit der Wundertätigkeit Gottes. Der Ton liegt auf dem alleinigen Tun Jahwes, das den niflā'ōt hier die charakteristische Farbe gibt: Was Gott tut, kann nur er. Kein anderer ist zu ähnlichem fähig! – Gott führt sein Volk wieder nach Hause. Wunderbar ordnet er das Chaos der Völker. Das wird die weltweite Theophanie des Gottes Israels sein. Der Psalm ist damit nach dem Exil anzusetzen.

Ps 105 bezieht sich teilweise auf Sätze der Pentateuchredaktion. Der Kulthymnus ist also noch jünger. Zweimal spricht er von den Wundertaten Gottes. V. 2 befiehlt allgemein, Gottes Wunder zu erzählen, v. 5 hingegen fordert auf, sich seiner Wunder zu erinnern. Das bedeutet, die gnädige Führung Gottes soll nicht nur im Kult bekannt, sondern in dankbarem Gedenken verinnerlicht werden. Im Erinnern sind die früheren Wunder eine religiöse Kraftquelle der nachexilischen Gemeinde. Wie Ps 105 ist auch 106 nachexilisch und setzt die abgeschlossene Pentateuchüberlieferung voraus. V. 7 berichtet, daß schon die Väter in Ägypten Jahwes Wunder nicht begriffen. Damit ist kein intellektueller Fehler gemeint. Das Nichtbegreifen wird zur Empörung gegen den Gott der Väter. Die Moseschar wollte lieber in Unfreiheit an den Fleischtöpfen Ägyptens ausruhen, als ein Risiko auf sich nehmen und sich Gottes Wundertaten anvertrauen. V. 22 konstatiert, daß nach dem Guß des goldenen Jungstiers die Moseschar Gottes »Wunder im Lande Hams« vergaß. Wie hätten sie sich sonst ihren Gott »machen« können, der sie »aus Ägypten heraufgeführt hat« (Ex 32,4 E).

Ps 107 bedankt die Hulderweise Gottes. Vier Gruppen werden refrainartig zum Dank aufgerufen. Die vv. 8.15.21 und 31 lauten gleich: »Danken sollen sie Jahwe für all seine Gnade und für die Wunder, die er den Menschen getan hat.« Wüstenwanderer, Gefangene, Kranke und Schiffbrüchige haben je ihre Gründe, dem Retter-Gott zu danken und seine Wundertaten zu bedenken. V. 24 spricht von den »Wundern in der Tiefe«. So bewundert Israel, daß die Fluten des gewaltigen Meeres, das ihnen stets unheimlich war, dem Befehle Gottes gehorchen. – Ein bekanntes Zitat aus dem Psalter ist Ps 111,4: »Ein Gedächtnis seiner Wunder hat er gestiftet, gnädig und barmherzig ist Jahwe!« Der Ps 111 entstand in nachexilischer Zeit. Sein Hauptstück handelt von den Geschichtstaten Gottes. Sie enthüllen die Herrlichkeit Gottes den Menschen, die sie im Herzen bewahren. Der Kult setzt die Heilstaten Gottes wieder gegenwärtig, weil Gottes Bundeshuld immer währt. Damit haben die Hörer der vergangenen Wunder ein besonderes Verhältnis zu der Geschichte ihres Volkes.

In nachexilischer Zeit versichert der Sänger des 145. Psalms in v. 5: »Deine Wundertaten will ich besingen!« Hier sind wohl schon die Machttaten in Natur und Geschichte gemeinsam angesprochen.

Niflāʼōt sind Taten, die Gott als Gott ausweisen. Aber auch menschliche Taten werden mit diesem Wort bezeichnet. Dann hat das Wort einen moralisch disqualifizierenden Sinn und bedeutet etwa »Unverschämtheit oder Unerhörtheit menschlichen Tuns«.

Von einem frechen und verschlagenen König wird gesagt (Dan 8,24 nach BHK korrigiert): »Gewaltig ist seine Macht, – wenn auch nicht aus eigener Kraft –, er wird Unerhörtes (Unverschämtes) anrichten. Was er unternimmt, gelingt ihm. Er richtet Mächtige zugrunde, auch das Volk der Heiligen.« Es liegt eine Anmaßung in diesem Tun. Aber Gott läßt den König sogar Israel in Bedrängnis bringen. Er hat offenbar die Aufgabe, die Strafe Gottes an seinem Volk zu vollziehen, wie die klassische Prophetie den »Völkern« Strafsanktionen zugeschrieben hatte und Deuterojesaja den Kyros als Retter der Verbannten verherrlichte (vgl. Jes 45,1–4). Laut Dan 11,36 sprach Antiochus Epiphanes niflāʾōt (= Vermessenes) gegen den Gott der Götter. Nach Ausweis seiner Münzprägungen ließ er sich als »offenbarer Gott« und Zeus Olympius feiern. Sich selbst zum Gott ernennen, ist in jüdischer Sicht eine offene Herausforderung des wahren Gottes. Jahwe ist gezwungen, gegenüber einer solchen Blasphemie seine Rechte durchzusetzen. Das Tun des Königs ist nicht göttliche Wundertat, sondern eine üble, vermessene Nachäffung.

Während die Belege des Verbs nicht zur Beschreibung der Exoduswunder verwendet wurden, können niflāʾōt in einem runden Dutzend Belegen die Taten Jahwes an Ägypten meinen. Der Schwerpunkt der Belege (27) liegt im Psalter. Da die hymnische Sprache einprägsam, aber knapp formuliert, sind an 10 Stellen die Wunder nicht näher spezifiziert. Vier Belege erinnern an die Wunder nach der Landnahme. Sechsmal ist von der Errettung eines einzelnen oder einer Gruppe aus Lebensgefahr oder Verfolgung die Rede. Ein letztes Thema ist das eschatologische Gericht über die Völker. An zwei Daniel-Stellen wird das Wort zur Charakterisierung menschlicher Vermessenheit benutzt, die sich göttliche Eigenschaften anmaßt. – Das Substantiv bezeichnet in der Mehrzahl der Vorkommen Wundertaten Gottes in der Geschichte, göttliche Siege und Rettungstaten, die den Gläubigen zur Jahweverehrung ermuntern.

Mit dem Aufkommen der Weisheitstheologie in Israel wandelt sich das Bild. Nun war auch der naturhafte Lebensraum des aufgeklärten Israeliten unmythisch geworden. Damit gewinnt der Wunderbegriff eine neue Dimension. Nach wie vor sind Wunderzeichen außergewöhnliche Zeichen, die im Ablauf der Geschichte aufblitzen. Aber das Interesse der Weisheitslehrer ist viel intensiver dem Kosmos zugekehrt, der Planmäßigkeit der Natur, ihren technischen Rätseln und Gesetzen. Das Staunen vor der Schöpfung tritt neben die Betrachtung der Heilsgeschichte.

In besonderer Weise findet die Größe der Natur Erwähnung, wenn es gilt, den einzig wahren Gott von den Götzen zu unterscheiden. Während das Dtn (etwa 4,32–39) zum Beweis der Einzigartigkeit Jahwes auf seine Geschichtstaten verweist, argumentiert Jer 10,12–14 (– vorher wird vom Zorn Gottes, den die Völker fürchten, gesprochen –) folgendermaßen: »Er ist es, der die Erde in seiner *Kraft* erschaffen hat, der in seiner *Weisheit* den Erdkreis gegründet und in seiner *Einsicht* den Himmel ausgespannt hat ... Er erschafft Blitze mit Regen, läßt die Winde aus seinen Schatzkammern hervorgehen. Da steht jedem Menschen der Verstand still, er kann es nicht begreifen. Und jeder Goldschmied muß sich seines (Götzen-)Bildwerks schämen. Denn Trug sind seine Bilder, sie haben keinen Atem.« Die Heilstaten werden nicht negiert, aber der Weisheitslehre scheint die Natur das eindrücklichere Argument für Jahwe zu sein.

Daher kombiniert das große Dankgebet Ps 136, wenn es Jahwe vorstellt unter dem Thema (v. 4): »Er allein tut große Wundertaten.«, die Erzählung der Schöpfungswunder (vv. 5–9: Erde, Himmel, Gestirne) mit der Beschreibung der Volkwerdung Israels und der Landgabe (vv. 10–21).

Aber auch im privaten Leben erkennt der Mensch an sich selbst Gottes geheimnisvolles und wunderbares Wirken. In Ps 139 bezeugt der Beter, daß Gott ihn durch und durch kennt. Seine Taten und seine Pläne sind Gott nicht verborgen. Der Fromme fühlt sich rings von Gott umschlossen. Diese Erkenntnis ist ihm »zu wunderbar, zu hoch, ich fasse sie nicht« (v. 6). Gott ist immer bei ihm. Andrerseits kann er Gott nicht entrinnen: der Himmel, das Meer, die Erde und die Unterwelt sind Gott zugänglich. Vv. 13–18 sagen, daß der Gott der Schöpfung auch der Weltenrichter ist. Sein alles durchdringendes Wissen stammt daher, daß er alles und jeden gemacht hat. Alles ist in seinem Buch protokolliert. Dies macht dem Beter Unbehagen. Aber alles wird von v. 14 überstrahlt: »Ich danke dir, daß ich so wunderbar geschaffen! Wunderbar sind deine Werke!« In v. 18 kapituliert der kleine Mensch vor dem großen Gott und seiner großen Welt: Gottes Wunder sind unzählbar. Der Mensch ergründet weder ihre Fülle noch ihre Tiefe, Gottes Handeln ist ihm unergründlich.

Wenn ein Mensch an Gott zweifelt, wird der »Weise« die Größe der Schöpfung als »Gottesbeweis« anführen. Ijob 5,9 sagt Elifas über Gott, daß er »Wundertaten, die noch nicht gezählt wurden, tut«. Dann werden Wunder in der Natur aufgezählt. Es folgt der Hinweis, daß Gott den Listigen besiegt und dem Elenden und Armen beisteht. Elifas will Ijob, der seinen Schmerz und seine Glaubensnot hinausschreit, mit dem Trost der Weisheit besänftigen: Wenn einem Menschen Übles zustößt, ist er am Ende selbst schuld. Wer zu Unrecht leidet, kann sich an Gott wenden. Er wird die Gerechtigkeit wieder herstellen. Sein Handeln ist wunderbar, d. h. seine Gerechtigkeit ist übermenschlich. Der moderne Leser wird sich mit diesem selbstsicheren »weisheitlichen Lebensgefühl« schwerlich identifizieren können.

Genauso wie Elifas ist auch Bildad von der absoluten Gerechtigkeit Gottes überzeugt. Ijob versucht, seinen Freunden klarzumachen, daß die Sicherheit seines Lebens in dieser Grundposition erschüttert ist. Aber auch die Aussagen Ijobs über die Größe der Schöpfung sind »konventionell«. Sogar seine Zusammenfassung in Ijob 9,10 stimmt mit der vorausstehenden des Elifas überein: »Er schuf Großtaten, die man nicht erforschen kann, Wundertaten, die man nicht zählen

kann.« Beide vergegenwärtigen die Macht Gottes in gleicher Form.
Ijob 42,1–6 sagt: Den Möglichkeiten Gottes sind keine Schranken gesetzt. »Gott kann alles.« Die tausend Rätsel, die der Mensch in der Natur findet, gibt es bei Gott nicht (v. 3): ». . . deswegen sprach ich und verstand nicht Dinge, die zu wunderbar für mich sind . . .« Gottes Handeln bleibt dem Menschen ein Rätsel. Damit ist der Mensch endgültig in seine Schranken verwiesen. Ohne auf Gottes Heilshandeln zu verweisen, zeigt die Weisheitslehre an der Größe der Natur die Größe ihres Schöpfers. Ijob erkennt das ausdrücklich an. In der Theophanie ist Ijob Gottes inne geworden. So ist Gott zum Menschen gekommen. Auch für den Zweifelnden ist er der wunderbare, sich dem Menschen zuwendende Gott.

Das Substantiv pälä' = Wunder

ist der »geistigste« unter den Ausdrücken für Wunder im hebräischen AT. Mit diesem Substantiv wird das Wunder-Geschehen an sich definiert, das sich nicht in der subjektiven Reaktion von Furcht, Freude o. ä. bricht. Es geht um das andere, das als Unerwartetes, Unbegreifliches beschrieben wird, das den Menschen überrascht und erschreckt. Das Wort beschreibt das Phänomen, das den Affekt hervorbringt, nicht den Affekt, mit dem der Betroffene auf das Geschehen reagiert.
Ex 15,11 (J) singt: »Jahwe, wer ist wie du unter den Göttern? . . . in Heiligkeit strahlend, furchtbar an Ruhmestaten, Wunder vollbringend!« So unterscheidet sich Jahwe von den anderen Göttern. Die Aussage in diesem Triumphlied hat hymnischen Charakter. Der Text kennt die Furcht vor dem mysterium tremendum. Der Wundertäter ist der Heilige Israels. Die Verbindung zwischen den Wundertaten und der Heiligkeit Gottes zeigt sich auch in Jes 9,5. Dort lesen wir unter den Thronnamen des göttlichen Heilskönigs: Wunderentscheid Treffender, ein Gott, ein Held.

Jes 25,1 zielt scheinbar in die Vergangenheit: »Jahwe, du bist mein Gott! Ich will dich preisen, will deinen Namen bekennen, denn du hast Wunderbares getan . . .«. Weil das Ereignis aber in der Zukunft liegt, setzt das Gebet mit einem Vertrauensbekenntnis ein: Was immer Jahwe tun wird, es übersteigt alles menschliche Ahnen in wunderbarer Weise.

Im 1. Klagelied wird die Notlage Jerusalems beschrieben. Personifiziert als Zion kommt die Stadt selbst zu Wort. V. 9 sagt: »Wunderbar (p^{e}lā'īm) kam sie herunter. Es gibt keinen Tröster für sie . . .«. Schrecklich ist das wunderbare Handeln Gottes an seiner Stadt, so ist kein anderer Tröster in der Lage, Jerusalem zu beruhigen. Die Stadt kann sich nur noch an den wenden, der Wunder tut: »Jahwe, sieh mein Elend an, denn der Feind tut groß.«

Dan 12,5–13 ist der Epilog des protokanonischen Danielbuchs. V. 6 fragt: »Wie lange ist es noch bis zum Ende mit den Wundern (p^{e}lā'ōt)?« Hier meint das Wort die unheilvollen Dinge, die vorher berichtet wurden. Das Ende des Unheils wurde herbeigesehnt. Das »wann« der Rettung ist aber nach v. 9 »verschlossen und versiegelt«.

Es folgen die Belege in den Psalmen. In Ps 77 denkt – vielleicht in der Zeit des Exils – ein Frommer über das Schicksal des Gottesvolkes nach. Aus der andauernden Not der Gegenwart blickt er zurück auf die Wunder der Frühzeit. Der Abstand zeigt sich schon in der Formulierung (v. 12): »In Gedanken vergegenwärtige ich mir die früheren Wunder.« Die Heilstaten bezeugen Jahwes Unvergleichlichkeit (v. 15): »Du bist der Gott, der Wunder tut!« – Dadurch hat er den exklusiven Herrschaftsanspruch unter den Völkern. V. 16 erwähnt die größte Heilstat, den Auszug aus Ägypten. Aber auch die Schöpfung wird in den hymnischen Preis Gottes einbezogen. Das Lehrgedicht Ps 78 bringt einen Beleg dieses Wortes in v. 12: »Vor ihren Vätern hat er Wunder getan im Lande Ägypten.« Wiederum dient das Meerwunder als Exempel der Großtaten, die Staunen, Freude und Schrecken auslösen können. Der mächtige Gott tut das Wunder als »die Ausführung des schlechthin Unmöglichen« (H. J. Kraus, BK

XV 1, ^{3}1966, 544 z. St.). Die folgenden Verse zeigen, daß die Wundertaten durch die Kraft, mit der sie hervorgebracht wurden, als göttliche Taten ausgewiesen sind.

Ein Schwerkranker betet in Todesnot den Ps 88. Anklänge an Ijob und sprachliche Verwandtschaft mit diesem Buch sind feststellbar. V. 11 appelliert an die Macht Gottes: »Willst du Wunder an den Toten tun? Stehn Schatten auf und künden dein Lob?« Gott müßte ein Wunder wirken, einen Toten wieder zum Leben erwecken, denn ein »Schatten«, der nicht mehr menschlich zu fühlen vermag, kann das Gotteslob nicht singen. V. 13 stellt das Totenreich als den kultfernen Ort dar: »Werden deine Wunder der Finsternis kund, und dem Land der Vergessenheit deine Gerechtigkeit?« – G. von Rad hat in seiner Theologie des Alten Testaments (I, ^{6}1969, 401) diese Situation so beschrieben: »Zwar endete der Machtbereich Jahwes keineswegs an der Grenze der Todeswelt (Am. 9,2; Ps. 139,8); aber die Toten standen außerhalb des Kultes und seines Lebenskreises. Darin besteht recht eigentlich ihr Totsein ... die Toten stehen außerhalb des Geschichtshandelns Jahwes ..., und in diesem Ausgeschlossensein lag für Israel die eigentliche Bitternis des Todes.« Israels Lebensgefühl hat sich nicht grundsätzlich gegen den Tod gewehrt oder deswegen von Gott abgelassen (vgl. Ijob 2,10). Dennoch fragt dieser Beter: Kann Jahwe diese meine äußerste Not abwenden? Ohne eine Antwort Gottes schließt der Psalm und läßt den Beter im Dunkel.

Ps 89,2–19 ist ein Hymnus auf die Gnadenerweise Gottes in Schöpfung und Geschichte. V. 6 sagt: »Die Himmel preisen deine Wundertaten, Jahwe ...«. Wie in Ps 19,2 und 150,1 ff besingen die Himmel Jahwes Wunder, die ihn als unvergleichlichen Gott offenbaren. So ist Jahwe der König der Götter, der »höchste« weltüberlegene Schöpfer und Herr der Geschichte.

Ps 119 ist eine nachexilische Sammlung von Äußerungen individueller Tora-Frömmigkeit. Drei Verse davon kommen hier in Frage: v. 18.27 steht niflā'ōt; v. 129 steht p^{ä}l^{ä}'. Der Beter fleht v. 18: »Öffne meine Augen, daß ich ich die Wunder deines Gesetzes schaue!« Von der göttlichen Tora werden Wunder erwartet. Gottes Weisung ist Quelle des Lebens. Ihre geheimnisvollen Werte sind nicht jedem zugänglich. Gott muß dem Menschen den rechten Geist geben, damit die Weisung in ihm Wirkung haben kann. Nur so werden die göttlichen Wunder wirksam. V. 27 bittet daher: »Den Weg deiner Ordnungen laß mich erfassen, daß ich nachsinne über deine Wunder!« Wiederum eine Bitte um rechte Erkenntnis der Weisungen Gottes. V. 129 spricht konstatierend das Thema an: »Wunder sind deine Zeugnisse! ...« Mit dem Wort p^{ä}l^{ä}' werden die Weisungen und Zeugnisse als ein Geschenk, das nur Gott geben kann, charakterisiert. Die gnädige Willensoffenbarung Gottes ist zwar schon schriftlich formuliert, aber sie verstellt den Blick auf Jahwe selbst nicht, sondern bringt den sprechenden Gott selbst mit vor. Daß hier »Gebote« als Wunder angesehen werden und nicht als Beschränkungen der individuellen Freiheit, wird höchstens dem modernen Leser unverständlich sein. Dem Israeliten hingegen sind das Geschichtswirken Gottes, seine Schöpfung und seine Weisung in gleicher Weise wunderbar und wichtig.

Zusammenfassung

Der hymnische Charakter der meisten Fundstellen fällt auf. Gott wird als der Wundertäter gepriesen. Mehrere inhaltliche Komplexe gliedern das Vorkommen. Eine ziemlich starke Gruppe der Belege befaßt sich besonders in den Psalmen mit den heilsgeschichtlichen Taten Jahwes, während im Exodus darauf nur 3,20 und 15,11 ausdrücklich Bezug nehmen. Eine ungefähr gleichstarke Gruppe gedenkt rettender Taten Gottes, die einzelnen Menschen widerfahren sind (in individuellen Klage- und Dankliedern aufzufinden). Seltener sind die Bitten um Hilfe für das Volk, einzelne Gruppen oder Individuen. Stärker fallen wieder die Belege der Weisheitstheologie ins Gewicht, die in der Natur und ihrer Ordnung Gottes Macht erkennen und preisen. Wenn aber der Mensch

»Wunderbares« redet, erweist er sich als Lästerer des hl. Gottes, dem keiner gleicht.
Die Altersbestimmung der Belege ist schwierig. Ausgesprochen alt scheint pl' I nicht zu sein. Die jüngste Belegstelle ist wohl Dan 12,6. Die Psalmen, in denen sich das Wort findet, sind in der Überzahl nachexilisch.
Die Entwicklung scheint vom Preis der Jahwe-Siege und Rettungstaten (J-Belege) ausgegangen zu sein. Die Stellen, die über das nationale Thema hinausführen, finden das Wunder im allgemein Menschlichen. Die Schöpfung als unverständliches Geheimnis zu feiern, ist Art der Weisheit. Gott ist das mysterium tremendum. Im Wunder wird der Mensch von diesem Gott berührt. »Da verhüllte Mose sein Angesicht, denn er fürchtete sich, Gott anzuschauen« (Ex 3,6 E). Furcht, Dank und Hoffnung ist die angemessene Haltung des Menschen vor »Jahwe, der allein Wunder tut« (vgl. Ps 77,15).

9. Kapitel: t^{e}hillot = Ruhmestaten

Wir haben immer wieder gesehen, daß Israels Beter aufrufen zum Lobe ihres Gottes, der sich wunderbar erwiesen hat. So soll ein kurzer Abschnitt diesem Komplex gesondert gewidmet werden.

Das Verbum hll pi

Das Verbum hll pi und die damit zusammenhängenden Substantive kommen beinahe zu zwei Dritteln in den Psalmen vor oder in Psalmmotiven, die anderenorts Verwendung fanden. Die Wortgruppe hat ihren eigentlichen »Sitz im Leben« im Gottesdienst. In ihm vollzieht sich das Lob, wozu durch den Aufruf angehalten wird. Die Verwendung ist nicht ausschließlich religiös, Verbum und Nomen können auch zwischenmenschlich gebraucht werden. Gen 12,15 (J) »loben« die Beamten des Pharao die Schönheit der Sara. 2 Sam 14,25 rühmt man die Schönheit Absaloms in überschwenglichem Superlativ. Ez 26,17 nennt Tyrus »die berühmte Stadt am Meer« (hll pu), das »Lob der Hausfrau« steht Spr 31,28.30.31 (pi und hitp). C. Westermann, Das Loben Gottes in den Psalmen, ^{4}1968, hat sich besonders mit dem Gebrauch des Wortstamms in den Psalmen beschäftigt. Er unterscheidet verschiedene Gruppen.

Der imperativische Lobruf

»Lobet, ihr Knechte des Herrn, lobet den Namen des Herrn« o. ä. Israel muß immer wieder neu zum Gotteslob aufgerufen werden. Es ist lebensnotwendig, daseins- und gemeinschaftserhaltend, Jahwe zu loben. An diese Tatsache wird immer wieder erinnert, damit das Lob nicht vernachlässigt wird. In ihm wird Gott in seiner ganzen Fülle anerkannt und bejaht.

Ein erstes Charakteristikum des israelitischen Gotteslobes fällt sofort auf: Gotteslob kann nur mit Freude geschehen, es ist sozusagen die Freude, die Israel an seinem Gott hat und ihm zusingt. Ps 32,11 werden die Gläubigen aufgefordert: »Jubelt über Jahwe, ihr Gerechten, und freut euch. All ihr lauteren Herzen, frohlocket!«

Das zweite Charakteristikum ist das Überwiegen der Pluralformen. Außer in Ps 146,1 ist der imperativische Lobruf immer ein Anruf an die Gemeinschaft, die im Gotteslob ihr Selbstverständnis findet. Der Ort des Lobens ist der Gemeindegottesdienst.

Das dritte Charakteristikum mutet den modernen Menschen vielleicht merkwürdig an: am Gotteslob ist die ganze Schöpfung beteiligt. »Alles, was Odem hat, lobe Jahwe!« fordert die Schlußdoxologie des Psalters (Ps 150,6). Es geht nicht eigentlich um die rationale Seite des Menschen, sondern um den Menschen als Krone der Schöpfung, der stellvertretend für alles »Stumme« Gott als den Grund allen Lebens preist. Ps 148 zählt daher alles auf, was Gott loben soll.

Der Voluntativ

Den imperativischen Belegen stehen die voluntativen gegenüber. Ein einzelner tut darin seine Absicht kund, Gott zu loben, z. B. Ps 146,2: »Jahwe will ich loben, solange ich lebe.« Auch dies geschieht nicht »im stillen Kämmerlein«, sondern »inmitten der Gemeinde« (Ps 22,23). Der einzelne entschließt sich somit, sich die Aufgabe des Gotteslobes zu eigen zu machen. Die Aufgabe der Gemeinde übernimmt er freiwillig. Erst die Belege des chronistischen Werkes zeigen, wie Institutionen berufsmäßig das Gotteslob übernommen haben.

Der theologische Gebrauch

»Rühmen/Ruhm« (hll hitp. und t^{e}hillā) haben ursprünglich profane Bedeutung, einige Belege beziehen sie aber auf die Gottesbeziehung: Ps 34,3 sagt: »Meine Seele rühme sich Jahwes.« Daher ist die Erde »voll seines Ruhmes« (Hab 3,3). Gottes Ruhm steht parallel zur Ehre Gottes (Jes 42,8) oder zu seinem »Namen« (Ps 48,11). Gottes Ruhm ist auch die Ehre seines Volkes.
Dtn 10,21 ist für das Selbstverständnis Israels in kritischer Zeit charakteristisch. Nach der Forderung der Herzensbeschneidung und der Gottesfurcht wird der Grund der Gottesverehrung so bestimmt: »Er ist dein Ruhm (t^{e}hillā), er dein Gott, der mit dir jene großen und furchtbaren Taten wirkte, welche du mit eigenen Augen sahst.« Durch seine rühmenswerten Taten ist Israel ein berühmtes Volk geworden. Israel findet keinen Grund, sich zu rühmen, Jahwe ist Israels Ruhm – für die Menschen ein Grund, Gott zu loben, demütig und bescheiden zu sein[42]. Hier ist klarer formuliert, was in den Psalmen nicht so deutlich wird: Jahwe ist durch seine Zuwendung zum auserwählten Volk, durch seine Für-

sorge für seine »Familie« die Existenzgrundlage des Gottesvolkes. Israels Antwort an seinen Gott kann nur heißen: Lob, Dank, Verehrung und Gehorsam gegenüber seiner Weisung.

Der Plural t^ehillōt

Die Ruhmestaten Jahwes werden an einigen Stellen im AT als »t^ehillōt« bezeichnet, schon im Schilfmeerlied hebt dieser Lobpreis an. Gott ist »furchtbar an Ruhmestaten« (Ex 15,11), dafür zeugt der Vorgang, der seinem Volk die Freiheit brachte. Alles spätere Rühmen Gottes hat hierin sein Fundament, weil es »Israel« ohne diese Gotteserfahrung nie gegeben hätte.

In der Darlegung der Geschichte in Ps 78,4 wird darauf hingewiesen, daß der Autor keine »neue Lehre« vorträgt, sondern »die Ruhmestaten Jahwes, seine Stärke und seine Wunder, die er getan.« An dieser Stelle ist der Traditionszusammenhang der Weisung mit der heilsgeschichtlichen Überlieferung Israels zu sehen. Ruhmestaten und Weisungen Gottes sollen als organische Einheit dem Volk vorgetragen werden. Durch die Erfüllung der Weisung wird Israel Jahwes Ruhm, nachdem er durch sein Handeln Israels Ruhm geworden ist. Jahwes Hinwendung und Israels Antwort gehören zusammen, sonst sind die Israeliten »nur ein Hauch, der unwiederbringlich vergeht« (Ps 78,39).

Jes 60,1–22 kündet die Herrlichkeit des wiederaufgerichteten Jerusalems. Der nachexilische Text beginnt mit einer Theophanieschilderung. Es wird angekündigt, daß Jahwe nicht als Kriegsherr, sondern in Lichtherrlichkeit kommt. Die Völker machen sich auf zur Wallfahrt nach dem Zion, die versprengten Israeliten werden wieder in ihre Heimat gebracht (zweimal in v. 5 und v. 9). Die Heimkehr der Verbannten wird zu einem Triumphzug. Die Völker verherrlichen den Zionsgott, indem sie sein zerstreutes Volk mit reichen Gaben nach Jerusalem zurückbringen. Die Heilsgüter der Endzeit sind allen Völkern zugedacht. Jahwe verherrlicht sich vor allen Menschen.

Israel besteht als Gott lobende, von ihm erhaltene und beschützte Gemeinde. Die »Ruhmestaten« (Jes 63,7) sind die Gottestaten an seinem erwählten Volk. Israel und der einzelne Fromme waren sich hier klar (Ps 71,14.24), daß Jahwes Taten in den Preisungen Israels Antwort finden mußten[43].

Die Wunderterminologie des AT ist damit vorgestellt. Die Ausdrücke *werten* die Wundertaten Jahwes als Großtat, Plage, Versuchung oder Zeichen. Das AT enthält außerdem Wundererzählungen, die nun in Auswahl vorgestellt werden sollen.

Teil II
Beispiele von Wundererzählungen

Nachdem die Wunderterminologie aufgezeigt wurde, befaßt sich dieser Teil mit ausgewählten Wundererzählungen aus dem AT. Nochmals sei auf den Unterschied zwischen Wunder und Wundererzählungen hingewiesen.

Wunder werden von gläubigen Menschen erlebt. Für sie ist die Wirklichkeit mehr als das, was wir sinnenhaft erfahren und als Ursache und Wirkung zu messen vermögen. Unsere Zeit weiß um Wirklichkeit, die außerhalb der normalen, sinnenhaften Wahrnehmung besteht (parapsychologische Phänomene). Dennoch können diese Kräfte zur Natur der Welt und des Menschen gehören.

Menschen, die an Gott als den tragenden Grund jeglichen Geschehens glauben, können in der Wirklichkeit ihres Lebens Gottes Hilfe erahnen und sie gläubig bekennen. Wunder geschehen in der Welt dort, wo sich glaubendes Verstehen Gott öffnet (vgl. K. Rahner, Grundkurs des Glaubens, Freiburg 1977, 95: »Dasselbe Verhältnis obwaltet . . ., wenn wir fragen, ob Gott in seiner Welt sich greifbar melde, ob er z. B. erhöre, Wunder tue, in die Geschichte machtvoll eingreife usw. Wenn wir diese Frage mit Ja beantworten [sofern wir religiöse Menschen sind], dann ist damit aber dennoch nicht gemeint, daß das unmittelbar Vorfindliche dieses »Eingreifens« als solches nicht in einem funktionalen Zusammenhang mit der Welt stünde, daß es nicht kausal erklärt werden könne . . .«).

Im »Wunder« interpretiert der Mensch seine Erfahrung in der Welt. Nach antikem Wunderverständnis besteht zwischen Gott (den Göttern) und der Welt keine derartige Trennung, daß nicht ständig göttliche Mächte in das irdischmenschliche Geschehen erkennbar eingreifen würden (vgl. Homers Beschreibung des Eingreifens der Götter in den trojanischen Krieg). Die Antike rechnet mit solchen Eingriffen, eine konstante Naturgesetzlichkeit hingegen wird nicht erwartet. Wunder sind in der Antike demnach auffallende Ereignisse, die von glaubenden Menschen als Zeichen göttlichen Eingreifens verstanden wurden. Sie sind Zeichen, sie weisen auf etwas hin, aber sie beweisen nichts. Demnach sind Wundererzählungen Glaubenszeugnisse.

»Entscheidend für das, was die Menschen der Antike als Wunder bezeichneten, war deshalb nicht die Außerordentlichkeit eines Ereignisses in sich, und schon gar nicht ein naturwissenschaftlich gemessener Grad der Außerordentlichkeit, sondern die Erfahrung des Göttlichen« (A. Weiser, Was die Bibel Wunder nennt, Stuttgart ²1976, 14 f). Die Autoren der Bibel wollten also nicht in erster Linie Außergewöhnliches darstellen (was wir gerne suchen), sondern – in epischer Konzentration – das rettende »Erscheinen Gottes« verkünden. Unser Interesse muß demnach dieser Intention der Autoren gelten. Aus ihr ergibt sich, daß Einzelangaben in den Wundererzählungen nie eindeutig die Behauptung zulassen, daß etwas »gegen die Natur« geschehen sei. Die Erzähler waren nicht bemüht, naturwissenschaftliche Informationen zu überliefern.

Der Bibelleser hat Wundererzählungen vor sich, nie das Wunder selbst. In diesen Texten kommen Menschen mit ihrer Glaubenserfahrung zu Wort, die sie den Nachkommen weitergeben wollten. Es kommt darauf an, daß wir diese Texte so zu lesen versuchen, wie sie die Autoren verstanden wissen wollten. Unsere Mühe richtet sich nicht auf die Frage: Was ist damals wem widerfahren? Wir suchen zu ergründen, was die Autoren des AT uns mit ihren Erzählungen sagen wollen, und wie wir heute damit als Glaubende leben können.

Gewiß gab es in den vergangenen hundert Jahren das weitverbreitete Mißverständnis, daß die Wundererzählungen Geschichte im modernen Sinne vermitteln wollen. Inzwischen ist es in der Schriftauslegung zum Allgemeingut geworden, daß die Wundererzählungen nicht über vergangene Ereignisse informieren wollen, sondern als Geschichtsbetrachtung, Bekenntnis- und Glaubenserzählung in unser Leben hineinsprechen, eine Anfrage an uns darstellen und in uns Hoffnung auf eine bessere Zukunft begründen wollen. Sie sind Zeugnis von Glaubenden für Glaubende.

Die Wundererzählungen des AT sind um Jahwe, den Gott Israels, zentriert. Sie künden und preisen seine Taten in der Geschichte des Volkes (Herausführung aus Ägypten, Führung in der Wüste und Hineinführung in das versprochene Land) und am einzelnen (Ps 107); sie zeigen ihn als Herrn der Naturkräfte und der Schöpfung (Deuterojesaja).

Das AT erzählt nicht nur vom wunderbaren Eingreifen Jahwes, auch seine Propheten (Mose, Elija, Elischa) tun Wunder, die ihr Prophetentum legitimieren sollen. Diese Wundererzählungen handeln zumeist von Natur- und Heilungswundern sowie Totenerweckungen. Wenn im NT diese Motive wieder aufgenommen werden, wird bei der Besprechung besonders darauf hingewiesen.

Zum Vorgehen bei der Auslegung

1. wird der Text angegeben;
2. wird die Form des Textes beschrieben;
3. erfolgt die Einzelauslegung;
4. wird versucht, die Entstehungssituation (Sitz im Leben) herauszufinden;
5. wird nach dem Überlieferungsträger gefragt;
6. wird nach der Aussageabsicht (Intention) gefragt.

Gliederung von Wundererzählungen

Wundererzählungen haben im Regelfall eine bestimmte Struktur:

1. Die Exposition erklärt die Situation, gibt Ortsangaben und führt handelnde Personen ein.
2. Wird die Notlage beschrieben und Gott um Hilfe angerufen.
3. Jahwes Eingreifen wird knapp erzählt.

4. Die Menschen, die das Wunder erlebt haben, preisen Gott und bekennen sich zu ihm.

Der Bibelleser hat das Glück, daß verschiedene Quellen im AT desselben Wunders gedenken. Im Vergleich der Texte läßt sich zeigen, wie wenig konkrete Information gegeben wird und wie divergierende theologische Aussagen in den verschiedenen Entstehungssituationen von bestimmten Offenbarungsträgern ihren Zuhörern vorgelegt wurden.
Manchmal stehen die verschiedenen Überlieferungen getrennt, dann ist der Vergleich einfach zu machen, manchmal sind im AT leider die verschiedenen Quellen in der Schlußredaktion zu einer Einheit verflochten worden. Dann kommt die Quellenscheidung selten zu eindeutigen Ergebnissen, weil bei der Verarbeitung von Quellen durch die Redaktoren Unterschiede harmonisiert, oder eine Quelle zugunsten einer anderen unterdrückt wurde.
Am Beispiel der »Rettung am Meer« (Ex 14) wird versucht, die Methode und ihren Ertrag darzustellen.

1. Kapitel: Wunder »im Wachsen« – die Verkündigung der Rettung am Meer

A. Ex 14

Die literarische Schichtung von Ex 14

Wer unvoreingenommen und ohne Vorkenntnisse den Text liest oder hört, bemerkt Spannungen in der Erzählung. Die Exegese erklärt diesen Tatbestand damit, daß in Ex 14 verschiedene »Quellen« oder »Schichten« redaktionell zusammengefügt und nicht völlig harmonisiert wurden. Diesen Vorgang wieder durch »Quellenscheidung« rückgängig zu machen, ist ein Stück weit wenigstens hypothetisch möglich. Diese Reduktion legt mehrere Interpretationen des »Meerwunders« frei, hinter denen verschiedene Glaubensaussagen stehen.

In Ex 14 ist die Quellenscheidung – wie grundsätzlich immer – ein mit Unsicherheiten befrachtetes Unternehmen, die vorgeschlagenen Lösungen bleiben Hypothesen, mit denen so lange gearbeitet wird, bis bessere Lösungen gefunden sind. Sicherlich gibt es im Bereich der Quellenscheidung einen breiten Konsens unter den Forschern, allerdings nicht in diesem umstrittenen Kapitel (vgl. G. Fohrer, Überlieferung und Geschichte des Exodus, BZAW 91, 1964, 124 f mit der Quellenzuweisung bei M. Noth, ATD 5, 1965 zur Stelle und den Versuch von K. von Rabenau in: Theologische Versuche, hrsg. von P. Wätzel und G. Schille, 1966, 7–29 mit Literaturangaben).

Wenn die Exegese sich mit diesem Kapitel befaßt, wird sie legitimerweise vom Gesamtext ausgehen. Schließlich hat sie zu klären, was dieser Text in seiner heutigen Form zu sagen hat. Es ist aber auch legitim, was hier mit dem Text versucht wird: die Schichten soweit möglich von einander zu isolieren, um sie gesondert zu würdigen.

Am hebräischen Text kann man sprachliche Sonderheiten der einzelnen Schichten erkennen. Im deutschen Text ist mindestens einiges davon erhebbar. Die Redaktoren haben nämlich in ihrer Treue zur Überlieferung Doppelungen belassen: Zweimal wird der Umweg der Israeliten verschieden erklärt, der Entschluß des Pharao und das Verhalten der Teilnehmer an der Expedition, die Reaktion der Israeliten und die Schilderung des Meerwunders werden je verschieden erzählt.

Daraus ergibt sich folgende Gliederung: Die drei Variationen der Erzählung von der Errettung der Moseschar am Meer werden als separierte Texte (nur geringfügig ergänzt) dargeboten und ausgelegt. Der Hauptakzent wird darauf

gelegt, die unterschiedlichen Sichtweisen der verschiedenen Erzählungen zu beleuchten.
Abschließend wird versucht, den »geschichtlichen Hintergrund« der Rettung der Moseschar am Meer anzudeuten. Dann kann der Leser selber den heutigen Volltext und die Leistung der Schlußredaktion würdigen.

a) Die älteste Erzählung vom Meerwunder

1. Übersetzung des Textes: Ex

13,20 Und sie brachen von Sukkot auf und lagerten in Etam am Rande der Wüste.

14,1–3 Und Jahwe redete zu Mose: Sage zu den Israeliten, daß sie umkehren und sich vor Pi-Hahirot zwischen Migdol und dem Meer lagern, vor Baal-Zefon, ihm gegenüber sollt ihr euch lagern am Meer. Dann wird der Pharao von Ägypten von den Israeliten denken: Sie haben sich im Lande verirrt, die Wüste hält sie umschlossen.

14,5a Als dem König von Ägypten erzählt wurde ... (*Ergänzung:* daß die Israeliten weggezogen waren, schickte er eine Streitmacht hinter ihnen her).

14,10bβ Da schrien die Israeliten zu Jahwe,

14,11f und sie sprachen zu Mose: Gab es denn keine Gräber in Ägypten, daß du uns zum Sterben in die Wüste gebracht hast? Was hast du uns angetan damit, daß du uns aus Ägypten herausgeführt hast? Haben wir nicht schon in Ägypten zu dir gesagt: Laß uns doch Ägypten dienen, denn es ist besser für uns, Ägypten zu dienen als in der Wüste zu sterben.

14,15 Und Jahwe sprach zu Mose: Was schreist du zu mir? Sage den Israeliten, daß sie aufbrechen.

14,20bβ Und es entstand die Wolke und die Finsternis

und erleuchtete die Nacht. (Ex 14,20aβ ist nicht gut erhalten. Der hebräische Text lautet: »Und es gab die Wolke, und die Dunkelheit, und sie erhellte die Nacht.« Der Samaritanus schreibt: »Und die Wolke war Dunkelheit auf der einen Seite und Licht auf der anderen.« Die griechische Übersetzung hat nur: »Und die Nacht verstrich . . .«)

14,25a Und er (Jahwe) hemmte die Ränder ihrer Wagen, so daß sie (die Ägypter) nur schwer vorwärtskamen.

14,27b Und Jahwe schüttelte die Ägypter mitten ins Meer.

14,31b Und sie (die Israeliten) vertrauten auf Jahwe und auf Mose, seinen Knecht.

2. *Form:* Es handelt sich um eine Wundererzählung mit folgender Gliederung:

1. Exposition: Lokalisierung und Einführung der handelnden Personen Ex 13,20;14,1–3.
2. Darstellung der Notlage und Bitte des Volkes um Hilfe: Ex 14,5a.10bβ.
3. Jahwes Eingreifen: Ex 14,15.20bβ.25a.27b.
4. Reaktion der Israeliten: Vertrauen auf Jahwe und auf Mose: Ex 14,31b.

3. *Einzelinterpretation:* Ex

13,20

Hier erfolgt die Lokalisierung der Geschichte. Bei Sukkot hatten die Israeliten nach Ex 12,37 (J) am Tag nach der Pesachnacht die ungesäuerten Brotfladen gegessen. Etam am Rande der Wüste ist bisher nicht identifiziert.

14,1f

Ein durch Mose vermitteltes Gotteswort heißt die Israeliten ihre Marschrichtung ändern. Pi-Hahirot und Migdol am Meer sind topographisch nicht genau zu fixieren. Migdol kommt schon in ägyptischen Quellen vor, aber man weiß lediglich, daß es an der Straße vom Nildelta nach Palästina liegt. Mit dem Meer ist das Mittelmeer gemeint. Am sichersten läßt sich die Lage des Baal-Zefon festlegen. Wie O. Eißfeldt glaubhaft machen konnte, handelt es sich um ein Heiligtum auf einem niedrigen Hügel bei Mahammadije in der Gegend der Mittelmeerküste östlich der Nilmündungen. – Die Angabe über den Baal-Zefon steht in einem Satz, der in der 2. Person Plural formuliert ist. Weil er damit aus der Konstruktion fällt, rechnen die Ausleger in diesem Fall mit einer späteren Glosse. Sicherheit darüber läßt sich nicht gewinnen.

Die Moseschar erhält den Befehl, ihren Weg in das Gebiet zwischen der Straße nach Palästina und dem Mittelmeer zu nehmen. Gegenüber dem Baal-Zefon sollen sie lagern. Damit blockieren sich die Flüchtlinge zwar ihren Weitermarsch, andrerseits konnte niemand ihnen Fluchtabsichten nachweisen.

Es ist auffällig, daß diese alte Quelle eine überraschend genaue Ortsangabe macht. Sie könnte eine alte, vielleicht sogar authentische Lokaltradition wiedergeben. Die beiden jüngeren Schichten sind nicht so präzis. – Es läßt sich allerdings auch nicht ausschließen, daß die Lokalisierung sekundär eingeführt wurde. Allerdings müßte man dann fragen, warum dies geschah, wenn die anderen Schichten nicht daran interessiert waren.

14,3

Die Position des israelischen Lagers soll vor den Augen des Pharao den wahren Grund des Marsches verschleiern. Es sollte so aussehen, als ob die Moseschar sich in der Wüste verlaufen hätte. Der Vers steht im Zusammenhang mit der »Wüstenfesttradition«, nach der Mose vom Pharao erbeten hat, daß seine Leute drei Tage in die Wüste ziehen dürfen, um für ihren Gott ein Fest zu feiern.

14,5a

erzählt, daß dem König von Ägypten der Abzug der Israeliten gemeldet wurde. Anschließend muß unsere Quelle ergänzt werden, ein Teil von ihr ist ausgefallen: Der Pharao ließ einen Verfolgungstrupp zusammenstellen und schickte ihn hinter den Nomaden her.

14,10bβ
Mit Entsetzen und Furcht bemerken die Israeliten, daß der Pharao sie verfolgen läßt. Angesichts der Heeresmacht der Bedrücker wenden sie sich an ihren Gott, sie »schreien zu Jahwe«. Der Terminus ist ein Ausdruck der Rechtssprache. Der Hilfsbedürftige stellte sich mit seinem »Schreien« unter den Schutz eines Rechtsfähigen, der ihm Schutz gewähren kann. D. h. auf Israel angewandt: Den Fliehenden war jeder Fluchtweg versperrt, in dieser ausweglosen Situation wandten sie sich an ihren Führergott mit dem Eingeständnis ihrer Verzweiflung und der Bitte um Hilfe gegen das mächtige Ägypten.

14,11f
passen eigentlich nicht in diesen Kontext, denn sie enthalten Vorwürfe gegen Mose, die dem Vorangehenden nicht entsprechen. Aber der Inhalt findet sich an mehreren Fundstellen, der überlieferungsgeschichtliche Ursprung ist vermutlich in der Wüstenzugtradition zu finden (vgl. Ex 2,14 [J]; 5,21 [J]; 16 [J]; Num 11,4 ff [JE]; Ex 17,1 ff [JE]; Num 20,2 ff [NEP]; Ex 32 [E]; Lev 10 [P]; Num 11,1 ff [N]; 12,1 ff [NE]; 14 [NEP]; 21,4 ff [E]; 25 [NJP]).
Die gemeinsame Intention dieser Belege ist, das Charisma des Mose herauszustellen. In schwierigen Situationen wird seine Führerschaft bzw. seine Bestallung durch Gott angezweifelt. Aber die Erfolge legitimieren seinen Anspruch, Beauftragter und Stellvertreter Jahwes zu sein.
Das »Murren des Volkes« in dieser schwierigen Lage weist auf Überlegungen zurück, die das Volk schon in Ägypten angestellt hatte. Im Namen Jahwes hatte Mose sein Volk aus Ägypten herausgeführt, das eigentlich »dem Pharao dienen« wollte und nicht Jahwe. Mose wird vorgehalten, er habe sich leichtsinnig verhalten und seine Leute unnötig in Gefahr gebracht.

14,15
antwortet Jahwe seinem Diener Mose: Gib Israel die Anweisung, es solle von dem vorher von Gott bestimmten Lagerplatz aufbrechen.

14,20aβ
ist in seinem Wortlaut nicht mehr genau rekonstruierbar. Der Vers setzt voraus, daß die Ägypter erst am nächsten Morgen angreifen sollen. Ein nächtlicher Überfall wird von Gott dadurch verhindert, daß Wolke und Finsternis zwischen den Lagern standen, und das Lichtphänomen die Nacht erleuchtete. Die Finsternis gilt als unheimliches und wunderbares Ereignis, das Furcht einflößt. Lichtphänomene gehören zu den Gotteserscheinungen (vgl. Ex 3;19;24). Durch diese Mittel verhindert Jahwe einen nächtlichen Angriff der Ägypter.

14,25b
Der am nächsten Morgen vorgetragene Angriff der Streitwagen bleibt stecken, Jahwe hemmt die Räder der ägyptischen Streitwagen. Es ist nicht klar, ob der Verfasser einen direkten göttlichen Eingriff meint oder ob er sagen will, daß die Streitwagen in dem nassen, schwierigen Gelände nicht weiterkamen. Jedenfalls wird bezeugt, daß Gott in der Natur wirkte, um die Ägypter von der Moseschar fernzuhalten.

14,27b
Mehr noch, Jahwe greift die Ägypter an und »schüttelt« sie ins Meer, wie man sich lästiger Insekten entledigt. Jahwe ist der einzige Handelnde, ihm allein verdankt Israel seine Rettung. Die erschreckten Nomaden waren nur Beobachter des Geschehens. Es wird in dieser Schicht vorausgesetzt, daß Israel in seinem von Jahwe angewiesenen Lager verblieb. Von einem Durchzug durch das Meer weiß diese Quelle nichts.

14,31b
Nach einer Schilderung voller Aktion schwenkt der Erzähler mit diesem Schlußstück in die theologische Ebene um. Gottes

schreckliche Heilstat hat den Ägyptern den Tod gebracht, den Israeliten die Rettung.
Jahwe erwies sich als zuverlässiger Gott, auf den man bauen kann. Mose ist damit als Knecht Gottes legitimiert. Er ist der autorisierte Gottesbote, dem Israel Vertrauen schenken kann. Diese Aussage ist Pendant zu v. 11 f.
Jahwe rettet sein Volk, Mose ist Mittler zwischen ihm und Gott. Unter diesem Doppelsatz wird der künftige Glaube Israels antreten.

4. Entstehungssituation: Der Text richtet sich an Israel. Die Moseschar allein ist aus Ägypten ausgezogen. Nach der Volkwerdung hat Israel diese Tradition übernommen. Die göttliche Rettung am Meer schildert Jahwe als den Retter, der kriegerisch seinem Volk zu Hilfe eilt. D. h. der Text zeigt, daß er in der Erzähltradition der »Jahwekriege« steht. Diese Überlieferung will aussagen, daß Jahwes Handeln allein für Israels Volkwerdung und Landnahme ausschlaggebend war. Meines Erachtens richtet sich diese Überlieferung gegen Tendenzen, die zur frühen Königszeit versuchten, Jahwe mehr in den Hintergrund zu schieben und dafür den König als den siegreichen Feldherrn (etwa David gegenüber den Philistern) zu loben und politisch »aufzubauen«.

5. Überlieferungsträger: Die atl. Wissenschaft kennt für den Erzähler verschiedene Namen: N = Nomadenquelle; G = Grundschrift oder J_1 = die älteste Schicht der jahwistischen Quelle oder L = Laienquelle. Damit soll angezeigt werden, daß in dieser Schicht die ältesten Erzähler zu Wort kommen. Daß sie über Einzelheiten Bescheid wußten, zeigt sich hier etwa an der genauen Lokalisierung des Hergangs. Daß diese Quelle nicht einfach erzählt, sondern eine theologische Konzeption vorträgt, zeigt sich darin, daß z. B. das Theologumenon von Jahwe, dem Kriegsherrn, angewandt wird.
Als Israel in Kanaan seßhaft wurde, wurde aus dem Volk mit einer Stammesverfassung nomadischer Art ein seßhaftes

Volk, das sich in Gemeinden und Städten organisierte. Neue Verwaltungsstrukturen wurden geschaffen, alte Institutionen wurden fraglich. Die Überlieferungsträger, die in dieser Schicht zu Wort kommen, waren vielleicht die Vertreter der alten Stammesordnung, die als Altgläubige den Jahweglauben in Gefahr sahen, als Israel in Kontakt mit Kanaan, dem Ackerbau und seinen Göttern kam.

6. Intention: Die genaue Lokalisierung des Geschehens zeigt die Intention, den Geschichtsbezug deutlich zu machen, wenngleich zwischen der formulierten Erzählung und dem Geschehen mindestens zweihundert Jahre mündlicher Überlieferung in der Moseschar liegen.
Das Geschehen selbst wird hier als das eigentliche Wunder dargestellt: »Verwunderliches« wird dem staunenden Hörer nicht dargeboten, wie in den anderen Schichten.
Das Motiv des murrenden Volkes verklammert diese Wundererzählung mit den vorangehenden und nachfolgenden Erzählungen.
Die theologische Leistung ist in der Interpretation der Rettung als Jahwekrieg zu sehen: Jahwe wird als Kriegsgott geschildert, der sich für sein Volk einsetzt.
Der Abschluß der Wundererzählung zeigt den gewünschten »seelsorgerlichen Effekt«: Wie damals Israel auf Jahwe und seinen Knecht Mose vertraute, soll dies weiterhin geschehen.

b) Die zweite Version des Meerwunders

Ex 13,21f; 14,5b.10abα.13.14.19b.20b.21aβ.24.25b.27aβ.30. 31a. (Nicht sicher abgrenzbar ist der Anteil dieser Quelle an Ex 14,6–9, unsicher die Beteiligung an vv. 11–12.20aα.)

1. Übersetzung des Textes: Ex

13,21f Jahwe aber zog vor ihnen her bei Tag in einer Wolkensäule, um sie zu leiten auf dem Wege, und bei Nacht in einer Feuersäule, um ihnen zu leuchten, damit sie Tag und Nacht wandern konnten. Die Wolkensäule wich nicht bei Tag und die Feuersäule nicht bei Nacht von dem Volk.

14,5b (Als der Pharao erfuhr), daß das Volk entflohen sei, änderte sich die Gesinnung des Pharao und seiner Knechte gegen das Volk. Und sie sprachen: Was haben wir nur getan, daß wir Israel aus unserem Dienst entlassen haben!

14,6–9 Und er ließ seine Wagentruppen anspannen und nahm seine Soldaten mit sich . . .

14,10abα Als der Pharao nahegekommen war, erhoben die Israeliten ihre Augen, und siehe, Ägypten zog hinter ihnen her. Und sie fürchteten sich sehr.

(Eventuell Einschub von v. 11f).

14,13 Und Mose sprach zum Volk: Fürchtet euch nicht! Tretet hin und schaut das Heil Jahwes, das er heute für euch wirken will. Denn, wie ihr die Ägypter heute seht, werdet ihr sie nie mehr sehen.

14,14 Jahwe wird für euch kämpfen, ihr aber sollt schweigen!

14,19b Und die Wolkensäule vor ihnen brach auf und stellte sich hinter sie.

14,20aα Und sie kam zwischen das Lager Ägyptens und Israel

14,20b . . . so daß keiner zum anderen gelangen konnte.

14,21aβ Und Jahwe trieb das Meer durch einen starken Ostwind zurück die ganze Nacht und legte das Meer trocken.

14,24 Zur Zeit der Morgenwache aber blickte Jahwe auf das Lager Ägyptens in der Feuer- und Rauchsäule und verwirrte das Lager Ägyptens.

14,25b Da sprach Ägypten: Ich will fliehen vor Israel, denn Jahwe kämpft für sie gegen Ägypten.

14,27aβ Und die Ägypter flohen (dem Meer) entgegen.

14,30.31a So hat Jahwe an jenem Tage Israel aus der Hand Ägyptens gerettet. Und Israel sah Ägypten tot am Rande des Meeres. Und das Volk fürchtete Jahwe, als die Israeliten die große Wundertat sahen, die Jahwe an den Ägyptern gewirkt hatte.

Gliederung:

1. Exposition: Jahwe führt sein Volk: Ex 13,21 f.
2. Darstellung der Notlage des Volkes: Ex 14,6–10.
3. Mose tröstet und ermuntert (Ex 14,13 f) und Jahwe rettet sein Volk: Ex 14,19b bis 30.
4. Reaktion Israels: Furcht vor Jahwe Ex 14,31a.

3. Einzelinterpretation: Ex

13,21f

Diese Erzählung notiert keine Ortsangaben, vielleicht wußte man damals darüber nichts mehr. In prägnanter Kürze wird hier auf die theologische Qualität des Auszugs Israels aus Ägypten hingewiesen: Nicht Mose oder irgendein menschlicher Führer bringt das Volk auf den Weg, sondern eine einzigartige Gotteshilfe. Die Wolkensäule bzw. Feuersäule gehört zu den Gotteserscheinungen, hier und auf dem Weg in der Wüste sind diese »Führer« Chiffre für die göttliche Nähe, Führung und Hilfe. Jahwe leitet seine Familie. Dem Glaubenden garantiert die Gegenwart Gottes das Gelingen.

14,5b

In den Plagenerzählungen finden wir eine Sequenz mehrfach: Mose und Aaron fordern beim Pharao etwas, der Pharao stimmt nicht zu, Gottes Hand lastet auf ihm, er ist

zu Konzessionen bereit, gibt sie aber nicht, wenn die Plagen aufgehoben sind.
So wird vorausgesetzt, daß der König von Ägypten zunächst dem Abrücken der Israeliten nichts in den Weg legte. Dann aber ändern die Ägypter ihren Entschluß: billige Arbeitskräfte kann man nicht einfach laufen lassen.

14,6–9
Truppen sollen die Moseschar wieder einfangen. Dieser Befehl wird in einer (vorne nicht im Text aufgeführten) P-Glosse auf Gott zurückgeführt. Jahwe macht das Herz des Pharao stark. Hinter dieser priesterschriftlichen Theorie steht der Gedanke des Wettstreits der Götter: Jahwe ermuntert den Gott Ägyptens, sich mit ihm anzulegen. Aber Jahwe als der wahre Gott ist der Gewinner. Der Pharao erhält zum Erweis der Größe Jahwes eine furchtbare Schlappe nach der anderen. Die Vernichtung der Ägypter am Meer ist der Kulminationspunkt dieses Wettkampfs. Nun hat der Großkönig endgültig seinen Anspruch und sein Gesicht verloren. Das Israel in und nach dem Exil war der theologischen Überzeugung, daß Jahwe so handeln kann, um seinem Namen Ehre in Israel und unter den Völkern zu verschaffen.

14,10abα
Als die Israeliten die heranrückenden Truppen des Pharao sahen, konnten sie sich den Anlaß und Zweck denken. Sie geraten in Angst vor dieser Übermacht.

14,13
Mit beschwichtigenden Worten nimmt Mose dem Volk seine Furcht. Israel ist nach dieser Version nicht am Geschehen beteiligt, sondern als Zuschauer des Götterkampfes geladen: Jahwe kämpft gegen die Ägypter. Diese Intervention beschreibt der gläubige Erzähler als Heil Israels, als Hilfs- und Rettungstat Jahwes für sein Volk. Die Vernichtung der ägyptischen Verfolger ist ein einmaliges Geschehen, niemals wieder wird Israel ein solches Schauspiel erleben.

14,14
Jahwe wird für euch kämpfen. Er nimmt für sein Volk Partei. Israel wird zum Schweigen angehalten. Daß der kleine Mensch schweigt, ist dem Ausmaß der folgenden Katastrophe so angemessen wie der Herrlichkeit Gottes, die Israel in dem furchtbaren Geschehen erfährt. Der Mensch, der Gottes Macht erlebt, muß verstummen: Er nimmt Gottes Werk zur Kenntnis und muß Gottes Macht und Größe bekennen. Gotteserkenntnis führt nach den atl. Autoren notwendig zum Bekenntnis und zur Anerkenntnis Gottes.
14,19bf
Die Wolkensäule stellt sich zwischen die beiden Gruppen. So können sie nicht in feindlichen Kontakt zueinander kommen. Unausgesprochen bleibt, daß dadurch ein nächtlicher Konflikt verhindert werden soll. Während der Morgenwache »greift Jahwe an«.
14,21aβ
Überraschend spricht dieser Versteil vom »Meer« in der Nähe des israelischen Lagers. Was folgt, hinterläßt beim flüchtigen Überlesen den Eindruck, daß hier ein natürliches Geschehen beschrieben wird. Gott läßt einen heißen, starken Wind von der Wüste her blasen. Der Wind bläst die ganze Nacht hindurch und trocknet das Meer aus. Das ist aber nicht als natürliches Geschehen gemeint: nur ein »Gotteswind« legt ein »Meer« über Nacht trocken, und sei es noch so seicht und flach. Der Erzähler dieser Geschichte konnte für sie keine Erfahrungsgrundlage haben. Jerusalem ist weit vom Schauplatz dieser Erzählung entfernt.
Die in Ex 14,24 erwähnte Wolken- und Feuersäule ist Symbol für die Gegenwart Gottes und gehört zum Theophanievokabular. Also ist sie nicht, wie gelegentlich in älteren Kommentaren, Hinweis auf vulkanische Erscheinungen, die das Meer austrocknen ließen. Welcher Vorgang mit dem göttlichen »Weggehenlassen des Wassers« gemeint ist, läßt sich aus dem Text nicht ersehen. Der Erzähler wollte aber sicher sagen, daß Jahwe Kräfte der Natur gegen seine Feinde einsetzte.

14,24

Nun sagt diese Quelle das ihr Eigentümliche: Als die Nacht fast zu Ende war, in der Morgenwache »blickte« Gott aus der Feuer- und Wolkensäule auf die Kriegsmacht der Ägypter nieder. Nicht Gottes Erscheinung verwirrte die Ägypter. Weil sein Blick auf ihnen ruht, entsteht eine Panik.

Der »Gottesschrecken« findet sich in verschiedenen Erzählungen des AT über den Jahwekrieg als konstitutives Element. Das Phänomen wird nirgends erklärt. An allen Belegstellen wird nur gesagt, daß die Feinde plötzlich kopflos und verwirrt sind. Weder Jahwe noch Israel müssen etwas dazutun (vgl. weitere Stellen, wo die Untätigkeit Israels betont wird: Jos 10,10: »Jahwe setzte sie in Verwirrung vor Israel und brachte ihnen bei Gibeon eine schwere Niederlage bei; er verfolgte sie sogar in der Richtung zur Steige von Bet-Horon und schlug sie bis nach Aseka und Makkeda.«; Ri 4,15; 1 Sam 7,10).

– Der »Gottesschrecken« ist zunächst ein neutrales »Außer-sich-sein«, eine von Gott hervorgerufene Ekstase, die jede Handlungsfähigkeit lähmt. In Gen 15,12 und 1 Sam 11,7 hat sie positiven Charakter. Im Jahwekrieg hingegen trifft sie die Feinde, die wehrlos Israel zum Opfer fallen. –

Wenn der Schriftsteller sagen will, daß Israel die Feinde im Auftrage Jahwes vernichtet, kennzeichnet er dies mit der »Übergabeformel« (»und Jahwe gab ihre Feinde in die Hand der Israeliten« o. ä. vgl. Dtn 7,24;21,10; Jos 21,44; Ri 3,28 u. ö.).

Hier wird in Ex 14,24 konstatiert, daß Jahwe das Lager der Ägypter in Panik versetzte.

14,25b

Die Ägypter sind so durcheinander, daß sie dem Meer entgegenlaufen. So eilen sie in den sicheren Tod. Israel ist an dem Desaster nicht aktiv beteiligt. Ägypten hat sich sozusagen selbst vernichtet.

Auch diese Schicht weiß nichts von einem Durchzug Israels durch das Meer.

14,30
Vielleicht hat die Moseschar das Geschehen nicht einmal bewußt miterlebt, sondern nur nachher am Tage die toten Ägypter »am Rande des Meeres« liegen sehen. Wie Jahwe in v. 13 durch Mose voraussagen ließ, hat er die Moseschar gerettet.

14,31a
Die »große Hand« Jahwes bezeichnet sowohl die unwiderstehliche Macht Gottes, als auch seine (mit dieser »Hand«) vollbrachten Taten. Das AT spricht von der Allmacht Gottes in den Taten beim Exodus, aber auch in der Schöpfung (Jes 45,12;48,13; Ps 8,7), bei der Erhaltung der Welt (Ijob 12,9), in der dem einzelnen Beter gewährten Hilfe (Ps 119,173) und in anderen Zusammenhängen.

Ex 14,10 berichtet Israels Furcht vor seinem mächtigen Feind Ägypten. Dem steht im Munde des Mose in v. 13 die Beruhigungs- bzw. Beschwichtigungsformel (»Fürchtet euch nicht.«) gegenüber. Israel braucht sich nicht vor Ägypten fürchten und auch nicht vor Gott, der Ägypten besiegt.

Dennoch fürchtet sich Israel vor Jahwe (v. 31a). Der Erzähler ist der Überzeugung, daß der Mensch in Furcht gerät, wo er in der Welt dem Handeln und der Gegenwart Gottes gegenübersteht. In der Tat am Meer erwies sich Jahwe als Herr gegenüber der größten Kriegsmacht der damaligen Zeit. Der furchtgebietende Herr ist Gott über Natur und Geschichte (Ps 145,6;65,6), ihm gebührt Achtung und Ehre.

Exkurs über die »Jahwefurcht«

Furcht vor Jahwe beherrscht den atl. Menschen in drei Zusammenhängen:

1. beim Erleben Gottes bei Gotteserscheinungen (Ex 3,6; Dtn 5,25), Träumen und Visionen (Gen 28,17);
2. wenn er Jahwes Taten in Natur (Jer 5,22) und Geschichte (Ex 14,31) inne wird und
3. im Zusammenhang mit dem Heiligtum (Lev 19,30) oder mit Menschen, die in einem besonderen Verhältnis zu Gott stehen (vgl. Jos 4,14; 1 Sam 12,18;24,7).

Der Ansatzpunkt ist die Furcht des Menschen vor dem Numinosen. Die Entwicklung geht über den Gedanken der Anerkennung Jahwes weiter zur Hinwendung des Menschen zu Gott. Ein letzter Schritt ist die Gleichsetzung von Jahwefurcht und Jahweverehrung. Die »Jahwefürchtigen« stellen in später Zeit die Gemeinde der kultischen Jahweverehrer (Ps 22,24;66,16) oder das ganze Volk Jahwes (Ps 60,6) dar. Später sind mit diesem Wort die »Frommen« der Gemeinde bezeichnet (Ps 25,14 u. ö.). In ganz späten Weisheitspsalmen, für die das Gesetz (Tora) eine absolute Größe ist, bedeutet Gottesfurcht: an Gottes Geboten Lust haben (Ps 112,1), dem Gesetz treu sein (Ps 119,63).

Die Formel »Fürchte dich nicht!« in ihrem theologischen Gebrauch wurzelt wohl eher im priesterlichen Heilsorakel (Klgl 3,57) als im numinosen Erlebnis einer Gotteserscheinung (vgl. Ex 20,20). Sie kommt häufig (wie in Ex 14,13) in den Überlieferungen des Jahwekrieges vor (vgl. weiter Num 21,34; Dtn 1,21.29; Jos 8,1; 10,8.25). In diesen Fällen ist die Aufforderung als Kriegsorakel zu verstehen. – Die Formel ist in dieser Bedeutung auch außerhalb Israels belegt. –

Die zweite Version der Meerwundererzählung will nach v. 31a ihren Hörern Ehrfurcht und Respekt vor Jahwe, dem Herrn der Natur und der Geschichte einflößen. Israel hätte es ohne Jahwes Hilfe am Meer nicht gegeben.

4. Enstehungssituation: Bei der Einzelauslegung ist aufgefallen, wie sehr der Erzähler betont, daß Israel nach Ex 14,13 bei dem Desaster der Ägypter nur Zuschauer war (»schaut das Heil Jahwes«). So steht auch diese Version in der Erzähltradition der »Jahwekriege«.

Mit ziemlicher Sicherheit ist die Entstehungszeit dieses Textes im Zeitraum des Großreiches Salomos (rund 970–931 v. Chr.) anzusetzen.

Hinweise ergeben sich einerseits aus der Betonung der Alleinwirksamkeit Jahwes, andrerseits aus der kritischen Stellungnahme des Jahwisten zur Ägyptendimension des salomonischen Großreichs an anderer Stelle.

Lieder wie 1 Sam 18,7b: »Saul hat seine Tausende erschlagen, David aber seine Zehntausende.« zeigen, daß in der judäisch-israelischen Doppelmonarchie Salomos weniger Jahwe als dem König von seinen Höflingen die Ehre gegeben wurde.

Dagegen steht der Protest der »Altgläubigen« in Ex 15,21b (J): »Singet Jahwe, denn er ist hocherhaben, Roß und Reiter warf er ins Meer!« – Das Siegeslied war wohl ursprünglich auf Davids Philistersiege gemünzt, aber dann in den Meerwunderkomplex umgestellt worden.

Das AT ist nicht grundsätzlich königsfeindlich. Am Anfang des Königtums steht etwa 1 Sam 11 die charismatische Begabung und die göttliche Berufung des Königs. Aber die heutige deuteronomistische Überarbeitung des Königsrechts in 1 Sam 8,11–18 ist ein Zeugnis dafür, daß Herrscher wie Salomo in ihrem Reich ähnlich handelten, wie die Pharaonen in Ägypten. Das war eine große Sünde wider das Volk. Jahwe hatte es nicht aus Ägypten befreit, damit andere ihm die Freiheit nahmen.

Konkret wirkte sich diese Ägyptendimension so aus: Nach 1 Kön 4,7–25 teilte Salomo sein Großreich in zwölf Verwaltungsbezirke unter zwölf Aufsehern. Sie mußten die königliche Hofhaltung in Jerusalem, die Beamten und das Berufsheer je einen Monat unterhalten. Salomos Verwaltungsapparat wird zuvor in 1 Kön 4,1–6 beschrieben.

Das war das Ende der alten Stämmestruktur und eventuell der überkommenen Großfamilienverbände. Der Kaufmannsstand erhob sich mit den Beamten und Offizieren über die Bauern. Riesiger Reichtum stand krasser Armut gegenüber. Das alte Institut des israelischen Vollbürgers, der als Freier im Heerbann der Stämme gedient hatte, war in Gefahr.

Der Jahwismus wurde nicht nur durch die politischen Heiraten Salomos gefährdet, sondern dadurch, daß viele fremde Einflüsse auf Jerusalem einwirkten. Das Reich umfaßte viele Nichtisraeliten (Kreti und Pleti, Edomiter und Moabiter). Die »aufgeklärte« Regierung hatte nicht viel mit dem alten Jahweglauben im Sinn, dafür trieb sie um so unverfrorener Machtpolitik. 1 Kön 1 und 2, die Intrigen um die Thronnachfolge Davids, können das Gemeinte gut illustrieren.

Gegen Aufklärung und Machtpolitik, die die Freiheit des einzelnen nicht achtet, steht die Theologie dieser Version des Meerwunders: Israel verdankt seine Existenz als Volk keinem König oder seinen Ministerialen und Heerführern, sondern Jahwe. Und Jahwe hat das Volk in die Freiheit geführt, also soll ihm diese Freiheit erhalten werden.

5. *Überlieferungsträger:* Die atl. Wissenschaft nennt den Erzähler dieser Meerwundererzählung den Jahwisten. Er arbeitete am Hofe Salomos in Jerusalem. Dort befand sich auch die höfische Schreiber- und Diplomatenschule, die die königlichen Beamten ausbildete.

Dem Königtum als solchem stand der Jahwist (oder die jahwistische Schule, falls es sich um ein Autorenteam handelte) positiv gegenüber. Aber er war nicht geneigt, den alten Glauben für »moderne Ideen« zu vergessen. – So baut der Jahwist auf dem Gedankengut der älteren Quelle L (N,J_1 vgl. vorne) weiter und beruft sich auf das Erbe der Moseschar. Seine Kritik am Königshaus und an den Regierenden ist nicht leicht zu fassen. Sie zeigt sich weniger in dem, was er direkt sagt, als daran, wie er die alten Glaubenserfahrungen weitersagt, auslegt und so indirekt anderes Gedankengut kritisiert.

6. *Intention:* Zunächst einmal betont der Jahwist die Führung der Moseschar durch Jahwe. Gott ist der Führer seines Volkes. Dann wird gesagt, daß die Gotteserscheinung in der Wolken- und Feuersäule die Rettung vorbereitet und daß Gottes Gegenwart beim Volk durch den »Blick auf das Lager der Ägypter« eine Art göttlichen Eingreifens in die Geschichte darstellt.

Mose ist in dieser Erzählung Tröster und Mittler, Verkündiger, aber nicht Handelnder, der in die Geschichte eingreift. Jahwe hat alles in der Hand: Israel, die Ägypter und das

Meer. Das Wunder der Rettung besteht nicht in der Austrocknung des Meeres. Im Grunde geben sich die Ägypter selber den Tod, als sie in ihrer Panik dem Meer entgegenfliehen.

Das zurückflutende Meer hat die Kommentatoren zu natürlichen Erklärungen gereizt: Ursache seien ein Wüstensturm, vulkanische Ausbrüche, ein Erd- oder Seebeben, oder Ebbe und Flut gewesen. Die Intention des Erzählers widersetzt sich solcher natürlichen Argumentation. Sein Interesse gilt dem Wunder des Gottesschreckens und der panischen Flucht des ägyptischen Heeres.

Israel muß zuschauen. Es verzichtet auf menschliche Rettungs- und Fluchtversuche, weil Jahwe Rettung versprochen hat. Das Geschehen wird als Glaubensprobe für die Moseschar dargestellt. In diese Richtung geht auch der Appell an den Hörer: Er soll hieran erkennen: Wem Gott hilft, der kann ohne Sorge sein. Damit steht diese Rettungserzählung im Gegensatz zum Machtdenken und zum politischen Handeln im Großreich Salomos, das indirekt kritisiert wird.

c) Die dritte Version des Meerwunders

Ex 13,17–19;14,16.19a.21aαb.22.23.26.27aα.28.29. Teile von 14,6.7. Unsicher ist die Beteiligung an Ex 14,10bβ–12.15.20aα.

1. Übersetzung des Textes: Ex

13,17 Als der Pharao das Volk entließ, leitete sie Gott nicht auf dem Weg in das Land der Philister, obwohl er der nächste war, denn Gott dachte: Daß es dem Volk nur nicht leidtut, wenn sie Kampf erleben, und sie dann nach Ägypten umkehren.

13,18 Und Gott leitete das Volk nun auf den Weg in die Wüste zum Schilfmeer. In Kampfordnung waren die Israeliten aus dem Lande Ägypten heraufgezogen.

13,19 Und Mose hatte die Gebeine Josefs mit sich genommen, da dieser die Israeliten durch einen feierlichen Schwur verpflichtet hatte: Wenn Gott sich eurer annehmen wird, sollt ihr meine Gebeine von hier mit euch hinaufführen.

Ergänzung: Plötzlich wurde der Pharao anderer Meinung.

14,6.7 So ließ er seine Streitwagen anspannen und nahm sein Kriegsvolk mit sich. Und er nahm mit sich sechshundert Elitekampfwagen und die gesamte Wagentruppe Ägyptens mit drei Mann Besatzung auf jedem (Wagen).

14,10bβff Da schrien die Israeliten zu Jahwe und sprachen zu Mose: Gab es denn keine Gräber in Ägypten, daß du uns zum Sterben in die Wüste gebracht hast? Was hast du uns angetan damit, daß du uns aus Ägypten herausgeführt hast? Haben wir nicht schon in Ägypten zu dir gesagt: Laß uns doch, wir wollen Ägypten dienen, denn es ist besser für uns, Ägypten zu dienen als in der Wüste zu sterben.

14,15 Und Jahwe sprach zu Mose: Was schreist du zu mir? Sage den Israeliten, daß sie aufbrechen.

14,16 Du aber erhebe deinen Stab und strecke deine Hand aus über das Meer und spalte es, damit die Israeliten mitten durch das Meer auf dem Trockenen ziehen können.

14.19a Und der Bote Gottes, der vor dem Lager Israels herzog, brach auf und ging hinter sie.

14,20aα Und er kam zwischen das Lager Ägyptens und das Israels.

14,21aαb Und Mose streckte seine Hand über das Meer, ... da wurde das Meer gespalten.

14,22 Und die Israeliten zogen mitten durch das Meer auf dem Trockenen, während das Wasser rechts und links von ihnen eine Mauer war.

14,23	Und die Ägypter jagten und zogen ihnen nach, alle Pferde des Pharao, seine Wagen und Fahrer mitten ins Meer.
14,26	Und Jahwe sprach zu Mose: Strecke deine Hand über das Meer, damit das Wasser zurückkehre über Ägypten, seine Wagen und seine Fahrer.
14,27aα	Und Mose streckte seine Hand über das Meer.
14,28f	Und das Wasser kehrte zurück und bedeckte die Wagen und Fahrer, ja das ganze Heer des Pharao, die hinter ihnen ins Meer gezogen waren. Von ihnen blieb kein einziger übrig, während die Israeliten auf dem Trockenen mitten durch das Meer gezogen waren, und das Wasser rechts und links von ihnen eine Mauer gewesen war.
	(Der Rest dieser Version ist weggebrochen, er wird dem Sinne nach in 14,31b enthalten sein: »Und Israel vertraute auf Jahwe und Mose, seinen Knecht.«)

2. *Form:* Es handelt sich um eine Wundererzählung mit folgender Gliederung:
   1. Exposition: Der Pharao entläßt das Volk, Jahwe führt es auf seinem Weg Ex 13,17f
   2. Darstellung der Notlage: Der Pharao ändert seinen Plan und verfolgt Israel, das um Hilfe schreit: Ex 14,6f.10bβff
   3. Jahwes Eingreifen:
      a) Jahwe beauftragt Mose: Ex 14,15f
      b) Ein Gottesbote stellt sich schützend zwischen die feindlichen Lager: Ex 14,19a.20aα
      c) Mose schafft mit Gottes Hilfe Israel einen Weg durch das Meer, in dem die Ägypter umkommen: Ex 14,21–23.26.27aα.28f
   4. Reaktion der Israeliten: Dieser Teil der dritten Version fiel der Redaktion des Kapitels zum Opfer und ist

nicht mehr erhalten. Ex 14,31b mit seiner Betonung des Mose gibt den Sinn des verlorengegangenen Textes vermutlich korrekt wieder.

3. Einzelinterpretation: Ex 13,17

Beim Jahwisten wird die Befreiung Israels aus Ägypten als Flucht beschrieben, dieser Vorstellung entsprechen die Erzählungen über die ersten neun »ägyptischen Plagen«, die ohne sichtbaren Erfolg für Israel vorübergingen.

Nach dieser Version hier entlassen die Ägypter die Moseschar freiwillig aus dem Frondienst. Sie stehen unter dem Eindruck der zehnten Plage, der Tötung der Erstgeburt der Ägypter, und drängen die Israeliten förmlich, aus dem Land am Nil zu verschwinden. Erst in dieser Version wird gleich in Ex 13,17 das Ziel dieser Befreiungstat Jahwes angegeben: das Motiv der göttlichen Landgabe klingt mit der Nennung von Palästina (»Philisterland«) an.

Der kürzeste und normale Weg von Ägypten nach Palästina führt vom Ostrande des Nildeltas nach Gaza. Der Erzähler versucht hier zu begründen, warum damals die Moseschar diesen Weg nach Kanaan nicht gegangen ist. Als Begründung wird angegeben, daß die Philister die Städte der Küstenebene beherrschen. Das ist ein Anachronismus, der zeigt, wieviel Zeit zwischen dem geschichtlichen Ereignis und der Formulierung der Erzählung liegt. Die Philister siedelten dort erst zu Beginn des 12. Jh., bildeten dann allerdings bis zur Niederwerfung durch David eine ernstliche und dauernde Gefahr für Israel.

Der Erzähler begründet den Umweg Israels mit der militärischen Überlegenheit der Philister. Gott wollte seinem Volk durch die Konfrontation mit solchen Feinden nicht den Mut zur Besetzung des Landes nehmen. An diesem Argument ist insofern etwas dran, als schon zur Zeit der israelischen Landnahme die Städte der Schefela (= Küstenebene am Mittelmeer) stark befestigt und für die einwandernden Nomaden uneinnehmbar waren. Nur war die Landnahme der israelischen Stämme schon abgeschlossen, als die Philister die Küstenebene und ihre Städte einnahmen.

13,18
lenkt die Aufmerksamkeit der Hörer auf die Führung Israels durch Gott. Israel wird den Weg zum Schilfmeer durch die Wüste gewiesen. Genaueres wird von der Quelle nicht verlautet. Der Akzent liegt darauf, daß Israels Gang in die Freiheit nicht menschlichem Planen und Können entsprungen ist, sondern einzig dem göttlichen Heilsplan. Wir sind nicht in der Lage, den »Wüstenweg« zu rekonstruieren oder darzulegen, was wohl unter dem (nur hier angeführten) Schilfmeer zu verstehen ist. D. h., wir können den Schauplatz des »Schilfmeerwunders« auf der Landkarte nicht einzeichnen.
Israel zieht aus Ägypten »herauf«. Das Verbum umschreibt regelmäßig die Wanderung von Ägypten nach Kanaan bzw. zu den Stationen dorthin (vgl. auch Gen 13,1;45,25). Darin kann ein Hinweis auf die Vorstellung einer friedlichen Infiltration der Stämme liegen, während das »aus Ägypten herausführen« mehr auf die kriegerische Landnahme hinweist. Aber die Vorkommen und die Streuung beider Formeln bringen darüber keine Klarheit.

Exkurs: Das Urbekenntnis Israels
Es bekennt Jahwe als den, »der Israel aus Ägypten herausgeführt hat«. 76 Belege nehmen »herausführen«, 42 »heraufführen«. Der Satz kommt häufig als Bekenntnis (Jos 24,17), aber auch als Gottesspruch (Mich 6,4) und als Aussagesatz (1 Sam 12,6 u. ö.) vor. Formulierungen wie in Ex 32,4.8 oder 1 Kön 12,28 weisen darauf hin, daß die Formel häufiger in liturgischen Zusammenhängen benutzt wurde.
Gewöhnlich ist Jahwe das Subjekt der Handlung, aber als seine Substitute treten gelegentlich ein Jahweengel (Ri 2,1) oder Mose (und Aaron) (Num 20,5) auf.
Die »Heraufführungsformel« ist offensichtlich älter als die »Herausführungsformel«. Erstere war vermutlich im Nord-

reich beheimatet und wurde an den dortigen Heiligtümern gepflegt. Ihre Verbindung mit den »goldenen Stierbildern« (Ex 32,4.8) führte dazu, daß sie in jüngeren Texten weniger häufig auftaucht.
Die »Heraufführungsformel« verbindet die beiden Traditionskomplexe »Herausführung aus Ägypten« und »Landgabe/-nahme« miteinander, eine Verbindung mit dem Thema »Führung in die Wüste« ist z. B. Jer 2,6 und Am 2,10 geschaffen.

13,19
Hier liegt ein Rückbezug auf Gen 50,25 (E) vor. Die Gebeine Josefs sollen nicht in Ägypten bleiben, sondern in die den Vätern verheißene Heimat gebracht werden, in das Land der Fremdlingsschaft der Patriarchen. Nach Jos 24,32 gab es schon in atl. Zeit eine palästinensische Lokaltradition, nach der »die Gebeine Josefs, die die Söhne Israels aus Ägypten mitgebracht hatten, in Sichem begraben wurden auf dem Grundstück, das Jakob von den Söhnen Hamors, des Vaters von Sichem, für hundert Silberstücke gekauft hatte ...«.
– Im Folgenden ist in der Erzählung eine Partie unsicher abzugrenzen. Es muß in der Erzählung erwähnt worden sein, daß der Pharao, der das Volk zunächst entlassen hatte, plötzlich seinen Sinn ändert und die Verfolgung, wie sie v. 6 und 7 berichten, aufnimmt. –

14,6 f
In ägyptischen Texten ist bisher kein Hinweis auf das Exodusgeschehen gefunden worden. Die Flucht/Entlassung der Moseschar wurde nicht für wert gehalten, in die Schlagzeilen der großen Politik der Pharaonen aufgenommen zu werden. Daraus ist m. E. ersichtlich, daß die Schilderung von v. 6 f maßlos übertrieben ist. Wir wissen zwar von Polizeiaktionen an der »Fürstenmauer«, mit denen man gegen unbotmäßige Beduinen vorging. Daß aber der Pharao seine Elitetruppen und die gesamte Wagentruppe Ägyptens gegen die Moseschar mobilisiert und die Aktion persönlich geleitet hätte, ist eine

maßlose Überschätzung des Erzählers, der hiermit die Wirkmächtigkeit des göttlichen Eingreifens verstärkend untermalt.
Unter a wurde das Motiv des murrenden Volkes (Ex 14,10bβ ff) schon besprochen.

Ex 14,15
gehört in seiner Gesamtaussage auch zu unserer dritten Version. Dem angstvollen Geschrei der Israeliten steht die Gottesbotschaft durch Mose gegenüber: Brecht auf an einen anderen Ort.

14,16
Nach dieser Erzählvariante wird den Israeliten ein vorgesehener Fluchtweg durch das Meer versperrt, und in ihrem Rücken nähern sich die Verfolger. Während in den Plagenerzählungen Aaron den Stab Gottes hat, erhält hier Mose die Anweisung, den Stab zu erheben und seine Hand auszustrecken. So soll er »das Meer spalten« und seinem bedrängten Volk den Weg in die Freiheit öffnen. Nur dieser Erzähler kennt den Durchzug der Moseschar durch das Meer.

14,19a
Das Lager der Israeliten wird von Gott vor den nachdrängenden Ägyptern beschützt. Während die Wolken- und Feuersäule beim Jahwisten die schützende Macht Gottes symbolisiert, ist hier ein »Gottesbote/-engel« unmittelbarer Garant der göttlichen Hilfe. Der Gott des Mose führt in diesem Gottesboten sein Volk aus Ägypten.
– Die Priestertheologie stellt Gott nicht anthropomorph dar. Der Mensch bekommt es nicht unmittelbar mit Gott zu tun. Der »Gottesbote« ist ein Mittlerwesen, ein in menschlicher Gestalt gedachter Gesandter Gottes, der den Menschen an Gottes Statt hilft. Die Ehrfurcht der Priester läßt Gott in der sichtbaren Welt des Menschen nicht auftreten. Der Gottesbote ist Symbol für das Geheimnis Gottes in dieser Welt.

14,20aα

Damit die Ägypter und die Israeliten nicht aneinander geraten, tritt der Gottesbote zwischen die gegnerischen Parteien. Nach der Anschauung des Erzählers ist demnach der Gottesbote auch den Ägyptern sichtbar. Nur wenn er ihnen Respekt abfordert, bietet er der Moseschar Schutz vor ihren Feinden.

14,21aαb

Mose führt seinen Gottesauftrag aus. In einem (ursprünglich vielleicht magisch gemeinten) Ritus erhebt er seine Hand – vom Stock wird hier im Gegensatz zu v. 16 nichts erwähnt –, über das Meer. Die Fluten spalten sich.

14,22

Wie auf einem befestigten Weg schreiten die Israeliten trockenen Fußes durch das Meer. Auf beiden Seiten des Weges türmen sich die Wassermassen zu Mauern. – Dies mirakulöse, einprägsame Bild wird in den Schulbibeln meistens dargeboten und hat sich dadurch unserem Gedächtnis fest eingeprägt. Die beiden anderen Versionen kennen solchen Schmuck nicht.

14,23

Die ägyptischen Wagentruppen jagen eifrig und unbedacht hinter den Flüchtlingen in die wunderbare Wasserschneise.

14,26

Das Unheil, das schon die Plagenerzählungen den Ägyptern immer wieder angedroht hatten, bricht nun über sie herein. Nach göttlichem Befehl streckt Mose seine Hand über das Wasser. Die Wassermauern brechen zusammen und begraben das feindliche Heer unter sich.

Gott wirkt nicht direkt. Gott ist hier der Herr der Geschichte dadurch, daß er seinen Propheten die Macht gibt, Gottes Machterweise vorherzusagen und auszuführen. In dieser Version des Meerwunders ist Mose die Schlüsselfigur. Vor dem murrenden Volk, das seine Führerqualitäten in Frage stellt, ist er glänzend legitimiert: Wie der Verlauf der Rettung zeigt, ist er derjenige, der den Gotteswillen

kennt und ausführt. Wer wäre besser in der Lage, Israel weiterhin im Sinne Gottes zu führen?
Nach Hebr 11,29 war die Rettung am Meer für das Gottesvolk eine Schule des Glaubens: Es mußte einen Weg gehen, den Gott durch seinen Propheten Mose gewiesen hatte. Mose ist hier die Idealgestalt des Propheten, dem später keiner mehr gleichkam. Erst die Endzeit kann wieder auf einen zweiten Mose (Dtn 18,18) hoffen.

14,27aα
Mose streckte seine Hand aus, und das Unglück brach über die Ägypter herein.

14,28 f
Unter den Wassermassen kamen die Ägypter zu Tode. Durch Gottes Macht, der Wasser zu Mauern aufrichten kann, wurde Israel gerettet. Die Moseschar kam trockenen Fußes durch das Meer, das die nomadischen Landbewohner immer als eine unheimliche Macht gefürchtet hatten. Die ägyptische Streitmacht wurde jedoch durch einen Gottesschlag vernichtet. Mose hatte dies Wunder an Gottes Statt gewirkt.
Diese Version legt ihren Schwerpunkt auf das fortissimo des Glaubenszeugnisses: Jahwe allein tut Wunder und schafft Rettung als Befreiung aus dem »Hause der Knechtschaft«. Gottes Rache an den Unterdrückern der Moseschar ist nicht »natürlich« zu erklären.
Die dritte Version des Meerwunders spricht auch nicht über die Gefühle der Geretteten. Der abschließende Teil dieser Erzählung ist bei der Endredaktion wohl abgebrochen worden.

14,31b
gibt aber die Theologie der Priester korrekt wieder: Israel vertraut auf Jahwe, seinen Gott, und – das ist hier besonders hervorzuheben – auf den Propheten Mose, den Mittler zwischen Israel und seinem Gott.

4. Entstehungssituation: Wenn die Lokalisierung am Schilfmeer (Ex 13,18) eine präzisierende Glosse ist, kann man

nicht sagen, daß dieser Erzähler eine genaue Erinnerung an das Geschehen bewahrt hat.
Dafür können wir feststellen, daß das »Wunder« hier von der Rettung immer mehr nach außen verlagert wurde: Mose wirkt ein Naturwunder, das zu einer gigantischen Katastrophe für die Ägypter wird.
Während die Quelle N und die Version von J von der Jahwekriegs-Theologie bestimmt sind, wird hier eine Art Propheten-Mittler-Theologie bestimmend. Die Entstehungszeit muß also von der der beiden ersten Versionen entfernt sein.
Als diese Erzählung verbreitet wurde, hatte Israel seine »Großmachtstellung« verloren, es konnte Jahwe die Ehre geben, weil es allein von ihm Rettung erwarten konnte, eine Rettung nicht durch ein eigenes Heer, sondern durch einen Propheten, der Israels Überleben durch Gottes »Wunderwirken« garantiert. Diese Veräußerlichung des Wunders ist m. E. Hinweis auf die Ohnmacht der Erzähler, die auf Rettung durch »Wunderwaffen« warten.
Solche kritischen Situationen sind besonders um zwei historische Ereignisse gruppiert denkbar: um die Zeit des Untergangs des Nordreichs (722 v. Chr.) und im Umfeld der Katastrophe von 587 v. Chr., als das Südreich zerschlagen wurde.

5. *Überlieferungsträger:* In der Literatur ist diese Frage kontrovers. Eine Reihe von Autoren sieht in dieser Wundererzählung die Priesterschrift im Exil am Werk. Das Naturwunder soll dann einer resignierten, skeptischen und hoffnungslosen Generation neuen Mut zusprechen: Wie damals bei Mose, so kann Gott heute seinen Willen durchsetzen und euch wieder befreien. Wie damals die Israeliten nur den Befehl zum Aufbruch bekamen, Gottes Rettungsplan aber nicht kannten, so soll Israel im Exil sich an das Gesetz Gottes halten: Wer auf Gott vertraut und dem prophetischen Gebot folgt, dem wird wunderbare Rettung zuteil.
Andere Exegeten gehen davon aus, daß der Elohist Autor

dieser Wundererzählung ist. Er entstammt dem Nordreich und kam mit Nordreichüberlieferungen nach dem Untergang Israels ins Südreich. Er kann um 722 in Israel dieselbe Situation vorgefunden haben, wie die Priestertheologen später im Exil. Also »paßt« die für P angenommene Entstehungssituation auch für den Elohisten. Als theologische und sprachliche Indizien sprechen zu Gunsten von E: Das Prophetentum und seine Bedeutsamkeit in der Religion Israels werden betont. Gott wird in seiner Transzendenz dargestellt und auf der Erde von Propheten und Gottesboten vertreten. Die »Heraufführungsformel« weist auf das Nordreich hin. Der Bezug von Ex 13,19 auf Gen 50,25 (E) spricht für die Zuweisung zum Elohisten.

Ich neige dazu, hinter dieser Darstellung die Priestertheologen als Urheber zu sehen.

6. *Intention:* Im Gegensatz zu den beiden ersten Versionen wird hier betont, daß Jahwe nicht direkt in das irdische Geschehen eingreift.

Auf die Mittler (Gottesbote und Prophet Mose) und ihre Aktionen wird die Betonung gesetzt.

Neu ist hier in Ex 13,18 die Bezeichnung »Schilfmeer«, die auf den Golf von Aqaba hinweist, ferner der Durchzug der Israeliten durch das Meer und das Naturwunder, das die Israeliten rettet und die Ägypter vernichtet.

Im Adressatenkreis hat diese Version ebenfalls eine Veränderung vorgenommen: Richtete sich die Jahwekriegstheologie gegen politische Ambitionen des Königtums, so lenkt dieser Autor die Aufmerksamkeit seiner Zuhörer auf den Gehorsam des Glaubenden gegenüber dem Propheten Mose und seinen Weisungen. Damit wird die Rettungserzählung als Glaubensprobe ein Lehrstück »Vom Glauben als Halten der Gebote«, das in Israel immer aktuell ist. Die Rettung als Anspruch Gottes an sein Volk tritt hervor.

Exkurs: Der geschichtliche Kern des Meerwunders

Die verschiedenen Erzählungen über das Meerwunder gehen im AT verschiedene Wege. Daß verschiedene Intentionen vorliegen, konnte sichtbar gemacht werden. Einstimmig wird betont, daß das Meerwunder für die Moseschar Rettung bedeutete. Der historische Kern der Überlieferung liegt demnach in der Tatsache, daß eine nicht näher umschreibbare Streitmacht Ägyptens bei einer militärischen Operation gegen flüchtende Nomaden östlich des Nildeltas »am Meer« vernichtet wurde bzw. nicht zu ihrer Garnison zurückfand. Das war für Ägypten nicht wichtig, aber die geretteten Flüchtlinge sahen in ihrer Befreiung aus ägyptischer Fronarbeit ihren Rettergott am Werk.

Für die Nachkommen der Moseschar war die Erinnerung an die Befreiung am Meer immer wieder Anlaß zum Lobpreis Jahwes, der bis heute weitergeführt wird.

Exkurs: Wunder »im Wachsen«

Die bisher nicht besprochenen Textreste von Ex 14 sind Zusätze, die wohl der Quelle P (= Priesterschrift) zuzurechnen sind. Sie entstanden bei der Schlußredaktion dieser »ausgeschmückten Glaubenserzählung«. Im einzelnen wird auf sie nicht eingegangen.

Nun sollen abschließend die Motive in ihrer Abfolge in Ex 13,17 – 14,31 dargestellt werden, um nach der Betrachtung der Einzelversionen das Zusammenwachsen der Versionen zu einer Glaubenserzählung dem Leser vor Augen zu führen: Ex

13,17: Motiv der Entlassung des Volks durch den Pharao (14,5!)
18: Lokalisierung: Schilfmeer (dagg. 13,20; 14,2)
19: Klammer zu Gen 50,25: Gebeine Josefs
20: Lokalisierung: Etam (13,18)
21: Gottesführung durch Feuer- bzw. Wolkensäule (14,19)
14,2: Lokalisierung: Pi-Hahirot, Baal-Zefon (13,18.20)
3: Umherirren der Israeliten

4: Zusatzmotiv als Verklammerung mit den Plagenerzählungen:
Ankündigung: 1. Herzensverhärtung Pharaos durch Jahwe
2. Zweck: Verfolgung der Israeliten (13,17!)
3. Verherrlichung Jahwes
4. Gotteserkenntnis der Ägypter

5: Motiv der Flucht des Volkes
und Motiv der Entlassung des Volkes (Ausgleich zu 13,17?)

6 f: Der Pharao beschließt die Verfolgung

8: Zusatzmotiv – Ausführung (Herzensverhärtung, Verfolgung) Auszugsmotiv

9: Aufeinandertreffen bei Pi-Hahirot/Baal-Zefon, am Meer

10: Furcht der Israeliten

11 f: Murren des Volkes – Nebenmotiv, das den Text mit den Erzählungen von der Wüstenwanderung verbindet

13: Motiv: Mose, der Mittler
Jahwekriegmotive: Beschwichtigung des Volkes
Passivität des Volkes

14: Jahwekriegmotiv: Jahwe, der Kriegsherr

15: Aufbruch der Israeliten

16: Motiv: Mose, der Prophet
Wortempfang über die Spaltung des Meeres und den Durchgang der Israeliten

17: Nochmals Zusatzmotiv der Herzensverhärtung, die zum Untergang der Ägypter führt
Motiv: Verherrlichung Gottes an Ägypten

18: Nochmaliger Rückbezug auf 14,4 mit
Zusatzmotiv: 1. Gotteserkenntnis der Ägypter
2. Verherrlichung Gottes an den Ägyptern

19: Motiv 1: Führung durch den Gottesengel (13,21!)
2: Schutz durch Wolkensäule (mit v. 20)

21: Motiv 1: Ausführung der Spaltung des Meeres (ohne Stabmotiv), Bestätigung Moses als Prophet
Motiv 2: Ostwind trocknet das Meer aus (Widerspruch zu Motiv 1!)
22: Durchzug durch das Meer
23: Nachfolgen der Ägypter in das Meer
24f: Motiv 1: Gottesschrecken verursacht Panik (Jahwe-(Jahwekrieg)
Motiv 2: Flucht der Ägypter (gegen v. 17.23) (Jahwekrieg)
26: Befehl, die Spaltung des Meeres wieder rückgängig zu machen (v. 16.21.22.23) wird erteilt
27: Motiv 1: Flucht der Ägypter dem Meer entgegen
Motiv 2: Jahwe schüttelt die Ägypter ins Meer (Widerspruch!)
28: Widerspruch zu den beiden Motiven von v. 27: Das zurückkehrende Meer verschlingt die Ägypter.
29: Durchzug der Israeliten (vgl. v. 22)
30: Israel sieht seine Verfolger vernichtet
31: Motiv 1: Das Geschehen wird als göttliche Machttat beschrieben
Motiv 2: Israel glaubt/vertraut auf Jahwe und Mose, seinen Knecht

Die Erzählung von der wunderbaren Rettung der Moseschar am Meer ist also in einem Wachstumsprozeß von mindestens vier Jahrhunderten zu dieser Glaubenserzählung zusammengewachsen.
Erstaunlichen Übereinstimmungen im Grundsätzlichen stehen ganz verschiedene Sichtweisen im einzelnen gegenüber. Mit diesem 1. Abschnitt sollte gezeigt werden, daß bei der Wundererzählung nicht so sehr die Geschichtlichkeit, wie der auslegende Anspruchscharakter wichtig ist. Wundererzählungen reden in die Gegenwart, um Glauben und Gehorsam hervorzurufen. Der Kern dieser Erzählungen ist sicher historisch, aber das Glaubenszeugnis steht im Zentrum des Aussagewillens, Glaubenserkenntnis soll zu Bekenntnis

werden. Deswegen erzählte Israel die Machttaten seines Gottes.

Bezugnahmen auf Ex 14 im AT:
Die jahwistische Version ist in folgenden Belegen zu finden: Jos 24,6 f; Dtn 11,4; Jos 2,10 und 4,23.
Die Version von P mit Israels Weg durch die Wasser wurde wiederaufgenommen in Jes 43,16; 51,10 und 11,15 (Redaktorentext ganz spät); im Bezug auf den »zweiten Auszug« in Sach 10,11; die Spaltung des Wassers steht Jes 63,12 und Neh 9,11. Mit der Jordandurchquerung zusammen finden wir den Topos Ps 66,6. Ps 78 steht der P-Version nahe, vgl. weiter Ps 77,17–21. Jer 23,5–8 zeigt die Begrenzung des Exodus im AT selbst.

B. Drei Variationen des Motivs »Rettung Israels am Meer« in anderen Textsorten

a) *Das Siegeslied Ex 15,1–18 (19)*

1. Übersetzung des Textes: Ex

15,1 Damals sangen Mose und die Israeliten dieses Lied für Jahwe, sie sagten: Ich will Jahwe singen, denn er hat sich hocherhaben gezeigt, Roß und Reiter warf er ins Meer.

2 Meine Stärke und der Gegenstand meines Liedes ist Jah, denn er ist mir zur Hilfe geworden; dieser ist mein Gott, ich will ihn preisen, der Gott meines Vaters, ich will ihn loben.

3 Jahwe ist ein Kriegsmann, Jahwe ist sein Name.

4 Die Streitwagen des Pharao und sein Heer warf er ins Meer, und seine ausgewählten Streitwagenkämpfer wurden im Schilfmeer versenkt.

5 Fluten bedeckten sie, sie versanken in Meerestiefen wie Steine.

6 Deine Rechte, Jahwe, verherrlicht sich durch Kraft, deine Rechte, Jahwe, zerschmettert Feinde.

7 Durch die Fülle deiner Erhabenheit reißest du deine
Gegner nieder, wenn du deine Zornesglut aussen-
dest, verzehrt sie sie wie Stroh.
8 Durch den Hauch deiner Nase stauten Wasser sich
auf, stellten sich Ströme auf wie ein Damm. Es
gerannen Fluten mitten im Meer.
9 Der Feind sagte: Ich will verfolgen, ich will ein-
holen, will Beute teilen; meine Gier soll sich an
ihnen sättigen, ich will mein Schwert ziehen, daß
meine Hand sie ausrotte!
10 Mit deinem Hauch hast du geblasen, da bedeckte
sie das Meer, sie versanken wie Blei in mächtigen
Wassern.
11 Wer ist wie du unter den Göttern, Jahwe? Wer ist
wie du verherrlicht unter den Heiligen? Ehrfurcht-
erregend durch Ruhmestaten, Wunder tuend?
12 Du strecktest deine Rechte aus, da verschlang sie
die Erde.
13 Du führtest in deiner Treue das Volk, das du er-
löst hattest. Du leitetest sie durch deine Kraft zu
deiner heiligen Wohnstatt.
14 Völker hörten es und erzitterten, Beben ergriff die
Bewohner des Philisterlandes.
15 Damals erschraken die Häuptlinge von Edom, die
Anführer von Moab ergriff Bestürzung, alle Ka-
naanäer verzagten.
16 Es fiel auf sie Furcht und Angst, vor der Größe
deines Armes wurden sie stumm wie Steine, wäh-
rend dein Volk, Jahwe, hindurchzog, während
hindurchzog das Volk, das du erworben hast.
17 Du brachtest sie hinein und pflanztest sie ein auf
dem Berge, der dein Erbbesitz ist, an dem Ort,
den du, Jahwe, dir zur Wohnung geschaffen hast,
an dem Heiligtum, Herr, das deine Hände bereitet
haben.
18 Jahwe herrscht als König für immer und ewig.
(19) Denn die Rosse des Pharao, seine Wagen und Wa-

genkämpfer zogen ins Meer hinein, und Jahwe ließ die Wasser der Meere über sie zurückkehren. Aber die Israeliten waren auf trockenem Boden durch das Meer hindurchgegangen.

2. Form: Ex 15,1–18 ist ein poetisches Stück, ein Psalm. Die Form dieses Liedes ist nicht einheitlich: im Hymnus sind Elemente des Dankliedes eingebaut. Der Text wird gern als Siegeslied angesprochen. Das Lied ist ursprünglich eine autonome Einheit und sekundär in den heutigen Kontext eingefügt. Das zeigt die lose Ankoppelung an Ex 14 und die Verbindung zwischen v. 18 und 19. Für die Pentateuchredaktion lag die Einfügung an dieser Stelle nahe.

3. Einzelinterpretation: Ex
15,1
Der Vers schließt lose an das vorangehende Kapitel an. Mose und seine Begleiter haben durch Jahwes Intervention am Meer die Freiheit erhalten. Die Freude darüber faßt der Orientale in ein Lied von der Erhabenheit seines Gottes, der die mächtigen Ägypter und ihr Heer vernichtete. Der zweite Versteil variiert Ex 15,21b. Als Sprecher tritt ein einzelner auf. Das Jahwekriegmotiv klingt hier an.
15,2
Darauf folgt die »Dankliedformel« in erweiterter Form: Jahwe ist die Stütze des Gläubigen. Ex 14,30 und Ex 15.13.16 meinen im Grunde dasselbe. Eine Rückbindung in die Vorgeschichte Israels bringt die Titulatur »Gott meines Vaters«. So sprachen die Halbnomaden, aus denen Israel später hervorging, ihren Führergott an. Eine spätere Stufe stellt die Formel vom Gott Abrahams dar; im Verlauf der Stammesbünde kam es zu der Formel »Gott unserer Väter, Gott Abrahams, Isaaks und Jakobs«. Ex 3,16 (J) macht dann in einem kühnen theologischen Griff den Gott der Väter zum Herrn der Moseschar. Nach Dtn 26,5 könnte hier der »Gott Jakobs« gemeint sein. Er hat Jakobs Söhne gnädig heimgesucht. Er ist der Gott des Sängers von Ex 15,2, weil er

sich im Geschehen am Meer auch als sein Retter erwiesen hat.

15,3
Jahwe, der Kriegsmann, ist eine theologische Weiterentwicklung der Idee des Vatergottes, der seinen Clan gegen alle Feinde unterstützt. Mit diesem Satz ist die Theologie des Jahwekrieges knapp zusammengefaßt, die schon in Ex 14 bei N und J festzustellen war.
Der Text ist bei den alten Zeugen nicht einheitlich überliefert. Im Samaritanus steht: »Jahwe ist ein Held im Krieg«, in der Septuaginta: »Er ist ein Zerschmetternder«. Inhaltlich ist aber in allen Fällen gemeint: Jahwe setzt sich mit kriegerischen Mitteln für sein Volk ein (vgl. Num 10,35 f). Die Erfahrung von Ex 14 wird im Lied verallgemeinert: Jahwe hat nicht nur einmal am Meer geholfen, er ist dauernd in Auseinandersetzung mit seinen Feinden, mit den Gegnern seines Volkes. Der Name Jahwe, oder seine Kurzform Jah (v. 2) soll das zum Inhalt haben. Jahwe gehört damit nicht einfach in die religionsgeschichtliche Kategorie »Kriegsgötter«, sondern er ist ein Volksgott, der sich kriegerisch für seine Leute einsetzt.

15,4
spezifiziert die Kriegstaten Jahwes. Er hat die ägyptische Streitwagenmacht im Meer versenkt (Ex 14,28).

15,5
besingt zwei verschiedene Vorstellungen vom Untergang der Ägypter. Einmal werden sie von der Flut bedeckt, oder aber sie versinken wie Steine in Meerestiefen (Ex 14,27b).

15,6
In den vv. 6–11 wird Jahwe persönlich angesprochen. Dieser Vers ist ganz allgemein gehalten und zeigt keinen Wort- oder Sachbezug zu Ex 14. Hingegen finden wir ähnliche Aussagen bei Deuterojesaja (41,10; 48,13; 62,8). Die Natur- und Geschichtsmächtigkeit Jahwes zeigt sich darin, daß er alle widergöttlichen Kräfte, die sich ihm in den Weg stellen, mit der Rechten zerschmettert. Die Jesajastellen stehen im

Kontext der Erwartung des zweiten Exodus, in dem Jahwe sich noch mächtiger erweisen wird als damals am Meer.

15,7

Gott ist so erhaben, daß der Mensch von Jahwes Machtfülle erschlagen wird. Israel kennt einen zornigen Gott. Der Grimm schlägt wie Feuer aus seinem Antlitz. Was dieser Lohe entgegensteht, verbrennt wie Stroh. Das Bild vom »brennenden Zorn« kann für die Theologie vom Jahwekrieg stehen. Besondere Verwendung findet es in späten Prophetentexten im Bild des Jahwekampfes gegen die Fremdvölker (vgl. etwa Ob 18: Das Haus Jakob und Josef werden zur Flamme, das Haus Esau zum Stroh, das von dieser Flamme verzehrt wird. Der Psalm in Nah 1, besonders v. 10, kündet vom verzehrenden Zorn Jahwes. Ein dritter, später Beleg ist der redaktionelle Text Jes 5,24. Der Verfasser wendet sich gegen Gewaltmenschen, die sich stark genug fühlen, die Schwachen zu bedrängen. Vor dem mächtigen Gotteszorn werden sie ein Nichts sein.)

Diese Parallelen aus später Zeit berechtigen – neben den Verbindungslinien zu Deuterojesaja – zu der Annahme, daß wir einen späten Text vor uns haben.

15,8

kehrt wieder zu den Themen von Ex 14 zurück. Er bezeugt, daß Gott unmittelbar in die Rettungsaktion eingriff. Sein Atem türmte die Wasser des Meeres zu einem festen Wall auf. Das Wasser wird konsistent. Die Beschreibung des Wasserwalles hat eine Parallele in der Beschreibung der wunderbaren Jordandurchquerung (Jos 3,13.16). Im vorliegenden Psalm wirkt – im Gegensatz zur Schilderung der Priester – nicht Mose, sondern Gott selbst das Wunder der Spaltung des Meeres (Ex 14,15 ff). Es wird kein Seesturm geschildert. Das Motiv des Wasserkampfes wird in den folgenden Versen mit dem Motiv der Vernichtung der Ägypter kombiniert. Der »Hauch Gottes« als vernichtende Macht ist in der atl. Literatur erst seit Deuterojesaja (etwa 40,24; Ijob 4,9; 15,30) belegt, das Lied ist also von der exilisch-nachexilischen Prophetie abhängig.

Das Motiv vom Zug durch das Meer und vom Zug durch den Jordan ist kombiniert in Jos 4,23; Ps 66,6; 74,13.15; 114,3.5. Die Durchquerung des Jordan wird nie allein erwähnt, wohl aber der Zug durch das Meer (Ps 106,9–11; 136,13 f; Jes 63,12 f; Neh 9,11; Weisheit 10,18 f; 19,7 f). Vers 8 hat nur vorbereitende Funktion.

15,9
fällt aus dem Zusammenhang des Auszugsgeschehens heraus. Das Meerwundermotiv ist den Gesetzen des Hymnus untergeordnet. Die Aussage von v. 9 gehört zum Siegeslied. Vom Verfolger wird gesagt, daß er danach fiebert, seine Feinde einzuholen. Er will sie mit dem Schwert ausrotten. Er ist gierig, Beute zu machen. – Das paßt nicht zu einer ägyptischen Streitwagentruppe, die ein paar flüchtende Nomaden zur Räson bringen soll, damit sie weiterhin dem Staat Frondienste leisten.

15,10
schwenkt wieder zum Exodusthema zurück. Mehrere Motive fließen ineinander. Der »Hauch« ist vielleicht von dem starken Ostwind in Ex 14,21 inspiriert. Das Bedecktwerden durch das Meer könnte mit Ex 14,28 (P) zusammenhängen, das Versinken im Meer mit der N-Version in Ex 14,27b. Hier wird vom Tod der Ägypter anders geredet als in Ex 15,1.4. Wie schon zu Ex 15,8 bemerkt, geht das gebrochene Motiv des Wasserkampfes auf die Exilszeit zurück. Das Verb »blasen« sagt eine unmittelbare Aktion Gottes aus (Jes 11,15 (R); 63,12; Ps 78,13). Die Formulierung schließt die Mittlertätigkeit des Mose aus.

15,11
schließt das Thema des Auszugswunders mit dem hymnischen Formelement der Vergleichsfrage ab: Wer ist wie du unter den Göttern? – Keiner! Gott ist ehrfurchterregend durch seine vielen Taten, die Anlaß geben, ihn zu rühmen. »Ehrfurchtgebietend« (oder: -erregend) ist ein Jahweattribut der Kultsprache, es gehört zum typischen Vokabular der Jahwe-Königspsalmen (Pss 47. 93. 96. 97. 99. 146). Spät ist ebenfalls

die Aussage, daß »Jahwe allein Wunder tut« (Jes 25,1; Ps 77,15; 78,12). Damit ist ein weiterer Hinweis auf das geringe Alter des Liedes gewonnen.

15,12
Merkwürdigerweise steht hier, daß die Ägypter von der Erde verschlungen wurden. Das erinnert an die Erzählung von Datan und Abiram (vgl. Num 16,30.32.34; Dtn 11,6; Ps 106,17). Dort wird die Wendung als feststehender Ausdruck gebraucht. Ein Sinn ergibt sich, wenn gemeint ist: Als die Ägypter im Meer untergingen, wurden die Feinde Israels ins Totenreich unter die Erde versenkt, d. h. sie weilen nicht mehr unter den Lebenden.

15,13
Im Lobpreis folgt ein zweites Thema der israelischen Theologie: Gott hat sein Volk in das versprochene Land hineingeführt. Gottes »heilige Wohnung« meint ursprünglich den Weideplatz. Vermutlich ist damit hier nicht wie in 2 Sam 15,25 der Jerusalemer Tempel gemeint, sondern das ganze »Land Kanaan«, das schon den Vätern versprochen war.

15,14–16
beschreiben den Weg ins versprochene Land und die göttlichen Taten, die den Marsch der Israeliten schützend begleiteten. Hier wird anders als in Ex 13,17 erzählt. Die Völker hören vom mächtigen Führergott der Israeliten. Gottesschrekken überfällt sie. Auch die Bewohner des Philisterlandes erzittern. Israel kann seinen Weg gehen. Ähnliche Gedanken stehen Jos 5,1 im Zusammenhang mit der Jordandurchquerung. Der Weg Gottes mit seinem Volk hat drei Stationen: Edom, Moab und Kanaan. Der Gottesschrecken als Motiv des Jahwekrieges wird v. 16a ausdrücklich angesprochen. Die von Israel mit Recht gefürchteten Völker werden von Gottes Arm überwältigt, sie sind bewegungsunfähig, stumme Zuschauer des göttlichen Schauspiels. Israel kam nach Kanaan. Das war nicht sein Verdienst, es konnte diesen Marsch nur als Gottesvolk durchstehen.
Zur zeitlichen Ansetzung des Liedes ist darauf hinzuweisen,

daß zum festen Vokabular der Exilszeit der »machtvolle Arm Jahwes« gehört (vgl. Jes 40,10; 48,14; 51,5.9; 53,1; 59,16; 62,8; 63,12).

15,17

nimmt die Landgabe zum Thema. Damit klingt das dritte wichtige Thema israelischer Theologie an. Eine richtige, geschichtliche Erinnerung ist darin enthalten, daß Israel »auf dem Gebirge« siedelte. Beim Einzug in Kanaan waren die fruchtbaren Ebenen von den Kanaanäern besetzt, dann expandierten die Philister. Das Gebiet im Gebirge war Jahwes und seiner Stämme Wohnung. Der Wohnsitz meint wiederum nicht den Tempel in Jerusalem. Nach Lev 26,11–16 ist das ganze »heilige Land« Jahwes Wohnsitz, »denn mir gehört das Land, Schutzbürger und Beisassen seid ihr bei mir« (Lev 25,23b).

15,18

ist ein Beispiel typisch hymnischen Stils. Der Vers enthält das Bekenntnis der Gemeinde, daß Gottes Königsherrschaft ewig dauert. Darin hat Israel viel Erwartung und Hoffnung investiert. Einst hat Gott sein Volk aus Ägypten geholt. Im Exil ist Gottes Strafe über sein ungetreues Volk gekommen. Die Hoffnung auf den zuverlässigen Gott besteht weiter.

»Jahwe ist König!« ist eine kultisch-kerygmatische Proklamation des ewigen Königtum Jahwes. Belege finden sich auch bei Deuterojesaja (41,21; 43,15; 44,6).

Vielleicht schwingt in diesem Bekenntnis die Hoffnung mit, daß Jahwe das Exil beenden, sein Volk aus den Völkern heraus sammeln, wieder durch die Wüste führen und es wieder in das versprochene Land hineinführen wird.

15,19

An das Lied schließt sich ein Prosazusatz an, der nochmals Ex 14,23.28.29 wiedergibt. Damit ist das Lied in den Prosakontext verankert worden.

4. Entstehungssituation: Die Vorstellungen über das Alter und damit die Entstehungssituation des Siegesliedes klaffen weit auseinander. Zu Unrecht wollen m. E. manche Ausleger in Ex 15,1–18 die älteste uns überkommene Dichtung Israels sehen. Dagegen spricht, daß einmal in Ex 15,1 ff alle Versionen der Meerwundererzählung bekannt und verarbeitet sind; zweitens, daß deutliche Verbindungen zur Theologie des Deuterojesaja bestehen (Ex 15,7 f das Motiv des göttlichen Zorns und Ex 15,8.10 »Jahwe, der Herr der Natur« sind Ex 14 fremd) und daß drittens in diesem Hymnus drei Pentateuchthemen kombiniert sind (Herausführung aus Ägypten, Führung in der Wüste, Führung nach Kanaan/ Landgabe).

Demnach ist der Hymnus in exilischer Zeit anzusetzen. Ob er in Bezug zu einer kultischen Erinnerung an Gottes Heilshandeln entstand, ist heute nicht mehr auszumachen.

Wenn die zeitliche Ansetzung richtig ist, dann soll dieser Hymnus nicht nur die überragende Größe Jahwes preisen, sondern die deportierten Judäer auf eine Hoffnung verweisen: Es gibt eine Wiederholung der göttlichen Machttaten von einst: Gott wird sein Volk aus den Völkern sammeln und ihm das Land wiedergeben. Aus der bedrängten Lage der Exilierten erklärte sich die im Hymnus sichtbare Übersteigerung des Ausdrucks: Gott allein handelt, übermächtige Feinde werden von Jahwe ohnmächtig gemacht, und Jahwe wird auf ewig herrschen.

5. *Überlieferungsträger:* ist die Gemeinde, die den Hymnus in ihre Überlieferung mit aufnahm.

6. *Intention:* Jeder Hymnus ist ein Preislied, in dem Israel die Größe seines Gottes besingt (vgl. hier v. 2.6.7.11). In bedrängter Lage will der Verfasser des Siegesliedes seinen Hörern durch die Preisung der Gottestaten Trost und Hoffnung zusprechen. Darum hebt er die Aktivität Gottes besonders hervor (v. 3 f.8.10.12–17).

Die Thematik von Auszug, Führung in der Wüste und Landgabe kann daraufhinweisen, daß ein Theologe der Exilszeit glaubte, daß Gott diese Taten für seine Exulanten wiederholen werde.

b) Der Exodus als Geschichte des göttlichen Gerichtes (Ez 20)

Ezechiel stammt aus priesterlichem Geschlecht. Sein Denken wurzelt in den priesterlich-sakralen Überlieferungen seines Volkes. Seine Geschichtsrückblicke sind Ausfluß priesterlichen Weltverständnisses.

Vermutlich wurde Ezechiel 597 als Angehöriger einer einflußreichen Priesterfamilie aus Jerusalem deportiert. Sein Wirken ist einige Jahrzehnte vor Deuterojesaja ca. in den Jahren 593–571 anzusetzen. Er wirkte unter den Verbannten in Babylonien. Das Grab des Propheten wird heute in Kifil südlich vom alten Babylon verehrt.

1. Text: Ez 20,1–38; vgl. eine Ausgabe des AT. Für eine intensive Beschäftigung mit dem Text sei auf den Kommentar von W. Zimmerli, BK XIII 1, Neukirchen 1969, 432–434 und die folgenden Textanmerkungen verwiesen.

2. Form: Ez 20,4–26.30 f ist eine geschichtstheologische Scheltrede, die Gerichtsverkündigung ist formal eine Gottesrede in der Exodusterminologie.

Ez 20,32–38 ist ein ezechielischer Nachtrag, in dem ab v. 33 gegen v. 32 in Form eines göttlichen Disputationswortes Stellung genommen wird, das v. 38 in der Erkenntnisformel endet.

Ferner enthält der Text »Nachexegesen« aus der Ezechielschule: einmal vv. 27–29 und zum anderen vv. 39–44.

In der Auslegung wird davon ausgegangen, daß die oben dem Propheten zugeschriebenen Stellen echt sind. Es gibt Ausleger, die dem Propheten das gesamte Kapitel absprechen.

3. Einzelinterpretation: Ez

20,1

Am 14. August 591 kamen einige der Ältesten Israels zum Propheten Ezechiel, um Jahwe zu befragen. Der Inhalt der Frage kann nicht mehr ausgemacht werden.

20,2 f
Nach der »Wortereignisformel« schwört Jahwe, er lasse sich nicht befragen.
20,4
Hingegen soll Ezechiel an die Ältesten ein Gotteswort übermitteln. In dieser geschichtstheologischen Scheltrede werden die Exulanten mit den Vätern in Ägypten und ihren Kindern solidarisch gesehen, sie werden der Sünden ihrer Väter geziehen. Die nun folgende Scheltrede redet in einem Schema, das bei der Erklärung herausgehoben wird.
20,5 Die grundlegende Perspektive
für die geschichtstheologische Scheltrede bildet die heilbringende Gottestat am Volk der Jakobleute. »Am Tage als ...« eröffnet die Schilderung von (besonders qualifizierten) Anfangsgeschehnissen. Dann folgt hier für Ezechiel singulär das Wort von der Erwählung Israels. Ähnlich wie in Ex 6,2–8 (P!) schwört Jahwe dem Samen des Hauses Jakob, offenbart sich in Ägypten (nicht in der Wüste) und gibt sich in der Selbstvorstellungsformel Israel zum Beistand. Für sein Volk macht er sich anrufbar. Die Selbstvorstellung beinhaltet seine Bundeshuld gegenüber dem Volk.
20,6 1. Epoche: Eid
Die erwählende Zuwendung Gottes wird entfaltet. Gott hat geschworen, Israel aus dem Land Ägypten herauszuführen. Die Not in Ägypten wird in diesem Text nicht ausgebreitet, um so mehr das Thema, das Ezechiel besonders am Herzen liegt: die Verheißung des Landes, das Jahwe selber erkundet hat, das von Milch und Honig fließt und ein »Kleinod« (so erstmals in Jer 3,19) unter den Ländern ist. Das Thema »Land Israel« kommt in Ezechiel 17mal zur Sprache (z. B. 7,2; 11,17; 12,19.22; 13,9).
20,7 1. Epoche: 1. Forderungen
Mit der Hinwendung Gottes zu Israel sind »bundesmäßige« Forderungen verbunden: Götzenbilder müssen weggeschafft werden, Israel soll sich an den Götzen Ägyptens nicht verunreinigen (vgl. Jes 52,11). Jahwe will Israels einziger Gott sein.

20,8 1. Epoche: 2. Auflehnung
Hier wird behauptet, Israel sei schon in Ägypten widerspenstig gewesen. Daß die Israeliten den Götzendienst der Ägypter mitgemacht hätten, wird sonst an keiner Stelle im AT gesagt. Eine historisch zuverlässige Nachricht über konkrete Geschehnisse in Israels Frühzeit scheint sich darunter nicht zu verbergen.

1. Epoche: 3. Zorn Gottes
Gott wollte schon am Anfang, noch in Ägypten, seinen Zorn an den Widerspenstigen auslassen.

20,9 f 1. Epoche: 4. Verschonung
Gott hatte sich an Israel gebunden, ihm seinen Namen preisgegeben. Wenn er Israel nun vernichtet, statt es gnädig aus Ägypten zu führen, macht er seinem Namen keine Ehre, gibt er sich selbst dem Spott der Völker preis. Um seinen »Ruf« nicht zu gefährden (vgl. Ex 32,12; Num 14,13 ff) läßt er Gnade walten. – In den alten Auszugsbekenntnissen ist die Befreiung Israels ein Gnadengeschenk Jahwes an sein Volk, hier ist sie eine Tat, die nicht der Liebe zu den Bedrängten entspringt, sondern um seines Namens willen geschieht. Um sich treu zu sein, brachte Gott sein Volk in die Wüste.

20,11 f 2. Epoche: 1. Forderungen
Israel bekam am Sinai in der Wüste Gottes Gebote, Satzungen und Rechte vorgelegt. Im Verständnis Israels haben sie nicht den Charakter der Einschränkung, sie wollen Leben ermöglichen und behüten, sie sind sinnvolle Wegweisung durch den, der die richtigen Wege kennt.
Das Gebot des Sabbats (vgl. Ex 31,13) wird besonders erwähnt. Das für Jahwe geheiligte Volk (Ex 19,4–6) ist durch den Sabbat von der Völkerwelt unterschieden. Der Sabbat ist ein Sakrament, ein heiliges Zeichen Gottes, besonders in der Zeit des Exils, in dem kein Kult möglich war, weil in Jerusalem kein geweihter Altar und Tempel zur Verfügung standen.

20,13 2. Epoche: 2. Auflehnung
Wieder ist Israel voller Widerspenstigkeit. Indem es die gött-

lichen Gebote nicht einhält, verwirft es das Angebot eines glücklichen Lebens. Sogar das heilige Zeichen des Sabbat wird entweiht.

2. Epoche: 3. Zorn
Wiederum entflammt Gottes Zorn wider die Ungehorsamen.

20,14 2. Epoche: 4. Verschonung
Um der Ehre seines Namens willen verschont Gott zum zweiten Mal sein Volk, das Strafe verdient hätte.

20,15 ff 2. Epoche: Eid
Ganz ungeschoren kommen die Ungehorsamen nicht davon. Gott schwört, daß die »Wüstengeneration« das schöne, verheißene Land nicht zu sehen bekommt. In den alten Überlieferungen sind zu vergleichen Num 13 f; Dtn 1,19–46. Israel wird in der Wüste nicht völlig vernichtet, aber die Ungehorsamen erreichen das ihnen zugedachte Land nicht.

20,18 ff 3. Epoche: 1. Forderungen
Die zweite Generation sollte aus den Fehlern der Väter lernen und sich anders verhalten als diese. Die positiven Ermahnungen laufen wenig variiert parallel zu v. 11 f. »Ich bin Jahwe, euer Gott!« signalisiert wie im Vorwort zu den zehn Geboten den Rechtanspruch des bundeswilligen Gottes.
Besonderes Bundeszeichen ist wiederum der Sabbat. Ob bei dieser Gebotsübergabe auf den »Moabbund« (Dtn 28,69) angespielt wird, ist nicht ersichtlich. Die erneuten Forderungen können durch das angewandte Schema hierher gebracht worden sein.

20,21 3. Epoche: 2. Auflehnung
Zum dritten Male wird die Widerspenstigkeit der »Söhne« Israels, hier der 2. Wüstengeneration, konstatiert.
3. Epoche: 3. Zorn
ebenso wird zum dritten Mal Gottes Zorn erwähnt und

20,22 3. Epoche: 4. Verschonung
darauf hingewiesen, daß Gott »um seines Namens willen« die Widerspenstigen, Treulosen verschont. – Daß nach den alten

Überlieferungen Josua die Stämme in das versprochene Land geführt hat, bleibt bei Ezechiel unausgesprochen.

20,23–26 3. Epoche: Eid
Dieser Eid Jahwes bezieht sich unmittelbar auf die Generation, zu der Ezechiel spricht. Mit der ersten Deportation im Jahre 597 ist die Zerstreuung unter die Völker eingetreten. Die quälende Frage der Deportierten, warum ihnen dies geschieht, wird mit einem Rückverweis auf die Wüstenzeit beantwortet. Das Gericht des Exils hat seine Wurzeln in der Haltung des Ungehorsams der Altvorderen in der Wüste. D. h., Israel hat das Land bekommen, um es später wieder zu verlieren.
Singulär ist im AT die kühne Behauptung, daß aus den Geboten als Weg zum Leben nun ein Weg zum Tode geworden ist (vgl. Ez 20,26a mit Ex 22,28 und die Substitutionsforderungen in Gen 22 und Ex 13,13.15). Zur Zeit des judäischen Königs Manasse (696–642) haben Juden Kinderopfer dargebracht. Dieser Brauch ist hier anvisiert.
Ez 20,5–26 erzählt die Heilsgeschichte Jahwes als die Geschichte des ungehorsamen Volkes. Der Gottestat der Erwählung steht sie als dreiphasige Sündengeschichte gegenüber. Wie Dtn 26,10 der Israelit den Ertrag des Bodens als Realisierung der Befreiungstat Gottes preist, so deutet hier Ezechiel das Heil als letzte Konsequenz des Exodushandelns Jahwes.
Israel hat in der Liturgie immer wieder des göttlichen Befreiungshandelns gedacht und aus ihm den »Anspruch« auf fortdauernde göttliche Hilfe abgeleitet. Diesem Ansinnen steht hier das Nein Jahwes gegenüber: Gott läßt sich nicht von einer sündigen Generation erpressen.

20,30 f
Weil das Israel der Zeit Ezechiels sich nicht von dem Wandel seiner Väter abwenden wollte, darf es Gott nicht um ein Heilswort befragen, von ihm keine Heilszusage erwarten.

20,32–38
Während die erste Prophetenbotschaft ein klares Nein zu

den Hoffnungen Israels sagte, zeigt Ezechiel in seiner Nachinterpretation eine Alternative, die im Exodushandeln Jahwes auch angelegt ist. Gott kann Israel aus den Völkern wieder sammeln. In der Wüste sammelt er Gesamtisrael. Dann erweist er sich als König, indem er sein Volk von unwürdigen Gliedern befreit, die in der Wüste dem Gericht verfallen. Exodus aus den Völkern bedeutet »Scheidung der Böcke von den Schafen« (vgl. Mt 25,31–46), bedeutet die Schaffung eines neuen Israel der wahren Frommen, unter denen kein Gottloser Platz hat. Dies neue Israel wird Gott dann wieder in das versprochene Land bringen.

4. Entstehungssituation: Der erste Teil der Rede ist in v. 1 genau datiert, der zweite Teil durch Ezechiel wohl nach 587, dem endgültigen Untergang des Südreichs, hinzugebracht worden. Die Texte sind aus der Notsituation des Exils und der Bundestheologie der vorangegangenen Zeit verständlich (Dtn-predigten u. ä.).

5. Überlieferungsträger: Die Texte sind (von kleinen, glossenhaften Einschüben abgesehen) authentische Ezechielworte. Das gesamte Kapitel 20 hat in der Ezechielschule im Verlauf der Überlieferung mehrere Nachinterpretationen erlebt, die vorne unter 2 angegeben sind.

6. Intention: Ezechiel verkündigt das Gotteswort vor Menschen, die in Not sind. Sie haben Land und Tempel, Unterpfand des göttlichen Heilswillen über lange Zeit, verloren. Sie fragen, ob sie Hoffnung auf eine bessere Zukunft haben dürfen.
Der Haupttext (v. 5–26) zeigt keine Hoffnung. Was als Heilsgeschehen erinnert wurde, entlarvt sich als Sünden- und Unheilsgeschichte. Erwählung bedeutet nicht Sicherheit. Gerettet wird, wer das Alte (Götzendienst und Widerspenstigkeit) hinter sich läßt, um sich neu zu Gott zu stellen; aber das tat keiner.
Ein späteres Wort Gottes an Ezechiel gibt den Guten eine

Hoffnung. Gott will sich wiederum als König erweisen. Wie ein Hirt seine Herde, so sammelt Jahwe sein Volk in der Wüste. Dort richtet er sein Volk und sondert die Bösen aus. Ezechiels Hoffnung bedeutet Rettung der Frommen. Diese kommen zur Erkenntnis der Größe ihres Gottes. Diese Hoffnung setzt nicht allein auf Gott, der Hoffende muß ein zu Gott Bekehrter sein, den Gott in »seinem Reich« haben will. Ganz anders spricht Deuterojesaja einige Jahrzehnte später vom neuen Exodus.

c) *Alt und Neu – die Exodusverkündigung des sogenannten Deuterojesaja*

Der uns nicht namentlich bekannte Prophet lebte zur Zeit des babylonischen Exils und wirkte wohl ab 553 über mehrere Jahre hinweg. Ihm werden die Worte von Jes 40 – 55 zugeschrieben. Deuterojesaja kämpft gegen die Mutlosigkeit der Exulanten, ihren Mangel an Glauben, ihr Hadern mit Gott. Folgende These steht im Zentrum seiner Theologie: Israel kann Mut haben. Jahwes Geschichtsplan wird sich allen menschlichen Berechnungen zum Trotz erfüllen. Das neue, kommende Heil sieht der Prophet als einen neuen, zweiten und glanzvolleren Exodus. Dafür einige Belege:

1. Jes 43,16–21

1.1. Text: Vgl. eine Ausgabe des AT.

1.2. Form: Der Prophetentext ist eine Heilsankündigung (= eine Aussage über die Zukunft im Gegensatz zu einem Heilsorakel, dessen Heilszusage als unmittelbar anstehend verstanden wird) mit folgender Gliederung:

1. (angedeutete) Volksklage: v. 18
2. Heilsankündigung: 1. Gottes Zuwendung
   2. Gottes Eingreifen: v. 19.20
3. Ziel: v. 21

1.3. Einzelinterpretation: Jes

43,16 f

Mit der Botenformel beginnt die Einheit. Im Partizipialstil werden Gottes frühere Taten beschrieben, die im Urbekenntnis Israel vorgetragen wurden. Im Sinne der P-Überlieferung wird in v. 16 die Rettung am Schilfmeer dargestellt: Gott schuf der fliehenden Moseschar einen Weg durch das Meer. V. 17 schildert die Vernichtung der Ägypter am Meer nach Ex 14,30 f (J). Das Bild vom glimmenden Docht soll die Ohnmacht Ägyptens vor der Macht Jahwes sichtbar machen.

43,18.19a

Für die Exulanten ist die Rettung aus Ägypten Vergangenheit. Auch in Jes 63,11–14 bezieht sich eine Volksklage auf die wunderbare Rettung am Meer. Das gedemütigte Volk hält Gott vor, wie mächtig er früher wirkte, während er ihnen bei der Katastrophe von 587 nicht zu Hilfe kam.
»Nicht an das Frühere denken« heißt nicht: Volk, vergiß deine Vergangenheit, weil dein künftiges Heil größer, schöner und damit normativ für den Glauben der Späteren ist! Vielmehr fordert Deuterojesaja seine Gemeinde auf, von der glorreichen Vergangenheit und der trostlosen Gegenwart abzusehen und die Zukunft anzuvisieren. Gott ist ein Gott der Hoffnung, die Rettung ist nahe. Dem wunderbaren Alten entspricht das erwartete Neue.

43,19b.20

Zwischen Babylon und Judäa liegt ein langer, schwieriger Weg. Gott schafft seinem Volk in der Wüste einen neuen Weg in die Freiheit. Wunderbar schafft Gott das dürre Land um, so daß sein Wasserreichtum sogar für die wilden Tiere mit ausreicht. Entsprechend der Theologie des Deuterojesaja werden hier Schöpfungs- und Erlösungshandeln Jahwes als eine Einheit gesehen. Die Kunde vom neuen Gotteshandeln soll neue Glaubenskraft wecken.

43,21

Glauben ist nicht wohlverschlossene »Privatsache«. Gottes

Tat der Volksbefreiung hat das Gotteslob der Geretteten als Folge. Die Kunde vom Retter- und Erlösergott wird durch sein Volk über den Kreis der Augen- und Ohrenzeugen hinaus weitergetragen.

1.4. Entstehungssituation: Das Gotteswort gehört zur Verkündigung des Deuterojesaja. Es gehört an das Ende der Exilszeit, als die Bedrücker Israels wiederum von Kyros bedrängt wurden, und Israel Hoffnung schöpfen konnte.

1.5. Überlieferungsträger: Das Gotteswort wurde dem Deuterojesaja eingegeben und von ihm mündlich vorgetragen. Seine Schüler haben die Worte gesammelt und später schriftlich fixiert.

1.6. Intention: Israels Glaube war immer durch die Exodus-Befreiung geprägt. Die Rettung aus dem Exil als zweiten Exodus anzukündigen, lag für Deuterojesaja nahe, da ihm das Exodusmotiv besonders lieb war.

2. Jes 52,11 f

2.1. Text: Vgl. eine Ausgabe des AT.

2.2. Form: Der Text besteht aus Befehlen mit einer Begründung.

2.3. Einzelinterpretation: Jes
52,11
Der Prophet fordert die Exilsgemeinde auf, aus Babel wegzuziehen und »Unreines« nicht zu berühren. Reinheit hat im AT einen körperlichen, einen sittlichen und einen religiös-kultischen Aspekt. Fremdgötterdienst macht kultisch unrein (Hos 5,3; Ez 20). Ein fremdes Land mit fremden Kultstätten gilt als unrein (Am 7,17). Deuterojesaja verheißt 52,1, daß kein Unreiner mehr nach Jerusalem kommen wird. Deshalb werden die Heimkehrer zur kultischen Reinheit gemahnt.
Der zweite Halbvers könnte eine Prozession darstellen: Israel bricht aus der Unreinheit der Heidenvölker auf. Um die

Reinigung von fremder Unreinheit geht es in Neh 13,9.30; 2 Chr 29,15 f.18, Jerusalem und der Tempelbezirk müssen wieder ganz rein werden. Das Heiligkeitsgesetz (Lev 17 – 26) macht die nötigen Angaben über die Reinigung und die genauen Durchführungsbestimmungen (Waschungen, Opfer u. ä.). Wer die Geräte Jahwes tragen darf, muß kultisch rein sein, sonst wird er von Jahwe verworfen (vgl. die Anmaßung und Strafe in Num 16).

Propheten gelten nicht als besonders kultisch interessiert. Deuterojesaja will dem Auszug aus Babylon durch die Betonung der kultischen Dimension eine besondere religiös-geistliche Würde zusprechen.

52,12

Der zweite Exodus ist eine Überhöhung des ersten. Das machen auch Nebenmotive klar. Nach Ex 12,11 (P) aß Israel in Eile, bevor es aufbrach. In Ex 14,6 jagt der Pharao der Moseschar nach. Aber der zweite Auszug wird sich ohne Eile, in majestätischer Ruhe vollziehen. Die Exulanten brauchen nicht zu fliehen. Wer Gott als Vor- und Nachhut hat, geht in Frieden und ohne Angst seinen Weg.

2.4. Entstehungssituation: Vgl. 1.4.

2.5. Überlieferungsträger: Vgl. 1.5.

2.6. Intention: Der Prophet will dem Volk Mut machen. Der Rekurs auf die Rettungstat Jahwes am Meer wird durch die Motivüberhöhungen noch bekräftigt bzw. übersteigert.

3. Jes 49,8c–12

3.1. Text: Vgl. eine Ausgabe des AT.

3.2. Form: Der Text ist Teil einer Heilsankündigung mit folgender Gliederung: (nach C. Westermann, ATD 19, ³1970, 172 f):

Jes 49,7a Einleitung mit angedeuteter Volksklage
8a Ankündigung der Zuwendung Gottes
8c–12 Ankündigung des göttlichen Eingreifens
7b Ziel: die ehrfürchtige Anerkennung durch Könige und Fürsten.

3.3. Einzelinterpretation: Jes

49,8c

Der zweite Exodus bzw. Gottes rettendes Eingreifen bedeutet einmal, daß Israel das versprochene Land wieder erhält.

49,9a

Weiterhin und zuerst bedeutet das Gotteshandeln Israels Befreiung aus der Sklaverei und Unfreiheit in Babylon.

49,9b.10 f

schildern den Heimweg der Exulanten. Gott ist als der Hirte Israels dargestellt, der seine Herde sorgsam führt (vgl. Ps 23). Hunger und Durst, Gefahr und Unsicherheit gibt es auf dem Gotteswege nicht (vgl. dazu die »Wüstentradition« in Ex 15,22 – 19,2; Num 10,11 – 14,45; 20,1 – 22,1; Dtn 1 – 3).

49,12

schildert die »Sammlung der Zerstreuten« aus den Völkern. Möglicherweise ist mit dem Land Sewenim die jüdische Kolonie bei Assuan in Südägypten gemeint.

3.4. Entstehungssituation: Vgl. 1.4.

3.5. Überlieferungsträger: Vgl. 1.5.

3.6. Intention: Die Schilderung ist gegenüber den Erzählungen vom ersten Exodus um das Motiv der Sammlung der Zerstreuten angereichert. Dies resultiert aus der historischen Lage während des Exils. Im übrigen liegt die besondere theologische Betonung auf dem Führungsmotiv: Jahwe bringt die Rettung zustande. Dagegen ist das Motiv des »Kriegshelden Jahwe« in dieser (relativ) späten Zeit verschwunden.

4. Jes 40,9–11

4.1. Text: Vgl. eine Ausgabe des AT.

4.2. Form: Prophetischer Ruf an den Zion, der eine neue Gottestat ankündigt.

4.3. Einzelinterpretation: Jes

40,9

Bei der Exilierung haben die Invasoren nicht die ganze Bevölkerung Judas verschleppt, sondern nur wichtige Leute. Deswegen war Jerusalem nie ganz entblößt von Juden. Hier ergeht der Ruf an Zion/Jerusalem. Es soll den anderen Städten des Südreichs die Frohbotschaft vom Kommen Gottes ausrichten. Das Heilsorakel klingt in v. 9 an (Fürchte dich nicht!).

Die »theologische Zumutung« liegt darin, daß der Prophet hier wie in eschatologischen Liedern verlangt, daß Gott für Taten gelobt wird, die er noch gar nicht getan hat.

40,10

Das Kommen der Exilierten wird nicht geschildert. Wichtig ist, daß Gott in seine Stadt kommt. Das Volk ist Mitbringsel, Beute Gottes. – Wir erinnern uns an die mächtige Erscheinung Gottes in Ex 14. Naturgewalten und Feinde erzittern, wenn er seinem Volk Hilfe bringt.

40,11

Im Bild des Hirten findet die Güte Gottes adäquaten Ausdruck. Die Individualisierung des Heils zeigt sich darin, daß der Hirte um jedes einzelne Tier besorgt ist. Während in der Gesamtverkündigung des Propheten das Gesamtvolk Gegenstand des Heilswillens Gottes ist.

4.4. Entstehungssituation: Vgl. 1.4.

4.5. Überlieferungsträger: Vgl. 1.5.

4.6. Intention: Der Zion wird aufgefordert, Zukünftiges zu besingen. Das ist eine Glaubensprobe in der Situation des Exils.

Das Wirken Gottes wird als Hirtenamt beschrieben: Die kriegerische Schau tritt weiter zurück, die Zuwendung zum einzelnen wird hervorgehoben. Damit ist die Idee der Befreiung des »Volkes« umgebogen, in gewisser Hinsicht subjektiviert.

5. Jes 52,7–10

5.1. Text: Vgl. eine Ausgabe des AT.

5.2. Form: Der Text ist Responsorium auf das Gedicht Jes 51,9 – 52,3. Im Hintergrund steht der »Königspreis« (vgl. Pss 93–99), aber der Text meint keinen Kultakt, sondern eine geschichtliche Rettungstat Gottes.

5.3. Einzelinterpretation: Jes

52,7

Ersehnt und deswegen lieblich und freudig begrüßt sind die Boten, die Gutes verkünden: Die Tatsache, daß der Gott des Zion als König herrscht, bedeutet für seine Untertanen Frieden, Heil und Rettung.

Zum »Königsruf« vgl. Ex 15,18, zu den religionsgeschichtlichen Parallelen die Literatur im Theol. Handwörterbuch zum AT I, sp. 911 f.914 f. Der Königsruf ist kein Inthronisationsruf. Er proklamiert die Tatsache, daß Gott wirklich herrscht und dies sichtbar wird.

52,8

Die Restbevölkerung von Jerusalem hatte in den Trümmern der Befestigungen Späher aufgestellt. Diese sehen die Heimkehr Jahwes zum Zion. Gemeint ist: Gottes Ankunft bedeutet für Jerusalem die Wiederherstellung, für die Exilierten die Heimkehr.

52,9

Die Überreste Jerusalems sollen Gottes Erbarmen und die Erlösung Jerusalems – beides steht noch aus – bejubeln und darüber frohlocken.

52,10

Nicht nur Israel sieht Gottes Erlösungstat, sondern »alle Völker«, »alle Ende der Erde« sehen Gottes Handeln und müssen es bezeugen. Daß Gott Israel »mit starker Hand und ausgestrecktem Arm« aus Ägypten befreit hat, bekennen das Deuteronomium (4,34; 5,15 u. ö.) und die davon abhängige Literatur. In Ez 20,33 f bezieht sich das Bild auf den neuen Exodus, dabei schwingt der Gerichtsgedanke mit. Deutero-

jesaja hingegen betont die Heilsmacht Gottes in Schöpfung und Geschichte. Er redet vom eschatologischen Kommen des Herrn.
Tritojesaja (63,12) sieht im Arm Gottes eine Art Hypostase (vgl. Jes 51.5.9; 53,1). In Jes 52,10 zeigt der Arm Gottes an, daß Jahwe endgültig eingreift. Sein Königtum, bisher verborgen unter der Schmach des Gottesvolkes, wird nun am Ende sichtbar für alle Welt.

5.4. Entstehungssituation: Vgl. 1.4.

5.5. Überlieferungsträger: Vgl. 1.5.

5.6. Intention: Die Betonung liegt auf dem Königtum Gottes. Sein Heilshandeln ist Demonstration und Ausfluß göttlicher Herrscherlichkeit. Die Schilderung ist ganz auf Gottes Aktivität konzentriert, der Kreis der Zuschauer ist hier ins »Unendliche« ausgeweitet. Gott ist nicht mehr Israels Nationalgott, er ist der einzige Gott, der alles geschaffen hat. Die Idee des Monotheismus hat so Folgen für die Sicht seines Heilshandelns.

6. Jes 41,17–20

6.1. Text: Vgl. eine Ausgabe des AT.

6.2. Form: Der Text ist eine Heilsankündigung mit folgender Gliederung:

1. Volksklage: v. 17a
2. Heilsankündigung: a) Gottes Zuwendung v. 17b
   b) Gottes Eingreifen v. 18 f
3. Ziel: v. 20: Gotteserkenntnis und Bekenntnis.

6.3. Einzelinterpretation: Jes

41,17

Die Volksklage setzt eine – in Palästina häufig auftretende – Dürre voraus, Jer 14,2–6 schildert diese Notlage plastisch. In solchen Notzeiten rief Israel Gott um Hilfe an. V. 17b

ist die Antwort Gottes knapp als Ankündigung formuliert: Jahwe erhört sein Volk.
In Babylon erinnert Deuterojesaja die Exilierten an ein Ereignis der Vergangenheit, um seiner Gemeinde Hoffnung zuzusprechen.
41,18 f
Die beiden Verse sind wie v. 17b Gotteswort, fallen aber inhaltlich aus dem Kontext der Dürre heraus und weisen auf einen anderen Schauplatz hin. Jahwe macht seinem Volk in der Wüste reichliche Wasservorräte zugänglich und läßt dort Pflanzen wachsen. Sein Ziel ist, auf diese Art Israel durch die – sonst unüberwindliche – Wüste in seine Heimat zurückzubringen. Gottes Wunderkraft wandelt Wüste zu Fruchtland, bahnt seinem Volk den Weg in die Heimat.
41,20
Es genügt nicht, wenn Israel wieder nach Hause kommt. Es muß diese Rettung als Tat Gottes anerkennen und sich zu seinem Rettergott bekennen.
Dem Propheten und Gott geht es nicht um ein geschichtliches Geschehen, sondern um die daraus resultierende personale Verbindung zwischen Rettendem und den Geretteten. Die Dankbarkeit der Heimkehrer muß in staunendem Lobpreis die Großtaten Gottes bekennen. Die Erlebnisbasis wird breit herausgearbeitet: Israel erfährt, erkennt, nimmt zu Herzen und versteht, was Gott tut. Die »Hand Gottes« bezeichnet die unwiderstehliche, personale Macht Jahwes und die daraus resultierenden Machttaten (in der Schöpfung z. B. Jes 45,2, in der Befreiung aus Ägypten Ex 3,19 u. ö.). Der »Heilige Israels« ist ein Titel, den unser Autor von Jesaja (vgl. Kap 6) übernommen hat. Die Heiligkeit Gottes zeigt sich in der Epiphanie seiner Macht und Herrlichkeit. Nach Lev 19,2 verpflichtet Gottes Heiligkeit den Menschen, heilig zu sein. Jesaja kennt die Heiligkeit Gottes als Kriterium der Anklage gegen das Volk (Jes 1,4; 31,1); nach der Legende Jes 37,23 begründet die Heiligkeit Jahwes eine neue Heilssituation für Israel. Schon in Hos 11,9 motiviert die Heiligkeit Jahwes das Heilsorakel für Israel. Deuterojesaja argu-

mentiert so an zahlreichen Stellen (Jes 41,14.16.20!; 43,3; 48,17; 54,5; 55,5). Der »Heilige Israels« hat dies alles geschaffen. Das Verb weist auf den wunderbaren Charakter dieses Wirkens hin.

6.4. Entstehungssituation: Vgl. 1.4.

6.5. Überlieferungsträger: Vgl. 1.5.

6.6. Intention: Die Verfremdung der Motive ist interessant. Der Prophet erinnert nicht an den Auszug aus Ägypten, sondern geht von einer geläufigen Klage aus.
Die Heilszusage wendet sich entgegen der Volksklage dem Wüstengebiet zu, das in fruchtbares Land verwandelt wird.
Von der Heimkehr des Volkes nach Kanaan ist nicht ausdrücklich die Rede. Aber auf das erwartete Ergebnis wird hingewiesen: Israel soll Gottes Schöpfungskraft und Geschichtsmächtigkeit preisen.

Zusammenfassung

Wunder »im Wachsen« ist dieses Kapitel überschrieben. Es sollte zunächst klarwerden, daß die alten Erzähler ihre Theologie zur Deutung der Tat am Meer benutzen. Es kam zu neuen Motiven und Motivkombinationen.
Die darauf folgenden Textproben zeigen eine andere Art des Wachstums: In einem Hymnus wird über das Meerwunder anders gesprochen als in einem Erzählstück, andere Motive kommen hinzu.
Daß Ezechiels Geschichtstheologie oder die deuterojesajanischen Heilsankündigungen alte Motive modulierten und ganz neue (von der Schöpferkraft Jahwes, seinem König- und Hirtesein u. ä.) hinzufügen, haben wir gesehen. Die »Exodusdimension« hat in Israels Theologie eine ungeheure »Langzeitwirkung«. Der Exodus ist Typos für die Erlösungshoffnung Israels bis heute.

2. Kapitel: Wunder als Lehre

Daß Wundererzählungen im Dienst der Verkündigung stehen, ist selbstverständlich. Sie sind Glaubenszeugnisse, die den Hörer zum Glauben einladen. Das moderne Mißverständnis des Historizismus legt großen Wert darauf, daß dem Glaubenszeugnis ein Faktum in der Geschichte entsprechen muß. So sind moderne Bibelleser bei Wundererzählungen auf die Außerordentlichkeit des Berichteten fixiert.

Sicherlich betonen Bibelwissenschaftler zu Recht, daß die Prägung einer Erzählung durch das Schema etwa einer hellenistischen Wundererzählung nichts darüber oder dagegen aussagt, daß das Berichtete eine historische Grundlage hat. Aber müssen alle Wundererzählungen einen Bezug zur Geschichte haben? Müssen alle Wunder, die in der Bibel erzählt werden, passiert sein? Ich meine: Nein, sie sind nicht alle »passiert«.

Das AT und die gesamte Hl. Schrift führen den Leser zu dieser Auffassung, wenn er auf die literarischen Gattungen der Bibel achtet. Es gibt im AT Chroniken und Listen. Daneben stehen Geschichtserzählungen, in denen Fakten und ihre Deutung ineinander verwoben sind. Daneben kennt die Bibel Verkündigungserzählungen (Lk 1 f), in deren Zentrum Bekenntnisaussagen stehen. Sie wollen nicht auf historische Grundlagen befragt werden. Ferner spricht die Bibel in Gleichnissen. Manchmal fällt es schwer, eine Parabel (= Erzählung einer ungewöhnlichen oder gar einmaligen Begebenheit) von einem Tatsachenbereich zu unterscheiden (2 Sam 12,1–4). Grundsätzlich erzählen Gleichnisse ein Geschehen nicht auf der historischen Ebene, sondern in der Ebene des Bildes. Hinter den Vätersagen der Bibel dagegen steckt wirkliche Familiengeschichte, aber diese Sagen sind gleichzeitig künstlerische Verdichtungen dessen, was Israel an Glaubenserfahrung durch Jahrhunderte machte. Daneben gibt es Glaubenserzählungen, die erbauen und belehren wollen, sich aber nicht auf historische Daten beziehen.

A. Jona 1,4–16

Das Buch Jona ist eine Lehrdichtung; das bedeutet, daß der Wundererzählung in Kapitel 1 kein geschichtlicher Vorgang entspricht. Graf Baudissin nannte das Buch »eine märchenhaft gehaltene Novelle mit lehrhafter Tendenz«. Das Buch wird auch als Parabel, Gleichnis- oder Lehrerzählung (Midrasch) angesprochen. W. Rudolph charakterisiert diese literarische Art (in KAT XIII 2, Gütersloh 1971, 325) wie folgt: »Entscheidend ist die Erkenntnis, daß die Erzählung nur dazu dient, eine bestimmte Wahrheit zu bezeugen und einzuprägen ...«.
Daß die Novelle nichts Vergangenes weitererzählt, wird daran deutlich, daß sie »offen« mit einer Frage endet und dem Leser/Hörer (= Jona) seine Antwort abverlangt, ferner daran, daß sie mit Typisierungen arbeitet: die große Stadt Ninive ist Symbol der Größe und der Bosheit, das Meer ist Zeichen der chaotischen Gottferne und Gottwidrigkeit, Tarschisch ist Emblem von Ferne, Reichtum und Sicherheit. Diese Züge weisen daraufhin, daß der Erzähler belehren und nicht berichten will. So ist das in Jona 1 erzählte Wunder eben auch »zu unserer Belehrung geschrieben«.

1. Text: Jona 1,4–16; vgl. eine Ausgabe des AT.

2. Form: Rettungswundererzählung / Bekehrungsgeschichte. Die Formbestimmung, die verschieden vorgenommen wird, wird meistens nicht ohne Bezug auf den Inhalt durchgeführt. Bei der Analyse von Jona 1,4–16 stütze ich mich auf R. Pesch, Zur konzentrischen Struktur von Jona 1, in: Bib 47, 1966, 577–81. Der Text ist um ein Strukturzentrum herum symmetrisch aufgebaut und enthält Wort- und Motivrepetitionen. So erweist sich das Stück als konstruiert (= konstruierte Erzählung), bewußt komponiert und damit als sprachliches Kunstwerk.
Während das »Sturmmotiv« die Erzählung als Rettungswundergeschichte (Notlage, Hilferuf der Menschen auf dem

Schiff, Eingreifen Gottes, Dank der Menschen) ausweist, kann durch das »Furchtmotiv« (v. 4/5; 9/10; 15/16a) eine Bekehrungsgeschichte gewonnen werden, in der dem Autor die Bekehrung der Seemänner erzählerisch wichtiger erscheint als die Züge des wunderbaren Eingreifens Jahwes. Somit trägt der Text beide Formbezeichnungen zu Recht, im Gesamt der Novelle ist eventuell die Bekehrung der Seemänner als Kontrast zum störrischen Propheten wichtiger. Zum besseren Verständnis füge ich die Strukturgliederung nach Pesch bei:

1.	Erzählung und Furchtmotiv/Sturmmotiv	Jona 1,4.5aα
2.	Gebet der Seeleute/Hilferuf	5aβ
3.	Erzählung	5bc,6aα
4.	Rede des Kapitäns/Hilferuf	6aβb
5.	Rede der Seeleute (I)/Losorakel	7a
6.	Erzählung/Entlarvung Jonas	7b
7.	Rede der Seeleute (II)	8
Zentrum	Bekenntnis des Jona, Furchtmotiv	9.10aα
7'.	Rede der Seeleute (II)	10aβb
6'.	Erzählung	10c
5'.	Rede der Seeuleute (I)	11
4'.	Rede des Jona	12
3'.	Erzählung	13
2'.	Gebet der Seeleute u. -text/Hilferuf	14
1'.	Erzählung u. Furchtmotiv/Entfernung des Schuldigen + Rettung + Danksagung	15.16a

Die Motive hinter dem Schrägstrich ergeben die (erweiterte) Wundererzählung, in der ein Orakelentscheid steht. Durch die Entfernung des Schuldigen ist die Rettung möglich. Das Furchtmotiv hält die Erzählung als Bekehrungsgeschichte umfaßt: Durch das wunderbare Wirken Gottes werden die Seemänner inne, wer der wahre Gott ist, Jahwes mächtiges Handeln bringt die Heiden zum wahren Glauben. Wunder stellen die Frage nach dem Glauben derer, die sie erleben.

4

Jona hatte sich in der voranstehenden Szene Gott verweigert. Vor dem Ruf Jahwes hatte sich Jona nach Jafo begeben, um nach Tarschisch an den Rand der damals bekannten Welt (Spanien) und in die Ninive entgegengesetzte Ecke zu fliehen.

Tarschischschiffe werden in der Hochseeschiffahrt eingesetzt. Tarschisch ist als Stadt (wenige Kilometer nördlich der Mündung des Guadalquivir) des Silber-, Eisenerz-, Zinn- und Bleihandels in Israel bekannt (vgl. Ez 38,13; 27,12; Jer 10,9). Tarschischschiffe sind im Sprachgebrauch allgemein Hochseeschiffe im Gegensatz zu den kleineren, die in der Küstenschiffahrt benutzt werden. Damit wollte Jona seinem Gott entfliehen.

Aber Jona hatte nicht mit der Macht Gottes über Wind und Meer gerechnet. Er »warf einen großen Wind auf das Meer«. – Das AT kennt an mehreren Stellen den Wind als Mittel konkreten göttlichen Handelns in der Geschichte, nach Ex 14,21; Num 11,31 setzt er ihn zur Rettung, nach Ez 13,11 ff zur Bestrafung seines Volkes ein. Der Herr und Schöpfer der Welt kann frei über den Wind verfügen (Jer 10,13), er ist Zeichen seiner Majestät (Am 4,13). Sturm und Wind sind auch Begleiterscheinungen der in Schrecken versetzenden Majestät bei Gotteserscheinungen (Jes 30,27–33; Ps 18,8–16; Ex 15,8 u. ö.). –

Die Szene setzt voraus, daß Jafo verlassen und das Schiff ausgelaufen ist. Jahwe reagiert auf die Flucht des Jona mit einer gefährlichen Waffe: Der Wind erzeugt einen großen Sturm, das seetüchtige Schiff droht zu zerbersten.

5

Die Matrosen fürchten um ihr Leben. Die Schiffsmannschaften waren ein zusammengewürfeltes Volk (Ez 27,8 f), so betete ein jeder zu seinem Gott um Hilfe. Nur Jahwe, der den Sturm entfesselt hatte, wird nicht angerufen, denn keiner der Beter kennt den Gott Israels. Neben der Hilfe Gottes suchen sie, sich selbst zu helfen. Sie werfen alle möglichen Gegen-

stände (der hebr. Ausdruck Gerät ist mehrdeutig) ins Meer, um das Schiff zu erleichtern. Der Erzähler ist nicht genau, weil ihn dieser Zug wenig interessiert. Die Matrosen arbeiten sozusagen um ihr Leben.
Ganz anders Jona: vor dem Sturm war er schon unter Deck gegangen, hatte sich schlafen gelegt und merkte in seinem Tiefschlaf nicht, was geschah. Jona wiegte sich in der falschen Sicherheit, auf dem Schiff vor seinem Gott sicher zu sein. Derjenige, der an dem Sturm »schuld ist«, tut als einziger nichts, um ihn abzuwenden.

6
Die Gebete und die Arbeiten der Matrosen brachten keine entscheidende Wende zum Guten. Da weckt der Kapitän den schlafenden Jona auf. Er hält ihm seine Interesselosigkeit vor und befiehlt ihm, seinen Gott anzurufen. Er greift nach der vagen Hoffnung, daß *vielleicht* Jonas Gott zu helfen bereit ist. Er denkt wohl, je mehr Götter angerufen werden, um so größer ist die Chance, einen »zuständigen« und hilfsbereiten Gott zu finden. Das Gebet der Schiffsbesatzung (und der anderen Passagiere) wurde ja nicht erhört. Jona aber betet nicht.

7
Den betenden Seeleuten wurde keine Hilfe zuteil. Dem antiken Weltbild entsprechend muß daher die Wildheit und Hartnäckigkeit des Sturms auf dem Meer besondere Gründe haben. Irgendein Gott zürnt irgendeinem Menschen, der sich auf dem Schiff befindet. Der Besatzung ist es unmöglich, mit natürlichen Mitteln das »Objekt« göttlichen Zorns auszumachen, deshalb führen sie ein Gottesurteil durch Losorakel herbei. – Diese Übung ist in der Antike verbreitet, daher wird sie hier nicht näher beschrieben (vgl. Jos 7,14–18; 1 Sam 10,20 f; mit zwei alternativen Losen 1 Sam 14,38–42). Wie der Schuldige durch das Los gekennzeichnet wurde, ist nicht zu erfahren. Nur: Jona ist der Unglücksbringer, und Losentscheid ist Jahwes Entscheid (Spr 16,33).

8

Plötzlich entsteht ein Gespräch, man fragt nach seinem Beruf, seiner Herkunft, seiner Heimat und seinem Volk. Das ist üblich, wenn man sich in einer Oase am Brunnen trifft, aber auf einem in Seenot geratenen Schiff wirken die Fragen deplaziert. Angesichts der durch Gottesurteil im Losorakel festgestellten Schuld kann eigentlich nur interessieren, welcher Gott Jona zürnt, und wie das Schiff und die übrige Besatzung gerettet werden sollen.

9

Jona bricht nun sein Schweigen, er beantwortet zunächst die vierte Frage (nach seiner Volkszugehörigkeit): »Ich bin ein Hebräer.« »Hebräer« als Bezeichnung der Volkszugehörigkeit wird im AT häufig durch Ausländer und gegenüber Ausländern gebraucht. Daß er Prophet sein soll, verschweigt Jona.

Mit dem Bekenntnis zu seinem Volk verbindet der Prophet das Bekenntnis zum »Himmelsgott Jahwe, der das Meer und das Festland gemacht hat«. Jahwe wird als »Gott des Himmels« angesprochen. Diese Aussage macht die Judenheit besonders von der Perserzeit an (vgl. Esr 1,2; Neh 1,4; Dan 2,18 u. ö.), wenn sie sich Heiden gegenüber zu Jahwe bekannte. H. W. Wolff führt BK XV 3, Neukirchen 1977, 92 dazu aus: »Persische Toleranz kann der Judenschaft diesen Gottestitel zugestanden haben. Wie er zum Verkehr mit Ausländern gehört, so erscheint er auch hier vor den fremden Seeleuten angebracht. Jona gibt bekannt, daß sein Gott nicht eine Lokal- oder Nationalgottheit ist, sondern der schlechthin Überlegene.«

Weiter wird Jahwe in dem Relativsatz »der das Meer und das Festland gemacht hat« beschrieben. Der Sturm wird »erklärt«. Jahwe ist nicht nur der Herr des Himmels, des Windes bzw. des Sturmes, er gebietet auch über das Meer (Ps 89,10), und das Meer ist seinem Willen fügsam. Daß Jahwe Meer und Festland untertan sind, belegen auch Gen 1,9 f; Ex 14,16; Ps 66,6; Neh 9,11. Ps 95,5 ist Jona 1,9 sehr nahe. Die angeführten Belege künden nicht nur von Jahwes Macht, sondern auch von seiner Güte und Fürsorge. – Jona sagt, er »fürchte« diesen Gott. Wenn H. W. Wolff, aaO., 92, schreibt: »Mit Jahwe als dem im Perserreich offiziellen »Himmelsgott« gibt Jona seinen amtlichen »Glauben« an, mit einem nur sehr unpersönlichen Hinweis auf dessen akute Bedeutung ... Er läßt nur eben die heidnischen Matrosen wissen, mit wem sie es zu tun haben«, dann hat er dieser Aussage, die im Zentrum der Texteinheit steht, wohl zu wenig Gewicht beigemessen. Gottesfurcht beinhaltet mehr: Es meint die Ehrfurcht, mit der ein Mensch seinem mächtigen und hilfreichen Herrn begegnet in Gebet und Kult, im Leben nach der göttlichen Weisung. Das Glaubensbekenntnis steht Jona schlecht zu Gesicht, weil in seinem Leben Theorie und Praxis des Glaubens so auseinanderklaffen.

10
ist sprachlich sehr gewunden. Die Furcht der Männer ist groß, sie beginnen die Ursache des Sturms zu erahnen. Während Jona seinem Gott trotzt, reagieren die Heiden umgekehrt. »Was hast du getan?« ist eher ein Schreckensruf, als eine Frage, die Antwort erheischt (vgl. Gen 3,13; Ri 15,11). Dann erst trägt der Erzähler nach, Jona habe den Leuten auf dem Schiff gestanden, vor dem Gott Jahwe auf der Flucht zu sein.

11
Den Sturm, dem gegenüber seemännisches Können nicht zählt, hat also Jahwe entfesselt. Jona ist der Grund des Übels. Aber er muß als Jahweverehrer wissen, was *sein* Gott will. Jahwe offenbart nach Meinung der Seeleute nicht irgend jemandem seinen Willen! So fragen die Seeleute den Propheten, was sie mit ihm tun sollen, damit das Meer ihnen nichts anhaben kann. Die Dringlichkeit der Frage wird durch die Anmerkung unterstrichen, daß der Sturm sich in seiner Stärke noch steigerte.

12
Das Motiv des Werfens (vgl. Jona 1,4.5.12.15) zieht sich durch die ganze Texteinheit hin. Jona weiß, daß Jahwe ihm

mit dem Sturm den Weg nach Tarschisch abschneiden will, und daß er durch seinen Starrsinn das ganze Schiff in Gefahr gebracht hat. Er zeigt den einzigen Ausweg: Werft mich ins Meer, dann wird euch das Meer in Ruhe lassen. So anerkennt der Prophet die Schuld, die er auf sich geladen hat und die durch das Los schon angezeigt worden war. Fromm reagiert Jona nicht, Umkehr zum Auftrag Gottes kommt ihm nicht in den Sinn. Er ist ein merkwürdiger Prophet, der sich in seinen Tod flüchtet, und so die anderen rettet.

13
Trotz der Notlage sind die Matrosen nicht geneigt, Jona einfach zu opfern. Sie versuchen noch einmal, aber vergeblich, mit eigenem Einsatz das rettende Ufer zu erreichen. Für den Erzähler ist das ein retardierendes Moment. Es zeigt aber auch an, wie anständig die Matrosen im Gegensatz zu Jona sind.

14
In umgekehrter Reihenfolge wie in v. 5 versuchen sie es nach der Arbeit noch einmal mit dem Gebet. Jona hatte ihnen den einzigen »zuständigen Gott« bekannt gemacht. Ihm gilt ihre Bitte um Rettung. Während Jona in v. 6 der israelischen Pflicht der Fürbitte (vgl. Jer 29,7) nicht nachkam, beten hier die Heiden. Sie vergewissern sich, ob Jona wirklich ins Meer geworfen werden soll. Dtn 21,8 und Jer 26,15 erweisen den Ausdruck »jemandem unschuldiges Blut aufladen« als geprägten Ausdruck der Rechtssprache. Es mutet merkwürdig an, wenn die Heiden sich der israelischen Fachsprache bedienen. Damit soll die Korrektheit ihres Verhaltens dargestellt werden. Was bedeutet der Satz hier? Unschuldig wird Jonas Blut nicht vergossen, denn das Losorakel hat ihn als schuldig erwiesen. Also ist vermutlich gemeint: Jahwe soll den Matrosen die Tat nicht als ungerechte Tötung anrechnen, er soll in Rechnung stellen, daß Jona durch seinen Ungehorsam das Leben verwirkt hat und die Seeleute nicht mit ihm zusammen zu Grunde gehen wollen.

15
Nach diesen »Verzögerungen« folgen die Seeleute der Aufforderung des Propheten von v. 12 und werfen ihn ins Meer, weil Gott den Sturm auf das Meer geworfen hatte (v. 4). Der Hebräer kannte den Willen Gottes, das ist der bleibende Vorzug des erwählten Volkes vor den anderen Völkern. Trotz seines Ungehorsams übermittelte Jona ihn den Seeleuten, und sie erfüllten ihn genau. – Der Erfolg zeigt, daß Jahwe mit ihnen zufrieden ist. Das Meer hört auf zu wüten, die Rettung ist da, das Gebet der Fremden erhört.

16
Während die Geschichte Jonas erst im zweiten Kapitel wiederaufgenommen wird, wird hier zu Ende erzählt, wie es den Männern erging, die zum Glauben an den Himmelsgott Jahwe gekommen waren. Wer »jahwefürchtig« ist, ist seinem Gott gehorsam und vertraut ihm (vgl. Gen 22,12). Die Religiosität der Seeleute zeigt sich in Dankopfern und Gelübden. Von der Gattung des Midrasch her ist es wohl falsch, wenn man fragt, ob die Besatzung des Schiffes einmal in dieser Situation von der Größe Jahwes überwältigt wurde oder ob sie auf Dauer rechtgläubige Jahweverehrer wurden. M. E. legt der Erzähler auf den Gegensatz zwischen dem bockigen Juden und den frommen Heiden den Akzent. Dahinter steckt eine Menge Sarkasmus. Daß Wunder im Leben eines »Propheten« vorkommen, ist von seiner Aufgabe und seiner Bindung an Jahwe her verständlich.

4. Entstehungssituation: Das Buch wurde bestimmt nicht vor dem Ende der Exilszeit geschrieben, denn es setzt die Endredaktion der Königsbücher voraus, gleichfalls die deuteronomistische Redaktion des Jeremiabuches und ist schließlich von Joel, der 597–587 wirkte, abhängig.
Das Buch wurde frühestens am Ende der Perserzeit (538–333), eher aber in der hellenistischen Zeit zwischen 333 und 200 geschrieben.
Als innere Gründe für diese Ansetzung sind zu nennen: Das Zentralthema »Jahwe und das Heil der Heiden« ist erst ab

der Perserzeit im Bewußtsein der Juden mit ihrer damals weit verbreiteten Diaspora und einer unabsehbaren Fremdherrschaft. In Jona ist griechisches Sagengut (der große Fisch, das Verschlingen u. ä.) verarbeitet. Die Juden kamen wohl erst nach den Zügen Alexanders des Großen mit diesem Stoff in Berührung.
Äußere Gründe für die Spätansetzung sind sprachliche Indizien, die hier nicht aufgezeigt werden können (Aramaismen).

5. *Überlieferungsträger:* Der Autor des Jonabuches ist uns nicht bekannt. Die Entstehungszeit wurde unter 4 einzugrenzen versucht. Der Autor gehörte wohl zu den Lehrern Israels. G. von Rad meint (ThAT II, München 1968, 303): »Merkwürdig aber bleibt es, daß eine der letzten Äußerungen der Prophetie Israels ein Wort von so vernichtender Selbstkritik ist.«

6. *Intention:* Die Erzählung wendet sich an die Juden, denen ihr Glauben ein ganz bestimmtes Problem aufgab: Die hellenistische Zeit brachte die Frage mit sich, warum Jahwe immer noch Nachsicht mit den Großmächten übt, die die Juden seit Jahrhunderten bedrängen. Zwei Glaubenssätze standen gegeneinander:

1. Die prophetischen Gerichtsdrohungen Jahwes gegenüber den Fremdvölkern warteten auf Einlösung. Skeptische Überlegungen dazu stehen in Jes 5,19; Jer 5,12 f; Zef 1,12 u. ö.
2. Schon das alte Bekenntnis Israels bezeichnete Gottes Barmherzigkeit als schrankenlos (Jona 1,6; 3,9 f; 4,2b).

Die Spannung zwischen Droh- und Mitleidsbotschaft stellte den Glauben des einzelnen in Frage. Jona wünscht sich in seiner Lage nur noch den Tod (Jona 1,12).
Der Autor des Buches bezeugt dagegen den Heilsuniversalismus des jüdischen Glaubens und tolerante Humanität. Seine Zeitgenossen meinten, allein Israel stünde Jahwes Gnade zu. Diese Perversion des Erwählungsdenkens wird als Halsstar-

rigkeit und Unfrömmigkeit aufgedeckt. Die Herrlichkeit Jahwes leuchtet auch in der Völkerwelt auf.
Manche Ausleger sehen im Midrasch Jona einen Gegenschlag gegen die exklusiv-jüdischen Maßnahmen, die mit den Namen Esra und Nehemia verbunden sind. Im Buch ist dafür aber kein Anhaltspunkt zu entdecken.
Innerhalb dieses Globalziels des Midrasch wird in der Rettungswundererzählung von Jona 1,4–16 die rettende Macht Gottes über die Schöpfung, die die Heiden rettet, gepriesen. Durch Gottes mächtiges Wirken kommen Ungläubige zum Glauben an den wirksamen Gott der Juden. – Der beißende Spott der Satire deckt den Widerspruch zwischen dem eigensinnigen Propheten und den frommen Matrosen auf.

B. Weitere Fundorte des Motivs »Jahwe rettet aus dem Sturm«

a) Im Bereich des Psalters

In dem von Deuterojesaja beeinflußten Danklied Ps 107,23–32 bedanken sich Menschen, die auf dem Meere reisen mußten, für das Gotteswunder ihrer Errettung.

b) Im Bereich der jüdischen Überlieferung

Im heidnischen Altertum traute man Göttern, Halbgöttern und bevorzugten Menschen Gewalt über die Kräfte der Natur zu. So behauptet Philostratos, dem Pompeius seien Wind und Wetter zu Willen gewesen.
Israel stand immer in Distanz zu magischen Praktiken. Weil manche Erscheinungsformen von Magie, Zauberei und Wunder sich berühren, war im Judentum eine gewisse Skepsis gegenüber dem Wunder vorhanden. Die Blütezeit jüdischer

Wundererzählungen setzt erst im 2./3. nachchristlichen Jh. ein. Manche Texte gehen allerdings auf älteres Überlieferungsgut – teils aus vorchristlicher Zeit – zurück.
Textbeispiel eines Rettungswunders in der Übertragung von Strack-Billerbeck I, 452: pB^{e}rakh 9, 13^b,22:
»Rabbi Tanchuma (um 380) hat gesagt: Einmal war ein heidnisches Schiff, auf dem sich ein jüdischer Knabe befand, hinausgefahren auf das große Meer. Es erhob sich ein großer Sturm gegen sie auf dem Meere. Jeder von ihnen stand und nahm seinen Götzen in die Hand und schrie zu diesem; aber es nützte nichts. Als sie sahen, daß es nichts nützte, sprachen sie zu jenem Knaben: Mein Sohn, steh auf und rufe deinen Gott an; denn wir haben gehört, daß er euch erhört, wenn ihr zu ihm schreit, und er ist mächtig. Sofort erhob sich der Knabe und schrie von ganzem Herzen, und Gott nahm sein Gebet an, und das Meer schwieg. Als man ans Land ging, ging jeder, um seine Bedürfnisse einzukaufen. Da sagte man zu jenem Knaben: Willst du dir nicht etwas kaufen? Er antwortete: Was wollt ihr von diesem unglücklichen Fremdling? Sie sprachen: Du ein unglücklicher Fremdling? Wir sind unglückliche Fremdlinge: wir sind hier und unser Gott ist in Babel, wir sind hier und unser Gott ist in Rom, wir sind hier und unser Gott ist bei uns, aber sie nützen uns nichts. Aber wohin du auch gehen magst, dein Gott ist bei dir (vgl. Dtn 4,7: Welches ist eine große Nation, die einen ihr so nahen Gott besäße, wie Jahwe unser Gott, sooft wir zu ihm rufen.).«
Die Eigentümlichkeiten der jüdischen Theologie werden gut sichtbar. Die Erzählung ist deshalb einfacher zu durchschauen, weil wesentlich weniger Motive vorkommen als in Jona 1. Die Gemeinsamkeiten bestehen in folgendem:

1. Ein Schiff, auf dem sich ein Jude befindet, ist auf hoher See.
2. Gott schickt (theologisches Passiv) einen Sturm, der das Schiff bedroht.
3. Die Götter der Fremden können die Not nicht wenden.
4. Jahwe hilft.

Die Erzählung unterscheidet sich von Jona 1 in folgendem:

1. Der Sturm ist nicht Antwort Jahwes auf das Tun eines Menschen, während in Jona 1 der Sturm Gottes Willen gegen den des Propheten durchsetzen soll.
   Man hat eher den Eindruck, daß an dem Schiff im Sturm die Herrlichkeit und Macht Jahwes sichtbar werden sollen (vgl. Joh 9,2 f; Schauwunder gegen die Ohnmacht der Götzen).
2. Durch die Fürbitte des jüdischen Jungen wird Gott zu dem Wunder veranlaßt.
3. Die talmudische Geschichte hebt hervor, daß der Gott der Juden den Juden überall hilft. Dieser Zug steht im Gegensatz zur Predigt vom Heilsuniversalismus des Jonabuches. Hier wird eher der Partikularismus gefeiert.

Diese und andere jüdischen Wundererzählungen halten zwei große theologische Aussagen fest: Alles wunderbare Geschehen ist um Jahwe zentriert und wird direkt von ihm getan. Er ist Herr der Geschichte und der Schöpfungsmächte, der alles in der Hand hat. Gott wirkt zwar manchmal Wunder durch Stellvertreter, wie Mose mit Gottes Auftrag ausgestattet dem Volk einen Weg durch das Meer öffnet (Ex 14,21), aber grundsätzlich kann der Mensch nur Fürsprache einlegen und Wunder erbitten.

Im AT galt Abraham als Fürsprecher (Gen 18,22–32; 20, 3–7); Mose vermittelte mehrfach zwischen Gott und dem Volk (z. B. Ex 32,11–14). Josua, Samuel und der König galten als berufene Mittler zwischen der Stammesgemeinschaft und Jahwe, dann später die Propheten (vgl. Jer 37,3). Nach Jer 27,18 ist Fürbitte Kennzeichen des echten Prophetenberufs. Fürbitte ist im Talmud Pflicht jedes Juden: »Und Rabba, Sohn von Chinena, dem Greis, sagte im Namen Raws: Jeder, dem es möglich ist, für seinen Gefährten um Erbarmen zu bitten, und nicht bittet, wird ein Sünder genannt, denn es heißt (1 Sam 12,23): Auch von mir sei es ferne, mich gegen den Herrn zu verfehlen, indem ich abließe, für euch zu beten.« (b. Berakh 12 b nach R. Mayer, Der babylonische Talmud, München 1963, 506)

c) In den Evangelien

Auch in den Evangelien hat das Motiv der göttlichen Rettung aus dem Seesturm Belege gefunden.

1. Mk 4,35–41

1.1. Text: Vgl. eine Ausgabe des NT.

1.2. Form: Die Rettungswundererzählung hat folgende Gliederung:

1. Einführung v. 35 f
2. Schilderung der Notlage v. 37c
3. Bitte um Hilfe v. 38bc (mit dem Motiv des sich entziehenden Wundertäters)
4. Wunderbare Hilfe
5. Konstatierung des Wunders v. 39cd
6. Chorschluß v. 41

Die Erzählung ist ursprünglich als missionarisch abgezweckte Epiphanieerzählung entworfen worden. V. 40 ist markinischer Einschub, der redaktionell das Jüngerunverständnis einbringt. Die Einheit ist als Überbietungserzählung zu verstehen, die Jona 1 als Hintergrund hat.

1.3. Einzelinterpretation: Mk 4,

35

Die Einführung der Szene knüpft an die Seepredigt Jesu (Mk 4,1) an. Daß es Abend bzw. Nacht war, gehört zur Topik der Rettungswunder. Drei unheimliche Chaosmächte drohen den Jüngern: die Nacht, der Sturm und das Wasser. In der Endredaktion hat Jesus seine Jünger als Begleitung bei sich.

36

Das Volk bleibt zurück und wird verlassen. Das Wunder vollzieht sich (– wie die meisten Naturwunder in den Evangelien –) abseits vom Volk. Die Jünger nehmen Jesus mit.

Die begleitenden Boote sollen vielleicht als Zeugen des Wunders fungieren.
Der Redaktor stellt sich unter den Fahrzeugen hier Fischerboote vor, wie sie auf dem Galiläischen Meer benutzt werden. Die eigentliche Seesturmerzählung hingegen macht eine Anleihe bei Jona 1 und beschreibt ein hochseetüchtiges Schiff, das mit einem Heck ausgestattet ist, in dem man schlafen kann.

37
Die Schilderung der Notsituation bringt eine deutliche Anspielung auf Jona 1,4: Ein starker Sturmwind rührt das Wasser auf, die Wellen gehen hoch, das offene Fischerboot droht vollzuschlagen.

38
Nun wechselt die Vorstellung: Wie Jona im Bauch des Schiffes im Tiefschlaf liegt, schläft Jesus auf einem Kopfkissen im Heck des Schiffes – eines großen Schiffes, nicht eines Fischerbootes –, das Bild des »im Heck« schlafenden Jesus ist literarisch an Jona 1,5 orientiert. Die beiden Gestalten sind allerdings nicht miteinander zu vergleichen: Jona ist der Unglücksbringer auf dem Tarschischschiff, in der ntl. Erzählung ist der Rettung Bringende entsprechend der Topik der Rettungswunder unerkannt in der Nähe. Der Wundertäter scheint sich seiner Aufgabe zu entziehen. Die Einsicht darin, daß hier Topik vorliegt, entbindet uns gewundener Erklärungen, warum Jesus bei diesem Sturm überhaupt schlafen konnte usw.
Nachdem Jesus geweckt ist, kann die Bitte um Hilfe vorgetragen werden. Die Bemühungen der Besatzung, ohne fremde Hilfe mit der Lage fertig zu werden, wird nicht erzählt (vgl. hingegen die Mühe der Matrosen in Jona 1). Die Jünger machen Jesus, den Lehrer, für ihr Schicksal verantwortlich. In Jona 1,6 bittet der Kapitän um die Fürbitte des Hebräers. Hier wird nicht um Vermittlung göttlicher Hilfe gebeten. Jesus handelt selbst, so wie Gott im Jona-Midrasch handelt.

39
Wie Dämonen herrscht Jesus Wind und Meer an, ähnlich schildert das AT Jahwes Kampf gegen die Chaosmächte. Meer und Wind werden personifiziert gedacht und von Jesus »gebunden«.
Nach Ps 104,7 ist es nur Jahwe möglich, durch sein drohendes Wort und seine donnernde Stimme die Fluten zum Weichen zu bringen. Ps 107,23–32, der Jona 1 vielleicht zur Vorlage diente, sagt, daß nur Gott den Sturm, den er geweckt hat, wieder stillen kann. Deswegen werden im Bereich des jüdischen Glaubens diese Rettungswunder (vgl. hier b) immer als Gebetserhörungen beschrieben.
Der christliche Erzähler verwendet, wie wir hier deutlich sehen können, das Überhöhungsmotiv: Jesus handelt in Jahwes Vollmacht. Hier ist mehr als Jona, mehr als ein Beter oder Frommer. Mit Anspielungen auf Jona 1 und Ps 107,29 wird der Erfolg des rettenden Eingreifens Jesu konstatiert: Der Wind läßt nach, das Meer beruhigt sich.
40
Die Schelte der Furchtsamkeit und des Unglaubens der Jünger, die hier den Zusammenhang vom Wunder und der Reaktion auf das Wunder unterbricht, gehört in den Kontext der markinischen Redaktion und des sog. Jüngerunverständnisses. Mk 4,1–34 beschreibt Unglauben als mangelndes Verständnis der Jünger für den Weg ans Kreuz. Er soll aber nach Mk 8,34 Norm des Weges für die Jünger sein. Ihnen erschließt erst die Begegnung mit dem Auferstandenen das Geheimnis des Leidens. Für den Adressatenkreis des Markus will das sagen: Im Glauben vermögen die Jünger die Bedrohung der Gegenwart zu bestehen.
41
Wie in Jona 1,10.16 »fürchten sich die Jünger mit großer Furcht«. Sie haben Scheu vor der Erscheinung Gottes. Im AT bedeutete bei Jona 1 die Furcht die Anerkennung Jahwes durch die Heiden. Jesus wird von den christlichen Autoren hier als der gedeutet, in dem Jahwe epiphan wird.
Die »Chorschlußfrage« zeigt die missionarisch werbende

Tendenz. Den Zeugen des Rettungswunders und allen Hörern/Lesern der Geschichte wird das Bekenntnis nahegelegt: Jesus ist mehr als Jona, er handelt in der Kraft Gottes, er ist Herr über die feindlichen Chaosgewalten.

1.4. Entstehungssituation: Markus hat diese Erzählung aus einer vormarkinischen Wundersammlung in sein Evangelium aufgenommen. Das Stück hat enge, bis zu Zitaten reichende Parallelen zu Jona 1 und spielt auf Ps 107,23–32 an.
Einerseits setzt das Bekenntnis die Ostererfahrung voraus, die die Jünger lehrte, in Jesus Jahwe am Werk zu sehen, andrerseits zeigt die Argumentation eine fortgeschrittene Stufe atl. Schriftreflexion, drittens zeigt sich in Inhalt und Form das missionarische Bemühen des Christentums um den hellenistischen Raum.

1.5. Überlieferungsträger: Mk 4,35–39.41 gehörte zu einer vormarkinischen Wundersammlung. Sie stammt von Autoren, die einerseits auf die Heidenmission abzielten, und andrerseits auf judenchristlichem Hintergrund ihre Arbeit betrieben.
Vermutlich war die Gruppe, die eine solche Wundersammlung anlegte, in Galiläa beheimatet, wo sich jüdische und heidnische Vorstellungen überschnitten.
Markus hat um 70 n. Chr. die Wundersammlung in sein Evangelium integriert. Der Rettungswundererzählung gibt er mit v. 40 einen anderen Akzent (– neben der christologischen Aussage –): Der Tadel gegenüber den Jüngern zielt auf die Situation der Gemeinde. Markus polemisiert gegen ihre Verzagtheit. Durch Markus wird die Erzählung auf die Aussageebene eines Gleichnisses erhoben. Angesichts des mangelnden Glaubens der Jünger und im Blick auf die Macht Jesu soll die Gemeinde Trost und Glauben gewinnen, – weil Jesus Macht hat.

1.6. Intention: Das Motiv »Hier ist mehr als Jona« ist sowohl Mt 12,41 wie auch Lk 11,32 überliefert. Die vorliegen-

de, bei Markus überlieferte vormarkinische Wundererzählung intendiert dies Motiv als eine »Überbietungserzählung«. Sie will eine theologische Aussage machen: Jesus handelt in der Vollmacht Jahwes selbst. Die Chorschlußfrage erfordert das Bekenntnis: Jesus ist mehr als ein Prophet. Damit stellt sich die Erzählung gegen den unter b angeführten Text. Jüdische Rettungswundererzählungen sind Gebetserhörungserzählungen, die die Größe des erhörenden Jahwe preisen.
Die Christologie des Textes ist vor atl.-jüdischem Horizont entworfen. So schreibt R. Pesch (Mk I, 1976, 279) treffend: »Mit den Wundergeschichten (der vormarkinischen Sammlung) wird christliche Mission getrieben, die Jesus als den Christus, den die Gottesmänner des AT überbietenden Gottesmann, den eschatologischen Propheten, den Sohn Gottes (3,11), in dem Jahwe seine heilvolle Macht erweist, verkündigt.«
– Auch hier haben wir ein »Wunder« als »Lehre« vor uns. Wir behaupten nicht, daß Ereignisse, wie sie in den Naturwundern vorliegen, unmöglich sind. Der Vorbehalt gegen die Annahme geschichtlicher Ereignisse ergibt sich auch hier aus der literarischen Eigenart des Textes. In dieser Sturmstillung durch Jesus bezieht sich die ntl. Theologie überbietend auf ein Stück atl. Lehre im Jonabuch zurück. Die theologische Aussage lautet nun: Jahwe und Jesus sind Herr aller Naturmächte.
Wer das literarische Problem des Jonabuches erfaßt hat, kann diese Rettungswundererzählung ohne Schwierigkeit richtig unter die anderen Glaubenserzählungen einordnen.

In den Evangelien nach Lukas und nach Mattäus wurde die ursprüngliche Rettungswundererzählung weiter aktualisiert. Sie bekam damit mehr Abstand von der ursprünglichen Konzeption:

2. Lk 8,22–25
Hier finden die Leser eine Epiphaniegeschichte (Der Meister erscheint seinen Jüngern.). Das Stück wird aus der Umrah-

mung bei Mk herausgelöst (aus dem Kontext der Gleichnispredigt). Es ist keine Geschichte der »Rettung aus dem Meer«, sondern die Epiphanie Jesu Christi in der Einsamkeit »am See«.
Die Frage nach dem Glauben stellt Jesus bei Lk ohne Vorwurf. Und am Schluß steht wiederum die Jüngerfrage: Wer ist Jesus, der wie Gott handelt? (Ps 107,23 ff)

3. Mt 8,23–27
Formal ist das Stück eine Beispielerzählung für die Gemeinde. H. J. Held formuliert etwas überspitzt: »So stellen nicht mehr Jesus und die Elemente das Thema der Erzählung, sondern Jesus und seine in Not geratenen Jünger. Die Wundergeschichte wird sozusagen eine Jüngergeschichte.« (zitiert nach W. Grundmann, Das Evangelium nach Matthäus, Berlin 1968, 259 Anm. 5) Zwar ist die Wundererzählung noch gut sichtbar, aber die schon bei der Markusredaktion zu bemerkende Wendung zur Gemeinde hat sich hier noch verstärkt.
Dazu ein kurzer Hinweis *zu den einzelnen Versen:* Mt 8,

23
zeigt in Anschluß an die bei Mt vorangehenden Nachfolgegespräche den voranschreitenden Herrn und die ihm nachfolgenden Jünger.

24
Mattäus spricht von einer Bewegung im Meer, nicht von Fallwinden oder Stürmen. Der Seesturm bedeutet für dies Evangelium die letzte, endzeitliche Erschütterung, die das Schiff – damit ist die Gemeinde/Kirche gemeint – erschüttert und durcheinanderrüttelt.

25
Der Hilferuf aus der Not der Gemeinde ist die Bitte um Errettung. Sie geht an den erhöhten und in der Gemeinde gegenwärtigen Kyrios (so wird der Herr in der Liturgie angesprochen).

26
Jesus nennt seine Jünger »Kleingläubige«. Ein solcher Glaube wird dadurch charakterisiert, daß er in konkreten Situationen versagt. Hier versagt der Glaube der Jünger vor der Frage, ob die Mächte der Natur oder der Schöpfer der Natur das Schicksal der Jünger bestimmen.
Mattäus tilgt weitgehend das Jüngerunverständnis, das bei Markus stark betont wird. Mattäus betont das Versagen der Jünger im Glauben und im Gehorsam. Jesu Wort bringt die große Ruhe, die entsteht, wenn Gott in der Endzeit handelt (vgl. Offb 8,1). So ist hier Jesus der in göttlicher Vollmacht Handelnde.
27
Nicht die Jünger, sondern die »Menschen« staunen über die Tat Jesu. Gemeint sind die Menschen, die die Erzählung hören bzw. lesen. Der schriftlich vorliegende Text soll zu Jüngerschaft und Nachfolge rufen.

Entstehungssituation: Der Text entstammt der Zeit nach 80. Die Kirche war in ihrer Parusiehoffnung enttäuscht. Theologisch war das Bild des erhöhten Kyrios klar, der die Vollmacht über alles und immer hat. Bezüge zum AT waren nicht mehr so gut anzuwenden, weil mindestens die zahlreichen Heidenchristen mit diesen Rückverweisen wenig anzufangen wußten.

Überlieferungsträger: Der Verfasser ist anonym, er verwendete neben anderen das Mk-Evangelium als Quelle. Die Vorlage zu Mt 8,23–27 wurde aber überarbeitet und für die Gemeindebedürfnisse aktualisiert.

Intention: Die Werbung zur Nachfolge ist stark hervorgehoben. Daher tilgt der Evangelist das Jüngerunverständnis fast ganz, zeigt aber den unzureichenden Glauben (vgl. Mt 14, 28–33) als den Fehler der Kirche.

3. Kapitel: Jahwe, der Kriegsheld

Israel sah im Krieg eine religiöse Wirklichkeit. »Heilige Kriege« kannte man auch in Ägypten, Assur, Babylon und Griechenland. Israel verehrte Jahwe als »Herrn der Heerscharen«. Der Jahwekrieg ist eine theokratische Institution. Die Vollbürger als Heerbann Israels waren daran beteiligt. Jahwe schenkt den Sieg. Das ist der theologische tragende Grund auch der Befreiung der Moseschar aus Ägypten (vgl. Ex 14, 13 f).

Ex 17,8–13 schildert, wie Jahwe dem Volk in der Wüste als Krieger zu Hilfe kam. Aber der Schwerpunkt der Jahwekriegsüberlieferungen liegt in der Zeit unmittelbar nach der Landnahme. Die Jahwekriege wurden im wesentlichen in der Epoche zwischen Landnahme und Entstehung des Königtums geführt. Um den Übergriffen der feindlichen Nachbarn zu begegnen, schlossen sich mehrere betroffene und angrenzende Stämme unter der Leitung eines charismatischen Führers zusammen (vgl. Ri 6 f; 11).

Die charakteristischen Züge eines Jahwekrieges sind nicht alle in jeder Erzählung enthalten. Erwähnt seien: In Feindesnot erweckt Jahwe einen geistbegabten Retter, der andere Stämme zum Krieg auffordert und in seinen Heerbann integriert. So ergeben sich anläßlich der Jahwekriege vorübergehende Koalitionen und Vereinbarungen zwischen Stämmen des späteren Israel. Der charismatische Retter verkündet in der Übergabeformel einen Gottesentscheid (»Jahwe hat die Feinde in eure Hand gegeben.«, vgl. Ri 3,27 f u. ö.). Durch den Bann (= Vernichtung / Tötung) wird die Beute Jahwe übereignet (1 Sam 15,3 ff).

Je jünger die Überlieferung ist, um so mehr verschiebt sich das Handeln vom Menschen weg. Jahwe allein erringt den Sieg, der Gläubige schaut nur zu. Der Mensch vermag nichts, Gott vermag alles (vgl. 2 Chr 20,1–30).

A. Ex 17,8–16: Der Sieg über die Amalekiter

1. Text: Vgl. eine Ausgabe des AT.

2. Form: Der Text enthält eine Wundererzählung, der eine Altarätiologie angeschlossen ist:

v. 8 Exposition und Darstellung der Notlage
v. 11 f Eingreifen Jahwes durch Mose
v. 13 Erfolg des Eingreifens
v. 15 f Altarätiologie, gehört nicht ursprünglich dazu.

3. Einzelinterpretation: Ex 17,

8

Die Amalekiter werden nicht näher eingeführt. Sie sind ein Nomadenstamm oder -stämmeverband, der in Gen 36,12 der Gruppe der Edomiter zugezählt wird. Amalek lebte in der Wüste zwischen dem Sinai und dem Südwesten Palästinas. Der Kampf zwischen Amalek und Israel ist im AT bis in die Zeit Davids zu verfolgen. Bileams Amalekspruch in Num 24,20 konstatiert die Vernichtung der Amalekiter.
Eines Tages wurde Israel von den Amalekitern angegriffen. Die Ortsangabe »in Refidim« am Ende des Verses hinkt nach. Vermutlich ist die heute nicht mehr lokalisierbare Stelle (Refidim) aus Ex 17,1, einem priesterschriftlichen Itinerar, hierhin gesetzt worden. Ursprünglich war die Überlieferung demnach ohne Ortsangabe.

9

Unvermittelt taucht hier Josua auf. Nur hier wird er als Anführer des israelischen Heeres zur Zeit des Mose beschrieben. Dem Befehl des Mose entsprechend, soll Josua eine Truppe gegen die Amalekiter aufstellen und ihnen entgegenziehen. Mose hat die Oberleitung der Operation. Am folgenden Tage will Mose »mit dem Gottesstab in der Hand« auf den Hügel steigen. Da der Gottesstab in dieser Einheit sonst nicht mehr vorkommt, ist dieses Satzteil vermutlich spätere Einfügung. In Ex 14 und Num 20 hingegen ist das Stabmotiv fest verankert.

10
Josua folgt den Anordnungen des Mose und beginnt den Kampf mit den Amalekitern. Drei Männer waren inzwischen auf den Hügel hinaufgestiegen: Mose, Aaron und Hur. Die Tradition stellt Aaron zunächst als Bruder der Mirjam (Ex 15,20) vor, spätere Überlieferungen wie Ex 6,20 nennen ihn den älteren Bruder des Mose. Hur ist hier und in Ex 24,14 ein wichtiger Mitarbeiter des Mose. Sonst hat er in den Überlieferungen Israels keine weiteren Spuren hinterlassen. Es wird vermutet, daß ein Priestergeschlecht »Hur« den monopolistischen Bestrebungen der »Söhne Aarons« zum Opfer gefallen ist.
Die Nennung des Hügels weist darauf hin, daß der mündlichen Überlieferung, die der Jahwist hier übernommen hat, ein ganz bestimmter Ort als Schauplatz des Geschehens vorgeschwebt hat. Vom Hügel aus konnten die drei Männer das Kampfgeschehen beobachten.

11
Die kriegerische Auseinandersetzung tritt in der Erzählung ganz zurück. Im Vordergrund steht die Beschreibung der – zunächst magisch gemeinten – Handlung, mit der Mose über Sieg oder Niederlage der israelischen Mannschaft entscheidet. Hebt Mose seine Hände, so sind die Israeliten überlegen, läßt er sie sinken, gewinnt Amalek die Oberhand. Zahlenmäßig denkt sich der Erzähler Amalek Israel wohl weit überlegen.
Der Gestus der erhobenen Hände wirkt nach M. Noth »auffällig unpersönlich«. Dem Leser fällt auf, daß Jahwe in vv. 8–13 gar keine Rolle spielt: Er gibt niemandem Anweisungen, tritt selbst nicht in Aktion und wird von keinem der Akteure merkbar beachtet. Die ursprüngliche Erzählung will demnach darstellen, daß von Mose eine geheimnisvolle Kraft auf die kämpfenden Israeliten übertragen wurde. Dann wurde aber der Gestus (vom Jahwisten?) so gedeutet wie das »Ausbreiten der Hände«, also als ein Gebet des Mose, das die göttliche Hilfe sicherte. Die geistliche Natur des Gebetes

tritt aber im Wortlaut der Erzählung hinter der magischen Kraft der ausgestreckten Arme zurück.

12
Trotz der Hilfe von oben tobte der Kampf bis zum Abend, bis sich die Entscheidung zeigte. Unterdessen setzte sich Mose auf dem Hügel auf einen Stein, Aaron und Hur stützten seine Hände, damit sie nicht niedersanken. Vermutlich wurde der Steinsitz des Mose den Späteren als sichtbares Zeichen des Amalekitersieges gezeigt.

13
Josua hat (mit Gottes Hilfe) den militärischen Sieg über Amalek erkämpft.

14
Mose soll den Sieg Josuas über die Amalekiter schriftlich fixieren und die Erzählung – wohl zur mündlichen Überlieferung – dem Josua einprägen. Der bis zu den Tagen Sauls so gefährliche Feind Israels soll aus der Erinnerung gelöscht werden, wenn Jahwe ihn völlig ausgerottet hat.
Dieser Vers gilt als Nachtrag, die zweite Hälfte ist von Dtn 25,19αβ abhängig.

15/16
sind eine lose Anfügung der Altarätiologie an die ursprünglich isolierte Lokaltradition. In v. 15 ist »Thron« in »Feldzeichen« umzuändern. Die Anfügung des »Bannerspruchs« setzt die Ablösung der Erzählung vom lokalen Haftpunkt voraus. Die geschichtliche Grundlage der Erzählung besteht in einem lokalen Konflikt Israels mit Amalek.
Mose soll nach diesen Worten an der Stelle des Amalekitersieges einen Altar errichten. Vielleicht ist dieser Altar mit dem Stein von v. 12 identisch. Sicherheit läßt sich darüber aber nicht gewinnen. In v. 15 lautet der Name des Altars »Jahwe ist mein Feldzeichen«, in v. 16 (mit einer kleinen Textkorrektur) »Thron Jahwes«. V. 16 wird dann dem v. 15 mit »Feldzeichen« angeglichen. Der Altar war ein Sammelplatz des Heerbannes, der sich zu Operationen gegen die Amalekiter versammelte. Der Spruch »Die Hand an das

Feldzeichen Jahwes!« war ein Losungswort, ein Aufruf, der zum Kampf gegen Amalek erging.
Der 2. Halbvers weist diese Auseinandersetzung ausdrücklich als Jahwekrieg aus, der sich über lange Jahre hinzieht.

4. Entstehungssituation: Das isolierte Stück entstand im Anschluß an die Auseinandersetzung eines südpalästinensischen Stammes mit den Amalekitern. Der genaue Ablauf ist nicht mehr rekonstruierbar.
Bei einer späteren Bearbeitung wird Hur durch Josua und Mose und Aaron zurückgedrängt.
Durch v. 15 f wird die Einzelüberlieferung in den Komplex »Jahwekrieg gegen Amalek« integriert. Theologisch stehen nun die Eigenarten des Jahwekriegs im Vordergrund. Dieser Schritt geschah erst im schriftlichen Stadium der Überlieferung.

5. Überlieferungsträger: Heute steht Ex 17,8–13.14.15.16 in der jahwistischen Pentateuchschicht. In der mündlichen Tradition entstammte der Grundbestandteil der Überlieferung südpalästinensischer Stämme. Sie wurde durch zwei Nachträge überarbeitet, die jahwistischen Erzähler haben die Erzählung als Jahwekriegserzählung ausgeformt. Für sie war die Theologie des Jahwekrieges wichtig, weil sie Jahwe die Ehre gab und königlichen Hochmut anprangerte.

6. Intention: Während die ursprüngliche Erzählung den Kampf gegen Amalek als eine Episode im Leben eines südpalästinensischen Stammes beschreibt, hat die theologische Weiterbildung des Textes die Kampfhandlung immer mehr in den Hintergrund gedrängt und den Akzent auf folgende Punkte verlagert:
a) Jahwe ist der eigentliche Sieger in der Amalekiterschlacht.
b) Mose ist der Mittler, der die siegreiche Gotteskraft seinem bedrängten Volk vermittelt.
c) Die Schlacht und der Altar werden in den größeren Komplex »Kampf Israels gegen Amalek« aufgenommen. (vgl. 1 Sam 15!)

B. Ri 6.7 und 8,28: Gideons Sieg über die Midianiter

1. Text: Vgl. eine Ausgabe des AT.

2. Form: Die beiden Kapitel sind eine Mischung von Geschichtsdarstellung und -deutungen, in denen die deuteronomistischen Überarbeiter ihre Theologie darstellen: Abfall des Volkes – Notlage und Klage – Erweckung eines Retters – Abwendung der Notlage und Ruhe – Abfall des Volkes usw. Formale Aufschlüsselung des Textes, der nicht vollständig ausgelegt wird:

Ri 6, 1	Dtr Beschreibung der Bedrückung Israels
2–5	Schilderung der Notlage Israels
6 f	Israel schreit zu Jahwe
8–10	Die dtr Kritik am Volk wird durch einen prophetischen Mann formuliert (4 Formeln in 3 Sätzen!): Herausführungs- bzw. Heraufführungsformel, Landgabeformel, Selbstvorstellungs- und Huldformel zeigen die Leistungen Jahwes. Israel aber hörte nicht auf seine Stimme.
11	Einführung der Handelnden und des Ortes (der hl. Baum von Ofra)
11b–17	Berufung Gideons zum Retter
12	Gruß- und Beistandsformel
13	Einwandformel gegenüber dem Höhergestellten, modifiziert den Hinweis auf die Heraufführung aus Ägypten. Die Übereignungsformel aus dem Jahwekriegsschema ist negativ gewandt: Israel ist in Midians Hand.
14	Gott spricht Gideon mit der Retter- und Sendungsformel an.
15	Erneut steht die Einwandformel, Gideon weist auf seine Bedeutungslosigkeit hin.
16	Formel des göttlichen Beistands. Gideon wird Midian vernichten.
17	Formel des Wohlwollens. Gideon erbittet ein

	Zeichen, häufiger Abschluß einer Berufung (vgl. Ex 4).
11.18–24	Eine Aussageerzählung: Sie behandelt eine Botenerscheinung und zeigt Gideon als Kultheros des Altars von Ofra. Ziel der Einheit ist der Name des Altars in v. 24: Jahwe ist Schalom. Dem geht in v. 21 ein Feuerwunder voraus. Die eigentliche Altarätiologie umfaßt vv. 22–24.
25–32	Erzählen von der Zerstörung des Baal-Altares in Ofra durch Gideon.
33	Aus dem Schema des Jahwekrieges: Die Feinde sammeln sich zu Haufen.
34	Geistbegabung des Retters.
35	Aufgebot der Stämme Manasse, Ascher, Sebulon, Naftali.
36–40	Erbauliche Betrachtung, eine kleine Einheit mit der Zeichenforderung des erwählten Retters ohne Zeichenvokabular;
	Schilderung des Jahwekrieges

Ri 7, 1	Exposition:	1. die beiden Heerlager
2–8		2. die Verkleinerung des Heeres Gideons
9		3. Übergabeformel
10–15		4. Bestätigung durch ein Zeichen
	Eingreifen Gottes	
16–20		1. menschliche Taktik
21 f		2. Gottesschrecken im Midianiterlager
23–25		3. vollständige Vernichtung der Feinde.
Ri 8,28	Ziel des göttlichen Eingreifens: Israel erhält Ruhe vor seinen Feinden.	

11
Der Stamm Manasse, zu dem Gideon zählte, trat in den Überlieferungen Israels nicht in dem Maße hervor, wie es seiner Größe und Bedeutsamkeit eigentlich zugekommen wäre. Manasse besaß neben seinem Stammsitz in Mittelpalästina im Ostjordanland noch ein Kolonisationsgebiet. Gideon wurde in beiden Gebieten tätig. Die Bedrohung, gegen die Gideon hier auftritt, betrifft vorrangig seinen Stamm Manasse.
Die Feinde werden Midianiter genannt. Sie sind ein Verband arabischer Kamelnomadenstämme, deren Weideplätze sich auf der Ostseite des Golfes von el-Aqaba befinden. Mose ließ sich bei ihnen auf der Flucht vor dem Pharao nieder und heiratete eine Tochter aus midianitischer Priesterfamilie (Ex 2, 15–22). Mit einem midianitischen Priester hielt Mose »am Gottesberg« ein Opfermahl (Ex 18,1–12). Von kriegerischen Auseinandersetzungen mit den Midianitern berichten Num 25,16 ff; 31,1–12. Jes 9,3 spricht vom »Midianstag«. Die Midianiter verdingten sich als Führer, sie waren als Räuber gefürchtet.
In Ri 6 treten nebeneinander Jahwe und der Jahweengel sprechend auf. In den älteren Theophanieerzählungen (vgl. Ex 3) kann ein Bote Gott innerhalb des menschlichen Lebensbereiches vertreten. Gott wird hörbar, sichtbar hingegen nur der Engel. So ist der Bote Mittlerwesen, das die göttliche Transzendenz hervorhebt. – Unter der Terenbinthe von Ofra ließ sich der »Engel Jahwes« nieder. Ort und Heiligtum lagen vermutlich in der Nähe von Sichem. Gideon klopfte wegen der Midianitergefahr den Weizen nicht auf der Tenne, sondern in der Kelter aus. Gideon wird als junger, noch nicht selbständiger Mann vorgestellt. Sein Vater heißt Joasch und gehört zur Sippe Abiësriter des Stammes Manasse.

12
Der Gottesengel bringt Gideon eine göttliche Offenbarung. Gideon erfaßt die Tragweite der Worte zunächst nicht. »Jahwe ist mit dir, starker Held!«, dieser Gruß macht auf den

jungen Mann keinen besonderen Eindruck. Schließlich ist es üblich, daß der Hinzutretende dem anderen die Gemeinschaft mit Gott wünscht. Daß die Erzählung stark vom Schema des Jahwekrieges geprägt ist, zeigt, daß Gideon den Titel »starker Held« nicht kommentiert.

13
Gideon greift den Wunsch des Gottesboten auf: Wenn Jahwe mit uns wäre, dürfte es dem Stamm nicht so schlecht gehen. Manasse vermißt heute Gottes Machttaten, mit denen er die Moseschar beim Heraufzug aus Ägypten unterstützte. Jahwe hat uns, so sagt Gideon in Umkehrung der »Übereignungsformel«, in Midians Hand gegeben. Gott ist nicht mehr mit uns. Diese Feststellung ist nicht Anlaß zur Selbstkritik und Umkehr zu Jahwe, sondern ein Vorwurf gegen Gott, der es an Hilfe fehlen läßt.

14
Daraufhin ergreift Jahwe das Wort. Er korrigiert die merkwürdige Darlegung Gideons nicht, sondern handelt: Gideon wird von Gott in Dienst genommen, er soll Jahwes Volk aus der Hand Midians retten. Gottes Macht und Sendung werden ihm sein Werk gelingen lassen. Nur hier stehen Sendungs- und Retterformel nebeneinander. Der Text ist also theologisch stark konstruiert.

15
Wie es auch bei Prophetenberufungen (Jer 1,6) zu vernehmen ist, wendet der Berufene ein, er entstamme der unbedeutendsten Sippe seines Stammes und sei wiederum der Bedeutungsloseste in der Sippe seines Vaters.

16
Jahwe erwidert auf den Einwurf: Seine göttliche Macht, sein Mitsein ist stärker als menschliches Vermögen. Das zahlreiche und gefürchtete Midian wird von Gott durch den jungen Gideon geschlagen. Die Macht Gottes wird zeichenhaft sichtbar in der Ohnmacht der menschlichen Rettergestalt.

17
Gideon hat Jahwes Botschaft gehört. Er bricht nicht in Jubel

aus, sondern wünscht sich zunächst ein Zeichen, daß seinen Gesprächspartner als Jahwe aufweist. »Wenn ich in deinen Augen Gnade gefunden habe, ...« gib mir das Zeichen. – Häufig ist ein Zeichen Abschluß einer Berufungserzählung. Hier wird es erbeten zur Bestätigung, daß Jahwe mit Gideon gesprochen hat. Der Vers dient kompositorisch gleichzeitig als Verklammerung der Berufungserzählung mit der Überlieferung vom Besuch des Jahweengels, der im folgenden das Zeichen wirkt.

18–21
Diese Verse sind mit der vorausstehenden Einheit fest verbunden. Gideon bereitet ein Ziegenböckchen und ungesäuerte Brote. Beides kann zur Bewirtung und zum Opfer dienen. Die Brühe wird gesondert aufbewahrt, sie wird bei der Bewirtung, nicht aber beim Opfer benutzt. Der Jahweengel befiehlt, die Brühe auszugießen. Er macht damit klar, daß er kein menschliches Wesen ist. Dann streckt er den geheimnisvollen Stab aus und berührt damit das Fleisch und die ungesäuerten Brote. Aus dem Felsen entspringendes Feuer verzehrt die Gaben, und der Jahweengel entschwindet.
Der Ruf Jahwes an Gideon ist damit als Berufung sanktioniert, der Fels als heilige Stätte Jahwes erwiesen.

22
Gideon erschrickt, weil er Jahwes Boten gesehen hat.

23
Jahwe beschwichtigt den Ängstlichen: Er gewährt ihm wohlbehalten zu sein, er braucht sich nicht zu fürchten und wird nicht sterben.

24
Dann folgt die Altarätiologie, die hier nicht interessiert. Die Frage nach der Person des Retters ist geklärt: Jahwe hat Gideon, den jüngsten Sohn Joaschs, des Abiësriters, erwählt und dies durch ein Zeichen bekräftigt.

33
Noch einmal wird die Übermacht der Feinde beschrieben: Neben den Midianitern kämpfen auch Amalek, ein edomiti-

scher Nomadenverband und die »Söhne des Ostens« gegen die israelischen Stämme. Das Geschehen ist kein lokales Ereignis mehr, sondern bedroht ganz Israel. Die Heere lagern in der Ebene Jesreel, der großen Binnenebene zwischen Karmel, Gilboagebirge und dem galiläischen Bergland. Diese Ebene war der klassische Kriegsschauplatz Palästinas. Die wichtige Straße, die von Westen nach Osten diese Ebene durchzieht, war seit alters durch Festungen gesichert.

34 f

Gideon wird vom Geist Jahwes umkleidet (vgl. Ri 11,29; 13,25; 1 Sam 10,6; 16,13 u. ö.). Nach Num 11,26 besteht ein Bezug zwischen Prophet und Geist, nach Ri 13,25 ein Bezug zwischen Nasiräer und Geist. Fast alle angeführten Stellen betrachten den Einbruch des Geistes als etwas Unerwartetes, Plötzliches. Die Tradition schränkt die Geistwirkung auf die Zeit zwischen Gideon und David ein. Hier wird der Retter Gideon mit dem Gottesgeist begabt. Das ist keine schnell vorübergehende Ekstase. Die Geistbegabung bringt ein charismatisches Amt mit sich: Gideon soll als verantwortlicher Leiter seiner Sippe und der zum Kampf aufgerufenen Stämme den Jahwekrieg führen. Das charismatische Amt des Retters dauert von der Vorbereitung bis zur glücklichen Beendigung des Jahwekrieges (Ri 8,28). Das Amt bekommt einen Träger jedesmal dann, wenn eine Rettungsaktion Jahwes notwendig wird. Gideon ließ durch Boten zum Kampf aufrufen. Er kommandiert im wesentlichen den Bestand des westjordanischen Reiches Israel, so sagt die Endredaktion.

36–40

Diese Einheit hat Gideons Probe mit der geschorenen Wolle zum Inhalt. Es ist eine kleine, wenn auch nicht ganz selbständige Einheit. Für Gott steht nicht Jahwe, sondern Elohim. Ein Beglaubigungswunder, wie es hier erzählt wird, steht in starker Spannung zu der berichteten Geistmitteilung und dem erfolgten Aufgebot des Heerbanns. Das Nebeneinander ist der Redaktion zuzuschreiben, die den Zusatz hier einbrachte. Das erbetene Zeichen soll bestätigen, daß Gott in der Lage ist zu handeln. Die Skepsis und Vorsicht Gideons soll das Wunder ermöglichen. Diese erbauliche Betrachtung ist redebetont. Gideon und der Leser sollen erkennen, daß Jahwe durch Gideon die bedrohten Stämme retten will.

Ri 7,

1
Nach dieser ausführlichen Vorbereitung zeigt die Exposition des Jahwekrieges den Ort der Handlung und die beiden feindlichen Heerlager. Gideon kann nicht viele Männer bei sich gehabt haben, wenn sie an einer Quelle Platz fanden.

2
Aus theologischen Gründen erweist sich das Aufgebot der Stämme als zu zahlreich. Israel könnte sich rühmen, diese Angelegenheit selbst in die Hand genommen und aus eigener Kraft gesiegt zu haben. Es soll aber klar erkennbar sein, daß Jahwe Israel den Feind in die Hand gegeben hat, und ihm allein die Ehre des Siegers gebührt.

3
Dem Gesetz von Dtn 20,8 entsprechend entläßt Gideon die Furchtsamen und Zaghaften nach Hause. – Eine Volksetymologie sieht die Verbindung zwischen der Quelle Charod und chared = zaghaft. Die im Text genannten Zahlen (20 000 Krieger kehren nach Hause zurück, 10 000 bleiben.) sind historisch unwahrscheinlich. Die Angabe will keine historische Nachricht sein, sie dient der theologischen Argumentation.

4–7
In einem zweiten Durchgang vermindert Jahwe das Aufgebot Gideons noch einmal bis auf die von ihm gewünschte Zahl. An dieser »Probe« ist manches unklar. Das Auswahlkriterium ist nicht einsichtig. Warum sollen die angreifen, die das Wasser mit der Zunge wie ein Hund lecken, und nicht die, die niederknien, um zu trinken? Die Wahl fällt auf die Gruppe, die an Zahl geringer ist. Von den Zehntausend trinken nur Dreihundert wie ein Hund. Jahwe sagt aus-

drücklich: »Mit diesen 300 Männern will *ich* euch retten.« Die Übereignungsformel weist nochmals auf Gideons Retterfunktion hin. Der kleinen Mannschaft ist der Sieg von Gott verheißen. Die anderen Männer werden nach Hause geschickt.

8
Der Text ist umstritten. Der hebräische Text lautet: »Und dann nahmen das Volk die Reisekost in ihre Hände ...« Als Änderung wird vorgeschlagen: »Dann nahm er (Gideon) die Krüge des Volkes aus ihren Händen ...« Es ist nicht einsichtig, warum dreihundert Mann die Posaunen und die Verpflegung von Zehntausend mitnehmen wollten. Die Korrektur will verständlich machen, wie die Truppe zu 300 Krügen kam, die sie nachher beim Angriff mitnahm.
Unten im Tal hatte sich der überlegene Feind festgesetzt. Gideon befindet sich mit seinen Leuten weiter oberhalb.

9
Der Retter erhält von Gott den Befehl, das Midianiterlager auszukundschaften, weil es in seine Hand gegeben werden soll.

10
Gideon darf, weil er sich fürchtet, seinen Adjudanten (Knecht) Pura mitnehmen.

11
Was er im Midianiterlager hört, soll dem wenig Heldenhaften Mut machen. Gideon führt den Befehl aus.

12
Die ungeheure Zahl der Feinde macht die Furcht Gideons verständlich, gleichzeitig ist sie der Hintergrund für die folgende Traumerzählung.

13 f
Der Angsttraum des midianitischen Soldaten beinhaltet, daß ein (riesiges) Gerstenbrot im Lager Midians »das Zelt« umstieß und alles durcheinanderbrachte. Die Traumauslegung läßt Israel als die Bauern (= Gerstenbrot) erscheinen, die die Midianiter (= Zeltbewohner) erdrücken und vernichtend

schlagen. Der traumdeutende Midianiter bewegt sich in der Formelsprache der Jahwekriegstheologie.

15
Gideon hört aus dem Munde des Ungläubigen, daß Jahwe den Kampf zu einem guten Ende bringt. Gott anbetend wirft er sich nieder, kehrt in sein Lager zurück und läßt seine Mannschaft zum Kampf antreten.

16–18
Die dreihundert Mann werden in drei Hundertschaften eingeteilt. Jeder bekommt eine Posaune, einen Krug und eine Fackel. Dazu gibt Gideon die Anweisung: Alle sollen mit ihm zusammen Posaune blasen und rufen: »Für Jahwe und Gideon!«

19–21
Zu Beginn der mittleren Nachtwache, also nach 22 Uhr, als die Midianiter Wachen aufstellten, erreicht Gideon mit seiner Truppe das Lager. Der Lärm und das Licht der Fackeln machen klar, daß das Lager umzingelt ist. Hinzu kam das Feldgeschrei der Israeliten. Die Truppe Gideons versucht nicht, in das feindliche Lager einzudringen, sondern bleibt davor stehen. Die Feinde erwachen durch den Lärm. Kopflos ergreifen die Midianiter die Flucht.

22
Gideons Männer sind nur Statisten. Gott bewirkt die eigentliche Entscheidung. Er bewirkt im Lager der Midianiter einen »Gottesschrecken«. In Panik machen die feindlichen Truppen sich gegenseitig mit dem Schwert nieder und wenden sich zur Flucht. Flucht und gegenseitiges Sich-Töten stehen wohl in Spannung. Aber es geht hier dem Autor um die theologische Aussage: Nicht menschliche Fertigkeit Israels hat den Sieg errungen. Es war ein Sieg Jahwes, den Gideon und seine Männer staunend zur Kenntnis nehmen (vgl. dazu 2 Kön 3,23; Num 31,1–54 (P) und 2 Chr 20,1–30).

23
Nachdem Gott die Feinde geschlagen hatte, nehmen die aufgebotenen Stämme die Verfolgung auf. Der Akzent der Er-

zählung liegt darauf, daß die Aktion gemeinsam von den drei Stämmen durchgeführt wird.

24 f

Der Stamm Efraim wird hinzugenommen. Er soll die Jordanübergänge besetzen und den fliehenden Feinden die Wasserstellen sperren.

Aus einer efraimitischen Lokaltradition stammt wohl die Nachricht, daß Efraimiten die Midianiterfürsten Oreb (= Rabe) und Seeb (= Wolf) gefangennehmen konnten und den Raben am Rabenfelsen und den Wolf an der Wolfskelter töteten. Dahinter stehen vielleicht zwei charakteristische Felsformationen, die so erklärt wurden. Die Köpfe der Fürsten übersandten die Efraimiter dem Retter Gideon. Damit ist der Jahwekrieg zu Ende. Ri 8,4 ff schildert den Feldzug Gideons im Ostjordanland.

Ri 8,28

beschreibt das Ergebnis des Jahwekrieges. Midian wurde vor Israel gedemütigt. Solange Gideon lebte, vierzig Jahre lang (– eine ideale Zeitangabe –), hatte das Land Ruhe. Damit rekurriert der Redaktor darauf, daß Jahwe immer seinem Volke Ruhe verschafft. Ruhe ist nicht etwas, was der Mensch herstellen kann. In der Frühzeit schuf Gott dem wandernden Israel Ruhe durch die Landgabe. Als Israel in Kanaan angekommen war, bedeutete das göttliche Geschenk der Ruhe die Gewährung des Sieges gegenüber den Feinden Israels. Über diesen politisch-äußerlichen Frieden hinaus ist mit der Ruhe ein vollständiger, allumfassender Heilszustand gemeint, der z. B. in Jes 14,3 endzeitlich gewendet ist.

Schauen wir auf den Gesamttext zurück, so ist trotz vieler Einschübe das Schema der Jahwekriegsschilderung klar:

a) Situations- und Feindangabe
b) Geistmitteilung an den Retter
c) Aufgebot und Gefolgschaft
d) Sieg
e) völlige Vernichtung der Feinde

4. Entstehungssituation: Ri 6 hat folgende individuelle Züge: die Angabe der Midianiter als Feinde, ihr Lagerplatz, den Namen des Helden und der Stämme. Diese Angaben sind zwar auf das Wesentliche beschränkt, sie weisen aber auf konkrete Vorgänge hin, unter deren Einfluß das Schema der Jahwekriegsbeschreibung entstand.
Hier sind einige literarische Kleineinheiten, früher selbständige Erzählungen vom charismatischen Führer Gideon, redaktionell zusammengefügt worden. In der frühen Königszeit wurde das Geschehen auf ganz Israel bezogen, die Erzählkränze in einem Retterbuch zusammengezogen. Dieses im Nordreich entstandene Werk hat mehrfache deuteronomistische Bearbeitungen erfahren.

5. Überlieferungsträger: Der Anfang ist die mündliche Überlieferung vom Retter Gideon in seinem Stamm Manasse. Im Retter- und Heldenbuch des Nordreiches wurde diese Überlieferung mit ähnlichen Stammesüberlieferungen anderer Stämme zusammengetan. Das deuteronomistische Richterbuch entstand im Exil dadurch, daß die Einzelkomplexe mit einem chronologisch-theologischen Rahmen bedacht wurden. Aus dieser Zeit stammen auch weitere theologische Einfügungen.

6. Intention: Die Komposition, die die Gideontradition heute umspannt, hat durch die theologische Rahmung eine eindeutige Intention:

Ri 6,1	Weil Israel sündigte, ist es in Midians Hand.
6 f	Israel schreit zu Jahwe.
14	Jahwe beruft einen Retter.
8,28	Vierzig Jahre hatte Israel Ruhe.
33 ff	Israel fällt nachher erneut von Gott ab Es folgt eine neue Bedrückung.

Unser Interesse wendet sich mehr einem Teil dieser Überlieferung zu: Wie führte Gideon als Retter die aufgebotenen Stämme in den Jahwekrieg? Wer ist der Träger des Sieges? Es geht aus dem Text klar hervor, daß Jahwe allein die Ehre

des durchschlagenden Sieges gebührt. Gideon und seine kleine Mannschaft sind sozusagen applaudierende Zuschauer. Diese Darstellung zeigt, daß Israel sich in seiner ganzen Existenz von Jahwe abhängig wußte.
Diese ursprüngliche Intention konnte von den Redaktoren leicht in die oben dargestellte »Wellenbewegung« eingeordnet werden: Wenn Israel zu Jahwe schreit, kommt Gott ihm zu Hilfe; wenn Israel sich den Götzen zuwendet, verliert es seine Freiheit. Die Jahwekriegserzählungen waren in solcher theologischen Rahmung besonders in äußerlich aussichtslosen Situationen, eine stetige Evokation zum Glauben daran, daß Jahwe, der Herr der Heerscharen, sich immer wieder mächtiger erweist als die Widersacher Israels.

C. 2 Chr 20,1–30: Der Sieg über die Moabiterkoalition

1. Text: Vgl. eine Ausgabe des AT.

2. Form: Geschichtslegende.

3. Einzelinterpretation: 2 Chr 20,

1
Ungefähr 870–848 v. Chr. regierte König Joschafat über das Südreich Juda. Er gilt als gottesfürchtiger König.
Drei Feinde rücken gegen den König heran. Die Moabiter, ursprünglich Nomaden, siedelten auf der fruchtbaren Hochebene im Ostjordanland. Sie dringen häufig in israelisches Gebiet ein und werden erst durch David (2 Sam 8,12) unterworfen. Israel soll sich gegen Moab ganz rigoros abgrenzen. Nach dem Gesetz in Dtn 23,4 dürfen Kinder von Moabitern und Israeliten nicht einmal im zehnten Glied in die israelische Volksgemeinschaft aufgenommen werden. Die Ammoniter siedelten im Bereich des Jabbok-Oberlaufes, nachdem sie die einheimische Bevölkerung vertrieben hatten. Die Mëuniter sind ein Teil der Edomiter. Diese wurden im Kulturland von Syrien und Palästina seßhaft und hatten schon vor den Israeliten ein festgefügtes Staatswesen. David konnte die

Edomiter unterwerfen, aber nach der Reichstrennung errangen sie wieder die Selbständigkeit. Um 800 v. Chr. wurden sie den Assyrern tributpflichtig. Mit »danach« ist diese Erzählung neutral an das Vorausgehende gebunden. Der – sicherlich nicht politisch bedeutsame – Krieg, der hier interpretiert wird, soll nicht als Strafe für das Verhalten des Königs im vorausgehenden Kapitel verstanden werden. Daß Jahwe wunderbar eingreift, zeigt, daß König und Volk in der Gnade Gottes stehen.

2
Dem König wird gemeldet, daß die feindlichen Truppen schon in En-Gedi, einer Oase in Ufernähe des Toten Meeres, stehen. Daß die Truppen diesen Weg genommen haben, ist merkwürdig, weil es für die Ammoniter ein großer Umweg war. Der Zweck des Umweges war es, Joschafat und seine Untertanen zu überraschen.

3
Joschafat erschrickt. Aber der fromme König sucht sich nicht mit der Streitmacht seines Reiches zu verteidigen (vgl. 2 Chr 17,13 ff), sondern flüchtet zu seinem Gott. Er ruft, wie in Notzeiten üblich, für sein Reich ein Fasten aus (vgl. Jer 36,9; Joel 2,12 ff).

4
Das gesamte Volk versammelt sich in Jerusalem um Jahwe »zu suchen«. Im theologisch verfestigten Sprachgebrauch der Chronik meint dieser Ausdruck das richtige Verhalten vor Jahwe, die Umkehr des Menschen zu Gott, die Gottesfurcht, die sich im Halten der Gebote ausdrückt.

5
Joschafat tritt als Sprecher vor die Versammlung Judas und Jerusalems – zwei politisch zu unterscheidende Größen – im großen Hof des Tempels. Er wird hier in nachexilischer Terminologie »neuer Hof« genannt, weil er später als der Priestervorhof fertiggestellt wurde. Joschafat betet zu Gott.

6
Er nennt Jahwe den »Gott der Väter«, der dem Volk Sicher-

heit und Ruhe im versprochenen Land zugesagt hat. Jahwe beherrscht den Himmel und alle Reiche der Völker. Hier sind im Gegensatz zu Israel die Völker Inbegriff der Unfrommen, von Gott Vergessenen, die Israel fremd und zuwider sein müssen.
Jahwe wird als der allein wirksame und mächtige Gott angesprochen, neben dem kein Gott anderer Völker standzuhalten vermag. Der heilige Krieg wird auch bei anderen Völkern als Domäne Gottes angesehen. Im Grunde sind solche Kriege Machtproben zwischen den einzelnen Göttern. Daß Jahwe gewinnt, ist der monotheistischen nachexilischen Gemeinde theoretisch unangefochtener Glaube.

7
Jahwe wird durch den König daran erinnert, wie er die Bewohner Kanaans vor den einwandernden Stämmen vertrieben hat (vgl. die Kriegsansprache in Dtn 7,1–11, besonders den Anfang). Lieben ist etwa im Sinne von Erwählen zu verstehen. Den erwählten Nachkommen Abrahams wurde damals das Land »für immer« gegeben. Diese Verheißung verspricht einen immerwährenden Heilszustand, den fremde, gottfeindliche Mächte nicht zu stören vermögen.

8 f
Israel wohnte im versprochenen Land und baute den Tempel in Jerusalem als Offenbarungsstätte. Gott hatte versprochen, dort seinem Volk helfend und erhörend gegenwärtig zu sein (vgl. 1 Kön 8,24–40).

10 f
Nun wendet sich Joschafat der aktuellen Not seines Volkes zu. Die Völker, die Israel nun gefährden, hatten schon beim Marsch in das Land Kontakt mit Israel gehabt. Damals hatte Jahwe ihnen nicht erlaubt, die genannten Völker anzugreifen und zu vernichten (vgl. Dtn 2,4 f.9 f.18 f; Ri 11,15–17). Weil Gott damals ihrer geschont, bringen sie nun sein Volk in Bedrängnis.

12
Jahwe wird von Juda als sein Gott ausdrücklich »in An-

spruch genommen«. Er soll über die andrängenden Feinde richten, d. h. die gestörte Ordnung wieder herstellen. Hinter dem Ausdruck »richten« steht folgendes Bild: Wenn das Verhältnis zwischen zwei Menschengruppen nicht intakt ist, muß es durch das Richten eines Dritten (hier Jahwes) wieder in den Zustand des Schalom, der rechten Ordnung, gebracht werden.
Der betende König gesteht ein, daß sein Volk Juda in eigener Kraft und Zuständigkeit die rechte Ordnung nicht durchsetzen kann angesichts der Großmacht, die ihm feindlich gegenübersteht. Keiner weiß, was getan werden kann. Volk und König setzen ihre Hoffnung allein auf Jahwe, der Rettung bringen kann.

13
Das ganze Volk war im Tempelvorhof vor dem Herrn versammelt.

14
Die Antwort Gottes auf das Gebet des Königs erfolgt nicht, wie zu erwarten wäre, durch einen Kultpropheten. Ein vom Gottesgeist inspirierter Sänger bringt der Versammlung in einer Art Kriegsansprache die Gottesbotschaft.

15–17
Der König und sein Volk sind in Furcht. »Fürchtet euch nicht!« Diese ursprünglich dem priesterlichen Heilsorakel zugeordnete Formel rahmt die Ansprache ein. Juda, Jerusalem und der König erhalten die göttliche Versicherung: Der Kampf ist meine und nicht eure Sache. Jahwes Ehre und die Existenz seines Volkes stehen auf dem Spiel. Jahwe setzt seine Macht für diese beiden Werte ein. Damit haben die Menschen ausgesorgt.
Die drei in v. 16 genannten Örtlichkeiten können nicht mehr genau situiert werden. Juda bzw. der König und sein Heer sollen am folgenden Tage von Jerusalem herab dem Feind entgegenziehen. Nochmals wird eingeschärft, daß Juda nicht kämpfen soll. Das Heer ist erklärtermaßen Zuschauer bei der göttlichen Rettungstat. Gott handelt für Juda und Jeru-

salem. Der Befehl zum Aufbruch wird wiederholt. Das Mitsein Jahwes abschließend angesprochen.

18 f

Der König und die übrigen Anwesenden nehmen die Gottesbotschaft ehrfürchtig auf. Die levitischen Tempelsänger stimmen laut das Hallelujah an. Ihr Lob drückt die Gefühle der Anwesenden aus.

20

Am nächsten Morgen bricht das judäische Heer in die Wüste Tekoa auf. Der König richtet einen Appell an seine Soldaten. Der erste Teil verwendet das bekannte Wortspiel von Jes 7,9: Glaubt an euren Gott, dann habt ihr Bestand. – In Wirklichkeit ist diese Entlehnung ein Anachronismus. Hier spricht der Chronist genauso wie im zweiten Teil: Vertraut auf seinen Propheten, dann werdet ihr Glück haben! – D. h. Wenn die Volksgemeinschaft die Voraussage von v. 15 ff gläubig annimmt, ist nichts zu befürchten.

21

Joschafat berät sich mit dem Volk. Der Fromme ist seiner Sache so sicher, daß er als Vorhut wie bei einer Prozession Sängerchöre »in heiligem Schmuck« aufstellt, die Gott preisen und ihm danken.

22 f

Während die Judäer Gottes Lob sangen, bestellte Jahwe »Auflaurer« gegen die Ammoniter, Moabiter und Mëuniter. Die Feinde wurden vernichtet, durch Jahwe verblendet gagaben sie sich gegenseitig den Tod. Die »Auflaurer« werden in der Literatur verschieden gedeutet: als Israeliten, eine dritte Streitmacht oder überirdische Wesen. Sicherlich wollte der Erzähler in diesem Bild klarmachen, daß Gott Judas Feinde so in Verwirrung setzte, daß sie sich gegenseitig töteten (vgl. Ri 7,22; Ez 38,21; Sach 14,13).

24

Als die Judäer den Schauplatz des Ereignisses einsehen konnten, sahen sie einen Berg von Leichen. Dem Gottesschrecken und der Verwirrung war keiner der Feinde entgangen.

25
Das Vertrauen auf Jahwe wird mit irdischen Gütern reich belohnt. Das judäische Heer fand den gesamten Troß des feindlichen Heeres. Vieh, Wagen, Ausrüstung, Kleider und Pretiosen fielen ihnen kampflos in die Hände. Jeder trug so viel weg, wie er eben mitnehmen konnte. Drei Tage lang – wiederum eine ideale Zeitangabe – sammelten die Judäer Beute ein, so groß war der Reichtum, den die Feinde zurückgelassen hatten. – Die Darstellung des riesigen Erfolges ist von der chronistischen Theologie her zu erklären: Wer auf das prophetische Wort hört und auf Jahwe vertraut, hat großen Erfolg. Er kommt damit viel weiter als mit eigener Leistung und Kraft.

26
Der König und seine Mannschaft versammelten sich am vierten Tage im Tal des Lobpreises bei Tekoa, um Gott zu loben und zu danken. Der Vers ist eine ätiologische Notiz, die den Namen des Tales erklären soll.

27 f
Danach kehrt die Prozession bestehend aus dem König, den Judäern und dem Aufgebot aus Jerusalem voll Freude an den Ausgangspunkt der Aktion zurück. Im Tempel von Jerusalem danken sie mit Harfe, Zithern und Trompeten Jahwe für die Errettung und die Beute.

29
Die Fremdvölker um Juda herum erstarrten in Gottesschrekken, als sie vernahmen, mit welchen Mitteln Jahwe für sein Volk gegen Israels Feinde kämpfte.

30
In Zukunft blieb Joschafats Reich unbehelligt. Gott hatte ihm ringsum Ruhe verschafft (vgl. Ri 8,28).

Dieser Text ist nach einem anderen Schema der Jahwekriegserzählung aufgebaut, das aus folgenden Teilen besteht:

a) Gottesbefragung und Zuspruch
b) Gotteshandeln beim Kampf
c) totale Vernichtung des Feindes

Die beiden Schemata der Jahwekriegserzählungen enthalten keine entscheidenden Differenzen (vgl. B, 3. Ende). Vermutlich entstammen sie verschiedenen Tradentenkreisen.

4. *Entstehungssituation:* In den Königsbüchern ist diese Jahwekriegserzählung nicht enthalten. Die Chronik wird um 300 v. Chr. datiert. Sie befaßt sich mit der späten Königszeit. Im Vordergrund des Interesses stehen die religiösen Reformen von Joschafat, Hiskija und Joschija. Die levitischen (?) Autoren zeichnen sich durch großes Vertrauen auf die göttliche Verheißung und die zu erwartende glanzvolle Zukunft aus. Ihre Intention ist nicht, vorwiegend zu beschreiben, sondern zu predigen.

Ein Paradebeispiel ist 2 Chr 20,1–30: Fester Glaube hilft gegen feindliche Heere. Kriege werden zu Prozessionen. Die Jahre um 300 v. Chr. waren für Juda keine glanzvolle Zeit. Die Prediger zeigen ein Symbol der Hoffnung auf eine glanzvolle Zukunft: Wenn Juda glaubt, wird es wieder so siegen, wie unter dem frommen König Joschafat!

Einerseits enthält der Text sehr konkrete Angaben, die auf eine gute Überlieferung hindeuten. Andrerseits sind die Redestücke so sehr Theologie, daß man zwischen dem historischen Hintergrund und dieser Theologie nicht mehr trennen kann. In seiner heutigen Form dient der Text der Erbauung, er mahnt zum Glauben.

5. *Überlieferungsträger:* Die konkreten Angaben machen es wahrscheinlich, daß die chronistischen Autoren für die Erzählung eine Vorlage hatten. Vielleicht steht hinter diesem Text eine Lokaltradition, die in einer Quelle des Chronisten niedergelegt war. Näheres läßt sich nicht mehr ausmachen.

6. *Intention:* Diese Geschichtslegende will Glaubenserzählung und Aufruf zum Glauben sein. Die glanzvolle Vergangenheit ist Bild einer erhofften glanzvollen Zukunft.

R. Smend jr, Jahwekrieg und Stämmebund, Göttingen 1963, 26 f gibt folgende Beurteilung: »Auch hier kommt es auf den etwaigen historischen Hintergrund nicht an, sondern auf das, was v. Rad ›geistliche Sublimierung‹ nennt. So ausdrücklich wie selten sonst wird hervorgehoben, daß Jahwe es ist, der den Kampf kämpft (v. 15.17.29), und so könnte man denken, hier sei noch einmal der Jahwekrieg alten Stils entstanden. Aber die wunderliche und bizarre Ergänzung bildet der große kultische Apparat, den der Erzähler auf Erden aufbietet. Wo einst irgendwer, von Jahwe berufen, aufstand und die Krieger mit sich riß, da veranstaltete hier der König ein Fasten und eine große Versammlung der Gemeinde im Vorhof des Tempels mit Gebet und ausführlichem, günstigen Orakel, worauf am nächsten Tage nach der Feldpredigt des Königs die den Gerüsteten in hl. Schmuck voranziehenden Leviten nur einen Augenblick zu singen brauchen ... und schon ist die ganze Schlacht ohne einen judäischen Schwertstreich geschlagen, und das dreitägige Beutemachen kann beginnen ... Die alten Motive sind da, aber aufs äußerste vergröbert und verzerrt. Der Jahwekrieg ist eine kultische Großunternehmung nach streng gehandhabter Regel geworden ...«

Ich möchte dem entgegenhalten, daß ein Rekurs in die vorkönigliche Zeit für die Theologen der Chronik schwer vorstellbar gewesen wäre. Dem stand die ganze Davids-Verheißungs-Theologie gegenüber. Wenn man die literarische Art dieses erbaulichen Stückes in Rechnung stellt, sieht man hinter seiner Theologie das Fortissimo einer Glaubensaussage, die um Glauben wirbt.

Schlußüberlegung

Drei Jahwekriegserzählungen wurden vorgestellt. Die theologische Grundeinstellung, die in ihnen vorgetragen wird, ist konstant. Hier, wie bei den Erzählungen von der Rettung der Moseschar am Schilfmeer, konnte festgestellt werden, daß die ausschmückenden Züge der Erzählungen im Laufe der Entwicklung immer wundersamer und farbiger wurden.

In der Überzeichnung werden die Grundlagen der Theologie vom Jahwekrieg immer klarer:

a) Jahwe allein bewirkt den Sieg.
b) Das glaubende Israel ist der Nutznießer.
c) Die Ruhe im Lande Kanaan ist Heilsgabe Jahwes. (Nicht dargelegt wurde, wie Jahwe sein ungehorsames Volk zur Strafe seinen Feinden übereignet.)

In der Frühzeit steht das »Dogma« vom Jahwekrieg der Machtpolitik der Könige gegenüber, deren Selbstherrlichkeit als Unglaube angeprangert wird. In später Zeit (etwa in der Chronik) rekurrieren Theologen auf die Jahwekriegstheologie, um Glauben zu erwecken: Wenn ihr, Zeitgenossen, mehr glaubtet, würdet ihr auch von Jahwe Rettung erfahren. Wer an Jahwe glaubt, hat eine glanzvolle Zukunft vor sich.

4. Kapitel: Naturwunder im Verlauf des Wüstenzuges

»Naturwunder« sind im AT immer mit Anführungszeichen zu versehen. Texte, die von solchen Ereignissen sprechen, sind nicht am Erweis naturwissenschaftlich nachprüfbarer Ereignisse interessiert. Sie sollen die Macht Gottes verkündigen und dienen dem Heil des Menschen.

Jahwe wurde auf dem Wüstenzug nicht nur als Kriegsheld, sondern auch als Lebenserhalter, als Spender von Wasser und Nahrung wirksam. Der Akzent der Einzelerzählung liegt nicht auf dem wunderbaren Gotteshandeln an der Natur, sondern darauf, daß solches Gotteshandeln menschlicher Not abhilft.

Träger der im folgenden besprochenen Traditionen waren die Südstämme. In diesen Stämmen gab es eine vorjahwistische Sammlung von Wüstentraditionen (vorjahwistisch in dem Sinne, daß sie der Sammlung des Jahwisten schon vorausliegen).

Ihr Thema ist die wunderbare Führung und Erhaltung der Stämme durch ihren Gott. Die drei eigentlichen Wüstenerzählungen (Ex 16,17 und Num 11) reichen möglicherweise bis zur Zeit vor der Landnahme zurück.
Der Jahwist bearbeitete die vorjahwistischen Überlieferungen als Redaktor und Interpret, brachte – vermutlich aus mündlichen Überlieferungen – neue Erzählungen dazu und bearbeitete das schriftlich Überkommene. Die theologische Beurteilung der Wüstenzeit durch den Jahwisten ist negativ. Zwei führende Motive werden von ihm eingebracht: das Motiv des murrenden Volkes, dem es an Glauben und Gehorsam fehlt, und das Motiv der Versuchung.
Das Ziel der jahwistischen Redaktion ist darin zu sehen, daß mit dem falschen Verhalten des Gottesvolkes in der Wüste plausibel gemacht wird, daß es »zur Probe« und zur Strafe für seine Halsstarrigkeit und seinen Ungehorsam »vierzig Jahre« in der Wüste bleiben mußte. Erst den Kindern der Moseschar wird das versprochene Land gegeben.
Weiterhin wird mit der jahwistischen Schau der Wüstenzeit erklärt, warum die Stämme die Landnahme nicht von Süden her durchsetzen konnten und der Umweg über das Ostjordanland genommen wurde. Die zweite wichtige Quelle für den Wüstenzug ist die Priesterschrift. Aus ihr stammen die meisten Itinerarnotizen und Lokalisierungen. Das Hauptanliegen dieser Quellenschicht ist die »Transparenz« des Wunders. Es wird durch die stereotype Erkenntnisformel angezeigt. Jahwe führte sein Volk in die Wüste, »damit ihr erkennt, daß ich Jahwe bin« und es sonst keinen Gott gibt.

A. Ex 15,22–27: Bitterwasser

1. Text: Vgl. eine Ausgabe des AT.

2. Form: Das priesterschriftliche Itinerar rahmt (v. 22aα.27) die jahwistische Wundererzählung von Ex 15,22aβb–25a.

Gliederung:
Exposition : Ortsnamenätiologie in v. 23
Darstellung der Notlage : v. 23
Murren des Volkes : v. 24
Eingreifen Jahwes durch Mose : v. 25a
Predigt statt Reaktion der Israeliten : v. 25b.26.
(vermutlich ein deuteronomistischer Nachtrag).

3. Einzelinterpretation: Ex 15,

22
Mit der ausdrücklichen Nennung des Schilfmeeres wird das »Wunder am Meer« (vgl. 1. Kapitel) nachträglich noch einmal lokalisiert. Die Priesterschrift kannte ein Stationenverzeichnis von der Wüstenroute. Inwieweit die Quellen auf geschichtlicher Kenntnis beruhen, ist heute nicht mehr auszumachen. Der Jahwist, der in v. 22 aβb zu Wort kommt, läßt Israel in die Wüste Sur hinein aufbrechen. Die Wüste trägt ihren Namen nach der Mauer, die zum Schutz der ägyptischen Ostgrenze errichtet worden war (vgl. Gen 25,18; 1 Sam 15,7; 27,8 wo Sur als Ortschaft an der ägyptischen Grenze genannt wird.). »Drei Tage« zog Israel durch die Wüste. Die ideale Zeitangabe bringt kein Kriterium für die Lokalisierung der Wasserstelle, um die es geht. Jedenfalls war Israel längere Zeit ohne Wasser.

23
Schließlich finden die Flüchtlinge eine Quelle. Die Namenserklärung sagt, daß das Wasser »bitter«, d. h. für Mensch und Tier ungenießbar war. Ort und Quelle sind heute nicht mehr lokalisierbar, aber hinter der Erzählung steht offenbar eine alte Lokaltradition.

24
Hier kommt das Motiv des murrenden Volkes in den Wüstentraditionen zum ersten Mal beim Jahwisten vor. Die Leute murrten gegen Mose. Er hatte sie aus Ägypten geführt, so wird er für den Mangel an richtigem Wasser verantwortlich gemacht. Damit ist zugleich Jahwe angegriffen, in dessen Namen Mose tätig wurde.

Später wird das Motiv des murrenden Volkes eingesetzt, um die lange Dauer des Wüstenzuges zu erklären: Gott hat sein Volk durch die Wüste geführt, es ist nicht freiwillig diesen Weg gegangen. In der Wüste lebt man armselig, Essen und Trinken sind knapp. Daher lehnt Israel sich gegen Gottes Plan auf, er muß ihn gegen sein störrisches Volk durchführen. Zur Strafe für das Mißtrauen durfte die Wüstengeneration das verheißene Land nicht betreten.

25a
Mose ist der große Fürbitter für das murrende Volk, der Gott immer wieder umstimmt, wenn er das Volk bestrafen will. Mose schreit um Hilfe zu Jahwe. Diese Hilfe sieht ganz simpel aus. Mose bekommt von Jahwe am Wasserplatz »ein Holz« gezeigt. Er wirft das Holz ins Wasser, das dadurch »süß« und genießbar wird. Das Volk hat durch Gottes Güte das Lebensnotwendige bekommen, Jahwe hat seinen Stellvertreter bestätigt. Das Volk sollte ihn respektieren und nicht gegen ihn murren.

25b
Nachdem Gott seine Macht dem Volk gezeigt hat, gibt Jahwe dem Volk sogleich seine »Satzungen und Rechte«. Der Schluß der Einheit ist Paränese, Gesetzespredigt.
Die Kernaussage lautet: Gott stellt Israel auf die Probe. Er hätte erwartet, daß die Moseschar nach der Herausführung aus Ägypten seinem Gott auch zutraut, daß er seine Leute in der Wüste durchbringen kann. Das Murren des Volkes zeigt seinen Unglauben. Israel hat diese Probe nicht bestanden. – Hinweise auf das Motiv der Versuchung: Ex 16,4 wird noch zu vergleichen sein. Gen 22,1–19 die Versuchung Abrahams ist der klassische Fundort. Seit dem Deuteronomium gilt die Wüstenzeit als die klassische Zeit der Versuchung/Prüfung Israels durch Gott: Dtn 8,2.16; Ri 2,22; 3,1.4. Dtn 4,34 f und 29,2 nennen die Exoduswunder göttliche Prüfungen. Dtn 29,3 konstatiert, daß seither alle Generationen Gottes Prüfungen nicht bestanden haben, weil sie immer wieder Jahwe Gehorsam, Vertrauen und Liebe versagt haben.

Das Wort »Versuchung/Prüfung« sagt vom Eigentlichen des Wunders wenig aus, wie auch v. 25a sehr knapp gehalten ist. Es geht nicht um naturwissenschaftliche Vergewisserung der Hörer/Leser. Gott wirbt mit seinen Taten um das Vertrauen seines Volkes. Wundererzählung und Predigt stammen aus verschiedenen Jahrhunderten. Die Prediger wollen viel später die Wunder der großen Vergangenheit Israels zum Glaubensargument für eine gefährdete Gegenwart machen. Ihr Motto lautet: Wenn Israel treu ist, ist Gott immer noch ein zuverlässiger, vertrauenswürdiger Gott.

26
Die Forderung des Gottesrechtes ist Anspruch aus der göttlichen Hilfeleistung. Der Mensch dankt Gott für seine Rettung, indem er sich für Jahwe entscheidet und die Rechte Gottes anerkennt. Umgekehrt gilt auch: Wenn Israel Jahwes Recht ernst nimmt, wird Gott sein Volk retten. Israel soll den Gotteswillen hören und tun, dann lebt es unter einer großen Verheißung (hier schlägt die Rede über Jahwe in das Ich der Gottesrede um): Jahwe wird sein Israel nicht mit den ägyptischen Plagen und Krankheiten schlagen. Er ist Israels Arzt, er umsorgt und heilt sein Volk, wenn es Gottes Recht achtet. Die Prediger wollen damit sagen: Jahwe hilft in der verzweifelten Lage (des 7./6. vorchristl. Jahrhunderts), wenn Israel sich unter den Willen Gottes beugt. Die Gebote Gottes können gehalten werden, eingedenk der großen Wunder des Auszugs. Mehr noch, wenn das ungehorsame Israel in der Wüste Gottes Hilfe erfahren hat, wieviel mehr würde ein gehorsames Volk gepflegt und geheilt werden. Die »Wunder des Anfangs« werden als Zeichen der Hoffnung gepredigt.

27
gehört, wie vorne gesagt, zum priesterschriftlichen Itinerar. Die nächste Station auf der Wüstenwanderung heißt Elim (= Bäume). Der Ort wird als Oase mit zwölf Quellen und einem Palmenwald beschrieben. Seine Lokalisierung ist bis heute nicht möglich. Mit diesem Vers endet die Erzählung

mit einem friedlichen Idyll. In dieser Oase braucht sich Israel um seinen Lebensunterhalt keine Sorge zu machen.

4. *Entstehungssituation:* Ursprünglich hat der Text wohl die Funktion einer Ortsätiologie gehabt. Das jahwistische Motiv des »murrenden Volkes« konnte daran gut angehängt werden, der jahwistische Erzähler erhielt eine Illustration seiner Theologie des Murrens. Heute ist die offene Erzählung durch die deuteronomistische Predigt zu einer Gesetzespredigt und Verkündigungsgeschichte geworden, die jede Hörer-/Lesergeneration zum Halten der Gebote anhalten will.

5. *Überlieferungsträger:* Zunächst wurde in der Nähe des Ortes die Lokaltradition mündlich weitergegeben. Die Wundererzählung wurde mit der eben genannten Erweiterung vom Jahwisten in sein Werk aufgenommen und durch die deuteronomistische Predigt erweitert. Die Endredaktion des Pentateuch verklammerte die Einzelüberlieferung, die inzwischen bearbeitet war, durch das Itinerar in der Sequenz »Israel in der Wüste«.

6. *Intention:* Da verschiedene Schichten festgestellt werden konnten, ist einsichtig, daß mehrere Intentionen das Stück prägten: Einmal bezeugt es die Fürsorge Gottes, der seinem Volk in der Wüste für sich und die Herden Trinkwasser verschafft. Mose wird als Mittler hervorgehoben. Die fast unverständliche Undankbarkeit und der schwache Glaube des Volkes werden angeprangert. Die Gesetzespredigt weist auf die heilschaffende Wirklichkeit der Gesetze hin und will ihre Hörer auf das Gesetz verpflichten. Durch das Itinerar wird das Geschehen zu einem Glied in der Kette der Erfahrungen Israels in der Wüste.

B. Ex 17,1–7: Wasser aus dem Felsen

1. Text: Vgl. eine Ausgabe des AT.

2. Form: Nach dem priesterschriftlichen Itinerar v. 1 abα lesen wir eine ätiologische Sage = Wundererzählung mit folgender Gliederung:

Exposition: Lokalisierung und Einführung der handelnden Personen: v. 1
Darstellung der Notlage: v. 1; Versuchung Jahwes v. 2 ff
Jahwes Hilfe mittels Mose: v. 5 f
Schluß: Ortsnamensätiologie v. 7
Zum Text: In v. 6 ist die Gleichsetzung des Felsens mit dem Horeb wohl sekundär; der Ortsname Massa kam später in v. 7 hinein.

3. Einzelinterpretation: Ex 17,

1
Die einleitende Itinerarnotiz entstammt der Priesterschrift. Nach ihr ist Refidim letzte Station der Wüstenwanderung vor dem Sinai. Refidim ist nicht lokalisierbar. In v. 3 deutet »dort« daraufhin, daß der alten Erzählung eine Ortsangabe vorangestanden hat, die aber redaktionell zugunsten des P-Itinerars verdrängt wurde. So fehlt uns die elohistische Ortsbestimmung der alten Erzählung. Der priesterschriftliche Erzähler betont, daß Israel nicht nach eigenem Plan vorgeht. Sein Weg ist ihm von Gott vorgegeben. Am Schluß wird auf eine lebensbedrohende Tatsache hingewiesen: In Refidim gab es kein Trinkwasser.

2
Gottes Weg hatte Mose den Wanderern gezeigt. So ziehen sie ihn zur Rechenschaft. Er soll Wasser besorgen, damit sie nicht verdursten. Die Antwort des Mose im heutigen Text gibt den Anlaß zu zwei Ortsätiologien. Von diesen beiden Antworten ist vermutlich eine als Zufügung zu betrachten.
a) der Meriba-Satz:
Mose verteidigt sich: Warum wollt ihr mich anklagen, wenn

Gott uns diesen Weg geführt hat? Daraus folgt die Namensgebung von Meriba. – Die Parallelerzählung in Num 20 (P) kennt in der Tat nur den Namen Meriba. – Meriba (von »streiten«) war der Name einer Quelle, in deren Nähe man Prozesse durchführte. Num 27,14 steht in einer späteren Glosse Meribat – Kadesch (vgl. Dtn 32,51). Aber der Anlaß zu dieser Namensgebung (vgl. Num 20,2–5) trifft auf Kadesch nicht zu, weil in dieser Oase mit drei reichen Quellen kein Wassermangel herrschte. Hier kommt wohl eine andere alte Erinnerung zum Tragen, denn in Gen 14,7 wird der alte Name von Kadesch mit »Gerichtsquelle« wiedergegeben. Die ursprüngliche Erzählung bringt die »Streitquelle« mit einem Aufstand der Israeliten gegen ihren Führer Mose zusammen.

b) der Massa-Satz:

Mose erwidert dem Volk weiter: Warum versucht ihr Jahwe? Die Frage zeigt die Dimension der Schuld. Gott ließ durch Mose den Marsch ins versprochene Land organisieren. Die Kritik des Volkes ist ein Mißtrauensvotum gegen Gott, dem man Unfähigkeit oder Interessenlosigkeit gegenüber den Menschen in der Wüste zutraut. Gott kommt in Versuchung, seine Macht zu zeigen, damit die Israeliten unter seinen Schlägen erfahren, daß Unglaube eine Beleidigung Gottes ist. Mose hatte schon einmal gefragt, ob »Jahwes Arm zu kurz ist?« So wird aus dem Motiv der Versuchung Gottes in v. 7 Massa als Ortsnamen gewonnen. In Dtn 33,8 wurde Massa durch die Überlieferung geographisch interpretiert, von dort kam es vermutlich als spätere Glosse nach v. 7.

Über die Kombination von Massa und Meriba kann folgende Vermutung aufgestellt werden: Entweder waren Massa und Meriba zwei verschiedene Orte, die jeweils eine spezifische Überlieferung aus der Wüstenzeit hatten; und beide flossen in Ex 17,1–7 zusammen; oder Massa war zunächst gar nicht als Ortsbezeichnung gemeint. Massa kommt im Unterschied zu Meriba im Erzählgut des Pentateuch nicht vor (außer Dtn 6, 16 und 9,22. In Dtn 33,8 und Ps 95,8 stehen Massa und Meriba ohne gleichgesetzt zu werden in poetischem Parallelismus). Weil man Meriba als Ortsbezeichnung kannte, machte man Massa auch dazu. So kam dann die heutige Form von Ex 17, 1–7 zustande. Massa (= Versuchung) wurde als Ortsname mißverstanden. Auf jeden Fall ist der Doppelname für eine Quelle merkwürdig. Für die inhaltliche Seite der Erzählung spielt die historische Überlegung nur eine untergeordnete Rolle.

3
ist eine Dublette zu 2a. Der Vorwurf gegen Mose ist hier ähnlich formuliert wie in den anderen Wüstenzuggeschichten. Hat Mose uns aus Ägypten geführt, um uns mit unserem Vieh in der Wüste umkommen zu lassen? Wie undankbar ist dies Volk: aus Ägypten befreit, hadert es ungläubig und kleinmütig mit Mose und seinem Gott.

4
Mose fühlte sich physisch bedroht. Er hat Angst und fürchtet, gesteinigt zu werden. Steinigung ist die übliche Art des Vollzugs der Todesstrafe durch die Obrigkeit bzw. die Gemeinde. In späteren Texten wird sie über Wahrsager, Gotteslästerer, Götzendiener und Sabbatschänder verhängt. Aber auch der mißratene Sohn soll gesteinigt werden. – In dieser Erzählung soll die Steinigung wohl nicht ein hoheitlicher Akt der Gemeinde sein, eher eine Art Lynchjustiz, die Mose befürchtet. In der Not wendet er sich an Gott: Was soll ich tun?

5
Gott sagt seinem bedrängten Boten Hilfe zu. Das Volk muß er hinter sich zurücklassen. Die Ungläubigen dürfen die Hilfe Gottes nicht sehen. Einige Notabeln sollen als Zeugen des Geschehens anwesend sein. Mose muß seinen Gottesstab, der in den Plagenerzählungen (Ex 7,17.20) eine Rolle gespielt hat, mitnehmen. Er symbolisiert die Wundermacht des Retters, Führers und Mittlers Mose, der dem Wort Gottes folgt.

6
Die Identifikation des Felsens mit dem Horeb ist späterer Einschub. Jahwe verspricht, er werde vor Mose auf dem Felsen stehen. Mose soll auf den Felsen schlagen, dann läßt Jahwe Wasser aus dem Felsen strömen, damit das Volk trinken kann. Die Zusage Gottes erfüllte sich vor den Augen der Zeugen, die Anklage gegen Mose war durch die göttliche Intervention gegenstandslos geworden. Der Stock des Mose ist in der heutigen Form der Erzählung unentbehrlich. Aber die Bemerkung, daß Jahwe auf dem Felsen steht, dem die Quelle entspringt, zeigt, wer die eigentlich wichtige Person in der Erzählung ist.

7
Am Schluß folgt die Ortsätiologie im Sinne der Volksetymologie. Mose nannte den Ort »Ort der Anklage und der Versuchung«. Die Versuchung Jahwes geschah in der Frage »Ist Jahwe in unserer Mitte oder nicht?«.
Das Mitsein Jahwes hat die Moseschar beim Meerwunder erfahren. Diese Gnade kann durch Schuld verspielt und durch Fürbitte und Sühne wiedergewonnen werden (Ex 33,1–3.12–16). Das Versuchungsmotiv ist eine Steigerung (vgl. Ex 15,24; Num 11,1.20; 14,4.21 f ...). Mit ihm hängt beim Jahwisten die negative Beurteilung der Wüstengeneration zusammen. In der Zeit der Wüstenwanderung hat Gottes Mitsein mit seinem Volk die konkrete Gestalt der Wegweisung und der Lebenserhaltung durch Speise und Trank.
Diese Obsorge Gottes wird im Psalter besungen (23,1 f; 105,40 f). Die rabbinische Exegese lehrt, daß »Wasser aus dem Felsen« Israel auf der ganzen Wüstenwanderung begleitete. Paulus greift den Gedanken in 1 Kor 10,3 f auf: der präexistente Messias wandert mit seinem Volk und reicht ihm die Eucharistie. Manna und Wasser werden dort »geistliche Speise und geistlicher Trank« genannt.

4. Entstehungssituation: Ursprünglich liegt hier eine Lokaltradition vor. Jahwist und Elohist haben das Material bearbeitet. Der Rückverweis auf die Plagenerzählung zeigt, daß die Einzeltradition bewußt in ein größeres Konzept eingearbeitet wurde. Die Einbindung in die Gesamtkonzeption erfolgte durch das priesterschriftliche Itinerar.

5. Überlieferungsträger: Überlieferungsträger der alten Lokaltradition waren wohl die südpalästinensischen Stämme. Jahwist und Elohist (vv. 3–6) haben ihre theologischen Spuren hinterlassen.

6. Intention: Ähnlich wie in A erfahren wir, daß Jahwe sein bedrängtes Volk aus der Not rettet und ihm Wasser verschafft. Diesmal geht es um eine wunderbare Wasserspende.
Die Motive des murrenden Volkes und der Versuchung Jahwes zeigen Israels Kleinglauben.
Mose wird als Führer und Retter besonders hervorgehoben. Mose ist Mittler, Gott ist mit seinem Volk.

C. Num 20,1–13: Die Wasser von Meriba

1. Text: Vgl. eine Ausgabe des AT.

2. Form: Wundererzählung mit Ortsätiologie; Dublette zu Ex 17,1–7, was die P-Teile betrifft;
Gliederung der Wundererzählung:
 Exposition: Lokalisierung und Einführung der Personen: v. 1
 Darstellung der Notlage des Volkes: vv. 2–5
 Jahwes Hilfe: vv. 6–11
 Schluß: Ortsätiologie v. 13

3. Einzelinterpretation: Num 20,

1
Die Orts- und Zeitangabe geschehen nach dem priesterschriftlichen Itinerar. Die Schwerfälligkeit der Sprache deutet auf spätere Redaktion (Doppelung: Söhne Israels, die ganze Gemeinde). Die Zeitangabe »im ersten Monat« ist

ungenau, der wichtige Teil, die Jahresangabe o. ä., ist verloren gegangen.
Die Israeliten, die sich nach Num 10,12; 13,3 (P) zuletzt in der Wüste Paran aufgehalten hatten, wenden sich dem Südrand des versprochenen Landes zu. Die Wüste Paran liegt nach 1 Kön 11,18 zwischen Midian und Ägypten. Sie war Wohnsitz der Ismaeliter. Die Kundschafter waren nach Num 13,21 (P) von der Wüste Zin aus nach Kanaan vorgedrungen (zum Negeb, nach Hebron und ins Tal Eschkol) und dann wieder nach Kadesch in die Wüste Paran zurückgekehrt. Der Landschelte wegen hatte Jahwe beschlossen, daß die Wüstengeneration außer Kaleb und Josua wegen ihres Unglaubens nicht ins versprochene Land kommen sollte (Num 14,26–38 [P]). Vierzig Jahre sollten die Söhne durch die Wüste ziehen bis zum Tode der verworfenen Generation. An sich müßte sich unser Itinerar von v. 1 auf diesen Text zurückbeziehen und sagen, ob oder wie viele Jahre der Gottesstrafe inzwischen vorübergegangen sind. Aber unsere Zeitangabe bezieht sich nicht auf Num 14,26 ff zurück (wahrscheinlich ist sie redaktionelle Arbeit von P_s).
Hinter diesem Text steht die betonte Anschauung, daß ganz »Israel« mit Mose und Aaron in das versprochene Land aufbrechen wollte. In v. 1aβ weist der Begriff »Volk« darauf hin, daß hierin einer der alten Erzähler vom Kadeschaufenthalt Israels berichtet. Der Jahwist erwähnt kurz Tod und Begräbnis der Mirjam in Kadesch.

2
Hier setzt wieder P ein. Die »Gemeinde« fand in der Wüste kein Wasser (Kadesch hingegen ist wasserreich). Die Gemeinde versammelte sich gegen Mose und Aaron.

3
Der typisch priesterschriftliche Zug ist nicht durchgehalten, denn das Volk klagt nur Mose an (v. 3a ist wörtliche Übernahme aus Ex 17,3bα). V. 3b ist ein Fragesatz. Das Volk wäre lieber so zugrunde gegangen wie seine Brüder (ein Rückverweis auf Num 17,27). Da der Bezugspunkt schon

sekundärer Zusatz zu P ist, ist Num 20,3b erst recht redaktioneller Zusatz.

4

steht im hebr. Text im Plural und bezieht sich auf Mose und Aaron, die Anklage ist die gleiche wie in Ex 17,3: Ihr habt uns in die Wüste gebracht, nun müssen wir hier mit unserem Vieh sterben.

5

ist am Anfang wörtlich aus Ex 17,3bα entlehnt. Was in Ex 14.15 als Großtat Gottes gepriesen wurde, ist hier grundsätzlich in seiner Sinnhaftigkeit angezweifelt. Die Heraufführungsformel wird benutzt zu der Frage: Warum habt ihr, Mose und Aaron, uns aus dem sicheren Leben der Sklaven in Ägypten herausgeholt und an einen solch üblen Ort gebracht?

6

Die beiden Angegriffenen wissen auf die Anklage der Gemeinde keine Antwort. Daher wenden sie sich an ihren Auftraggeber, gehen zum »Zelt der Begegnung« und werfen sich dort wortlos nieder in der Erwartung, von Gott Sinndeutung und Abhilfe für die Not des Volkes zu empfangen.

Die Vorstellung vom »Zelt der Begegnung« (Zusammenkunft) ist keine Neuschöpfung der Priesterschrift. Das Zelt dient nach Ex 33,7–11 (E) der Befragung Jahwes. Es stand außerhalb des Lagers. Jahwe wohnte nicht darin, sondern erschien dort, um mit Mose zu sprechen. An dieser Orakelstelle erging also nach den alten Quellen das Jahwewort an Mose, den Propheten und Mittler. In diesem Sinne spricht auch Ex 29,42 f (P) vom Zelt der Begegnung (»Daselbst will ich mich einfinden, um mit dir zu reden, und ich will mich daselbst für die Söhne Israels treffen lassen.«). D. h. das Zelt ist der besondere Treffpunkt zwischen Gott und Israel.

»Und die Herrlichkeit Jahwes erschien ihnen.« Diese zweite Vorstellung gehört dazu. Mose und Aaron erschien Jahwes sinnenhaft wahrnehmbare Mächtigkeit, sein Ansehen und seine Ehrenherrlichkeit. Eine Theophanie wurde Mose und

Aaron zuteil. Die Herrlichkeit Gottes ist die Erscheinungsform, in der sich Jahwe nach der Anschauung der Priestertheologen Israel offenbarte, um wichtige Entschlüsse kundzutun. In v. 7 f zeigt er dem Mose, wie er das Volk aus der Notlage befreien kann.

7/8
Beim Auftrag und bei der Darstellung des Wunders (vv. 8–11) sind die beiden Versionen ineinander verwoben. Teilweise sind sie widersprüchlich.
Zunächst befiehlt Jahwe, Mose solle seinen Stab nehmen (vgl. Ex 17,5). Im Gegensatz zu Ex 17,5, wo nur die Ältesten Zeugen des Wunders sind, wird hier die ganze Gemeinde von Mose und Aaron, der in Ex 17 fehlt, feierlich versammelt. Der folgende Teil paßt überhaupt nicht zur Einleitung, denn Mose und Aaron sollen vor den Augen der Gemeinde, die hier plötzlich eingeführt wird, zu dem Felsen sprechen, »und er wird sein Wasser geben«. Wozu nun der Stock? Es wird doch davon ausgegangen, daß man dem Felsen auf geheimnisvolle Weise sein Wasser entlocken kann. In Ex 17,6 geschah dies durch das Schlagen mit dem Stock, hier durch das Ansprechen des Felsens. Die Priesterschrift hat wohl den Vorgang bewußt spiritualisiert. In Ex 17,6 war der Zusammenhang klarer. Mose schlug auf den Felsen, Jahwe ließ das Wasser aus dem Felsen hervorsprudeln (vom Gottesstab war allerdings auch in dieser Version schon nicht mehr die Rede). Ursprünglich wurde vielleicht eine magische Handlung erzählt, die später in verschiedenen Phasen eindeutig dem Willen Jahwes unterstellt wurde. Nach P soll Mose allein das Wasser aus dem Felsen herausholen und Mensch und Tier davon zu trinken geben.

9
Mose nimmt den Stock mit. Dies wird in Ex 17 nicht erwähnt. Hier muß es also redaktionelle Zufügung sein.

10
Mose und Aaron versammeln die Gemeinde vor dem Felsen. Aber sie sprechen nicht mit dem Felsen, Mose hingegen sagt

seiner Gemeinde zwei Dinge: Sie sind widerspenstig. Diese Anrede disqualifiziert die Angesprochenen, denen zum wiederholten Mal Unglaube und Widerstand gegen die göttliche Führung vorgehalten wird. Die zweite Aussage kann als eine Äußerung des Zweifels und der Verlegenheit gedeutet werden: Glaubt ihr, wir könnten euch helfen? – An sich ist diese Frage berechtigt, aber nach der göttlichen Zusage von v. 8 ist sie Zeichen dafür, daß Mose und Aaron der Zusage Gottes nicht trauen. Die Gemeinde und ihre Leiter sind gleichermaßen nicht genügend stark im Glauben. Hier scheint die Priesterschrift die ursprüngliche Intention des Wasserwunders, wie wir es in Ex 17 sahen, umgebogen zu haben, um Num 20,12 zu begründen.

11

Der erste Halbvers ist aus Ex 17 entlehnt. Die Ausführung des göttlichen Befehls variiert insofern, als Mose zweimal auf den Felsen schlug. Die göttliche Zusage erfüllt sich trotz des Unglaubens des Mose. Viel Wasser kam aus dem Felsen. Die Notlage war behoben. Wieder einmal war »bewiesen«, daß Jahwe vertrauenswürdig und mächtig ist.

12

Hier schreibt der priesterschriftliche Autor das Eigentliche und Wesentliche seiner Variante der Wasserwundererzählung. Während Ex 17,1–7 die Frage nach dem Glauben des Volkes stellt, beschreibt die Priesterschrift den Unglauben der beiden Führergestalten Mose und Aaron. Ihnen wird eine harte Strafe zugesprochen: Beide werden am Ende der Wüstenwanderung das versprochene Land nicht betreten dürfen. Mose darf es vor seinem Tod sehen, dann muß er sterben. Mose und Aaron haben diese Glaubensprüfung nicht bestanden: sie hätten in festem Vertrauen an die wunderbare Wasserspende Jahwes glauben und Gottes Heiligkeit und Größe dadurch vor der Gemeinde sichtbar machen sollen. Deshalb dürfen sie ihre große Aufgabe nicht zu Ende bringen, Israel nicht ins gelobte Land hineinführen.

Es ist verständlich, daß Israel darüber nachdachte, warum Mose und Aaron davon ausgeschlossen waren, in Gottes

Land einzutreten. Das Deuteronomium argumentiert in 1,37 anders: Mose erreichte das Land Kanaan nicht, weil Jahwe um des Volkes Willen seinem treuen Knecht zürnte. So durfte er »das schöne Land« nur aus der Ferne sehen (Dtn 3,25 f). Der Priesterschrift war diese Erklärung nicht genug. Mose und Aaron haben aus eigener Schuld ihr Ziel verfehlt.

13

ist eine redaktionelle Zufügung zum priesterschriftlichen Bestand der Einheit. Während bisher in der ganzen Erzählung von keiner Anklage der Israeliten gegenüber Jahwe gesprochen wurde, wird aus Ex 17,7 dieser Zug hierher übernommen und dient zur Volksetymologie des Ortsnamens. Mit dem zweiten Teil des Verses wird eine Rückbindung an die Ortsangabe von Num 20,1aβ (Kadesch) vorgenommen.

4. Entstehungssituation: Die Quellenscheidung wird im allgemeinen wie folgt vorgenommen:

J: 3a.5
E: 1b
P: 1a.2.3b.4.6–8.10.11b.12
R: 8.11a.13 = spätere, priesterschriftlich-redaktionelle Zufügungen.

Die Annahme ist zu rechtfertigen, daß der nach Abzug von P verbleibende Rest von einem späteren Erzähler aus Ex 17,1–7 hier nachgetragen worden ist. Die Literarkritik führt hier insofern zu keinem Ergebnis, als dieser Text die Verknüpfung zweier verschiedener Traditionen darstellt, die deutlich von einander abgesetzt sind.
Daß J und P andere Ziele mit ihrer Version verfolgen, wird schon daraus ersichtlich, daß die Schlußredaktion die beiden Überlieferungen an verschiedenen Orten unterbrachte.

5. Überlieferungsträger: Zur jahwistischen Partie vgl. das unter B 5 Gesagte. Die Priestertheologen haben, wie aus der Einzelinterpretation deutlich hervorgeht, sich dieser Erzählung bemächtigt, um ihre eigene Theologie damit zu illustrieren.

6. *Intention:* Die alten Quellen erzählen das Wunder der Wasserspende als einen Teil der südpalästinensischen, vorjahwistischen Wüstenzugtradition.
Die Priesterschrift stellt die Erzählung an das Ende des Wüstenzuges, kümmert sich nicht sonderlich um die wunderbare Wasserspende, sondern setzt den Akzent darauf, daß im Verlauf des erzählten Geschehens Mose und Aaron ihre Glaubensprüfung nicht bestanden haben. So blieb ihnen der Eintritt in Jahwes Land aufgrund eigenen Verschuldens versagt.
Aus der alten Wundererzählung wurde, nachdem J das Motiv des murrenden Volkes eingeführt hatte, durch P eine »Versuchungserzählung« oder »Glaubensprobe« gemacht. Das Beispiel zeigt, wie verschiedene Wege in der Geschichte der Auslegung eine solche Überlieferung gehen kann. Schon damals haben die Prediger im Hinblick auf ihren Hörerkreis aktualisiert. Sie wollten zeigen, wie man sich nicht richtig zu Gottes Machttaten einstellt und wie man dann von Gott bestraft wird. P war als Vorgabe schon gegeben, daß Mose und Aaron nicht ins versprochene Land gekommen waren. So war diese Interpretation und Nutzanwendung möglich.

D. Ex 16: Das Manna und die Wachteln

Über die genaue Quellenzuweisung besteht bis heute kein Konsens. Daß mindestens zwei Quellen (J/P) vorliegen, zeigen die Dubletten der Ankündigung der wunderbaren Speisung (v. 4f/6–12); der Beschreibung der Speise (v. 14b/31b); der Benennung der Speise (v. 15/31a); der Aufforderung, nicht am Sabbat zu sammeln (v. 24f/29) und der Angabe über den Zeitraum der Speisung (v. 35a/35b). Die Erzählung des Jahwisten ist nur noch fragmentarisch erhalten, da die Priesterschrift in diesem Kapitel als Leitfaden dient. Innerhalb von J schimmert noch eine ältere Erzählung durch. Zur besseren Übersicht werden die beiden Quellen getrennt vorgelegt und betrachtet.

a) Ex 16,4.5.29–31.35b: Die jahwistische Version

1. Übersetzung des Textes: Ex 16,

4 Da sagte Jahwe zu Mose: Wohlan, ich will euch (jetzt) Brot vom Himmel regnen lassen. Und das Volk soll hinausziehen und den täglichen Bedarf einsammeln (, damit ich es erprobe, ob es nach meiner Weisung handelt oder nicht).

5 Wenn sie aber am 6. Tage das Heimgebrachte zubereiten, so wird es das Doppelte von dem sein, was sie sonst täglich einsammeln.

29 Seht, daß Jahwe euch den Sabbat gegeben hat, darum gibt er euch am 6. Tag Brot für zwei Tage. Jeder soll an seiner Stelle sitzen bleiben, und keiner soll von seinem Platz hinausgehen am siebten Tag.

30 Und am siebten Tage hielt das Volk Sabbat.

31 Das Haus Israel aber nannte es »Man«. Es war weiß wie Koriandersamen und schmeckte wie Honigkuchen.

35b Und das Manna aßen sie, bis sie an den Rand des Landes Kanaan kamen.

2. Form: Die jahwistische Version ist das Fragment einer Wundererzählung. Die Einleitung ist zugunsten der führenden Quelle P weggebrochen. Zwischen v. 5 und v. 29 fehlt der Bericht vom Eintreten des Wunders. Das Ende hingegen scheint vollständig überkommen zu sein.

3. Einzelinterpretation: Ex 16,

4

Der Text hebt ohne Lokalisierung an, die durch die P-Notiz in v. 1 ersetzt worden ist, wenn die J-Version nicht ganz ohne Lokalisierung überliefert wurde. Der Vers setzt das Murren des Volkes oder ein Gebet um Nahrung in der Wüste voraus. Als Speise verspricht Jahwe »Brot vom Himmel« (vgl. Ps 78,24 f). Paulus spielt darauf in 1 Kor 10,3 an. Die spätere Interpretation, die Paulus voraussetzt, versteht unter

Himmel den qualitativ anderen Bereich, der Gott und seinem Hofstaat eigen ist (daher »Engelsbrot«). Ursprünglich und wohl auch hier meint Himmel im AT den Luftraum über der Erde. So wie Gott in Israel Regen und Tau auf die Erde fallen läßt, damit die Früchte wachsen können, läßt er hier »Nahrung« vom Himmel fallen. Das Volk kann von dieser Gottesgabe einsammeln. Daß jeder nur seinen täglichen Bedarf einsammeln soll, ist der Ansatzpunkt für die theologische Interpretation des jahwistischen Redaktors von 4bβ (vgl. die Worte in der Klammer).

Gott hat seine Gabe gegeben. Er will sein Volk auf die Probe stellen. Wenn sie auf sich selbst vertrauen, werden sie soviel einsammeln, wie jeder einzelne erreichen kann. Wenn sie auf Gott vertrauen, nehmen sie jeden Tag nur das, was sie an ihm brauchen. So dokumentieren sie, daß sie Jahwe zutrauen, daß er ihnen jeden Tag das Lebensnotwendige zukommen lassen kann und dies zu tun gewillt ist.

5

Eine Probe der Macht Gottes soll »am sechsten Tage« gegeben werden. Die Israeliten werden ihre gewöhnliche Ration Manna einsammeln. Aber, wenn sie es zubereiten, verdoppelt sich die Menge der Speise, und sie reicht für zwei Tage aus. Das Wunder der Ernährung des Volkes in der Wüste wird hier noch überhöht. Es fordert von Israel Vertrauen und Halten der Sabbatruhe.

29 f

Die in v. 5 angekündigte Verdoppelung der Mannaspende ermöglicht das Geschenk des Sabbats. Jedermann soll am siebten Tag ruhig sitzen bleiben und nicht hinausgehen. Für die Wüstenzeit ist damit die Sabbatruhe nicht nur Gebot Gottes, sondern ein Geschenk, das Gottes Reichtum spendet. – V. 29 ist der älteste Sabbatbeleg im AT. Der Zusammenhang zwischen Sabbat und »ruhen« ist eine Volksetymologie, die zwar wahrscheinlich nicht richtig, aber im Hebräischen sehr naheliegend ist. Der Ruhetag wird nicht theologisch als Gebot begründet, wie es in den Dekalogen ge-

schieht, er wird einfach dem Menschen gegeben. Ruhe und Muße gehören zum Menschen genauso wie seine Arbeit.
Die Speisung des Volkes mit Manna und die Verdoppelung der Menge am sechsten Tage weisen darauf hin, daß hier ein Speisungswunder erzählt wurde. Faktisch kann Manna in der Wüste nur im Frühjahr zwei Monate lang in kleineren Mengen gefunden werden. Der hier vorgenommene Konnex mit dem Sabbat ist nicht ursprünglich. Die Speisungswundererzählung wurde schon vom Jahwisten theologisch in eine andere Richtung interpretiert.

31

Das Manna (hebr. Man) wird konkret beschrieben: Es ist weiß wie Koriandersamen und schmeckt wie Honigkuchen (vgl. die Parallele von P in v. 14b und Num 11,7.8. Dieser J-Zusatz gibt eine andere Beschreibung). Die konkrete Schilderung kann darauf hinweisen, daß der Erzähler noch eine klare Vorstellung von der Sache gehabt hat.
Auf der Sinaihalbinsel gibt es das »Man« noch heute. Es handelt sich um eine Art Tropfen, die an den Blättern der Manna-Tamariske durch den Stich einer Schildlaus aus dem Sekret dieses Insekts entsteht. Es fällt von den Blättern auf den Boden. In der Nachtkühle wird es relativ hart. Am Morgen kann es noch eingesammelt werden, während es bei größerer Hitze am Tage zerfließt. Das Man schmeckt angenehm süß und wird noch heute gegessen, wo es von den Nomaden gefunden wird.
Dies »Wunder« paßt also gut zu den natürlichen Gegebenheiten auf der Halbinsel Sinai. Der Vorgang ist »natürlich«. Das Wunder besteht darin, daß Israel durch Jahwe soviel von diesem »Himmelsbrot« geschenkt bekam, daß es in der Wüste überleben konnte. Für die Moseschar, die aus dem Kulturland Ägypten kam, war Man sicher etwas Neues und Staunenswertes.

31

Jahwe ließ sein Volk mit dieser Speise bis zum Ziel des Wüstenzugs kommen, bis an den Rand des Kulturlandes Kanaan.

4. Entstehungssituation: Am Anfang stand eine vorjahwistische Überlieferung in den südpalästinensischen Stämmen. Sie erzählte, wie Nomaden in der Wüste durch Manna vom Verhungern errettet wurden. Das wurde als göttliche Hilfe ausgelegt.
Ein jahwistischer Bearbeiter erkannte, daß diese alte Erzählung zu seiner »Theorie von der Versuchung/Erprobung Israels in der Wüste« paßte, so wurde die Geschichtssage »umgeschrieben«. Die Einfügung des Sabbats stammt aus dieser Überarbeitung.

5. Überlieferungsträger: Zunächst die südpalästinensischen Stämme, dann die jahwistischen Erzähler haben diese heute als Torso überkommene Überlieferung verantwortet.

6. Intention: Die südpalästinensischen Stämme kannten eine festgefügte Wüstenwanderungserzählung. Sie berichtet auch, wie die Gottheit (noch nicht Jahwe des Zwölfstämmevolkes) dem Clan Nahrung gewährte. Die ursprüngliche Erzählung preist Gott als den Beschützer seiner Leute.
Die jahwistische Theologie von der Versuchung, vom murrenden Volk ist schon bekannt. Sie fand hier auch ihren Eingang. Das Wunder wird zur Versuchungserzählung umfunktioniert.

b) Ex 16,1–3.6.7.9–27.35a: Die priesterschriftliche Version
zuzüglich der Glossen v. 8.28–31
ohne den nachträglichen Zuwachs von vv. 32–34

1. Text: Ex 16,

1 Darauf brachen sie von Elim auf, und die ganze Gemeinde der Söhne Israels gelangte in die Wüste Sin, die zwischen Elim und dem Sinai liegt, am 15. Tag des 2. Monats nach ihrem Auszug aus Ägypten.

2 Da murrte die ganze Gemeinde der Söhne Israels gegen Mose und Aaron in der Wüste.

3 Und die Söhne Israels sagten zu ihnen: Wären wir doch durch die Hand Jahwes gestorben im Lande Ägypten, als wir an den Fleischtöpfen saßen, als wir Brot satt zu essen hatten. Doch ihr habt uns herausgeführt in diese Wüste, um diese ganze Versammlung vor Hunger sterben zu lassen.
6 Darauf sagten Mose und Aaron zu allen Söhnen Israels: Am Abend werdet ihr erkennen, daß Jahwe euch aus dem Lande Ägypten herausgeführt hat,
7 und am Morgen werdet ihr die Herrlichkeit Jahwes sehen, wenn er euer Murren gegen Jahwe gehört haben wird. Aber was sind wir, daß ihr gegen uns murrt?
8 Und Mose sagte: Wenn Jahwe euch am Abend Fleisch zu essen gibt und am Morgen Brot zum Sattwerden, wenn Jahwe euer Murren hört, das ihr gegen ihn erhebt, was aber sind wir? Nicht gegen uns richtet sich euer Murren, sondern gegen Jahwe.
9 Darauf sagte Mose zu Aaron: Sage zur ganzen Gemeinde der Söhne Israels: Tretet vor Jahwe, denn er hat euer Murren gehört.
10 Und während Aaron noch zur ganzen Gemeinde der Söhne Israels redete, da wandten sie sich zur Wüste hin, und siehe, die Herrlichkeit Jahwes erschien in der Wolke.
11 Und Jahwe sprach zu Mose:
12 Ich habe das Murren der Söhne Israels gehört. Sprich zu ihnen: Zur Zeit der Abenddämmerung werdet ihr Fleisch essen, und am Morgen werdet ihr euch mit Brot sättigen, und ihr werdet erkennen, daß ich Jahwe bin, euer Gott.
13 Und am Abend zogen Wachteln herauf und bedeckten das Lager. Und am Morgen war eine Tauschicht rings um das Lager da,
14 und als die Tauschicht sich gehoben hatte, siehe, da war auf der Oberfläche der Wüste etwas Feines, Körnerartiges, fein wie Reif auf der Erde.

15 Und die Söhne Israels sahen (es) und sagten zueinander: Was ist das? Denn sie wußten nicht, was es ist. Da sagte Mose zu ihnen: Das ist das Brot, das Jahwe euch zu essen gegeben hat.
16 Und diesen Befehl hat euch Jahwe gegeben: Sammelt von ihm ein jeder nach seinem Essensbedarf, ein Gomer pro Kopf nach der Zahl eurer Personen; ein jeder soll es holen entsprechend denen, die zu seinem Zelt gehören.
17 Und die Söhne Israels taten so und sammelten ein, der eine viel, der andere wenig.
18 Als sie es aber im Gomer-Maß abmaßen, da hatte der, der viel gesammelt hatte, keinen Überschuß, und der, der wenig gesammelt hatte, keinen Mangel. Jeder hatte nach dem Maß gesammelt, was er zu essen bedurfte.
19 Darauf sagte Mose zu ihnen: Man darf nichts bis zum Morgen übriglassen.
20 Aber sie hörten nicht auf Mose, und einige ließen davon bis zum Morgen übrig. Da verdarb es durch Würmer und stank. Mose aber zürnte ihnen.
21 Morgen für Morgen sammelten sie es so ein, jeder nach dem Maß, das er zu essen bedurfte. Wenn aber die Sonne heiß geworden war, pflegte es zu schmelzen.
22 Am sechsten Tage aber sammelten sie das Doppelte an Brot ein, zwei Gomer für einen jeden. Da kamen die Vorsteher der Gemeinde und berichteten es dem Mose.
23 Und er sagte zu ihnen: Folgendes befiehlt Jahwe damit: Eine Sabbatfeier, ein heiliger Sabbat für Jahwe ist morgen. Was ihr backen wollt, das backt, und was ihr kochen wollt, das kocht, und was dann noch übrig ist, legt euch zurück bis zum nächsten Morgen.
24 Und sie legten es zurück bis zum nächsten Morgen, wie Mose befohlen hatte, und es wurde nicht stinkend und Fäulnis kam nicht hinein.

25 Darauf sagte Mose: Eßt es heute, denn heute ist Sabbat für Jahwe. Auf dem Felde werdet ihr heute nichts finden.
26 Sechs Tage könnt ihr es einsammeln, aber am siebten Tag ist Sabbat, an ihm ist es nicht da.
27 Und als am siebten Tage einige Leute zum Sammeln hinauszogen, da fanden sie (es) nicht.
28 Und Jahwe sagte zu Mose: Wie lange schon habt ihr euch geweigert, meine Befehle und meine Weisungen zu befolgen.
29 Seht, weil Jahwe euch den Sabbat gegeben hat, darum gibt er auch am sechsten Tag Brot für zwei Tage. Jeder soll an seiner Stelle sitzen bleiben, und keiner soll von seinem Platz hinausgehen am siebten Tage.
30 Und am siebten Tage hielt das Volk Sabbat.
31 Das Haus Israel aber nannte es »Man«, es war weiß wie Koriandersamen und schmeckte wie Honigkuchen.
35a Die Söhne Israels aßen das Manna vierzig Jahre, bis sie in bewohntes Land kamen.

2. Form: Die priesterschriftlichen Texte bilden im Gegensatz zu den jahwistischen eine fortlaufende Erzählung.
Die gewohnten Gliederungsteile einer Wundergeschichte kann man aufzeigen. Es handelt sich aber eher um eine »Lehrgeschichte« von der Besonderheit des Sabbats.

3. Einzelinterpretation: Ex 16,

1

Wie gewohnt beginnt die Priesterschrift ihre Geschichte vom Manna und den Wachteln mit einer Itinerarnotiz. Für die Angaben über Elim vgl. zu Ex 15,27. Wo die Wüste Sin zu lokalisieren ist, wissen wir nicht. Die Angabe »zwischen Elim und dem Sinai« ist wohl nicht als geographische Angabe, sondern als Angabe der Stelle im Stationenverzeichnis der Wüstenroute zu verstehen, die den Priestertheologen überkommen war.

Die Datierung »am 15. Tag des 2. Monats nach ihrem Auszug aus Ägypten« weist auf einen längeren Aufenthalt in der Oase Elim hin. Der Zeitraum von sechs Wochen zeigt, daß P mit längeren Märschen zwischen den Stationen gerechnet hat. Ob er noch mehr – uns nicht mitgeteilte – Zwischenstationen kannte, wissen wir nicht.

2 f

Die Ortsangabe »in der Wüste Sin« hat keine spezielle Beziehung zur folgenden Wachteln- bzw. Mannageschichte. Probleme mit der Nahrungsversorgung gibt es in allen Wüstengebieten, erst recht, wenn sich eine relativ große Gruppe durchbringen will. Die »Wüste Sin« war nur die erste Wüstenstation, an der die Flüchtlinge aus Ägypten mit dem Nahrungsproblem konfrontiert wurden.
Hier bringt die Quelle P zum ersten Mal das Motiv des murrenden Volkes. Mose und Aaron werden von ihren Genossen kritisiert, aber im Grunde ist Jahwe selbst das Mißtrauen ausgesprochen. Die Flüchtlinge behaupten, daß Jahwe sie töten will. Sie wären lieber »an den Fleischtöpfen Ägyptens« gestorben. Ein Blick auf Num 11 bestärkt uns in der Vermutung, daß die Flüchtlinge ein rosiges Bild von den ägyptischen Lebensbedingungen malen. Die Sklaven und Fronarbeiter des Pharao hatten sicher nicht viel Fleisch in den Töpfen. Sie mußten sich mit Brot, Gemüse und Fisch sättigen. Aber gegenüber einer harten Gegenwart glorifiziert der Mensch gern die Vergangenheit. Für die bedrohliche und ungewohnte Lage in der Wüste werden Mose und Aaron haftbar gemacht: »Ihr habt uns in diese Wüste herausgeführt!«
Die Priestertheologen wollen damit sagen: Das Volk hat sich gegenüber den Stellvertretern Gottes nicht korrekt verhalten. Gott gegenüber hat es nicht genügend Vertrauen gehabt.
Auch in der P-Überlieferung ist das Motiv des murrenden Volkes zur Traditionsverknüpfung in der Wüstenzugtradition benutzt und erklärt den mühsamen vierzigjährigen Weg durch die Wüste als Antwort Gottes auf das ständige

Schwanken Israels zwischen Hoffnung und Verzweiflung, zwischen Vertrauen und Mißtrauen gegenüber Jahwe.

6
Mose und Aaron verweisen in ihrer Antwort nicht auf das Nahrungs- sondern auf das Grundproblem: Die Herausführung des Volkes aus Ägypten wird als Tat Jahwes verkündet. Weil die Tat nach Intention und Erfolg von den Söhnen Israels bestritten wird, soll Gott selbst die Bedeutung seiner Tat erkennbar machen. Diese Funktion hat die Theophanieerzählung (vv. 6–10).

7
Erkenntnismittel ist die »Herrlichkeit Jahwes«, die Israel am Morgen sehen soll. Das Wort und die Erscheinung begegnen in der Priesterschrift an entscheidenden Stellen (z. B. im Bereich der Wüstenzugtradition Ex 16; Num 14.16.17,6–15; 20,1–13). Die Erzählungen gehen in einem Fünfschritt vor:

a) der Anlaß der Erscheinung: Murren des Volkes
b) die Lokalisierung der Erscheinung: am Begegnungszelt
c) die Erscheinung der Herrlichkeit Jahwes
d) ein Gotteswort an Mose (und Aaron)
e) eine Aktion Jahwes.

Der Erzähler bringt gedeutete Geschichte vor. Das Besondere wird nicht unterschlagen, aber das Gleichbleibende, das dahintersteht, wird betont.
Die theologischen Akzente dieses Schemas:
Die Erscheinung Jahwes steht (c) äußerlich im Mittelpunkt des Schemas. Mit dem Erscheinen der Herrlichkeit Gottes kommt die Wende des Geschehens in Sicht: die Majestät Gottes schafft Hilfe und Rettung für Israel.
In den Gliederungsteilen b) und d) wirkt sich die theologische Deutung des P sichtbar aus, während er die Exposition (a) und die Lösungssituation (e) relativ unverändert aus den vorausliegenden Überlieferungen übernimmt.
In allen Erzählungen bemüht sich P, darauf hinzuweisen, daß die Wende der Not und die Hilfe Gottes nur vom Heiligtum kommen können.

Das Gotteswort an Mose und Aaron ist meist ein Auftrag. Beide sind Gottes autorisierte Stellvertreter und Vermittler. »Der Kabod (= Herrlichkeit) Jahwe, der auf den Sinai herabgekommen ist und aus dem die Stimme an Mose erging, ist derselbe, in dem Jahwe sich majestätisch an seinem Volk auf dem Weg durch die Wüste erwiesen hat. Die Majestät des Wirkens Jahwes reicht von dieser Mitte her über den ganzen Bereich der geschichtlichen Wirklichkeit seines Volkes« (Cl. Westermann, Die Herrlichkeit Gottes in der Priesterschrift, Th B 55, 1974, 115–137 Zitat 132 f). Die Priestertheologen haben mit diesem Begriff ein Wort geprägt, das Jahwes Wirken in der Geschichte und im Gottesdienst glücklich zusammenfaßt. Die Erfahrung der Herrlichkeit Jahwes impliziert die menschliche Erfahrung der eigenen Bedeutungslosigkeit (vgl. etwa Jes 6,3; Ps 19,2; 29,9).

Die Kritik des murrenden Volkes soll am anderen Morgen angesichts der Herrlichkeit Jahwes verstummen. Der 2. Versteil erinnert, daß Israels Kritik sich gegen Mose und Aaron richtete. Und der redaktionelle v. 8 verweist noch einmal darauf, daß die Kritik an den Stellvertretern Jahwes zutiefst Kritik an Jahwe selbst ist.

9

Hier ist ein Einschnitt: Es ist Morgen geworden. Mose sagt dem künftigen Priester Aaron, er solle das Volk »vor Gott hintreten lassen«. Die spätere Kultordnung vom Sinai wird hier vorausgenommen. Nach Ex 34,23; 23,17 soll Israel am Heiligtum »vor Jahwe« erscheinen. V. 9 meint vielleicht eine Versammlung Israels inmitten des Lagers. Nochmals wird betont, daß Jahwe das Murren seines Volkes vernommen hat.

10

Aaron ist noch daran, seinen Auftrag auszuführen, da wenden sich die Israeliten »der Wüste«, d. h. einem Ort außerhalb des Lagers zu. In der Wolke erscheint die Herrlichkeit Jahwes.

11 f

Mose erfährt von Jahwe, daß er der Beschwerde des Volkes

abhelfen will. Die Israeliten sollen ihre Zweifel an der Fähigkeit Gottes aufgeben und erkennen, daß er mächtig und hilfreich ist. Gottes herrliches Wirken wird das Volk zur Anerkenntnis Gottes führen.

Gott läßt verkünden, daß die Söhne Israels am Abend Fleisch essen können, und am Morgen Brot zu essen bekommen. Während der Jahwist die Speisung mit Manna und Wachteln gesondert behandelt, faßt die Priesterschrift beide Vorgänge zusammen, vereinfacht die Darstellung und unterstellt die ältere Überlieferung ihren theologischen Ideen. V. 12 bringt mit der Erkenntnisformel zum Ausdruck, was Jahwes Fürsorge erreichen soll.

13 f

beschreibt die Erfüllung des Versprechens. Die Wachteln kommen in v. 13 nur kurz zur Sprache. Die Zugvögel kommen am Abend in Scharen geflogen und bedecken das Lager. Das Volk hat Fleisch in Fülle, das erste Versprechen ist erfüllt. Im Text ist nicht klar, ob dieser Vorgang einmalig ist oder ob er sich wiederholt.

Ab v. 13b kommt das Mannathema ausführlich zur Sprache. Um das Lager hatte sich eine Tauschicht gebildet. Nachdem sie abgetrocknet war, blieb etwas Feines, Körnerartiges wie Reif auf der Erdoberfläche liegen. Die Darlegung ist verschwommener als die des Jahwisten in Ex 16,31b.

15

In einer Volksetymologie wird das Feine, Körnerartige als »Man« (= was) bezeichnet. Mose sagt dem Volk: Das ist die Nahrung, die Jahwe euch zu essen gegeben hat. Das zweite Versprechen ist auch erfüllt. Jahwe hat seinem Volk den nötigen Lebensunterhalt verschafft, er muß als Gott anerkannt werden. – Im Folgenden wird das Manna-Thema mit dem Sabbat-Thema verquickt.

16

Durch Mose läßt Jahwe die Familienväter auffordern, für sich und die im Zelt mitwohnenden Familienangehörigen den täglichen Bedarf an Manna einzusammeln. Das Quantum wird mit einem Gomer, laut v. 36 1/10 Efa (= 3,64 Liter), bestimmt. Während auf der Halbinsel Sinai das Manna nur im Frühling und nur in geringen Mengen vorkommt, wird es hier als in großen Mengen vorkommend gedacht.

17 f

Obwohl einige Leute wenig und andere mehr sammeln, ergibt sich das Märchenhaft-Wunderbare: Als im Gomermaß das Gesammelte abgemessen wird, zeigt sich, daß ein jeder genau soviel hat, wie er für seine Zeltwohngemeinschaft braucht, nicht zuviel und nicht zu wenig, genau das rechte Maß! Während die jahwistische Tradition darauf abhebt, daß jeder (als Glaubensprobe) nur den täglichen Bedarf deckt (v. 4), läßt Gott in dieser Erzählung die Sammler ungewollt das rechte Maß finden. Zwei Dinge soll Israel daraus lernen: Gott gibt immer, was sein Volk braucht. Das Volk soll Gott vertrauen und sich nicht um das Morgen sorgen. Gott hilft auch morgen weiter.

19

Jahwe verbietet, die Speise auf den folgenden Tag zu verwahren.

20

Es finden sich immer Leute, die es besser wissen und die Vorsorge treffen wollen. Aber das gehortete Manna wird ungenießbar und stinkt. Ungehorsam gegen Gott und seine Stellvertreter führt nicht zum Erfolg.

21

Morgen für Morgen gibt Jahwe seinem Volk das Essen. Auch diese Überlieferung weiß, daß in der Mittagshitze das Man zu schmelzen begann.

22

Nun strebt die Erzählung dem Sabbatmotiv zu. Zunächst war Israel auf die Tagesration eingeschworen. Die Leute sammelten wie gewohnt, aber »am sechsten Tag« hatten sie, ohne es zu bemerken, die doppelte Ration für jeden Esser eingesammelt. Daraufhin gingen die Vorsteher der Gemeinde zu Mose. Sie berichteten den Vorfall, wollten sich wohl auch rechtfertigen und um Rat bitten, was sie nun tun sollten. Nach v. 19 hätte Gott ihnen unlautere Motive vorwerfen können.

23 f
Mose erklärt, was Jahwe mit dieser doppelten Gabe bezweckt. Der siebte Tag soll für Jahwe heilig sein. Die Sabbatfeier soll nicht dadurch beeinträchtigt werden, daß man sich um die Nahrung für diesen Tag kümmern muß. Die Israeliten sollen am Vortag des Sabbats kochen und backen, was sie brauchen, der Rest des Manna kann unverarbeitet für den Sabbat aufbewahrt werden, es bleibt – welch Wunder – am siebten Tage genießbar (vgl. v. 20).

25 f
Mose befiehlt, am Sabbat das Manna vom Vortag zu essen. Weil dieser Tag Jahwe geweiht ist, findet man an ihm kein Manna außerhalb des Lagers. Israel kann sechs Tage Manna einsammeln, am siebten Tage »ruht« auch die Spende.

27
Übereifrige und Unbelehrbare finden am siebten Tag wirklich kein Manna. Sie hatten zwar gegen Gottes Willen verstoßen, erhalten aber keine Strafe. Die Tendenz der Erzählung geht vorrangig dahin, festzustellen, daß es am Sabbat wirklich kein Manna gab. Nicht in Gen 2,2 f sondern erst in Ex 16 war den Israeliten durch Gott die Sabbatordnung gegeben. In Übereinstimmung mit der jahwistischen Überlieferung in v. 29 f sagt hier die Priesterschrift, daß Israel den siebten Wochentag heiligen und ihn Jahwe weihen solle (vv. 28–31 sind Glosse und werden nicht kommentiert).

35a
schließt die P-Erzählung ab. Auch diese Quelle erklärt, daß Israel vierzig Jahre durch Jahwe in der Wüste mit Manna gespeist wurde, bis das Volk nach Kanaan kam. Jos 5,12, das in Gilgal spielt, sagt: »Von da an hörte das Manna auf ... Von diesem Jahre an ernährten sie sich vom Ertrag des Landes Kanaan.«

Mit diesem Abschluß bezeugt auch die P-Version, daß Gottes große Gabe die Landgabe ist. Die Spende des Brotes in der Wüste ist nur eine Tat auf dem Weg hinein in das versprochene Land!

4. Entstehungssituation: Vgl. über die Vorgeschichte der Überlieferung D. a) 4. (s. S. 267). Die priesterschriftliche Quelle entsteht in und nach dem Exil. Der Sabbat nimmt unter den religiösen Übungen der Exilsgemeinde einen wichtigen Platz ein, da der Kult im (zerstörten) Tempel von Jerusalem für die Exulanten nicht möglich war. So bestand ein legitimes Interesse, die Theologie des Sabbats, die schon in der jahwistischen Tradition vorhanden war, weiter auszubauen bzw. zu betonen.

5. Überlieferungsträger: Wie an vielerlei sprachlichen und theologischen Eigenheiten erkannt werden kann, sind die Autoren der Priesterschrift (Grundschrift) Träger dieser Überlieferung gewesen.

6. Intention: Die P-Erzählung ist in ihrem Aufbau reicher und komplizierter als die jahwistische Parallele, die noch torsohaft erhalten ist. Die Priesterschrift legt besonderen Wert auf die Übermittlung des Sabbatgebotes und seiner Verankerung in der Wüstenzuggeschichte. Eine weitere Intention der Priestertheologie ist mit dem Begriff und der Beschreibung der »Herrlichkeit Gottes« gegeben. Die Exulanten hatten diese Herrlichkeit noch im Jerusalemer Kult erfahren; daß sie auch in der Geschichte »in der Wüste« sichtbar wurde, ist ein Trost für die, die Heimweh nach Jerusalem hatten. Jahwes Herrlichkeit kann überall sichtbar werden (vgl. Ez 1).

Gliederung	Motive
1. Exposition:	
1. Lokalisation: in der Wüste	
2. Unzufriedenheit Israels	1. Motiv des murrenden Volkes
3. Kritik an Mose u. Aaron bei der Führung	2. Motiv der Gottesführung 3. Motiv der Autorisierung von Mose und Aaron
2. Voraussetzung für das göttliche Eingreifen: Gott zeigt den Exodus als sein Werk:	
1. Jahwe verheißt eine Theophanie	4. Motiv der Gotteserkenntnis hier: in der Kultversammlung
2. er verlangt eine Kultversammlung.	
3. Gott erscheint und verspricht Nahrung	" Wiederholung (v. 6.12) nur unkultisch
4. Wortvermittler ist Mose.	5. Motiv: Mose/Aaron als Mittler vgl. v. 6.9.10.12.
3. Jahwes Eingreifen	
1. Manna und Wachteln kommen, wie angekündigt	6. Motiv der göttlichen Hilfe auf dem Wüstenzug
2. Befehl, nur den tgl. Bedarf zu sammeln.	7. Motiv der Erprobung ist noch erkennbar, aber nicht mehr verbal vorhanden. 8. Motiv: der Sabbat ist eine Gottesgabe für den Menschen.

4. Nutzanwendung:

vv. 22–27: Sabbat ist eine Gottesgabe der Wüstenzeit, man kann ihn als Ruhe und Heiligung für Jahwe immer halten.

v. 35a weist über die Kleineinheit hinaus: die göttliche Nahrungsspende hat den Zweck, Israel nach Kanaan zu bringen. Itinerar und Abschluß verklammern die Erzählung nach vorn und hinten.

E. Num 11,4–10.13.18–24a.31–35: Die jahwistische Version der Wachtelspende

Nachdem wir die priesterschriftliche Darstellung der Wachtelspende zur Kenntnis genommen haben, geht es hier um die jahwistische Überlieferung. Man kann eine vorjahwistische Grundschicht und ihre jahwistische Bearbeitung voneinander trennen. Dabei werden die verschiedenen Intentionen klarer.

a) Num 11,4b.10a.13.18.19.20aα.21.22.23.24a.31.32: Die vorjahwistische Darstellung der Wachtelspende

1. Übersetzung des Textes: Num 11,

4b Da weinten wiederum auch die Söhne Israels und sagten: Wer gibt uns Fleisch zu essen?

10a Und Mose hörte das Volk weinen (nach seinen Sippen), jeden im Eingang seines Zeltes.

13 Woher sollte ich Fleisch haben, um es diesem ganzen Volke zu geben? Aber sie weinen (und klagen) gegen mich und sagen: Gib uns Fleisch, damit wir es essen.

18 Und zum Volke sollst du sagen: Heiligt euch für morgen, dann werdet ihr Fleisch zu essen bekommen, weil ihr vor den Ohren Jahwes geweint und gesagt habt: Wer gibt uns Fleisch zu essen? Denn

in Ägypten ging es uns gut. Nun wird euch Jahwe Fleisch geben, damit ihr essen könnt.

19 Nicht nur einen Tag und nicht nur zwei Tage und nicht nur fünf Tage und nicht nur zehn Tage und nicht nur zwanzig Tage lang sollt ihr es essen,

20aα vielmehr einen Monat lang, bis es euch zur Nase herauskommt.

21 Da sagte Mose: 600 000 Fußsoldaten zählt das Volk, in dessen Mitte ich bin. Und du hast gesagt: Ich will ihnen Fleisch geben, und sie sollen (es) einen Monat lang essen.

22 Kann denn Kleinvieh und Rindvieh für sie geschlachtet werden, so daß es für sie ausreicht; oder sollen alle Fische des Meeres für sie gefangen werden, daß es für sie ausreicht?

23 Und Jahwe sagte zu Mose: Ist etwa die Hand Jahwes zu kurz? Jetzt wirst du sehen, ob mein Wort dich trifft oder nicht.

24a Dann ging Mose heraus und teilte dem Volk die Worte Jahwes mit.

31 Und ein Sturm hatte sich von Jahwe aufgemacht und trieb vom Meer her Wachteln heran und warf sie auf das Lager herunter, ungefähr einen Tagesmarsch in der einen und ungefähr einen Tagesmarsch in der anderen Richtung rings um das Lager herum und ungefähr zwei Ellen hoch über dem Erdboden.

32 Da erhob sich das Volk jenen ganzen Tag und die ganze Nacht und den folgenden Tag und sammelte Wachteln. Wer wenig sammelte, sammelte zehn Hómer, und sie breiteten sie für sich aus rings um das Lager.

2. Form: Die vorjahwistische Erzählung ist bis auf den Schluß, der einer Ätiologie weichen mußte, vollständig erhalten. Zu einer normalen Wundererzählung fehlt nur die Beschreibung einer Notlage des Volkes. Gliederung:

Num 11,4b: Exposition: der Wunsch nach Fleisch

	Hauptteil
Num 11,13:	Mose legt Gott die Klage dar
18 f:	Jahwe kündigt seine Hilfe an
21 f:	Mose zweifelt an der Möglichkeit der Hilfe
23:	Jahwe weist Mose zurecht
31 f:	Eintreffen der versprochenen Nahrung in riesigen Mengen

3. Einzelinterpretation: Num 11,

4b

Die ursprüngliche Wachtelerzählung ist nicht an einen Ort gebunden. Num 11,1–3 bringt zwar eine sekundäre Lokalisierung in Tabera, aber sie gehört nicht zur ältesten Schicht. Vielleicht hat es auf dem Weg der Israeliten einen solchen Ort gegeben, aber Näheres ist von ihm nicht bekannt.

Der Versteil ist eine Variante zum Motiv des murrenden Volkes. Das Weinen zeigt die Unzufriedenheit des Volkes mit Gott, mit seinem Plan und dessen Durchführung. Die Israeliten möchten in der Wüste Fleisch bekommen.

10a

Das Weinen des Volkes konnte Mose nicht überhören. Er fühlt sich für sein Volk verantwortlich, faßt das Weinen als Kritik an seiner Führung auf, glaubt aber, daß der Wunsch unberechtigt ist.

13

So wendet sich Mose mit seinem Problem an Jahwe: Woher soll ich in der Wüste für alle Fleisch herbeischaffen? Ein deutlicher Vorwurf für Gott schwingt in den Wortes des Mose mit.

18–20aα

Jahwe ist »empört«. Weder Mose noch seine Gruppe trauen Gott. Daß sie Ägypten überhaupt verlassen konnten, erkennen sie nicht als göttliche Leistung an. Aus dem Textzusammenhang ist zwischen v. 13 und v. 18 eine Zusage göttlicher Hilfe herausgebrochen. Hier folgt nun die Ankündigung einer wunderbaren Fleischspende. Die überreiche

Spende, die Fülle der Gabe sollen die Macht des Gebers augenfällig machen. Und das Geschenk wird dazuhin den Unzufriedenen zur Strafe: einen Monat lang sollen die Israeliten Fleisch essen, bis sie es nicht mehr »sehen« können.

Israel soll sich für den Tag der Fleischspende »heiligen«. D. h. es soll sich auf das Eingreifen Gottes wie sonst auf eine kultische Begehung vorbereiten. Davon spricht Ex 19,10 f (J): »Das Volk soll sich heiligen und seine Mäntel waschen. Am dritten Tag wird Jahwe dann auf den Sinai herabkommen und dort erscheinen.« Sich heiligen bedeutet also einen kultischen Vorgang, bei dem rituelle Reinigungen vorgenommen werden, die auf die kultische, äußere Reinheit des Volkes hinweisen. Hinzu kommt das Beachten bestimmter Enthaltungsgebote (Ex 19,15b fordert sexuelle Enthaltsamkeit). Die äußere Heiligkeit ist die sichtbare Seite der inneren Heiligkeit, zu der Israels Fromme verpflichtet waren (vgl. Lev 19,2; 20,26). Jahwe kritisiert die Unzufriedenheit des (weinenden) Volkes. Er fordert so auch die innere Umkehr Israels. Die Priesterschrift will dasselbe, wenn sie in Ex 16 die Erkenntnisformel benutzt: Die göttliche Hilfe erfordert die Anerkennung Jahwes.

21 f

Mose ist Realpolitiker und »Organisator der Wüstenwanderung«. Er kann sich nicht vorstellen, wie für seine Gruppe ausreichend Fleisch herangeschafft werden kann. Die Zahlenangabe (600 000 Soldaten, der Troß und die Familien) übersteigt das geschichtlich Wahrscheinliche ungeheuer. Mit der riesigen Zahl will der Erzähler zeigen, daß wirklich nur ein Wunder helfen kann. Mose war nicht in der Lage, soviel Vieh oder Fische in der Wüste aufzutreiben.

23

Der Einwurf des Mose beweist auch seinen »Unglauben«, er zweifelt daran, ob Gott helfen kann. Die Antwort ist ein Bild: Ist Gottes Hand zu kurz, kann mein Wort dich nicht treffen?

Die Hand ist Symbol für Besitz, Macht und Kraft. Ex 13,3:

»Mit starker Hand hat euch Jahwe von dort (aus Ägypten) herausgeführt.« Die Schöpfung ist »das Werk seiner Hände« (Ps 8,7). Gottes Hand schlägt auch zu, sie kann Unheil anrichten und strafen (1 Sam 5,6 Jes 5,25). Jahwes mächtige Hand ist ein Argument gegen den Unglauben des Mose. Das Wort Gottes ist Symbol der göttlichen Eingriffe in die Geschichte seines Volkes, es ist Mittel der Offenbarung und des Heils, es ist mächtig und kehrt nicht erfolglos zu Gott zurück (Jes 45,23; 55,10 f). Hier wird Mose gefragt, ob er sich von Gott »überraschen« läßt. Es geht in der vorjahwistischen Erzählung nicht thematisch um den Unglauben des Mose. Das Thema wird im Verlauf der Erzählung nicht weiter verfolgt. Der Erzähler will m. E. betonen, daß Jahwes Tat selbst Mose überraschte und betroffen machte. Es geht hier ja nicht um eine notwendige Hilfe, sondern nur um den Wunsch der Moseschar in der Wüste.

24a
Nach diesem Gespräch kehrt Mose zum Volk zurück, um die göttliche Botschaft auszurichten.

31
Die Erfüllung der göttlichen Zusage hat ungeheure Ausmaße. Ein Gottessturm treibt die Wachteln vom Mittelmeer heran und wirft sie auf das Lager der Israeliten und die Umgebung herunter. Zwei Tagesmärsche im Umkreis und 90 cm hoch bedecken die Vögel den Boden.
Gottes Hilfe beruht auf einem natürlichen Vorgang. Im März und im August/September tauchen an der Mittelmeerküste der Halbinsel Sinai Wachtelschwärme auf. Die Vögel sind von ihrem langen Flug ermüdet und ohnehin sind sie schwerfällig. Deswegen kann der Mensch sie ohne besondere Werkzeuge (Netze o. ä.) einfangen. Die Überhöhung des Vorgangs deutet das Geschehen als Gottes Wunder. Es wird als einmaliges Geschehen hingestellt.

32
Das Volk sammelt die Vögel ein. Anderthalb Tage haben sie damit zu tun. Wer wenig sammelt, hat zehn Hómer

(= 4500 kg) für sich beisammen (also 600 000 [Mann] × 4500 kg!). Sie breiten die Tiere zum Trocknen um das Lager aus. Gott hatte bewiesen, »was er kann«. Dem Mißtrauen des Menschen steht eine Gabe gegenüber, die durch ihr Ausmaß zur Last wird.

4. Entstehungssituation: Diese Tradition gehört zu den Überlieferungen der südpalästinensischen Stämme. Was einer uns nicht mehr greifbaren Gruppe zur Rettung wurde, wird hier in kerygmatisch überhöhter Form zum Lobpreis Jahwes erzählt.

5. Überlieferungsträger: Die Tradition entstammt der Wüstenüberlieferung der südpalästinensischen Stämme. Sie wurde jahwistisch überarbeitet und gelangte so in den Pentateuch.

6. Intention: Die Einzelüberlieferung illustriert im Rahmen der Wüstenzugüberlieferung, wie Jahwe sein Volk auf dem Weg durch die Wüste wunderbar ernährte. Die Betonung liegt darauf, daß Jahwe mehr als reichlich gibt. Er demonstriert damit seine Macht, die helfen kann.
Die Zeit Israels in der Wüste wird in der alten Überlieferung nicht negativ qualifiziert.

b) Num 11,4a.5–9.10b.20aβb.33.34: Die jahwistische Redaktion von a)

1. Übersetzung des Textes: Num 11,

4a Das zusammengelaufene Volk, das in ihrer Mitte war, hatte ein Gelüste.

5 Wir denken an die Fische, die wir in Ägypten umsonst essen konnten, an die Gurken und Melonen, an den Lauch, die Zwiebeln und den Knoblauch.

6 Jetzt aber ist unsere Kehle trocken. Es gibt nichts. Nur auf das Manna fällt unser Blick.

7–9 Das Manna war wie Koriandersamen und sein Aussehen wie das Aussehen des Bedolachharzes. Das Volk ging umher und sammelte es auf. Und sie zerrieben es in der Handmühle oder zerkleinerten es im Mörser und kochten es im Topf und machten daraus Fladen. Und sein Geschmack war wie der des Ölkuchens. Wenn der Tau nachts auf das Lager herabkam, kam das Manna auf es herab.

10b (da entbrannte der Zorn Jahwes sehr), und in den Augen des Mose war es böse.

20aβb . . . und es euch zum Ekel wird, denn ihr habt Jahwe, der in eurer Mitte ist, mißachtet und vor ihm weinend gesagt: Warum mußten wir aus Ägypten herausziehen.

33 Als aber das Fleisch noch zwischen den Zähnen war, noch ehe es vertilgt war, da war schon der Zorn Jahwes gegen das Volk entbrannt. Und Jahwe schlug das Volk mit einem sehr großen Schlag.

34 Und man nannte den Namen jenes Ortes »Lustgräber«, denn dort hatte man das Volk begraben, das ein Gelüste gehabt hatte.

2. Form: Der Text ist keine zusammenhängende Einheit, sondern die redaktionelle Bearbeitung von E. a).

3. Einzelinterpretation: Num 11,

4a

Ein Ort in der Wüste wurde »Qibrot ha-ta'awah« genannt. Seine Lage ist nicht bekannt. M. Noth schlug die Übersetzung »Gräber an der Landmarke« oder »die Gräber des Ta'awa-Stammes« vor. Beide Übersetzungen sind unsicher, sicher jedoch ist die in v. 34 vorgenommene Deutung als »Lustgräber« künstlich und nicht zutreffend. Der Name soll auf einen Ort hindeuten, an dem Menschen wegen eines »Gelüstes« durch Gott vernichtet wurden. Die Zeit des Ge-

schehens wird mit der Zeit der Wüstenwanderung Israels identifiziert.
Dieser Halbvers erzählt, hergelaufenes Gesindel sei mit dem Manna nicht zufrieden gewesen, es habe Fleisch zum Essen verlangt. Der Jahwist schlägt deutlich das Thema des murrenden Volkes an.

5
Die Klagenden weisen auf das – bescheidene – Glück in Ägypten hin. Fisch und mancherlei Gemüse ermöglichte Abwechslung auf dem Speisezettel.

6
Auf dem Wüstenzug aber gibt es immer nur Manna. Keine Abwechslung ist in Sicht. – Gedankenlosigkeit und Undankbarkeit des Volkes sprechen aus diesen Worten, denn in der Not hatten sie das Manna gern angenommen. Nun schimpfen sie über ihre Nahrung und über den Spender. Gegenüber dem Motiv des murrenden Volkes in der J-Schicht von Ex 16 ist dies hier eine eindrucksvolle Steigerung. Die jahwistische Redaktion hat so die einzelnen Traditionen miteinander verbunden und in das Gesamt der Überlieferung durch Steigerung mehr Spannung gebracht.

7–9
ist ein Zusatz der jahwistischen Redaktion, der eigentlich nicht zum Thema gehört. Das Manna und seine Verwendungsmöglichkeiten werden beschrieben.

10b
spricht zu früh vom Zorn Gottes über die Undankbarkeit (= Glosse). Mose findet die Forderungen des Volkes böse, ungerechtfertigt.

20aβb
Was vorher angedeutet ist, wird nun klar gesagt: Ihr Israeliten bekommt so viel Fleisch, daß ihr einen Ekel davon bekommt. Dies ist die Strafe dafür, daß ihr Jahwe verachtet und euch nicht mit dem zufrieden gebt, was er euch bietet.
Die Israeliten haben vergessen, welches Geschenk »Jahwe in ihrer Mitte« ist (vgl. Ex 33,1.2.5.13–16 J). Mose empfand es

als Auszeichnung für sich und sein Volk (Ex 33,16). Hier ist dem Volk das Fleisch wichtiger als sein Gott, eine Sünde gegen den gegenwärtigen Herrn. Noch erregender für Gott ist die Tatsache, daß seine Großtat, die Herausführung Israels aus Ägypten, beklagt wird. Die Freiheit ist dem Volk weniger Wert als seine Speise! Größere Undankbarkeit ist kaum möglich.

33

Gott gibt ihnen die Nahrung zum Ekel. Der Zorn Gottes schlägt zu. Die undankbaren Israeliten trifft ein Gottesschlag, und sie sterben (vgl. Ex 12,13; Num 17,11 f; Num 25; 2 Sam 24). Gottes Größe zeigt sich im Untergang der Undankbaren.

34

Daher wird in einer Ortsätiologie die Station »Lustgräber« genannt (vgl. zu v. 4a), weil die Leute, die Gottes Zorn auf sich gezogen hatten, dort starben und begraben wurden.

4. Entstehungssituation: Die Zeit, in der die jahwistische Quelle am Königshofe Salomos in Jerusalem entsteht, ist für den Jahwisten in vielerlei Hinsicht problematisch (Salomonische Aufklärung, Fremdgötterkulte, Emanzipation der Politik). Der Jahwist redet von der Sünde des Menschen und des ganzen Volkes. Das Motiv des murrenden Volkes hebt diese Intention ans Licht.

5. Überlieferungsträger: Die (fast) vollständige Einheit von E. a) wurde vom Jahwisten nach seinen Intentionen redaktionell bearbeitet und kam mit der jahwistischen Schicht in den Pentateuch.

6. Intention: Der Jahwist hat den Text von E. a) so umgeformt, daß er in die Wundererzählung seine negative Auslegung der Wüstenzeit Israels einführte. Er deutet das Verhalten des Volkes als Abfall von Jahwe um und erweitert die Erzählung um eine entsprechende Ortsnamensätiologie. So wurde aus dem Wunder der Wachtelspende ein Exempel dafür, daß Israel sich vielfach in der Wüste gegen seinen Herrn verfehlte.

Zusammenfassung

Die alten Wüstenerzählungen entstammen dem Erfahrungsbereich der Wüste. Sie wurden von den Stämmen und Gruppen erzählt, die solche Erfahrungen in den südlichen Wüstengebieten gemacht hatten. Die Ortsätiologien weisen, wenn sie alt sind, auf Haftpunkte solcher Erfahrung hin. Schon die vorjahwistische, eventuell in der Zeit um die Landnahme herum schriftlich fixierte Überlieferung will mehr tun, als nur Naturphänomene wie Manna oder Wachtelfänge in der Wüste erklären. Die theologische Tendenz ist so zu beschreiben: Jahwe führt sein Volk durch die Wüste in das versprochene Land. Zur Führung gehört auch die Versorgung mit Essen und Trinken. Diese »Naturwunder« beschreiben also Gott als den Beherrscher der Natur.
Die jahwistische Bearbeitung ist als Interpretation des überkommenen Traditionsgutes zu verstehen. Diesem Theologen geht es darum zu zeigen, wie gut sich Israel auf Jahwe verlassen konnte, und wie sehr kleingläubige Menschen durch ihr Murren Gott auf dem Wüstenzug erzürnten. Die Erzählungen sind nicht nur Dokumente der Macht Gottes, sondern auch Zeichen menschlichen Versagens und Sündigens (Ex 15,24; 17,2; Num 11,1.4; 14,4; 21,5). So erklären sich das Scheitern der Landnahme von Süden her, die vierzig Jahre in der Wüste, der Tod der Wütengeneration vor Erreichung des verheißenen Landes. Damit beabsichtigte der Jahwist vielleicht eine Warnung an seine Zeitgenossen: Wenn Israel Jahwe nicht treu bleibt, wird es seine staatliche Einheit in Gefahr bringen (Verweis gegenüber der staatlichen Machtpolitik am Hofe in Jerusalem).
Die Autoren der Priesterschrift haben das Motiv des murrenden Volkes vom Jahwisten übernommen. Die Wundererzählungen sind bei P schon zu kerygmatischen Stücken

weiterentwickelt: z. B. die Versuchungserzählung in Num 20 (P), die Lehrgeschichte vom Sabbat in Ex 16 (P). Aber schon Ex 15,25b.26 (dtr Anhang) zeigen, wie ursprüngliche Wundererzählungen kerygmatisch abgezweckt und hier z. B. der Gesetzespredigt nutzbar gemacht wurden.
Im Gesamt der Wunderüberlieferung im AT gehören die hier besprochenen Erzählungen zu den »Wundern des Anfangs«. Das spätere Israel schaute immer wieder fasziniert auf die Taten Jahwes, die die Moseschar aus Ägypten und Israel ins versprochene Land brachten.

5. Kapitel: Prophetenwunder (Teile des Elischazyklus)

Die bisher vorgestellten Wunder preisen Jahwe als den Herrn der Geschichte und der Natur, der seinem Volk Israel in der Not zu Hilfe eilte. Er rettete Israel aus Ägypten, beschützte es in der Wüste, führte es ins versprochene Land und rettete es dort in den Jahwekriegen vor den Feinden. Diese Wundererzählungen sind zugleich Jahweerzählungen.
In den Glaubensüberlieferungen Israels wird, wie die Wunderterminologie und die -belege zeigen, die Frühzeit Israels als Zeit der besonderen Gotteswunder bezeichnet.
Zum Abschluß sollen einige Prophetenwunder besprochen werden. Damit wenden wir uns einer anderen Zeit zu. Vom Ende des 11. bis zum 9. Jh. v. Chr. gab es in Israel Prophetengruppen. Sie hatten ein Oberhaupt, das sie mit »Herr« (2 Kön 4,28) oder »Vater« (2 Kön 6,21) anredeten. Einige waren verheiratet. Die »Prophetensöhne« lebten in Gemeinschaft (z. B. 2 Kön 4,38–41). Diese Gruppierungen sammelten sich um Jahweheiligtümer (in Bet-El nach 2 Kön 2,3; in Gilgal nach 2 Kön 2,1 und in Jericho nach 2 Kön 2,5). Sie haben demnach etwas mit dem Kult zu tun, sind aber keine

Kultpropheten im strengen Sinn. Die Niederlassungen, die eben angeführt wurden, standen in Kontakt nur zu Heiligtümern des Südreichs. Die Prophetensöhne scheinen eine bestimmte soziale Schicht umfaßt zu haben, die wirtschaftlich schlecht stand. Aus den überkommenen Nachrichten sind die Gründe dafür nicht klar zu erheben. Vielleicht hatte ihre armselige wirtschaftliche Lage religiöse Gründe (die Idee der Rekabiter), wenn sie gegen die neue kanaanäische Wirtschaftsordnung die patriarchalische Lebensordnung des alten Jahweglaubens durchhalten wollten. Die überkommenen Erzählungen zeigen, daß die Prophetensöhne und ihre Herren energisch gegen den Baalskult vorgingen. Insofern waren diese Gemeinschaften von hoher Bedeutung für das Fortleben des Jahweglaubens in der späten Königszeit. Ihre Existenz und ihr Handeln hatten eine politische Dimension. Die Prophetensöhne dienten Gott nicht nur in privater Kontemplation, sie suchten auch mit den Mitteln der Politik Jahwe zu dienen.

Wir beschränken uns exemplarisch auf die Gestalt des Elischa, der als Gottesmann im »Elischazyklus (2 Kön 2–13) dargestellt ist. Er wurde als Prophet in Dienst genommen, er hat viele Wunder gewirkt, weil er Träger eines wundermächtigen Charismas war, jedenfalls lebt Elischa in der volkstümlichen Überlieferung so fort. Nicht in den Blick genommen wird seine politische Rolle (2 Kön 6,8–23; 8,7–15). Hier soll nur von einigen Wundern des heiligen Gottesmannes die Rede sein.

Wir kommen damit in eine andere Welt. Als Israel im politischen Bereich nichts Wesentliches mehr zu erwarten hatte, trat in der Religion an die Stelle des geschichtlichen Raumes (Volk/Land) der privat/persönliche Bereich; Tod, Krankheit und Hunger werden zentrale religiöse Phänomene.

Allgemeine Vorbemerkungen zu den Texten:

Form: R.de Vaux OP (in: Les livres des Rois, [2]Paris 1958, 11 f) hat diese Texte »Anekdoten« genannt. Die atl. Wissenschaft versteht unter Anekdote die Illustration besonderer Züge einer historischen Persönlichkeit in Kurzform. Der Elischazyklus wird deswegen als Anekdotensammlung angesprochen. D. h., daß die Einzelheiten nur lose zusammengefügt sind und daß ihre ursprüngliche Unabhängigkeit trotz der Sammlung noch zu erkennen ist. Daß der Begriff »Anekdote« in der Literaturwissenschaft nicht eindeutig definiert ist, erschwert seine Benutzung, zumal die theologische Valenz der Erzählungen damit nicht erfaßt ist. Aber auch die Gattung »Wundererzählung« faßt den Tatbestand nicht präzis. Über die kerygmatische Abzweckung kann unter »Intention« nochmals eine Präzisierung versucht werden.

Entstehungssituation: Daß die »Anekdoten« relativ früh anzusetzen sind, ist heute fast allgemeine Überzeugung. Sie wurden in den Jüngerkreisen weitergegeben. H. Chr. Schmitt schreibt (in: Elisa, Gütersloh 1972, 88): »Die Gottesmannbearbeitung ist ... als die endgültige Redaktion der Elisatradition anzusehen, die die Elisaerzählungen in der heutigen Reihenfolge und auch weitgehend in der heutigen Gestalt in die Königsbücher einfügte ...«. Diese Bearbeitung ist vermutlich nachexilisch, während die Wundergeschichtensammlung (= 2 Kön 4,1 – 8,6) vielleicht unter Jerobeam II. (787–746), und die Sukzessorsammlung (u. a. 1 Kön 19,19 – 21; 2 Kön 2,1–24) nach dem Untergang des Nordreichs (722 v. Chr.) anzusetzen ist. Beide Sammlungen wurden im Exil vereint.
Überlieferungsträger: Die mündliche Überlieferung erfolgte im Jüngerkreis des Elischa. Für sie war die Gestalt und das Leben des Meisters Vorbild im religiös-politischen Kampf des 8. Jh. v. Chr. Im Bild des Elischa setzten die Jünger ihrem Ideal ein Denkmal. Die Einzelüberlieferungen wurden in einer Wundersammlung zusammengefaßt (vgl. unter Entstehungssituation).
Intention: Für die Wundertaten des Gottesmannes ist bezeichnend, daß sie sich weitgehend in der Sphäre des Persönlichen und Privaten vollziehen. Sie haben es weniger mit der

Geschichte des Volkes als mit den Problemen der Prophetenjüngergemeinschaft zu tun (Speise in Hungerzeiten, Sicherung des Wassers, Heilungen und Totenerweckungen).
Die Wundertaten sollen das Ansehen des Gottesmannes erhöhen und seine Gestalt ins Übermenschliche steigern. Die Wunder bestätigen den Propheten als Vertreter der durch ihn wirkenden Macht, er ist auch Fürsprecher bei Gott. Darüber hinaus erscheint Elischa »sozusagen hauptamtlich als Wundermann mit festem Charisma. Ihm ist das Wunder laufend zur Verfügung im Alltag. Da reicht das Brot nicht für das Mittagessen seiner Gemeinde, es wird vermehrt ... Man spürt deutlich das rein Anekdotenhafte dieser Vorgänge ... ganz auf den Wundertäter bezogen, gehören sie eben zu den ›großen Taten, die Elisäus vollbracht hat‹ (2 Kön 8,4), oder die man sich zu seinem Ruhm erzählte« (J. Haspecker, Wunder im Alten Testament, Theologische Akademie 2, 1965, 29–56 hier 41). Elischa wird durch seine Taten nicht nur als Prophet legitimiert, er ist gleichzeitig »Nothelfer« seiner Gemeinde.

Der Elischazyklus im Zusammenhang der Bibel gesehen

a) Beziehungen zwischen der Mose- und der Elijaüberlieferung (nach G. Fohrer, Elia,[2] Zürich 1968, 55 f)

Elija	Mose
1. 1 Kön 17,6 Speisung	1. Ex 16,8.12 Speisung Israels
2. 1 Kön 18,20–40 Wettkampf auf dem Karmel	2. Ex 7,8–13.20–22 Wettkampf mit den Magiern in Ägypten
3. 1 Kön 19,8 Wanderung zum Horeb	3. Ex 3,1 ff Wanderung zum Horeb
4. 1 Kön 19,9–12 vgl. mit	4. Ex 33,19 ff; Ex 19 Kontrastparallele.

Hier und öfter soll Elija als zweiter und neuer Mose erscheinen.

b) Beziehungen zwischen der Elija- und der Elischaüberlieferung (nach G. Hartmann, Der Aufbau des Markus-Evangeliums, NTA 17, 2./3. Heft, Münster 1936, 146–148)

Elija	Elischa
1. Zwei Wunder zur Ernährung: 1 Kön 17,6 und 19,7 f	1. Vier Ernährungswunder: 2 Kön 4,39–41.42–44; 2 Kön 7,6 und 16
2. Zwei Wunder in äußerster Not: 1 Kön 17,7–16.17–24	2. Zwei größere Wunder für andere in größter Not: 2 Kön 4,1–7; 4,8–37
3. Ein Wunder zur Anerkennung des wahren Gottes: 1 Kön 18,31–38	3. Zwei Wunder zur Anerkennung des wahren Gottes: 2 Kön 5,1–19; 5,27
4. Ein Wunder gegen Feinde: 2 Kön 1,10.17	4. Zwei Wunder gegen Feinde: 2 Kön 2,23 f; 6,8–23
5. Ein Wunder für seinen Freund: 2 Kön 2,8.	5. Zwei Wunder für Freunde: 2 Kön 2,19–22; 6,1–7.

Elischa wird in diesen Erzählungen als von Jahwes Geist in Besitz-Genommener vorgestellt, der in seinen Taten noch mächtiger ist als Elija. Die Steigerungstendenz ist unverkennbar (»Überbietungsmotiv«). Es ergibt sich eine »heilsgeschichtliche Linie«: Mose – Elija – Elischa.

c) Die Wundertaten des Elischazyklus im Vergleich zur vormarkinischen Wundersammlung (nach G. Hartmann, aaO. 145–151)

2 Kön	Mk-Evangelium
1. 2,13–15: Erstes Wasserwunder	1. 4,35–41: Erstes Wasserwunder
2. 2,19–22.23 f: Erstes Doppelwunder zur Bewahrung von Schaden und Feinden	2. 5,1–20; 5,10–13: Erstes Doppelwunder zur Bewahrung von Schaden und Feinden
3. Hilfe in äußerster Not: 4, 1–7.25–37	3. Hilfe in äußerster Not: 5, 25–34.21–23.35–43

4. Doppelwunder zur Stillung des Hungers: 4,38–41. 42–44	4. Größeres Wunder zur Stillung des Hungers: 6,34–44
5. Heilung: 5,1–27	5. Siehe unten
6. Zweites Doppelwunder zur Bewahrung vor Schaden: 6,1–7.8–23	6. Zweites Doppelwunder zur Bewahrung vor Schaden: 6,47–52.53–56 zu 5.: zwei Heilungen 7, 24–30.31–34
7. Zweites Doppelwunder zur Stillung des Hungers: 6,25; 7,6.16.	7. Größeres Wunder zur Stillung des Hungers: 8,1–9.

Daß diese Parallelisierung und die Konstruktion der Zehnzahl der Wunder Jesu nicht ohne Probleme ist, liegt auf der Hand. Das Überbietungsmotiv ist in den Erzählungen deutlich festzustellen. Die vormarkinische Wundererzählungssammlung hat die Tendenz, Jesus noch größer als Elischa und als den neuen Mose zu zeigen. Er überbietet alle Gottesmänner des Alten Bundes. Die heilsgeschichtliche Linie einer bestimmten judenchristlichen Theologie, die in der vormarkinischen Sammlung artikuliert wird, verbindet Jesus mit Mose, Elija und Elischa.

Es sei nun eine Auswahl von Texten über Elischa (A) vorgestellt und das Überbietungsmotiv an dem Beispiel der Totenerweckung und der wunderbaren Speisung (B) aufgezeigt.

A. Texte über Elischa

a) 1 Kön 19,19–21: Die Prophetenjüngerberufung des Elischa

1. Text: Vgl. eine Ausgabe des AT.
(Zu Form, Entstehungssituation, Überlieferungsträger und Intention vgl. am Beginn des Kapitels die allgemeinen Aussagen.)

2. Auslegung: 1 Kön 19,

19
1 Kön 19,16 erhält Elija den Befehl, Elischa, den Sohn Schafats aus Abel-Mehola, südlich von Bet-Schan am westlichen Jordanufer, zum Propheten zu salben. Elija trifft den Auserwählten beim Pflügen. Er wirft ihm seinen Prophetenmantel über, der zur Standestracht gehört. Ob die Erzählung ihm magische Kräfte zuschreiben will, ob er Symbol prophetischer Kräfte sein soll, ist unter den Auslegern umstritten. Elischa erhält so seine Investitur als Prophetenjünger.

20
Elischa begreift diesen Akt als fordernden Ruf. Zuerst will er sich pflichtgemäß von seinen Eltern verabschieden und dann dem Elija folgen.

21
Elischa opferte zwei Rinder und hielt mit seinen Leuten ein Opfermahl (von anderen, plötzlichen Opfern berichten 1 Sam 6,14 und 2 Sam 24,22 ff). Dann machte er sich mit Elija auf »und wurde sein Diener« (vgl. Num 11,28).
1 Kön 19,19–21 ist eine »ideale Szene« der Prophetenjüngerberufung. Im AT kommt keine weitere mehr vor. Weil das Dienermotiv in Num 11 eine Parallele hat, ist der Text vermutlich im 7. Jh. entstanden.
Die Legitimation des Propheten durch Amtsübernahme ist die Intention der Erzählung, aber sie hält der historischen Prüfung nicht stand:
1. Gegen die Geschichtlichkeit des Schüler-Lehrerverhältnisses zwischen Elija und Elischa spricht, daß beide nicht demselben religionsgeschichtlichen Phänomen zuzuordnen sind. Elija tritt grundsätzlich als Einzelprophet auf, hingegen ist Elischa das Oberhaupt einer Prophetenjüngergemeinschaft;
2. Der historische Elija war kein Feind der Omridendynastie (der 4. Dynastie des Nordreichs, Begründer Omri 882–871), während Elischa sie bekämpfte.
Mit 1 Kön 19,19–21 haben spätere theologische Bearbeiter

einen Brückentext zwischen zwei Zyklen geschaffen (Sukzessorsammlung in 2 Kön 2,1–18 und hier).

b) 2 Kön 2,1–18: Die Erzählung von der Entrückung Elijas und seinem Nachfolger Elischa

1. Text: Vgl. eine Ausgabe des AT.

2. Auslegung: 2 Kön 2,

1
Gilgal (der Steinkreis) war ein Ort zwischen Jerusalem und Samaria. Dort wohnten Prophetenjünger. Gilgal war ein Wallfahrtsort (vgl. Hos 4,15; Am 4,4). Nach dem 1. Halbvers sind Elija und Elischa in Gilgal beisammen. Jahwe wollte Elija im Sturmwind zum Himmel fahren lassen. Das Bild vom Sturmwind gehört zum Theophaniegeschehen wie Feuer und Donner. Die beiden Propheten brechen von Gilgal auf.

2
Elija sagt seinem Schüler: Gott schickt mich nach Bet-El. Die Ortschaft liegt etwa 19 km nördlich von Jerusalem. Das alte kanaanäische Heiligtum wurde jahweisiert und war ein populärer Wallfahrtsort. Nach der Trennung der Staaten war Bet-El für das Nordreich das ideale Pendant zum Jerusalemer Tempel (vgl. 1 Kön 12,26–33) und erstes Staatsheiligtum. Die hier vorliegende Erzählung ist dem Kultort noch nicht unfreundlich gesinnt. Elischa verspricht, seinen Meister nicht zu verlassen, er beruft sich auf das Leben Jahwes und des Elija.

3
Der Prophetenkonvent von Bet-El kommt zu Elischa hinaus. Man fragt den »designierten Nachfolger«, ob er wisse, daß Jahwe nun seinen »Herrn« über sein Haupt hinweg wegnehmen wolle. Hinter dem Bild steht die Vorstellung, daß Elija wie Henoch zu den Engeln in den oberen, göttlichen Bereich entrückt wird. Elischa bestätigt sein prophetisches Wissen und gebietet dem Konvent, darüber zu schweigen.

4
Jahwe treibt den Elija auf dieser »Abschiedsreise« weiter nach Jericho, einer Oase im Jordantal, wo ebenfalls ein Konvent von Prophetenjüngern war. Wiederum verspricht Elischa, den Elija nicht zu verlassen. Beide kommen gemeinsam nach Jericho.

5
Bis auf geringe sprachliche Unterschiede im Inhalt mit v. 3 identisch, nur spielt sich dieser Vorgang in Jericho ab.

6
Elija will auf Jahwes Befehl an den Jordan gehen. Elischa läßt sich nicht abschütteln und geht mit.

7
Wenn Gott mit seinen Erwählten zusammenkommt und erscheint, müssen die anderen Menschen Abstand halten (Ex 19,12 f). Die beiden Gottesmänner stehen am Jordan, fünfzig Prophetenjünger beobachten sie aus entsprechender Distanz.

8
Elija wirkt ein »Naturwunder«: Mit seinem zusammengerollten Prophetenmantel teilt er die Wasser des Jordan. Beide können trockenen Fußes hinübergehen (vgl. Ex 14,16.21 f; Jos 3,13.16).

9
Vor dem endgültigen Abschied soll Elischa sich von Elija etwas erbitten. Elischa wünscht sich (was dem Erstgeborenen in Israel zugestanden wird) den »doppelten Anteil« von Elijas Geist. Die Vorstellung entspricht der Praxis des Erbrechts (vgl. Dtn 21,17). Aber wer kann sich anmaßen, Gottes Geist zu verlangen oder zu verteilen? Geist meint meist den Lebenshauch Gottes, der dem Menschen Kraft gibt. Hier aber ist der Geist als psychisch wirksame Kraft gedacht, die in bestimmten Menschen vorübergehend Erscheinungen von Macht, Mut und prophetischer Verzückung erzeugt (vgl. Ri 13,25; 14,6): Die Richter wurden zu Rettern, wenn Gottes

Geist sie ergriff und sie Jahwes Kriege führten. Geistbegabt waren Mose, Josua und David. Auch die Propheten sind Männer des Geistes (vgl. Hos 9,7). In diesem Geiste wirkte Elija, und Elischa möchte sich von dieser Kraft einen doppelten Anteil erbitten.

10
Der Geist Gottes ist dem Charismatiker nicht so zuhanden, daß er ihn weitergeben kann. Gott begeistert, wen *er* will. Elija macht dem Bittsteller die Schwierigkeit deutlich und gibt ihm ein Zeichen als Anhalt: Wenn Gott dir gewährt, meine Entrückung zu sehen, dann erhältst du den doppelten Teil von meinem Geist, wenn er es dir nicht gewährt, wird dir die Bitte um den Geist auch nicht gewährt.

11
Die Vorstellung von den himmlischen Wagen und Rossen hat eine Parallele im Buch des nachexilischen Propheten Sacharja (6,1–8). Mitten im Gespräch werden die beiden Gottesmänner von einander getrennt. In einem Sturmwind steigt Elija in den Himmel empor (eine andere Vorstellung als die von vv. 2–6!).

12
Elischa schreit hinter dem Entrückten her: »Mein Vater, Wagen Israels und sein Gespann!« – Der Titel »Vater« bezeugt den Respekt des Jüngers vor seinem Meister. Elischa wird hier als demütiger Nachfolger Elijas gezeichnet. Der zweite Teil ist ein Ehrenname. Die Vorstellung von einer himmlischen Wagenstreitmacht ist damit wohl nicht verbunden, denn wo (z. B. 2 Kön 6,15b–17) vom Erscheinen dieser Wagenstreitmacht berichtet wird, ist von dem prophetischen Ehrennamen nicht die Rede. Daß dieses Bild mythischen Hintergrund hat, ist, wenn ich recht sehe, bloße Vermutung. Manche Ausleger meinen, daß die Verbindung zwischen dem Ehrennamen und der himmlischen Wagenstreitmacht, die nur in den Elischaerzählungen vorkommt, ein Produkt der Redaktion darstellt (vgl. 2 Kön 13,14). Elija wiegt, so sagt der Ehrenname, ein ganzes Heer auf.

Elischa zerreißt seine Kleider, als er Elija nicht mehr sieht. Das ist Zeichen der Trauer um den Verlust seines Meisters.

13 f
Elischa nimmt den wundermächtigen Mantel, der Elija entfallen war an sich. Diese Geste zeigt ihn als den Erben und Nachfolger des Entrückten. Was Elija in v. 8 tat, tut nun auch sein Nachfolger. Jahwe stellt sich damit hinter Elischa: wie Elija ist er Geistträger und Besitzer von Macht durch Jahwes Gnade. So kommt Elischa wieder an das andere Jordanufer, wo ihn die Prophetenjünger erwarten.

15
Diese Männer konstatieren: Der Geist des Elija ist auf Elischa herabgekommen (vgl. Num 11,11 f.14–17.24b–30 Zusatz zu J, ferner 1 Sam 16,13; 2 Sam 23,2 f und Jes 11,2, ein nachjesajanischer Beleg). Dahinter steht die Vorstellung, daß der Geist übertragbar ist und daß man Prophet wird, indem man Anteil am Geist erhält, der von einem anerkannten Propheten ausgeht. – Die Prophetenjünger von Jericho huldigen dem Elischa.

16–18
Die Prophetenjünger meinen, Elija sei an einen anderen Ort verschwunden (vgl. 1 Kön 18,12) und könne plötzlich vom Geist entrückt woanders wieder auftauchen. Fünfzig Prophetenjünger sollen ihn suchen. Elischa ist zunächst gegen die Suchaktion, läßt sie aber schließlich gewähren. Nach »drei Tagen« der Suche haben sie Elija immer noch nicht wiedergefunden. Elischa bestätigt die Nutzlosigkeit ihres Bemühens noch einmal: Elija ist nicht mehr in der Welt der Menschen. Es wird nicht gesagt, er sei gestorben, und Israel hofft weiter auf die Wiederkehr des Elija (vgl. Mal 3,23).
Dieser Text ist nicht einheitlich. Der Gottesname Jahwe kommt nur in vv. 2–6 (und sekundär in v. 14a) vor. Daneben finden sich zwei differierende Vorstellungen von der Entrükkung des Elija: a) vv. 3.5: Jahwe entrückt den Elija vom Haupte des Elischa weg; – b) vv. 9 ff: Elija wird von Elischa weggenommen, Gott spielt dabei keine Rolle. Die spätere Zu-

fügung vv. 16–18 bekräftigt die endgültige Entrückung Elijas und prangert den Unglauben und Ungehorsam der Prophetenjünger an.
Innerhalb der Sukzessorsammlung ist dieser Text das Widerlager zu 1 Kön 19,19–21: Elischa wird durch Amtsübergabe legitimiert, Elija und Elischa miteinander verbunden. In dieser Schicht gibt es keine Selbstevidenz des Prophetentums Elischas. Auch diese Erzählung hat aus den bei a) genannten Gründen keine historische Grundlage.

c) 2 Kön 2,19–22.23 f: Zwei Anekdoten

1. Text: Vgl. eine Ausgabe des AT.

2. Auslegung:

I. Das Wasserwunder: 2 Kön 2,19–22

19
Die Bewohner von Jericho wissen, daß Elischa ein Gottesmann ist. Als er wieder in die Oase zurückkehrte, kamen die Bewohner mit einem Problem zu ihm. Sie erzählen: Das Wasser ist schlecht und führt (– wie der Volksglaube meint –) zu Unfruchtbarkeit und Fehlgeburten.

20
Elischa versteht den Appell an seine Macht als »Wundermann«. Er verlangt eine neue Schüssel, denn alles Neue wirkt besonders kräftig, und läßt sich Salz in die Schüssel geben.

21
Salz schützt und konserviert. Mit der Schale geht Elischa an die Quelle und schüttet das Salz hinein. Die Handlung symbolisiert die Bewahrung oder Reinigung des Wassers von schädlichen und bösen Zusätzen. Der Handlung fügt der Prophet ein Jahwewort hinzu: Jahwe macht das Wasser gesund. Tod und Fehlgeburten sollen nun nicht mehr auftreten.

22
Von da an ist die Quelle brauchbar. Der Gottesmann hat für

seine »Familie«, den Prophetenjüngerkonvent von Jericho, und die anderen Bewohner der Oase das Wasserproblem auf Dauer gelöst. Die Quelle trug in der Überlieferung eine Zeitlang seinen Namen, heute wird sie »Quelle des Sultans« genannt.
Eine solche Erzählung ist für den Elischazyklus und seine »Mentalität« typisch. Der »Vater« einer Gemeinde von Prophetenjüngern – die genausogut woanders wohnen konnten – kümmert sich um die Dinge ihres alltäglichen Lebens. Kraft göttlicher Vollmacht und seiner »Sorgepflicht« für die Gemeinschaft saniert er ihre Quelle. Es geht nicht um den Weiterbestand des Volkes oder eine dramatische Rettung, aber für den, der Wasser braucht, ist diese Tat des Gottesmannes auch von Belang.

II. Die Bestrafung der Kinder: 2 Kön 2,23 f
Elischa war mit Elija von Bet-El herabgestiegen. Dann ging er diesen Weg wieder zurück. Seine Standestracht (Prophetenmantel, Zeichen auf der Stirne und Tonsur) machte ihn als Propheten erkennbar. Kinder aus Bet-El spotteten und riefen ihm zu: Glatzkopf, komm herauf!
Der Prophet wendet sich um und verwünscht in Jahwes Namen die Kinder. Die nur selten bezeugte (vgl. noch 1 Sam 17,43) Berufung auf Gott erhöht die Wirksamkeit des Schmähwortes. Jahwe kann es nicht zulassen, daß seine Männer verhöhnt werden. Die Strafe folgt auf dem Fuß: Zwei Bärinnen kommen aus dem Wald und zerreißen zweiundvierzig Knaben.
Dem heutigen Leser/Hörer ist diese Erzählung schwer zugänglich. Kann ein Erwachsener so reagieren? Kann Gott »dumme Jungen« für ihre Frechheit so bestrafen? Wir müssen zur Kenntnis nehmen, daß in Israel eine solche Erzählung entstehen konnte und die Redaktion der Königsbücher sie in ihr Konzept aufnahm. Diese bedenkliche Geschichte soll davon Zeugnis geben, daß ein geistbegabter Gottesmann seine Kraft schrecklich und negativ einsetzen kann. Der Hörer soll erfahren, daß jeder mit seinem Leben spielt, der den

Propheten und Trägern der Macht Gottes nicht mit dem gebührenden Respekt entgegentritt. Es gibt dem Göttlichen gegenüber Grenzen, die der gewöhnliche Sterbliche nicht ungestraft übertritt. Der Gottesmann ist mit Kraft begabt, die furchtbare Wirkung hat.
Vielleicht haben Prophetenjünger mit solchen Erzählungen ihr Ansehen gehoben.

d) Die Wundersammlung in 2 Kön 4

Text: Vgl. eine Ausgabe des AT.

I. 2 Kön 4,1–7: Das Ölwunder (vgl. 1 Kön 17,7–15 im Elijazyklus)

Auslegung

1

Elischa ist Haupt einer Gemeinschaft von Prophetenjüngern. Ein Teil dieser Prophetenjünger war verheiratet. In ihrer Bedrängnis kommt die Witwe eines solchen Mannes zum »Vater« des Konvents und schreit ihre Not heraus (vgl. v. 40): »Der Ernährer der Familie ist tot. Er war ein Jahweverehrer. Die Gläubiger wollen meine beiden Söhne als Sklaven nehmen.« –
Das »Schreien« ist nicht nur Reaktion auf erfahrenes Leid, es sucht in Elischa einen Menschen zu erreichen, der möglicherweise die Not zu wenden vermag (»Nothelfer«). Es ist ein Hilferuf an den Gottesmann. Gott gewährt den Armen, Witwen und Waisen in der Rechtsgemeinde seine besondere Hilfe (vgl. Ex 22,21–23). Aus verschiedenen Gründen konnte der Israelit Sklave eines Volksgenossen werden (vgl. Ex 21,4; 22,2; Lev 25,39; Am 2,6; 8,6). Es war möglich, sich selbst als Sklave zu verkaufen (Ex 21,6). Zahlungsunfähige konnten Frau und Kinder verpfänden. Doch war die Sklaverei der Israeliten (theoretisch) auf sechs Jahre begrenzt, nach Ex 21,2 mußte der Israelit zum siebten Jahr entlassen werden.

Die Bittstellerin, die sich hier an Elischa wendet, will ihre Kinder nicht verlieren, die auch ihren Unterhalt mit bestreiten müssen. Sie hofft auf die Hilfe des Wundertäters.

2–4
Elischa sucht eine Möglichkeit, der Witwe zu helfen. Er geht von dem Öl aus, das sie noch zu Hause hat und ordnet an, wie die Handlung ablaufen soll.

5 f
Nachdem die Frau sich genügend Behältnisse besorgt hat, verschließt sie ihr Haus, um nicht gestört zu werden. Aus ihrem Ölbehälter gießt sie Öl in die Krüge, die sie sich ausgeliehen hat. Als die Gefäße voll sind, hört das Öl auf zu fließen.

7
Die Frau meldet das wunderbare Ereignis dem Elischa. Er gibt ihr die Anweisung, einen Teil des Öles zu verkaufen und die Schulden zu bezahlen; den anderen Teil bestimmt er für den Lebensunterhalt der Familie.
Elischa wird als Gottesmann gezeichnet, der bedrängte Menschen überreich beschenkt und ihnen in den alltäglichen Sorgen hilft. Religiöse Erwägungen sind der Erzählung fremd, sie feiert die Mächtigkeit und Hilfsbereitschaft des Wundertäters.
Zur Beziehung zwischen diesem Text und Märchenmotiven vgl. E. Haller, Märchen und Zeugnis, Auslegung der Erzählung 2 Könige 4,1–7. In: Festschrift G. von Rad, München 1971, 108–115.

II. 2 Kön 4,8–37: Elischa und die Schunemiterin (vgl. 1 Kön 17,17–24 im Elijazyklus) mit sekundärem Nachspiel in 2 Kön 8,1–6

Form: Biographische Legende, bzw. prophetische Erzählung (vgl. W. Richter, Exegese als Literaturwissenschaft, Göttingen 1971, 143).

Der Grundtext umfaßt die angeführten Verse, die sich nach A. Schmitt (in: BZ NF 19, 1975,13 f) wie folgt gliedern:

8–10	Exposition:	Einführung des Ortes und der Personen, Qualifikation des Elischa
11 f.16 f	1. Szene:	Verheißung eines Sohnes
18–24	2. Szene:	der Tod des Kindes
25–28	3. Szene:	die Frage nach der trügerischen Hoffnung
30b.32a.33 f	4. Szene:	Elischa erweckt den Toten
36 f	Ausklang:	Elischa übergibt der Mutter ihren Sohn.

Hinzu kommen zwei sekundäre Einschübe: vv. 13–15
vv. 29.30a.31.32b.35.

Sie stammen beide vom selben Bearbeiter, dem Redaktor der Wundergeschichtensammlung. In der Einheit sind zwei Wunder erzählt, die wundersame Geburt des Sohnes und seine Rettung aus dem Machtbereich des Todes.

Auslegung: 2 Kön 4,

8
Mit einer temporalen Eröffnungsformel beginnt die Einheit, die folgendes erzählt: Elischa war unterwegs vom Karmel in seine Heimat Abel-Mehola. Dabei kam er nach Schunem in der Nähe des Karmelgebirges. In dieser Ortschaft wohnte eine vornehme Frau. Sie nötigte ihn, bei ihr einzukehren. Daraus ergab sich die Gewohnheit, daß Elischa, wenn er vorbeikam, zu dieser Frau zum Essen kam.

9
Nun will der Erzähler offenlegen, um wen sich diese vornehme Frau so bemüht. Sie sagt – was die Legende erläutern soll – ihrem Mann: Ich weiß, daß er ein heiliger Gottesmann ist, der bei uns einkehrt.

10
Die Schunemiterin will sich diesen hl. Mann verpflichten,

indem sie ein Obergemach ihres Hauses großzügig möbliert und ihm zur Verfügung stellt. Bett und Stuhl waren damals ein Luxus, der sich nur in reichen Häusern fand. Die Israeliten schliefen gewöhnlich in den Mantel gehüllt auf dem Fußboden, daher durfte der Mantel nicht gepfändet werden (Ex 22,25 f).

11 f
Elischa will sich für diese Wohltaten und die Aufmerksamkeit der Frau erkenntlich zeigen. Er weist seinen Diener Gehasi, der hier unvermittelt eingeführt wird, an, die Schunemiterin nach einem Wunsch zu fragen. Elischa steht deutlich im Rang über dieser Frau (vgl. Dtn 1,38 Mose und Josua; 1 Sam 16,21 f Saul-David).

16 f
In Israel galt Kinderlosigkeit als Schande und Strafe für Sünden (vgl. Gen 30,1; 1 Sam 1,5; Jes 47,9; Jer 18,21). Elischa gibt nun eine Verheißung, die in Gen 18,10 Jahwe gegenüber Abraham und Sara in den Mund gelegt wird. Die Frau soll einen Sohn erhalten. »Übers Jahr um diese Zeit« steht im AT nur noch in Gen 18,10.14. Dort wie in dieser Erzählung wird Gastfreundschaft mit der Verheißung eines Kindes belohnt. Beide Male begegnen die angesprochenen Frauen der Verheißung mit Unglauben. V. 17 entspricht fast wörtlich der Nachricht über Isaaks Geburt in Gen 21,2 (J). Die Verheißung ging in Erfüllung, wie der Gottesmann versprochen hatte.
Es ist anzunehmen, daß die »Singularschicht« von Gen 18 auf diese Erzählung eingewirkt hat. (Vgl. R. Kilian, Die vorpriesterlichen Abrahamsüberlieferungen, Bonn 1966, 167–170.)

18
Als der Knabe groß geworden ist – voran steht das Signal, das einen neuen Abschnitt einführt, die temporale Eröffnungsformel –, geht er mit seinem Vater hinaus zu den Erntearbeitern.

19
Plötzlich klagt er über Kopfschmerzen. Der Vater befiehlt einem Diener, den Knaben zu seiner Mutter ins Haus zu bringen.

20
Auf dem Schoß der Mutter stirbt der Knabe einige Zeit später, am Mittag.

21
Im Orient ist es üblich, Tote am Abend des Todestages zu beerdigen. Die Frau versteckt den Leichnam, legt ihn im Zimmer Elischas aufs Bett und verschließt die Tür.

22
Selbst ihrem Mann sagt sie nichts von dem Todesfall, sondern fordert ihn auf, ihr einen Knecht mit einem Esel zu schicken. Sie möchte schnell zum Gottesmann gehen und bald zurückkommen. – Die Frau ist der Überzeugung, daß der Gottesmann, der ihr den Sohn verheißen und sozusagen geschenkt hat, in der Lage ist, ihr Kind wieder zum Leben zu erwecken. Darum will sie ihn nun zu Hilfe rufen, nachdem sie das Kind auf Elischas Bett gelegt hat.

23
Im Nordreich, wo diese Erzählung spielt, war es nicht üblich, den Jerusalemer Tempel zu besuchen. An wichtigen Heiligtümern des Nordreichs war es nach dem, was wir hier lesen, der Brauch, an Neumondfesten und am Sabbat die Prophetenjünger aufzusuchen. Deshalb ist der Mann erstaunt und fragt, warum sie heute außerhalb des Üblichen einen Besuch beim Gottesmann machen wolle. – Konnte er sich das wirklich nicht denken? – Auf die Frage ihres Mannes gibt sie eine ausweichende Antwort.

24
Sie läßt das Reittier satteln und drängt zur Eile. Das Ziel wird nicht genannt.

25–28
Der Weg führt zum Gottesmann auf den Berg Karmel, einem

Bergmassiv zwischen der Jesreelebene und dem Mittelmeer. Der Gottesmann sieht sie schon von weitem und schickt ihr Gehasi entgegen. Die Frage nach dem Wohlbefinden der Besucherin, ihres Mannes und des Sohnes zeigt, daß der Gottesmann nicht weiß, was sich ereignet hat. Sie bejaht die konventionelle Frage und sucht am Diener vorbei zum Gottesmann durchzudringen. In ihrer Hilflosigkeit umfaßt sie die Füße des Propheten, eine stumme Geste des Vertrauens und der Bitte. Gehasi empfindet dies als unangemessen und will die Schunemiterin in ihre Grenzen weisen. Der Gottesmann läßt sie gewähren. Er erkennt, daß sie in Not ist, gesteht aber ein, daß Jahwe ihm die Notlage der Frau nicht offenbart hat. Aus ihrem Mund erfährt Elischa, worum es geht. Sie weist darauf hin, daß sie ihren »Herrn« (= Elischa) nicht um einen Sohn gebeten habe. Sie hält sich jetzt für härter getroffen: Sie hatte Hoffnung gefunden, nun ist sie ihr zunichte gemacht (vgl. die Glaubensprobe Abrahams Gen 22). Jetzt begreift Elischa: Der Sohn der Schunemiterin ist tot.

30b.32a.33 f
Unverzüglich macht Elischa sich auf den Weg und folgt der Frau. Er betritt das Haus der Schunemiterin. Die ursprüngliche Fassung der Wundergeschichtensammlung vertrat vielleicht die Auffassung, der Prophet sei Wundertäter kraft der ihm innewohnenden göttlichen Macht. Der heutige Text bezeugt durch das Gebet des Propheten an Jahwe die Unverfügbarkeit des Wunders und die Abhängigkeit des prophetischen Handelns von Jahwe. V. 34 beschreibt eine Synanachrosis (wörtlich: Mitteilung der Farbe). Das ist eine Heilmethode, bei der der Zauberer/Arzt sich auf den Kranken legt, um die eigene Lebenskraft auf ihn zu übertragen. Bei der Berührung teilt der Körper des Zauberers dem Körper des Toten Wärme mit. Die Lebenssubstanz kehrt dann wieder in den kranken Knaben zurück.

36 f
Nach der Totenerweckung ruft Elischa seinen Diener. Gehasi holt die Schunemiterin. Elischa geht ihr mit dem Wiederer-

weckten entgegen: »Nimm deinen Sohn!« – Wortlos dankt die Mutter für diese Gabe und geht aus dem Zimmer des Gottesmannes.

Zusatz 1 (vv. 13–15)
Elischa befiehlt seinem Diener Gehasi, der Schunemiterin folgendes auszurichten: Du hast dir (mit der Wohnung für den Gottesmann) so viel Umstände gemacht. Kann ich dir beim König oder sonst bei Hofe einen Gefallen tun? Ein Wunder war demnach von Elischa nicht »eingeplant«. Die Frau erwidert: Ich habe keinen Wunsch. Ich wohne bei meiner Sippe, der Familienverband schützt mich in den alltäglichen Sorgen, Außergewöhnliches habe ich nicht im Sinn. Elischa fragt seinen Diener, ob er wirklich für die Schunemiterin nichts tun könne. Der Diener offenbart ihm einen Mangel: Der Mann der Schunemiterin ist alt, sie haben kein Kind, keinen männlichen Erben. Der Gottesmann läßt die Frau, die wieder ins Haus zurückgegangen war, nochmals rufen. Sie kommt unter die Türe. Darauf folgt die Verheißung. Die Steigerung des Geburtswunders besteht darin, daß der Verheißene einen sehr alten Vater haben wird.

Zusatz 2 (vv. 29.30a.31.32b.35)
29
Zwischen der dringlichen Bitte der Schunemiterin und der Tat des Propheten wird ein retardierendes Moment eingeschaltet. Elischa sagt seinem Knecht Gehasi, er solle vorausgehen und Elischas Zauberstab mitnehmen (vgl. Moses Stab Ex 4,1 ff; 7,9–12.19 f; 17,5 f). Die Sache ist eilig. Gehasi muß ohne Aufenthalt nach Schunem gehen. Er soll den Stab auf den Knaben legen. Das Zauberstabmotiv soll die Schwere des Falles demonstrieren. Der Text sagt nicht, was der Stab bezwecken soll. Die Bearbeiter zeigen mit diesem Einschub, daß nur noch die persönliche Intervention des Gottesmannes etwas erreichen kann.

30a
Die »Mutter des Knaben« (die Schunemiterin hat in diesem Text verschiedene Namen) läßt nicht nach, bis Elischa mit-

geht. Sie bekräftigt ihren festen Vorsatz mit dem Schwur »bei Jahwes Leben und bei deinem Leben«. Wiederum ein Zeichen ihres Glaubens.

31.32b
Gehasi hat den Befehl des Meisters ausgeführt. Er war der Meinung, bei der Berührung mit dem Stab des Gottesmannes würde der Tote wieder ins Leben zurückgerufen. Da dies nicht der Fall ist, kehrt er um und meldet Elischa: Der Knabe ist nicht aufgewacht. Als Elischa ins Haus tritt, ist der Knabe tot.

35
Die Synanachrosis wird, um die Schwierigkeit des Falles hervorzuheben, zweimal vorgenommen. Zunächst wird der Knabe wieder warm, beim zweiten Mal muß er siebenmal niesen und schlägt schließlich die Augen auf. Damit ist die Wiedererweckung manifest.
Durch diesen Einschub hat die Redaktion eine Aufwertung Gehasis vorgenommen, die auch in 2 Kön 8,1–6 zu bemerken ist.

Zusatz 3: 2 Kön 8,1–6 Nachtrag zur Geschichte der Schunemiterin
Auslegung 2 Kön 8,

1
Die Bibelausleger sind der Meinung, daß dieser Text ursprünglich an 2 Kön 4,37 angeschlossen hat und nur durch einen redaktionellen Eingriff hierher versetzt wurde.
Elischa hat der Schunemiterin eine in Palästina häufig auftretende Notlage, eine Hungersnot, als Schickung Jahwes vorausgesagt. Er hat ihr den Rat gegeben, mit ihrer Familie solange auszuwandern und woanders als Gastbürger zu bleiben, bis die Hungersnot nach »sieben Jahren« wieder aufhört.

2
Offenbar war ihr Mann inzwischen verstorben. Deswegen hat die Frau ihren Besitz verpachtet und war nach der Wei-

sung des Gottesmannes ins Philisterland gezogen. Die Philister siedelten in der Schefelaebene (Gaza, Aschkelon, Aschdod, Ekron und Gat sind Philisterstädte) in einem fruchtbaren Gebiet.

3
Die Pächter und die Nachbarn, die das Eigentum der Schunemiterin in den sieben Jahren an sich gezogen hatten, weigern sich, das Eigentum zurückzugeben. Die Frau wendet sich in diesem Rechtsstreit an den obersten Richter, den König, um Haus- und Grundbesitz wieder zurückzuerhalten.

4–6
Der – nicht namentlich genannte – König sprach gerade mit Gehasi. Er wollte von ihm über die Großtaten des Elischa hören. Der Erzähler denkt sich die beiden auf der Straße stehend. Als Gehasi von der Totenerweckung erzählt, kommt gerade die Schunemiterin vorbei. So kann sie die Erzählung des Dieners bestätigen. Gleichzeitig hat sie die Möglichkeit, ihren Fall dem König vorzutragen. Sie wendet sich an den Regenten um Rechtshilfe. Der König hört sie an und beauftragt einen Kammerherrn, dafür zu sorgen, daß die Frau nicht nur ihren Besitz, sondern auch noch die Pacht für die Zeit ihrer Abwesenheit bekommt.

Ziel der Erzählung

Die Erzählung soll erweisen, daß Elischa ein heiliger Gottesmann ist. Die Wunder als solche stehen nicht im Vordergrund, sondern Würde, Ansehen und Autorität des Elischa. Die Konvente der Prophetenjünger haben so erzählt, und ihre Wertung der Person ihres »Meisters« damit zum Ausdruck gebracht.
Die sekundären Einschübe zeichnen die Macht des Elischa mit noch kräftigeren Strichen. Es ist nicht auszuschließen, daß mit dieser Erzählung zunächst ein Gottesmann vom Karmel beschrieben wurde, der der Schunemiterin geholfen hat. Elischa wäre dann sekundär mit dem Gottesmann gleichge-

setzt worden. Der Gottesmann wohnte auf dem Karmel, der ursprüngliche Haftpunkt des Elischa aber ist Gilgal.
Auch dies »Wunder der Totenerweckung« ist Hilfe für einen einzelnen, kein allgemein interessierender Vorgang.
(Die Bezüge zu 1 Kön 17,17–24 stellt R. Kilian, Die Totenerweckung Elias und Elisas – eine Motivwanderung? dar, vgl. BZ NF 10, 1966, 44–56.)

III. 2 Kön 4,38–41: Der Tod im Topf

Auslegung: 2 Kön 4,

38 f
Die Anekdote setzt eine in 2 Kön 8,1–6 angekündigte Hungersnot voraus. Elischa weilte in Gilgal unter den Prophetenjüngern. Die Erwähnung der Hungersnot motiviert die Bewirtung des Konvents durch Elischa. Ein Diener stellt »den großen Topf« aufs Feuer. Ein Prophetenjünger wird zum Gemüsesammeln auf die Felder geschickt. Er findet Gurken, bringt einen Mantel voll davon, zerschneidet sie und wirft das unbekannte Gemüse in den Topf. Wahrscheinlich schmeckte es sehr bitter.

40 f
Als die Männer ihre Portion kosten, schreien sie voll Entsetzen. »Der Tod ist im Topf, Gottesmann!« Sie fürchten, weiteren Schaden beim Essen davonzutragen. Mit der Anrede als Gottesmann geben sie ihm zu verstehen, er müsse sie vor dem Hunger retten. Elischa tut Mehl (trotz der Hungersnot hat er es) in den Topf und läßt seinen Gästen die Teller füllen. Das Wunder ist geschehen: Das Essen ist gut, nichts Schädliches mehr im Topf.
Die Erzählung schweigt über Gott und hat somit keine religiösen Ambitionen (vgl. hingegen die Manna- und Wachtelerzählungen). Sie erinnert an 2 Kön 2,19–22. Elischa erweist sich in einer Notlage als wahrer Gottesmann, der seiner Gemeinde das Lebensnotwendige wunderbar verschafft.

IV. 2 Kön 4,42–44: Die wunderbare Speisung (vgl. 1 Kön 17,7–16 im Elijazyklus)

Auslegung: 2 Kön 4,

42
Die Anekdote spielt wohl bei den Prophetenjüngern in Gilgal. Ein Mann aus Baal-Schalischa östlich von Gilgal will – vielleicht wegen der Hungersnot – dem Gottesmann eine Aufmerksamkeit zukommen lassen und bringt ihm zwanzig Gerstenbrote und Schrotkorn (= frische, etwas geröstete Körner, die noch weich sind). Dtn 26,1–11 beschreibt die Entrichtung der Erstlingsgabe der Feldfrüchte, zu denen auch das Getreide gehört (vgl. Ex 22,29; 23,19; 34,26). Die Gabe an den Gottesmann ist keine religiöse Abgabe. Der Bauer ehrt mit dem »Erstlingsbrot« den Gottesmann. Elischa gibt das willkommene Geschenk an seine Prophetenjünger weiter. Gerstenbrot und Zukost war damals die gewöhnliche Nahrung der Israeliten.

43
Elischas Diener (– das hebr. Wort dafür ist in den übrigen Elischaerzählungen ohne Analogie –) fragt, was er mit zwanzig Brotfladen (= Portionen) für hundert Mann tun soll. Das Motiv des Mißverhältnisses deutet Art und Größe des folgenden Speisungswunders an. Nochmals befiehlt Elischa, das Essen auszuteilen und fügt ein Gotteswort hinzu (– ebenfalls singulär in der Wundergeschichtensammlung –). Im Austeilen hat sich die Nahrung verfünffacht, ja es bleibt noch übrig.

44
Der Vollzug des Wunders geschieht unauffällig, während der Diener das Brot austeilt. Der Hinweis auf das Wunder geschieht durch die Erwähnung, daß sie »aßen und noch übrig ließen«. Das wird durch die Wortentsprechungsformel noch einmal hervorgehoben. Die Gabe bedeutete nicht nur Auskommen, sondern Überfluß.
Die Anekdote erinnert an eine ähnliche aus dem Elijazyklus. In allen Notlagen erweist sich Elischa als mit solcher Wun-

dermacht ausgerüstet, daß es ihm gelingt, seinen Propheten-
konvent vor Not zu schützen.

e) 2 Kön 6,1–7: Das auf dem Wasser schwimmende Eisen

1. Text: Vgl. eine Ausgabe des AT.

2. Auslegung: 2 Kön 6,

1–3

Der Konvent läßt Elischa wissen, daß der Raum, den die Prophetenjünger vor ihm bewohnen, zu klein sei. Sie beschließen, am Jordan Balken zu schlagen und einen Erweiterungsbau zu errichten. Elischa stimmt dem Vorschlag zu und geht selbst mit an die Arbeit.

4 f

Am Jordan fangen sie an, Bäume zu fällen. Dabei fällt einem Prophetenjünger das Eisenteil der Axt ins Wasser und versinkt. Zu allem Unglück ist das Werkzeug nur ausgeborgt.

6

Das ist ein Appell an die Macht des Gottesmannes. Er will helfen und erkundigt sich, wo die Axt untergegangen ist. Elischa schneidet ein Stück Holz als Stil zurecht, wirft es zu dem Metallteil hin und erreicht, daß das Eisen sich an den Stil begibt und herbeischwimmt.

7

Der Gottesmann befiehlt dem Verlierer, die intakte Axt wieder an sich zu nehmen. Beglückt nimmt er das geborgte Werkzeug wieder mit. Sonst hätte er das verlorene Gut womöglich ersetzen müssen.

Die Mirakelerzählung hat keinen Dokumentarwert. Wunder ist hier das Unerwartete schlechthin, denn welche Metallaxt schwimmt auf der Wasseroberfläche?

Die Anekdote will sagen: Der Gottesmann kann Taten verrichten, die nicht in der Möglichkeit des Menschen liegen. Während sonst Wunder im Ich-Bericht möglich sind, wurde ein solches Wunder nie im Ich-Bericht gewagt. Auch in der heutigen Form will dieser Text nicht einfach einen »Zauber« erzählen.

f) 2 Kön 13,14–21: Elischas Tod

1. Text: Vgl. eine Ausgabe des AT.

2. Form: Die prophetische Erzählung ist vom Elischaszyklus abgesprengt und hier eingesetzt worden. Sie gliedert sich in folgende Szenen:

v. 14:	Einführung der Personen, Situationsschilderung
vv. 15–17:	eine prophetische Zeichenhandlung
18 f:	eine weitere prophetische Zeichenhandlung
20 f:	der Tod des Propheten und das Wunder an seinem Grab.

3. Auslegung: 2 Kön 13,

14

König Joasch regierte das Nordreich Israel von 798 bis 783. Bis in seine Regierungszeit dauerte die Wirksamkeit des Elischa, der dem Land in der Bedrängnis durch die Aramäer moralische Kraft gegeben hatte (vgl. 2 Kön 6,8 ff). Als der Gottesmann totkrank ist, macht der König bei ihm einen Besuch und weint über ihn. Der Ehrenname (vgl. 2 Kön 2,12) soll daran erinnern, daß der Gottesmann mit seiner Kraft ein ganzes Heer aufwiegt (vgl. 2 Kön 6,8 ff).

15

Elischa läßt den König Pfeil und Bogen holen.

16 f

Der Prophet legt seine Hände auf die des Königs und vermittelt ihm Kraft. Dann führt der König eine Zeichenhandlung aus: Ein »Siegespfeil gegen Aram« fliegt aus dem Sterbezimmer des Gottesmannes. Er verheißt dem König einen großen Sieg über die Aramäer bei Afek.

Das Aramäerreich von Damaskus war eine Bedrohung für das Nordreich. Chazael (ab 844 König) eroberte das ganze Ostjordanland bis zum Arnon. Darum fliegt der Pfeil nach Osten, in Transjordanien war die Aramäerbedrohung am größten.
Über eine Schlacht bei Afek berichtet 1 Kön 20,26–34: König Ahab schlug Ben-Hadad II. Über einen Sieg Joaschs in Afek ist nichts überliefert. Erst Jerobeam II. von Israel konnte das Ostjordanland ganz von den Aramäern befreien.

18 f

Eine weitere Zeichenhandlung wird mit dem Köcher ausgeführt. Der König soll die Pfeile auf den Boden schlagen. Jeder Schlag zeigt, wie sich nachher herausstellt, einen Sieg über die Aramäer an. Drei Schläge zeigen drei Siege an. Zornig sagt der Gottesmann (nachher): Wenn du fünf- oder sechsmal geschlagen hättest, hättest du die Aramäer endgültig besiegt. Aber drei Siege reichen zur endgültigen Beseitigung der Gefahr nicht aus.

20a

Der Prophet stirbt, man legt seinen Leib in ein (Felsen-)Grab.

20b f

Moabiter machen die Gegend unsicher. Als man gerade einen Toten begraben will, zeigt sich der Feind. Kurzerhand legt man den Toten, bevor die Trauergemeinde flieht, in das (wegen des Rollsteins leicht zu öffnende) Grab des Elischa. Als der Tote die Gebeine des Elischa berührt, wird er wieder lebendig und steht auf.
Das Grab des Elischa sucht die frühjüdische und die christliche Tradition in Samaria, der Hauptstadt des Nordreichs.
Auch der Abschluß des Elischazyklus ist ganz darauf ausgerichtet, die Kraft und das Charisma des Gottesmannes zu zeigen. Dies geschieht hier einmal durch die massive dynamistische Erzählung der Auferweckung des Toten durch die Gebeine des Gottesmannes, weniger stark bei der Geste, mit der Elischa seine Hände auf die des Königs legt.
Es sei noch einmal daran erinnert, daß auf die politische Sei-

te des Lebens dieses Mannes hier nicht eingegangen werden konnte. Die prophetische Sicht in die Zukunft und die Zeichenhandlungen weisen auf die Mitverantwortung des Propheten für das Reich Israel hin. Elischa hat in seinem Leben mehrfach in die Politik eingegriffen mit dem Ziel, den religiösen Gefahren entgegenzutreten.

B. Einwirkungen der Erzählungen von der Totenerweckung und der wunderbaren Speisung auf Wundererzählungen im Markusevangelium

(Anschließend an R. Pesch, Das Markus-Evangelium I, Freiburg 1976)

a) Mk 5,21–24.35–43: Die Auferweckung der Tochter des Jairus

1. Text: Vgl. eine Ausgabe des NT.

2. Form: Der Leser hat eine Totenerweckungs-Wundererzählung aus der vormarkinischen Wundersammlung vor sich. Gliederung:

1. Auftreten eines Stellvertreters des Hilfesuchenden: v. 22a
2. Bitte um Hilfe: v. 22b.23
3. Heilung: v. 41
4. Konstatierung der Auferweckung: v. 42a
5. Demonstration: v. 42b.43b
6. Admiration: v. 42d

3. Einzelauslegung: Mk 5,

21

Der Redaktor der vormarkinischen Sammlung spricht von einer Überfahrt Jesu über das galiläische Meer.

22
Die Totenerweckungserzählung beginnt mit dem Auftreten des Hilfesuchenden, des Synagogenvorstehers Jairus. Der Name bedeutet »Er, Gott, wird erwecken«. Der Name des Vaters kann als Verheißung verstanden werden. Der Kniefall zeigt die Dringlichkeit der Bitte und die Anerkennung (vgl. 2 Kön 4,27.37).

23 f
Der Synagogenvorsteher bittet stellvertretend für seine Tochter, die im Sterben liegt, Jesus möge unverzüglich kommen und der Tochter die Hände auflegen. Dieser Gestus ist im Bereich der hellenistischen Heilungswunder zu Hause, er soll der Heilung dienen. Jesus folgt dem Bittsteller, viel Volk umdrängt ihn.

35
Nach der eingeschobenen Heilung der Blutflüssigen gewinnt der Hörer/Leser den Eindruck, daß die Tochter des Jairus wegen der Verzögerung Jesu gestorben ist. Die entsprechende Mitteilung der Leute aus dem Haus des Synagogenvorstehers ist mit dem Skepsismotiv verbunden. Die Erzählung steigert sich dadurch, daß die Leute sagen: Es lohnt nicht mehr, den Lehrer jetzt noch zu bemühen.

36
Mit der Trostformel »Fürchte dich nicht!« begegnet Jesus der Todesfurcht. Dem korrespondiert die Aufforderung zu glauben: Jairus soll das Vertrauen auf den Wundertäter nicht aufgeben. Gott wird durch Jesus die Tote auferwecken (Erschwernismotiv).

37
Wie in diesen Wundergeschichten üblich, wird das Publikum entfernt, nur drei der erstberufenen Jünger, die schon Augenzeugen der ersten Wunder waren, werden zu Zeugen des größten Wunders Jesu gemacht. Markus legt Wert auf die apostolische Bezeugung der Überlieferung.

38–40
Die Tote wird im Haus erweckt. (vgl. 1 Kön 17,19.23; 2 Kön

4,33. Auch im AT darf kein Publikum anwesend sein.) Die Totenklage soll die Realität des Todes unterstreichen und einen Scheintod ausschließen. Jesus fordert nochmals Glauben. In einem Rätselwort sagt Jesus, das Kind sei nicht gestorben, es schlafe nur. R. Pesch kommentiert (aaO., 308): »Jesu Rede ist eschatologisch gemeint ... In dem toten Mädchen nimmt er schon das von ihm hervorgerufene Leben wahr.« Das skeptische Publikum verlacht Jesus. Er entfernt das Publikum, nur die Eltern des Mädchens und die drei Jünger sind Zeugen des Geschehens (vgl. 1 Kön 17,19 und 2 Kön 4,33).

41
Die Heilung erfolgt durch die Heilgeste und das befehlende Heilwort. Das aramäisch überlieferte Heilwort läßt auf eine aramäische Überlieferungsstufe schließen. Hier hat das Wort den Anschein eines in fremder Sprache gesprochenen Zauberwortes. Es hebt die Wundervollmacht des Wundertäters hervor. Der Autor hat aber das Wort nicht als Zauberwort konzipiert, das Überbietungsmotiv ist an ihm »schuld«: Jesus braucht weder Gebet noch Manipulation zur Erweckung des Mädchens. Er erweckt durch Wort und Berührung (vgl. dagegen 1 Kön 17,21 f; 2 Kön 4,33–37).

42
Der Erfolg stellt sich sofort ein. Er wird konstatiert. Zur Demonstration dienen die Unternehmungen des Mädchens (es geht umher und ißt). Die Bewunderung der Augenzeugen äußert sich in numinosem Schrecken angesichts der Epiphanie Gottes im Wunder.

43
Das Geheimhaltungsgebot, das zur Bewunderung in gewisser Spannung steht, korrespondiert zur Entfernung des Publikums (vv. 37.40). Ein Geheimhaltungsgebot findet sich auch 2 Kön 2,3.5. Noch einmal wird das Wunder demonstriert. Das Mädchen soll zu essen bekommen, wer essen kann, lebt (vgl. 1 Kön 17,22; 2 Kön 4,35 hebr. Text: der Knabe niest siebenmal und schlägt die Augen auf).

4. Entstehungssituation (vgl. R. Pesch, aaO. 312–314): Vermutlich stand am Anfang der Überlieferung eine Heilungswundererzählung. Dafür sprechen Heilgestus, Heilwort und die erste Demonstration. Nach R. Pesch (aaO., 312) »kann die Heilungserzählung, die Beruf und Namen des Vaters sowie Alter der Tochter angab, aufgrund dieser konkreten Daten ... als Überlieferung einer Heilstat Jesu gelten.« Sie hat demnach ihr Fundament im Leben des historischen Jesus.
Nach dem Überbietungsmotiv (hier ist mehr als ein Prophet) wurde unter dem Einfluß der Elija- und Elischaüberlieferungen die Heilungserzählung zu einer Totenerweckungserzählung gestaltet. In Galiläa überschnitten sich jüdische und hellenistische Vorstellungen. Dort ist die Wundergeschichtensammlung vor 65 n. Chr. entstanden, der die Überarbeitung der Heilungserzählung zuzuschreiben ist.

5. Überlieferungsträger: Alle Wundererzählungen der vormarkinischen Sammlung sind aus judenchristlicher Perspektive erzählt. Die Tradenten waren also Judenchristen. Sie versuchten ihre Christologie unter Aspekten der Mission zu formulieren.

6. Intention: Die Wundererzählungssammlung ist eindeutig missionarisch abgezweckt. Die Totenerweckungserzählung will mit dem Überbietungsmotiv und dem Verweis auf die atl. Vorlagen sagen, daß Jesus Überwinder des Todes und eschatologischer Prophet ist, in dem Gott unmittelbar handelt. Jesus ist der die Gottesmänner des Alten Bundes überbietende Gottesmann, der Sohn Gottes (vgl. Mk 3,11), in dem Jahwe seine heilvolle Macht zeigt.

Exkurs: Hat Gott Tote wieder zum Leben erweckt?
Hier wird nicht die Frage verhandelt, was Gott *kann*. Die Frage lautet: *Hat* Gott, wie an einigen Stellen der Bibel erzählt wird, Tote wirklich in das irdische Leben zurückgerufen? Wie die Antwort auf diese Frage aussieht, hängt von

der Aussageabsicht und der Zuverlässigkeit der in Anspruch genommenen Quellen ab.
Elija und Elischa, Jesus, Petrus und Paulus haben nach biblischen Erzählungen Tote erweckt. Rabbinen werden solche Taten zugeschrieben, hellenistische Quellen erzählen ähnliches.
Beim heutigen Wissensstand ist es nicht möglich, die Tatsachenfrage mit einem klaren »Ja« oder »Nein« zu beantworten, denn

1. enthalten die uns vorliegenden Texte Verkündigung. Ihre Quellen sind Volkserzählungen. Diese stammen nicht von medizinischen Fachleuten. Es geht ihnen nicht darum, sich medizinisch präzis auszudrücken;

2. gehen die atl. Autoren großzügig mit dem Begriff »Tod« um. Der Satz »Der Herr führt hinab zur Unterwelt und wieder zurück.« (1 Sam 2,6; Weisheit 16,13) spricht vom Tod im weiteren Sinne, von Rettung aus Lebensgefahr. Der Kranke, Verfolgte und Bedrängte wähnt sich schon in der Scheol, der Totenwelt, woraus Gott ihn wieder befreit (Ps 18,5 f; 30,4; 40,3; 56,14; Sir 51,2 u. ö.). Diese Autoren setzen Tod im weiteren Sinn mit Lebensgefahr, Todessphäre, Krankheit, Verfolgung und ähnlichem in eins. Die Begriffe sind also im AT nicht präzis verwendet. Letzte Klarheit über die Aussageabsicht ist nicht zu gewinnen. In allen Fällen steht nur eins fest: Der Beter, der in Not war, wurde gerettet.

3. Daher ist die Beurteilung der ntl. Wundererzählungen durch A. Weiser (Was die Bibel Wunder nennt, Stuttgart 1976, 132) mit noch mehr Berechtigung auf die atl. Texte zu übertragen: »Meines Erachtens geht aus dem gesamten Quellenmaterial nicht mit genügender Sicherheit hervor, daß auch nur in einem einzigen Fall ein wirklich Toter in das irdische Leben zurückgekehrt ist:
a) In den Berichten, wo der Tod als sicher eingetreten vorausgesetzt werden kann, ist die Erweckung nicht hinreichend sicher verbürgt.
b) In den Berichten, wo eine Handlung als sicher vorausge-

setzt werden kann, die man als Erweckung bezeichnete, ist der wirkliche Todeszustand nicht sicher.
c) In den Berichten, wo beide – Tod und Erweckung – in aller Deutlichkeit hervorgehoben sind . . ., ist der auf die Heilsverkündigung ausgerichtete Charakter der Erzählung so stark, daß an der Geschichtlichkeit der Einzelheiten mit Recht gezweifelt werden kann.«
Die Totenerweckungserzählungen wollen keine Tatsachenberichte sein. Also ist es unsachgemäß, die Tatsachenfrage an diese Erzählungen zu stellen. Die Totenerweckungserzählungen im Elija- und Elischazyklus sind Volksüberlieferungen, die zum Preise der Gottesmänner überliefert wurden. Eine Verkündigung des Heils ist in ihnen gar nicht vorhanden. Die Erweckungserzählungen des NT haben insofern einen ganz anderen Hintergrund, als sie nach der Auferweckung Jesu im Lichte dieses Wunders in der Christengemeinde weitergegeben wurden.

b) Mk 6,32–44: Die wunderbare Speisung der Fünftausend

1. Text: Vgl. eine Ausgabe des NT.

2. Form: Vermehrungswundergeschichte. Diese Wundergeschichte ist dadurch charakterisiert, daß folgende Züge fehlen: die Bitte, die Beschreibung der Wundertat ,die Admiration und die Akklamation.
Gliederung:

vv. 32–34: Kommen des Wundertäters und der Bedürftigen
35 f: Schilderung der Notlage
36–40: Vorbereitung des Wunders
41: unauffälliger Vollzug des Wunders
42: Konstatierung des Wunders
43 f: Demonstration

Bezüge zu atl. Texten:
vv. 34bc.39.40 – Ex 18,23–27
strukturbildend – 2 Kön 4,42–44

3. Einzelauslegung: Mk 6,

32 f

Redaktion und Einzelerzählung berichten von einer großen Volksmenge, die um Jesus herum war »an einem abgelegenen Ort«.

34

Die Menschen, die sich um Jesus sammeln, repräsentieren das ganze Volk Israel. Jesu Mitleid meint nicht eine Gefühlsregung, sondern kennzeichnet ihn als den Messias, in dem Gottes Barmherzigkeit gegenwärtig ist.

Der 2. Halbvers bezieht sich auf Num 27,17 (Bestellung des Josua zu Moses Nachfolger). Jesus wird hier als der neue Mose vorgestellt, als der endzeitliche Prophet, in dem Gottes Hirtensorge für Israel sichtbar wird (vgl. Jes 40,11; Jer 31, 10; Ps 23,1–4). Jesus ist der endzeitliche Hirte, die Schafe symbolisieren Israel.

Die Hirten Israels (= seine Lehrer) haben versagt. Der Hirt muß als Lehrer kommen (Ps 23,3). Das Hirtenbild paßt gut zum Speisungswunder, denn der Hirte muß sich um die Nahrung der ihm Anvertrauten kümmern.

35 f

Die Jünger sagen Jesus, es sei spät und der Ort abgelegen. Er soll die Menschen entlassen, damit sie sich Nahrungsmittel kaufen können. Indirekt wird hier schon gesagt, daß die Zuhörer nichts zu essen haben.

37

Die Jünger sollen den Anwesenden zu essen geben (vgl. 2 Kön 4,42). Die skeptische Antwort der Jünger dient der Vorbereitung des Wunders: Wir sollen Essen holen? Dann brauchen wir für zweihundert Denare Brot für die Fünftausend (vgl. das Mißverständnismotiv in 1 Kön 17,12 und 2 Kön 4,43).

38

Sie haben nur fünf Brote und zwei Fische, wie sich bei der von Jesus angeordneten Nachforschung ergibt, wiederum ein Hinweis auf die Größe des Wunders (vgl. 1 Kön 17,12; 2

Kön 4,2.42). Brot und Fisch ist die normale Nahrung am galiläischen Meer (vgl. Lk 24,42; Joh 21,9).

39 f
Wie Mose einst den Ältesten und Amtsleuten befahl, läßt Jesus die Lagerordnung des Gottesvolkes nach Ex 18,21.25 herstellen. Die Juden erwarteten die Wiederherstellung dieser Ordnung für die Endzeit und das messianische Mahl (Belege: 1 QS 2,21 f; QSa 1,27 – 2,1; 2,11–22; QM 4,1–5; CD 13,1). Daß sich die Menschen auf dem »grünen Gras« lagern, erinnert an das Hirtenmotiv (Ps 23,2) und das Lehrermotiv (Ps 23,3), vgl. die Hundert in 2 Kön 4,43 für die Einteilung zu fünfzig und hundert.

41
Der unauffällige Vollzug des Wunders geschieht in der Austeilung der Brote und Fische. Jesus handelt als Hausvater und Mahlvorstand, seine Jünger helfen ihm (vgl. 2 Kön 4,44). Eine Beeinflussung durch die Abendmahlstradition ist bei Mk 6 nicht zu erkennen, anders bei Mk 8,6. Betont wird die geringe »Ausgangsmenge«. Jesus blickt beim Tischsegen zum Himmel auf, ein thaumaturgisches Motiv, und sammelt so »Kraft« für das Wunder. Die Jünger setzen den Lagernden das Essen vor (vgl. 1 Kön 17,14–16; 2 Kön 4,3–6; 4,44).

42
Das Wunder wird ausdrücklich festgestellt durch die Bemerkung, daß alle aßen und satt wurden (vgl. 2 Kön 4,42 f).

43 f
Durch die Angabe der Zahl der Gesättigten und die Bemerkung, daß noch Essen übrigblieb, wird die Größe des Wunders demonstriert (zum Überfluß vgl. 1 Kön 17,16; 2 Kön 4,7.42–44). Gemeinsam mit dem Elischaspeisungswunder hat diese Erzählung, daß die Mahlteilnehmer als Männer bezeichnet werden, daß die Mahlzeit aus Brot und Zukost besteht, und daß Reste übrigbleiben. Mk 6 ist nach dem Überbietungsmotiv gestaltet. Das Verhältnis der Brote zu den Männern beträgt bei Elischa 1 : 5, bei Jesus aber 1 : 1000. In den zwölf Körben (vgl. 34.39 f) ist das Zwölfstämmevolk

symbolisiert. Möglicherweise deuten die fünf Brote auf die fünf Bücher des Mose hin, des Prototypen des eschatologischen Hirten und Lehrers. Die Notsituation bestand nicht im Nahrungsmangel, sondern im Fehlen der rechten Lehre für die »Schafe ohne Hirten«.

4. Entstehungssituation: Der Erzähler greift nirgendwo erkennbar auf konkrete Überlieferungen aus dem Leben Jesu zurück. Der Text entstand als Dokument judenchristlicher Lehre. Sie hat Parallelen in Mk 4,35–41, wo Jesus Jona überbietet, und in Mk 5,21–43, wo Jesus Elija und Elischa überbietet. Welche Bedeutung der auferstandene Herr für seine Gemeinde hat, wurde unter Rückgriff auf das AT in solchen Einzelerzählungen dargelegt und von den damaligen Lesern/Hörern verstanden.

5. Überlieferungsträger: waren judenchristliche Theologen; die von ihnen verfaßte Wundererzählungssammlung bestand schon vor 65 n. Chr.

6. Intention: Die Erzählung ist von vornherein symbolisch angelegt und will sagen:
- Um das Volk Israel wieder herzustellen, kam Jesus als der endzeitliche Prophet und Hirte (vgl. Ex 18; 2 Kön 4,42–44 und Ps 23).
- Jesus ist mehr als Mose und Elischa.
- Zunächst gilt seine Sendung dem Zwölfstämmevolk. Erst nach der Abweisung Jesu durch die Juden geht er zu den Heiden (vgl. Mk 8,1–9).

Anhang: Weitere Texte des NT über Speisungswunder

1. Die wunderbare Speisung der Viertausend (Mk 8,1–9)
Im Gegensatz zu Mk 6,32–44, wo sich Jesus an Israel wendet, speist er in dieser Version Heiden. Mk 8,1–9 ist eine sekundäre Nachbildung von Mk 6,32 ff. Sie symbolisiert die eucharistische Speisung der jungen Kirche, die aus Juden und

Heiden bestand. Jesus hat Mitleid mit dem Volk in der Wüste, weil es nichts zu essen hat (v. 2). Die Jünger haben sieben Brote und »wenige Fischlein« (v. 5). Die Siebenzahl kann an die sieben noachitischen Gebote (aus Gen 9,4–6 entwickelt) erinnern.

V. 6bc ist dem Abendmahlsbericht Mk 14,22 angeglichen. Vermutlich hat der Erzähler die lukanisch/paulinische Abendmahlsliturgie im Blick. V. 8 zeigt deutlich das Motiv des Überflusses. In v. 9 ist Viertausend die Zahl der Heidenwelt, die aus den vier Himmelsrichtungen kommt.

Diese Nachbildung entstand dort, wo die erste Speisungswundergeschichte als Typos des Abendmahls verstanden wurde. In der ersten Erzählung wurde die Beschränkung auf jüdische Teilnehmer als problematisch empfunden, weil Jesu Abendmahl Juden und Heiden umfaßt, die in seiner Gemeinde Tischgemeinschaft haben (vgl. Joh 6,1–15).

2. Die Speisungswunder im Mt-Evangelium (14,14–21; 15, 32–39)

Die Schriftausleger gehen heute in der großen Mehrzahl davon aus, daß Mattäus die Markusvorlage benutzt und umgestaltet hat. Mt läßt das Skepsismotiv und die Jüngerfrage aus. Ihm geht es um den Kleinglauben der Jünger, bzw. der Gemeinde, zu der er spricht. Die Jünger haben bei Mattäus im Geschehen der Speisung eine hervorgehobene Rolle (sie bereiten die Speisung vor, Sondergut in Mt 14,18). Der Evangelist hat dabei die Eucharistiefeier in der Gemeinde und die Rolle des Liturgen im Auge (Amt!). Die zweite Speisungserzählung wird von Mattäus stärker an die erste angeschlossen.

Wichtig ist mir, daß Mattäus die im Mk-Evangelium überkommenen Texte ändert, ohne auf die atl. Bezüge Rücksicht zu nehmen. Das verwundert, da er sonst (vgl. Mt 2) Jesus als den neuen Mose darstellt.

3. Das Speisungswunder im Lk-Evangelium (9,11–17)

Lukas läßt die zweite Speisungswundererzählung aus. »Er

will vergangene Geschichte schreiben, dabei möglichst genau sein, und liest seine Quellen (wenn auch kritisch) als historische Berichte« (W. Marxen, Einleitung in das Neue Testament, [3]Gütersloh 1964, 138). Lukas strafft die Erzählung des ersten Speisungswunders. Für die atl. Motive und damit für die ursprüngliche Verkündigungsabsicht (Erbarmen mit der Herde ohne Hirten) hat er kein Verständnis. Er verstärkt die eucharistische Deutung. Im Unterschied zu Mk und Mt deutet Lukas den Lobspruch über das Brot als Brotsegen. Er scheint auf diese Segnung die Vermehrung des Brotes zurückzuführen. Der Hellenist Lukas denkt vielleicht an die (magische) Kraft des Segens.

4. Die johannäische Version (Joh 6,1–15)
Eine direkte Abhängigkeit von den Synoptikern liegt nicht vor. Die johannäische Version weist Züge jener frühen Form auf, die durch das Mosemotiv und die Elischaspeisung geprägt wurde und sich so bei den Synoptikern nicht halten konnte (vgl. 2 Kön 4,4 mit Joh 6,9). Die Erwartung des endzeitlichen Propheten/Messias wird bei Johannes direkt sichtbar (Joh 6,14 f.30 f). Der Zeichencharakter liegt für das vierte Evangelium weder im Beglaubigungswunder für den Propheten/Messias noch im Bezug auf die Eucharistie, er fehlt gänzlich. Das Speisungswunder ist eine rein irdische Speisung und wird in der großen Brotrede (Joh 6,22 ff) als Gegenbild zur wahren himmlischen Speise verstanden. Die irdische Speise war vergänglich, die geistige Speise bleibt zum ewigen Leben.
Die Ausrichtung des Textes ist christozentrisch: Jesus macht sich Sorgen um die Ernährung der Menge (Joh 6,5 – bei den Synoptikern sind es die Jünger). Jesus weiß auch sofort, was er tun will. Die Frage an Philippus ist nur eine »Probe«. Das Danksagen genügt, Jesus selbst teilt die Brote aus und läßt die übriggebliebenen Stücke einsammeln (Joh 6,11 f). Als die Menge Jesus zum König machen will, entzieht er sich dem Zugriff der Menge (v. 14). Die Brotvermehrung ist christologisches Zeichen dafür, daß Christus die wahre Himmelsspeise

gibt, wie er in seinem irdischen Leben die irdische Speise gegeben hat.

Am Anfang des II. Teils hat das 1. Kapitel »Wunder im Wachsen« gezeigt. Der Anhang weist auf die gleiche Erscheinung hin: Die Botschaft der Bibel ist Verkündigung, die aktualisiert. Diese Wundererzählungen sind Zeugnisse, die den Glauben bestimmter Menschen einer bestimmten Zeit an einem bestimmten Ort wiedergeben. Sie fragen den heutigen Leser nach seinem Glauben.

Teil III

Die Antwort des alttestamentlichen Menschen auf die göttlichen Zeichen

»Was wir gehört und erkannt, und was uns erzählt unsere Väter, wollen wir vor den Söhnen nicht verbergen, sondern dem kommenden Geschlecht mitteilen: die Ruhmestaten Jahwes und seine Macht, und seine Wunder, die er getan«. (Ps 78,3 f)

Die Jahwegläubigen sahen es als ihre Pflicht an, nicht nur die Geschichte ihres Volkes den Nachgeborenen zu überliefern, sondern in dieser Geschichte Jahwe als den Führer und Lenker der Volksgeschichte zu preisen.
Seine Taten in Vergangenheit und Gegenwart haben Hinweischarakter. Sie sollen die Augenzeugen der Zeichen und ihre Kinder dazu veranlassen, »daß sie auf Jahwe ihr Vertrauen setzen und die Taten Gottes nicht vergessen und seine Gebote halten« (Ps 78,7). Viele Texte des AT geben Zeugnis davon, daß Gottes Taten gehorsame Antwort des Menschen erheischen. Daneben stehen prophetische Geschichtsrückblikke wie Ez 20,1–31, nach dem die Geschichte des Volkes die Geschichte des Ungehorsams Israels gegenüber seinem Gott ist (Ez 20,8 u. ö.).
Hinter dieser Alternative Gehorsam – Ungehorsam steht die Tatsache, daß Gott Zeichen setzt und so an die Menschen appelliert. Der Mensch, der den Zeichen gegenübersteht, ist frei. Er kann die Zeichen beachten oder über sie hinwegsehen und sie vergessen. Die menschliche Antwort ist nicht festgelegt. Hinzu kommt: Aus verschiedenen Gründen kann es durchaus sein, daß die Zeichenfunktion einer bestimmten Erscheinung

für einen bestimmten Menschen gegeben ist, ohne daß sie darum auch schon für einen anderen Menschen gegeben zu sein braucht. Wunder und Zeichen müssen nicht für jedermann gleichermaßen zugänglich sein. Der Anrufcharakter des Zeichens trifft nicht jeden Menschen in seiner konkreten Situation gleich existentiell. Wo der eine sich persönlich getroffen erfährt, geht ein anderer unberührt weiter.

1. Kapitel: Die Gotteserkenntnis[1]

Jahwe ist dem Menschen nicht prinzipiell erreichbar. Er ist der verborgene Gott. Er hat sich aber in der Geschichte den Menschen offenbart. Gottes Taten sind Grund der Jahweerkenntnis. Dabei ist unwichtig, ob dem Glaubenden selbst diese Tat vor Augen steht oder ob er über andere davon Kenntnis erhalten hat. Jedenfalls geht die göttliche Offenbarung dem menschlichen Erkenntnisvermögen voraus.

a) Gotteserkenntnis durch das Zeichengeschehen in der Exodusüberlieferung

Die Befreiung aus Ägypten konstituiert Israel insofern, als die Moseschar durch Jahwes rettende Tat zum Glauben an diesen Gott kam. Die Überlieferung hat vor diese letzte Tat an Ägypten eine Reihe von sog. Plagen gesetzt, in denen Jahwe den Ägyptern und der Moseschar seine Macht zeigte. Da Gottes Zeichen die Anerkennung Jahwes durch die Menschen hervorbringen sollen, häufen sich in diesen Texten auch die Erkenntnisaussagen.
In Ex 7,17 (J) soll die Plage erreichen, daß ein Nichtisraelit, der Pharao, Jahwe erkennt. Jahwe erhebt die Forderung, daß der König von Ägypten die Moseschar freigeben soll. Zur Unterstützung des erklärten Gotteswillen dient die Pla-

ge (vgl. Ex 8,6 J). Die »Jahweerkenntnis« wird in den freieren Formulierungen genauer spezifiziert: Der Pharao soll erkennen, daß Jahwe seinen göttlichen Willen inmitten von Ägypten erhebt (Ex 8,19 J); daß keiner auf der ganzen Erde wie Jahwe ist (Ex 9,14 J) und ihm die ganze Erde gehört (Ex 9,29 J). Jahwe behandelt die Israeliten anders als die Ägypter. Daraus sollen sie die Macht Jahwes erkennen (Ex 11,7 J).

Nach Ex 10,2 (J) geschehen Jahwes Wunderzeichen in Ägypten, damit die Augenzeugen sie weiter überliefern und Augenzeugen samt deren Nachkommen in diesen Zeichen Jahwes Macht und Zuwendung erkennen und bekennen können. Eine Erkenntnisformel stellt die elohistische Quelle in Ex 18,11. Jetro erfährt von Mose, welche Machttaten Jahwe in Ägypten und am Meer getan hat. Der Midianiterpriester preist die Machttaten Jahwes und folgert: »Nun erkenne ich, daß Jahwe größer ist als alle Götter.«

Die Belege der älteren Pentateuchquellen lassen uns erkennen, daß die Zeichen nicht zu theoretischen Erkenntnissen führen. Sie sollen die Jahwegläubigen und alle anderen dazu bringen, Jahwe zu loben und seine Größe anzuerkennen.

In der nachexilischen Priesterschrift, die auch an der Exodusüberlieferung beteiligt ist, herrschen die strengen Erkenntnisaussagen (erkennen, daß ich Jahwe bin.) vor. Nach Ex 6,7 (P) soll Mose den Israeliten verkünden, daß Jahwe Israel zu seinem Volke macht. Sie sollen ihn erkennen, weil er sie aus der Fron Ägyptens befreit.

Das Wunder am Meer ist in der Konzeption der Priesterschrift Ende und Höhepunkt der göttlichen Intervention bei der Befreiung Israels aus Ägypten. In der totalen Niederlage Ägyptens am Meer wird für die Andersgläubigen die Überlegenheit Jahwes über die Götter Ägyptens sichtbar (Ex 14,4. 18 P?). In der priesterschriftlichen Schicht von Ex 16, in der die Mannaerzählung steht, erinnert v. 6 die Erkenntnisaussage an die Befreiung Israels. V. 12 dagegen leitet die Gotteserkenntnis aus der Fürsorge Jahwes ab, der seinem Volk Nahrung verschafft.

Das Zelt der Begegnung ist gleichfalls Ort und Anlaß der Gotteserkenntnis. Deswegen hat Jahwe sein Volk aus Ägypten geführt und unter ihm Wohnung genommen (Ex 29,46 P). Erkenntnisgrund ist ferner der Sabbat als sakramentales Zeichen und Unterpfand der geschichtlichen Erwählung Israels (Ex 31,13 P). Nach Lev 23,42 f (P) ist das »Wohnen in Hütten« äußeres Merkzeichen für die Herausführung aus Ägypten. Jahwe fordert dies, damit spätere Generationen daraus Gotteserkenntnis gewinnen können[2].

Die Vorkommen der Erkenntnisaussage im Deuteronomium lassen die Beziehung auf die Exodusüberlieferung noch weitgehend erkennen, aber im Buch Deuteronomium stehen sie in einem ganz bestimmten Zusammenhang: Der Prediger spricht mit flammenden Worten von Gottes Engagement für sein Volk. Jahwes Geschichtstaten untermauern seine Einzigartigkeit (vgl. Dtn 4,39: »Du sollst heute erkennen und es dir zu Herzen nehmen, daß Jahwe der Gott ist im Himmel droben und auf der Erde drunten und keiner sonst!«).

Charakteristisch ist also für das Deuteronomium und die Autoren des deuteronomistischen Geschichtswerks, daß sie die Erkenntnisformel in die Paränese (Predigt) einsetzen. Die Deuteronomiker verkünden eine Geschichtstheologie, die sich in den Gefahren des ausgehenden 7. vorchristlichen Jh. auf die große Zeit der Herausführung des Gottesvolkes aus Ägypten zurückbesinnt. Ihr theologisches Anliegen ist in der Bundesformel und -theologie ausgesprochen. Wenn Israel sich an die Gebote und den Willen seines Gottes hält, wird er stets sein Volk vor aller Gefahr beschützen. Wenn Israel Jahwe vertraut und auf ihn hört, wird er »heute« seinem Volk mit gleicher Wundermacht zu Hilfe eilen, wie er es damals in Ägypten getan hat (vgl. Dtn 7,7–15; 11,2 und den sekundären Zusatz Dtn 29,4 f).

Gotteserkenntnis wird in der Predigt zum Anlaß für Gehorsam, für das Halten des Bundes und der Gebote (vgl. Dtn 5,15; 15,15; 24,17 f.22). So gibt die Geschichte den Deuteronomikern Argumente, mit denen sie ihre Zeitgenossen zum Halten der Gebote bringen wollen. Markante Ereignisse der

Vergangenheit, besonders des Anfangs der Volkwerdung, sind Zeichen des geschichtswirkenden Gottes. Sie sind zwar vergangen, aber für die Gegenwart von höchster Aktualität, weil sie das Volk auf eine neue Existenzgrundlage gestellt haben: Als Eigentumsvolk Jahwes (Dtn 7,6; 14,2) ist Israel seinem Gott verpflichtet.

Es ist verständlich, daß nicht nur das Exodusgeschehen, sondern noch weitere Taten Jahwes, wie die Landnahme, Mittel der Jahweerkenntnis wurden (vgl. Jos 3,10 die wunderbare Jordandurchquerung oder Jos 4,24).

Dtn 9,4–6 zeigt, daß Israel auch durch seine Zukunft (Landverheißung) zum Gehorsam gegen Gottes Gebote verpflichtet ist (Dtn 11,29.32 u. ö.), weil Gottes Bund jede Generation verpflichtet (Dtn 5,3).

b) Gotteserkenntnis im Umkreis der Prophetie

Für eine Gruppe von Prophetensprüchen hat W. Zimmerli den Namen »Erweiswort« vorgeschlagen[3]. 1 Kön 20,28 ist ein Beispiel:

> »Da trat ein Gottesmann herzu und sagte zum König von Israel: Also spricht Jahwe:
> Weil Aram behauptet hat, ein Berggott sei Jahwe, aber kein Gott der Ebenen,
> darum will ich diesen gewaltigen Heerhaufen in deine Hand geben, auf daß du erkennst, daß ich Jahwe bin.«

Das dreigliedrige Gotteswort umfaßt eine Begründung, die Übergabeformel und die Erkenntnisaussage. Die Übergabeformel gehört zum Formelgut der Jahwekriege. Die Begründung hebt hier darauf ab, daß die Aramäer Jahwes Macht unterschätzen. Daher demonstriert Jahwe seine Macht an dem riesigen Heer (vom Vernichten des zahlenmäßig überlegenen Feindes kann man auch Jes 5,13 f; 17,12 f; 29,5.7 lesen).

Das Proprium der Redegattung »Erweiswort« ist das dritte Glied. Die Erkenntnisformel gehört ursprünglich in den Bereich des gerichtlichen und prophetischen Zeichenbeweises[4].

Die prophetische Weissagung deutet auf ein kommendes Ereignis, das aber nicht »an sich« gesehen werden soll, sondern über sich hinausweisend Erkenntnis Jahwes vermittelt. Im Erweiswort stellt sich Jahwe mit einem zukünftigen Ereignis vor (= Selbstvorstellung). Diesem personalen Sich-Offenbaren Gottes und seiner huldvollen Zuwendung zum Menschen oder einer Gruppe von Menschen ist das Zeichen untergeordnet.

Im Buch Ezechiel stehen insgesamt 78 Erkenntnisformeln, die meisten im Anschluß an Gerichtsworte gegen das eigene Volk (Ez 5,13; 6,7.10.13.14; 7,4.9.27 u. ö.). Andere wenden sich gegen Fremdvölker wie z. B. die Ammoniter (Ez 25,3–5, weiter vv. 6.7). In den Worten Ezechiels gegen Israel taucht auch noch die Formel aus dem Jahwekrieg auf. In der früheren Überlieferung vernichten Jahwes Kriege stets die Feinde des Volkes. Nach der Katastrophe des Exils taucht das Theologumenon auf: Jahwe führt seinen Krieg gegen sein Volk. Ez 11,9 f (vgl. dazu 2 Kön 25,20 f) lautet: »Ich will euch herausführen aus ihrer Mitte und euch in die Hand von Fremden geben und über euch Gericht halten. Durch das Schwert sollt ihr fallen, an der Grenze Israels will ich euch richten, und ihr sollt erkennen, daß ich Jahwe bin.«

Auch bei Ezechiel finden sich Erweiterungen der Erkenntnisformel. Jahwe ist »in Israel heilig« (39,7). Er ist der Gott, der geredet (5,13), das Schwert gezogen (21,10), seinen Zorn ausgeschüttet (22,22), verbrannt (21,4), erniedrigt und erhöht (17,24), wieder aufgebaut und wieder gepflanzt hat (36,36). Über die Gerichtsansagen gehen Ez 37,13 und 39,28 hinaus.

Auch bei anderen Propheten ist die Erkenntnisaussage an Gerichtsworte angebunden (Jer 16,21; Jes 43,10–12; Mal 2,4).

Bei Deuterojesaja sehen wir die Einbindung der Gotteserkenntnis in das priesterliche Heilsorakel, z. B. Jes 45,4–6. Nach Jes 41,17–20 wird Jahwe als der Heilige Israels erkannt.

Gotteserkenntnis wird auch aus der Begegnung mit prophetischem Handeln gewonnen. Die drei Beispiele lehnen sich in der Formulierung an das Deuteronomium an. Die Texte entstammen der deuteronomistischen Bearbeitung der Königsbücher:

Die Anekdote 1 Kön 17,17–24 erzählt die Erweckung des Sohnes der Witwe von Sarepta. Diese Frau hatte Elija bei sich aufgenommen und versorgt. Plötzlich stirbt ihr Sohn. Die Mutter macht dem Elija den Vorwurf, Gott sei durch den »Gottesmann« auf sie aufmerksam geworden. Der Tod des Sohnes wird als Strafe für eine Sünde der Mutter interpretiert.

Elija nimmt den Toten in sein Zimmer, fragt, ob Jahwe den Knaben wirklich töten will und wirft sich dann dreimal über den Knaben. Ursprünglich ist diese sog. Synanachrosis magisch zu verstehen, sie meint die Besitzergreifung und das Einswerden mit dem anderen Körper. Die Geste soll erreichen, daß die Lebenskraft aus dem einen in den anderen Körper fließt. (Vgl. oben S. 307 zu 2 Kön 4,30b.32a.33 f) In der heutigen Textform wehrt das Gebet dem Mißverständnis der Handlung als Zauber oder Magie (v. 21: ». . . Jahwe, mein Gott, laß doch die Seele dieses Knaben wieder in ihn zurückkehren.«). Der Prophet ist nach israelischem Glauben Fürbitter und Mittler, Gott allein macht tot oder lebendig. Jahwe läßt seinen Gottesmann nicht im Stich. Der Knabe wird wieder lebendig.

Der Prophet gibt der Mutter ihr Kind zurück. »Dein Sohn lebt!« – Die Reaktion der Mutter erregt Erstaunen. Von verständlicher Freude oder selbstverständlichem Dank ist nichts überliefert. Die Erzählung beschränkt sich darauf anzumerken, daß die Frau jetzt überzeugt ist, daß Elija ein Gottesmann ist und daß Gottes Wort durch ihn wirkt[5]. Weil das Zeichen Gottes Tat ist, löst es im Augenzeugen Gotteserkenntnis aus.

Die Erzählung vom Gottesurteil auf dem Karmel (1 Kön 18, 20–40) dokumentiert, daß Gottes Macht Gotteserkenntnis hervorruft. Die Erzählung läßt die Jahweerkenntnis als Anerkenntnis der Ansprüche Gottes aufscheinen. Die leitende Frage lautet (1 Kön 18,21.24.37): »Wer ist Herr in Israel: Jahwe oder Baal?« Israel hinkt auf zwei Krücken, es muß sich zwischen Jahwe und Baal entscheiden. In v. 24 wird ein Entscheidungszeichen vereinbart: Wer Feuer vom Himmel wirft, der qualifiziert sich als Gott Israels. Ziel des Wettkampfs zwischen Elija und den Baalspropheten ist nach v. 37: »Daß dieses Volk erfahre, daß du, Jahwe, der Gott bist und ihr Herz zurückwendest«[6].

Jahwes Feuer fällt wie ein Blitz aus heiterem Himmel auf den Altar und verzehrt das Opfer Elijas (v. 38). Israel muß aus dem Zeichen und der resultierenden Gotteserkenntnis die Konsequenzen ziehen: Jahwe ist der Herr des Karmel.

Eine weitere Erzählung belehrt den Hörer darüber, daß Jahwe im Propheten Elischa seinem Volk nahe ist und auch von Heiden als hilfreicher und heilender Gott erkannt werden will (2 Kön 5,1–27). Der aramäische Feldherr Naaman war an Aussatz erkrankt. In seiner Heimat konnte ihn niemand heilen. Eine israelische Sklavin verweist ihn auf den »Propheten von Samaria«. Er soll ihn gesund machen. Der König von Israel vermutet Schlimmes, aber der Prophet beruhigt ihn (v. 8): »Er soll zu mir kommen, dann wird er erfahren, daß es in Israel einen Propheten gibt.« Grundsätzlich geht es um Gotteserkenntnis. Der Text lokalisiert die göttliche Macht in dem Propheten, durch dessen Wort und Werk Jahwe sich offenbart. Israel sieht seine Propheten als Mittler zwischen Gott und den Menschen.

Durch die Heilung erkennt Naaman, »daß es auf der ganzen Erde keinen Gott gibt, außer in Israel« (v. 15). Darum trifft Naaman seine Entscheidung: Von nun an verehrt er Jahwe, Israels Gott[7].

c) Gotteserkenntnis in der deuteronomistischen Geschichtstheologie

Der Inhalt der Erkenntnisaussage ist neben der Jahweerkenntnis im strengen Sinne die Wahrheit/Zuverlässigkeit des

Jahwewortes, das in seiner geschichtlichen Realisierung Gotteserkenntnis vermittelt. Dies zeigt etwa die Aussage Jos 23, 14: ». . . Erkennet aus ganzem Herzen und aus ganzer Seele, daß von allen Worten, die Jahwe, euer Gott, für euch gegeben hat, nicht eines seine Bestimmung verfehlt, alles ist für euch in Erfüllung gegangen. Nicht ein einziges hat seine Bestimmung verfehlt« (vgl. 2 Kön 10,10).
Auch die Dimension der Zukunft ist einbezogen: Jer 44,28 f kündet Unheil an, während Ez 37,14 Heil verheißt, das zur Gotteserkenntnis führt.

d) Gotteserkenntnis als Zukunftshoffnung

Die »Prediger« des deuteronomistischen Geschichtswerks mußten konstatieren, daß viele Zeitgenossen sich dem Jahwewort und seinen Zeichen nicht öffneten. Auch den Propheten war dies eine bittere Erfahrung. Gotteserkenntnis wird daher bei Jeremia zu einem Geschenk, das Gott in der Zukunft einmal geben wird:
Jer 24,7: »Ich gebe ihnen ein Herz, mich zu erkennen, daß ich Jahwe bin. Und sie sollen mein Volk sein, und ich werde ihr Gott sein, wenn sie von ganzem Herzen zu mir umkehren.«
Unter den Verbannten wird Gott sich ein neues Volk schaffen. Er schenkt nach der Katastrophe und dem Bundesbruch eine neue Basis. Das »neue Herz« ist von anderer Qualität: auf Gott eingehend, ihn suchend. Daher können diese »neuen Menschen« Jahwe erkennen. Unter diesen Bedingungen bietet Gott seinem Volk wieder den Bund an. Die Voraussetzung ist Umkehr von ganzem Herzen.
Jer 31,31–34 (hier 33 f): »Vielmehr soll das der Bund sein, den ich mit dem Hause Israel nach jenen Tagen schließe, ist der Spruch Jahwes: ich lege mein Gesetz in ihr Inneres und schreibe es in ihr Herz, und so will ich ihr Gott sein, und sie sollen mein Volk sein, und sie brauchen einander nicht mehr gegenseitig zu belehren: ›Erkennet Jahwe!‹, sondern sie alle

werden mich erkennen vom Kleinsten bis zum Größten, spricht Jahwe, denn ich werde ihre Schuld vergeben und ihrer Sünden nicht mehr gedenken.«

Zunächst gilt dies Wort nur für Efraim, also das Nordreich. Es entspricht aber der Intention des Propheten, wenn die Weissagung später auch auf das Südreich ausgedehnt wurde. Der alte Bund meint den Bund vom Sinai, der mit dem Zwölfstämmevolk insgesamt abgeschlossen wurde. Weil das Volk trotz aller Bemühungen der dtn Prediger sich an diesen Bund nicht hielt, ist er in der Katastrophe des Exils von Gott für nichtig erklärt worden.

Der hier beigezogene Prophetentext sagt, daß in der Zukunft Jahwe einen neuen Bund mit dem Volk aufrichten will. Die Neuheit meint keine neuen Bundesinhalte, denn auch der neue Bund beinhaltet Jahwes Weisung und Forderung von ehedem (Erfüllung des göttlichen Willens). Neu ist, daß die Erkenntnis Jahwes und seines Willens so in die Menschen hineingelegt wird, daß keiner mehr der Belehrung bedarf. Das Herz ist Zentrum der Entscheidungen des Menschen. Wenn das Herz nun geprägt ist von den Forderungen Gottes, wird – so meint der Text – der Mensch sich den Weisungen Gottes nicht mehr entziehen können.

Damit die Menschen in diesem Bund einen neuen Anfang haben, gewährt ihnen Jahwe die Vergebung der Schuld. Er gedenkt ihrer Sünden nicht mehr. Damit hat der Mensch eine neue Lebensgrundlage, die ihm Hoffnung auf eine bessere Zukunft gibt, weil die Macht und die Gegenwart des Bundesgottes Frieden und Wohlfahrt garantieren.

Wer heute auf diese Verheißung zurückblickt, wundert sich darüber, mit welcher Fraglosigkeit der Autor davon spricht, daß Jahweerkenntnis und rechtes Handeln so geradlinig auseinander erwachsen sollen.

Zusammenfassung

Gotteserkenntnis ist für den Gläubigen nicht Produkt menschlichen Nachdenkens. Der Erkenntnisvorgang ist von

Jahwes Gnaden, er wird von einem vorausgehenden Handeln Gottes angestoßen. Gottes Vorleistung der »Offenbarung« ist unabdingbar. Sie geschieht vorrangig in der Geschichte und zeitigt eine Erkenntnis nicht von »Gott an sich«, sondern von »Jahwe, dem Herrn der Geschichte und der Schöpfung«.

Vom Menschen her gesehen sind Gottes Zeichen Angebote, die er annehmen und ablehnen oder ignorieren kann. Im Grunde muß diese Entscheidung dem Menschen möglich sein. Allerdings setzt sie beim je einzelnen eine Disposition voraus, die das »Ankommen des Zeichens« ermöglicht. Wenn Menschen Gottes Zeichen nicht »beantworten«, muß nicht sofort von Schuld und Bosheit gesprochen werden, wie im nächsten Kapitel dargelegt wird.

Jahwes Zeichen sind um des Menschen willen da. Er soll Gott dadurch kennenlernen. Sie sind aber auch im Interesse Gottes, denn der Mensch soll durch sie dazu gebracht werden, daß er Gott anerkennt. Gott will, daß seiner Zuwendung zum Menschen die menschliche Hinwendung zu ihm entspricht. Jahwes Zeichen-Taten sind seine Wohltaten für Israel oder einzelne Menschen. Wem Gutes von Gott widerfährt, der steht der Forderung der Jahweverehrung gegenüber: Israel soll seinem Gott allein dienen, alle Menschen müssen ihn anerkennen, soweit sie Gott erkannten: nicht nur das Volk Israel, die Gottesmänner, Propheten oder Frommen, sondern auch die Ausländer, an denen Gott oder seine legitimen Vertreter Zeichen setzten[8].

In der Mehrzahl der Erkenntnisbelege wird darauf abgehoben, daß Gotteserkenntnis nicht Nebenprodukt der helfenden Interventionen Jahwes ist. In der Anerkennung des Herrn sieht Jahwe das eigentliche und ausdrückliche Ziel seiner Taten (vgl. Ez 20,1–31, »um seines Namens willen« ließ Gott Gnade vor Recht ergehen). Der Inhalt der Jahweerkenntnis wird verschieden formuliert, er variiert nach dem Kontext der Formel. Der Tenor ist aber konstant: »Jahwe« meint Gottes Verheißung, daß er für seine Gläubigen da ist. »Ich bin Jahwe, euer Gott.«, ist eine Huldformel, Chiffre

für Gottes gnädige Zuwendung zum Menschen. Wer Jahwe als Gott erkennt, erfährt ihn als »Gott für die Menschen«, er gerät in eine personale Beziehung, die verbindliche Antwort personaler Entscheidung fordert. Darum ist Jahwe »allein« der Gott seiner Gläubigen. Der »eifersüchtige Gott« kann keine anderen Götter neben sich haben (vgl. Ex 20,2.5). Seine Autorität fordert ungeteilten Gehorsam. Erkenntnisziel ist neben der Anerkennung seiner Macht und Einzigartigkeit auch die Anerkennung seiner Mittler-Stellvertreter.
Gottes Taten wirken auf den Glaubenden nicht nur, wenn sie gerade geschehen. Was Gott getan hat, darf von den Jahwetreuen nicht mehr vergessen werden. Israel erzählt Gottes Wunder weiter für die nachfolgenden Generationen. Das göttliche Heilshandeln wird verkündigend repräsentiert, so kann es wiederum Gotteserkenntnis generieren und zum Gehorsam aufrufen, es hat seine Wirkungsgeschichte. Was gestern geschah, soll heute noch seine Wirkung tun. Die prophetischen Worte (die Drohworte sowohl wie Deuterojesajas priesterliche Heilsorakel) nehmen auch die Zukunft für die Erkenntnis Jahwes in Anspruch.
Der gläubige Israelit lebt in einer »Welt voller Wunder«. Im Grunde entdeckt er überall in der Welt Jahwes machtvolle Hand. Die Begegnung mit den Zeichen fordert Anerkennung, Preis und Gehorsam gegen den Willen dessen, der für sein Volk da ist.

2. Kapitel: Das verhärtete Herz[9]

Zeichen und Wunder haben zum Ziel, Jahweerkenntnis und Gottesverehrung zu evozieren. Die Wundererzählungen stehen im Dienst der Verkündigung, wie die Zeichen Gottes Größe offenbaren. Für den gläubigen Israeliten sind Jahwes Wunder in vielfältiger Weise Angebot Gottes: Sein Volk insgesamt befreite er aus Ägypten, durch die Wüste führte er es in das versprochene Land, die Zerstreuten führte er wieder dorthin zurück. Todkranken schenkte er Genesung, Bedrängten Befreiung aus ihrer Not. In den Schicksalen einzelner und in der Geschichte des Volkes, in der Gegenwart und im Gedenken der Vergangenheit sind dem Israeliten Gottes Taten gegenwärtig. Er muß auf sie reagieren.

In der Sprache Israels ist das Herz mehr als der Sitz des Gemüts. Es ist das personale Zentrum des Menschen, in dem Verstand und Willen mitgefaßt sind. Das Herz hat die Fähigkeit zu kritischem Urteil, es gewinnt Erkenntnis, fällt und verantwortet Entscheidungen. So kann man »Herz« an manchen Stellen mit »Gewissen« übersetzen (vgl. Gen 20,5 f; 1 Sam 24,6). Gottes Taten wenden sich daher an das Herz des Menschen und suchen ihn für Gott zu gewinnen, ihm Jahwes Weisung nahezubringen.

Israels Fromme haben Gottes Angebot angenommen und aus der Jahweerkenntnis die Konsequenz eines gehorsamen Lebens gezogen. Ihren Nachkommen haben sie Gottes wunderbare Taten als Motiv solchen Lebens mit Gott weitergegeben[10]. Sie waren »reinen Herzens« (Ps 24,4).

Die Geschichte Israels zeigt auch Menschen, die sich dem Angebot Gottes verschließen, sich von Gott abwenden und ihm den Gehorsam verweigern. Die Anerkennung Gottes wird durch die Zeichen ja nicht erzwungen. Wer Gott nicht vertrauen will, kümmert sich um die Zeichen nicht, erkennt Gott nicht an.

Diesen Tatbestand beschreibt das AT mit verschiedenen Bildern: Menschen verkleben sich die Augen (Jes 6,10), um nicht zu erkennen. Sie halten in der »Verbohrtheit« ihres Herzens an anderen Göttern fest (Jer 9,13). Sie sind »unbeschnitten an Herz und Ohr« (Dtn 10,16), wie die Deuteronomiker in der Zeit der beginnenden Individualisierung sagten. Ihr »Herz aus Stein« muß durch ein Herz aus Fleisch ersetzt werden (Ez 11,19), damit Bekehrung möglich wird.

Im Rahmen dieser Arbeit kann nur eine Auswahl von Belegen geboten werden, in denen beschrieben ist, wie der Mensch die göttlichen Zeichen und Wunder als Heilsangebot ablehnt und sich Gott versagt.

a) »Herzensverhärtung« in der Erzählung von den ägyptischen Plagen und dem Wunder am Meer

In den Plagenerzählungen häufen sich die Belege dafür, daß Wunder als göttliche Angebote übersehen werden. Die Verfasser der Quellenschichten, die in Ex 1–15 zu Wort kommen, brachten jeweils schon verschiedene Plagen in ihrem Konzept mit. Die Autoren der einzelnen Schichten und die Schlußredaktion standen vor dem Problem, daß einerseits jede einzelne Plage bei den Betroffenen eine Reaktion auslösen mußte, andererseits aber die Summierung der zehn Plagen nur sinnvoll war, wenn das intendierte Ziel der Plagen erst durch die zehnte erreicht wurde. Daß Ziel der Freigabe der Moseschar durch den Pharao »durfte« also durch die ersten neun Plagen nicht erreicht werden, sonst wäre der kunstvoll konzipierte theologische Spannungsbogen in Ex 7,14 bis 12, 36 nicht darstellbar gewesen.

Die jahwistischen Belege:
In Ex 7,14 steht zu Beginn der Plagenerzählung eine doppelte Feststellung: Das Herz des Pharao ist unnachgiebig, »schwer«; er weigert sich, die Moseschar zu entlassen. Dies Verhalten bewegt Jahwe zum ersten Schlag gegen die Ägypter. Als der Pharao von der zweiten Plage befreit war, »machte er sein Herz wiederum schwer« (Ex 8,11) und schenkte den Israeliten die Freiheit nicht, obgleich er es versprochen hatte. Er verschließt sich vor der Drohung Gottes, Unheil über Ägypten zu bringen. Ähnlich charakterisiert der Jahwist die Haltung des Königs von Ägypten zwischen der Beschreibung der vierten und fünften bzw, der sechsten und siebten Plage (Ex 8,28; 9,34). Das wunderbare Eingreifen Jahwes war ein Aufruf an den Pharao, der sich diesem Angebot und der Drohung verschließt. Daß sein Herz »schwer«-fällig ist, ist die Schuld des Königs (Ex 9,7).

Im Gegensatz dazu formuliert ein späterer Redaktor (Ex 10,1): Gott hat das Herz des Pharao und seiner Berater schwer gemacht, so daß die Wunder keine Wirkung hervorbringen konnten. Damit steht er im Gegensatz zu den jahwistischen Belegen.
Der sekundäre Einschub Ex 9,14–16 zeigt, daß die Plagen das Herz des Pharao erweichen sollten, und will erklären, warum Jahwe es geschehen ließ, daß die Zeichen das Herz des Pharao nicht erreichen konnten, obwohl er sie »in das Herz des Pharao schickte«. Jahwe wollte in fortschreitender Steigerung dem Pharao seine Macht zeigen und seinen Ruhm auf der Erde kundtun. – Diese Reflexion hat den ihr zukommenden Platz vor der letzten, entscheidenden Plage, sie kommt im heutigen Text zu früh[11].
Die älteste Quelle konstatiert, daß Pharaos Herz für Jahwes Angebot verschlossen war. Sein Angebot fand kein Gehör. Pharaos Hörunwilligkeit wird als Schuld des Königs dargestellt. Spätere Bearbeiter rückten die Plagen in die Nähe von Schauwundern, die in ihrer Steigerung Gottes Macht demonstrieren: Jahwe, der Gott der Hebräer, setzt sich gegen den Pharao und die Götter Ägyptens durch. Er ist der Sieger[12].

Die elohistischen Belege:
Nach der siebten Plage – stellt der Elohist fest – »blieb das Herz des Pharao stark, und er entließ die Israeliten nicht, wie es Jahwe durch Mose vorausgesagt hatte« (Ex 9,35)[13].
Die beiden noch verbleibenden Belege beim Elohisten stehen im 10. Kapitel des Buches Exodus im Zusammenhang der achten und neunten Plage. Ex 10,20 lautet: »Jahwe aber ermutigte das Herz des Pharao, so daß er die Israeliten nicht entließ« (ähnlich 10,27). Der Elohist macht Jahwe für das Fehlverhalten des Pharao haftbar. Gott ermutigt den Pharao dazu, Israel die Freiheit nicht zu geben[14].
Ein deuteronomistischer Beleg steht in der Passage Ex 13, 1–16 in v. 15: »Und weil der Pharao sich dagegen verhärtete, uns zu entlassen, hat Jahwe alle Erstgeborenen im Lande

Ägypten getötet ...«. Die letzte Plage ist Gottes Antwort auf die Härte und Uneinsichtigkeit, mit denen sich der Pharao dem Willen Jahwes entgegenstellte. Gott wollte für sein Volk die Freiheit. Wer sich seinem Willen entgegenstellt und ihn zum Kampf herausfordert, der verfällt einem furchtbaren Strafgericht, er bekommt Gottes Macht zu spüren.

Um die priesterschriftlichen Belege zu verstehen, muß eine elohistische Stelle außerhalb der Plagenerzählung zugezogen werden: Ex 4,19.20b–23:

Mose wird in Midian mitgeteilt, daß er nach Ägypten zurückkehren kann. Für ihn besteht keine Gefahr mehr. Er soll den Gottesstab mitnehmen. Er soll in Ägypten vor dem Pharao die Wunderzeichen tun. Jahwe stärkt das Herz des Pharao. Er wird Israel nicht entlassen, und Gott wird dafür seinen Erstgeborenen töten. – Die Stärkung des Herzens und das Verweigern der Entlassung Israels werden negativ gesehen. Sowohl die Durchführung der Wunderzeichen wie auch die Tötung der Erstgeburt des Pharao erscheinen als Strafe Gottes für das schuldhafte Sich-Verschließen des Pharao gegenüber der Forderung, die dem König durch Mose übermittelt wurde.

Die priesterschriftlichen Belege:

An diese E-Tradition knüpft in Ex 7,3–5 (P) ein Erweiswort an: »Ich werde das Herz des Pharao hart machen und will meine Zeichen und Wunder im Lande Ägypten zahlreich machen. Aber der Pharao wird nicht auf euch (Mose und Aaron) hören. Und ich werde meine Hand auf Ägypten legen und meine Heerscharen, mein Volk, die Söhne Israels aus dem Lande Ägypten mit großen Gerichten hinausführen. Und die Ägypter sollen erkennen, daß ich Jahwe bin ...«. Gegenüber der elohistischen Stelle ist der Stoff in der Priesterschrift völlig umorganisiert. Es ist alles getan, damit die Erzählung nicht als Schuld-Strafe-Erzählung mißverstanden werden kann. Die Vorausschau ist auf den Wettstreit zwischen Jahwe und dem Pharao ausgerichtet.

Ex 7,3a formuliert bei P singulär (vgl. Ex 9,12; in 7,13.22; 8,15 wird die Herzensverhärtung nur konstatiert): »Ich werde das Herz des Pharao hart machen«. Das Motiv der Härtung des Herzens ist positiv gemeint und soll vor falscher Beurteilung geschützt werden: Im Wettstreit zwischen Jahwe und Pharao wird der Kampfesmut des Königs gestärkt. Pharao vertraut auf seine Macht und schöpft aus seinem Selbstbewußtsein den Mut, den Wettstreit mit Mose und Aaron weiterzuführen. Wenn die ägyptischen Magier erfolgreich sind, bestärkt der Erfolg den Pharao (Ex 7,13–22; P). Jahwe stärkt das Herz des Pharao bis zum Ende der Auseinandersetzung (Ex 14,4.8.17). Dort endet die Motivreihe, die mit Ex 7,3a beginnt.

In den folgenden Versen (3b.4b f) tritt das Wettstreitmotiv noch stärker auf. Jahwe mehrt die Zeichen und Wunder in Ägypten. P setzt statt des »Nichtentlassens« das »Nichthören« des Pharao. Die »großen Strafgerichte« gehören ebenfalls zum Wettstreitmotiv. V. 4b bezieht sich auf das Wunder am Meer, denn die Herausführung aus Ägypten ist der Höhepunkt des Wettkampfs zwischen Jahwe und dem Pharao. In der Befreiung seines Volkes verherrlicht Jahwe seine Macht. Ziel ist nach v. 5 und Ex 14,4a und 18 die Jahweerkenntnis der Ägypter[15]. Die Erkenntnisformel ist ausgeweitet. Die Herausführung aus Ägypten ist in ihrem positiven Aspekt für Israel und in ihrem negativen Aspekt für Ägypten dargestellt. In Ex 14 wird klar, daß bei P im Gegensatz zu der Darstellung bei J/E das Ziel der Herzensstärkung nicht darin liegt, die Entlassung der Israeliten aus Ägypten zu erreichen, sondern darin, daß Jahwe sich am Pharao und seiner Macht verherrlicht, damit die Großmacht Ägypten sogar Jahwe in seiner Macht erkennen soll. Ex 14,17a ist der Höhepunkt der Motivreihe. Die entscheidende Phase im Wettstreit zwischen Jahwe und dem Pharao steht unmittelbar bevor. Die Niederlage Ägyptens am Meer wird als die endgültige Niederlage vor Jahwe interpretiert.

Damit Jahwe als strahlender Sieger dastehen kann, macht er zuvor immer wieder das Herz des Pharao hart, damit er den

Wettstreit fortsetzt. Der Aspekt Sünde/Schuld ist von der priesterschriftlichen Darstellung bewußt ferngehalten.

Zusammenfassend kann gesagt werden: Durch die Wunder sollte sich der Pharao dazu bewegen lassen, die Israeliten freizugeben (J/E). Daß der Pharao sich von keinem Wunder beeindrucken läßt, wird in der Priesterschrift als Ungehorsam gegen Mose und Aaron bezeichnet (Ex 7,13.22; 8,11.15; 9,12). Der Pharao richtet sich damit aber nicht gegen Gott selbst. Die Frage nach Schuld oder Unschuld des Pharao steht nicht im Horizont der priesterschriftlichen Texte. Es sieht so aus, als ob die göttliche »Herzensstärkung« eher den Pharao als Person entlastet und seine Handlungsweise gegenüber dem mächtigen Gott verständlich machen soll: Jahwe lenkt das Geschehen. Jahwe richtet über die Götter Ägyptens. Er tut die größeren Wunder, er bringt den Pharao dazu, durchzuhalten, bis im Wunder am Meer Jahwes Herrlichkeit aufstrahlt.

Der göttliche Selbsterweis wird in Ex 7,5 (P) angekündigt. Damit greift die Priesterschrift eine Deutung des Plagengeschehens auf, die schon in den alten Quellen J und E angelegt war (Ex 7,17; 8,6.18; 9,14.29; 11,7).

P streicht die Formel im Bereich der Plagenerzählungen, um sie nur bei der Erzählung vom Wunder am Meer an hervorragender Stelle zu plazieren. Die Gotteserkenntnis ist intendierter Höhepunkt des ganzen Geschehens. Nach der priesterschriftlichen Quelle »kann« der Pharao erst durch das Geschehen am Meer erkennen, worauf er sich eingelassen hat. Bei allen vorausliegenden Zeichen hatte er keine Erkenntnismöglichkeit. Im Gegensatz dazu weiß Jahwe alles und sagt voraus, was der Pharao tun wird (vgl. Ex 7,13.22; 8,15). Was in den älteren Quellen als schuldhafte Härte und Uneinsichtigkeit des Pharao interpretiert werden kann, hat die Priesterschrift sorgfältig entfernt. Nach dem Gottesbild dieser jüngsten Quelle hat Jahwe in seiner Allmacht stets das Gesetz des Handelns ganz auf seiner Seite, Gottes Kontrahenten können nur re-agieren.

b) Die Uneinsichtigkeit der Väter und die Vergeßlichkeit der Söhne Israels gegenüber den Gotteswundern in der Geschichte, besonders der »Jugendzeit Israels«

Hosea wirkte vermutlich zwischen 750 und 735 v. Chr. im Nordreich. Seine Verkündigung beeinflußte das Deuteronomium und Jeremia. Der Prophet bemängelt bei seinen Zeitgenossen, daß sie Jahwe und seine Gaben »vergessen« haben (Hos 2,15). Dieser Vorwurf wird in Hos 13,4–6 präzisiert: Gottes Huld war vom Lande Ägypten her bei Israel. Seine Wunder allein brachten Rettung. Auch der Wüstenzug gab Anlaß, Gottes Führung zu bewundern. Israels »Wissen um Jahwe« beinhaltet seine Taten beim Auszug, auf dem Wüstenzug und bei der Führung in das Kulturland. Diese Taten sind nach der Auffassung Israels vom Wunder *jeder* Generation Anlaß, Gott zu loben, weil das in Ägypten Geschehene auch zur Zeit des »Gedenkens« gegenwärtig, wirksam und gültig ist. Daher sind die Taten Gottes in der Frühzeit des Volkes Hauptthema des geschichtlichen Credo.
Aber die Zeitgenossen Hoseas lobten Jahwe nicht, sie vergaßen ihren Retter. Sattheit und Stolz lassen Wohltaten vergessen. Hos 8,14 definiert das Vergessen Israels als die Ursünde des Volkes: »Israel vergaß seinen Schöpfer!« Das Scheltwort meint, daß Israel ein Volk nur »von Jahwes Gnaden« ist. Es müßte immer daran denken und Jahwe dankbar sein. Aber die Zeitgenossen des Propheten haben Gottes Taten aus dem Bewußtsein gestrichen, verdrängt – vergessen. Wer Gottes Taten vergißt, dient ihm nicht richtig (Hos 5,4). Nach dieser Theologie ist in der Frühzeit Israels alles angelegt, was das Gottesvolk zum Leben im Glauben braucht. Das Vergessen dieser »normierenden Frühgeschichte« ist Verrat an seinem Gott und der von ihm gestellten Aufgabe.
In den meisten Belegen des AT wird Israel nicht durch seinen Auszug aus Ägypten zum Volk Jahwes, sondern Jahwe befreit sein Volk aus Ägypten, weil es sein Volk ist. Hosea hingegen verkündet, daß Israel durch die Befreiung zum Gottesvolk wird, durch den Abfall zum »Nicht-Jahwe-

Volk« wird (Hos 1,9) und daß die Hoffnung besteht, daß Israel später wieder als »mein Volk« angesprochen wird (Hos 2,25). Der Sprachgebrauch in Hos 1–3 imitiert wahrscheinlich Eheschließungs- und Ehescheidungsformulierungen. Das erklärt diese hoseanische Aussage.
Jeremia lebte vermutlich zwischen 650 und 587 v. Chr. im Südreich. Jer 2,29–37 beschreibt in den Spuren des Hosea die bewußte Zurücksetzung Jahwes durch den Baaldienst. Jahwe ist nur der Lückenbüßer (Jer 2,27b). Im Alltag kümmert sich das Volk nicht um seinen Gott. Es wird kaum geschehen, daß eine Jungfrau ihren Schmuck oder die Braut die Gabe ihres Bräutigams vergißt, aber Jahwes Volk[16], das sich seinem Gott im Bund freiwillig angeschlossen hat, hat seinen Bundesherrn »seit zahllosen Tagen« vergessen (vgl. Jer 3,21). In die Frühzeit der Verkündigung des Propheten fällt wie Jer 2,27 auch 18,15: »Mein Volk hat mich vergessen, sie opfern den Göttern.« Die theologische Entfaltung des Problems »vergessen« ist eindeutig. Israel ist durch die wunderbare Erschaffung Kreatur Jahwes. Im Bund hat es ausdrücklich die Pflicht auf sich genommen, die Taten Jahwes preisend zu erinnern und den Weisungen Gottes zu folgen. Israel hat stattdessen Jahwe und seine Taten vergessen und wendet sich, den Gottesbund brechend, den Baalen des kanaanäischen Kulturlandes zu.
Der deuteronomistische Sprecher in Jer 7,23–26 beginnt mit der Bundesformel. Dann führt er weiter aus: Die Abwendung von Jahwe geschieht im »Starrsinn des Herzens«. Die Bosheit nimmt mit der Geschlechterfolge sogar noch zu (vgl. Jer 11,7 f und 16,10–13). Konsequenz ist die Aufkündigung des Bundes durch Gott in der Aufhebung der Landgabe (Jer 16,13).
Während die Propheten Israels Vergeßlichkeit scheltend konstatieren, formen die Prediger des Deuteronomiums die Schelte in eine Mahnrede um. Dtn 4,9 wendet sich fiktiv zunächst an die Augenzeugen der Theophanie am Gottesberg Horeb: Vergeßt nicht, was ihr »mit eigenen Augen« gesehen habt, verliert Gottes Wunder nicht aus den Augen und gebt die

Kunde davon an die kommenden Generationen weiter! Dtn 4,23 wendet dieselbe Pflicht in die Sprache des Bundes: Vergeßt den Gottesbund nicht, hütet euch vor Fremdgötterdienst, der die Jahwevergessenheit Israels manifest macht. In den weiteren Ausführungen wendet sich die Predigt an die Zeitgenossen des 7. Jh. (Dtn 4,31): Wenn Jahwe euch unter die Völker zerstreut hat und ihr von ganzen Herzen den Herrn sucht, dann wird er den »Bund deiner Väter« nicht vergessen, den er beschworen hat.

Menschen können Gott aus den Augen verlieren, ihn und die übernommenen Verpflichtungen vergessen. Aber Gott vergißt seine Selbstverpflichtung nicht. Auf seine Barmherzigkeit kann Israel über die Jahrhunderte hinweg vertrauen. An wichtigen Stellen des deuteronomistischen Geschichtswerks erscheinen Belege dafür, daß Israel zu Jahwe umkehren kann. Angesichts der Katastrophe von 587 zeigen die Prediger ihren Zeitgenossen den Weg zur Rettung. Was Jahwe in der langen Volksgeschichte für Israel getan hat, war nicht vergeblich. Die Wunder der Frühzeit Israels sind »wiederholbar«. Die Wunder des Anfangs sind Hoffnung für die Zukunft.

Dtn 29,1–3 ist Teil des geschichtlichen Rückblicks (vv. 1–7). Die Paränese setzt bei den Augenzeugen des Auszugs an. Israel war Augenzeuge der Wunder an Pharao und seiner Gefolgschaft. Die Taten sind Prüfungen für Israel. Wenn Israel in den Wundern Gott erkennt und ihm sein Herz zuwendet, hat es die Prüfung bestanden. Aber – nun wendet sich der Prediger seinen Zeitgenossen zu – »bis zum heutigen Tage« hat Gott euch keine Verständnismöglichkeit gegeben, kein verständiges Herz, kein sehendes Auge, kein »gehorsames« Ohr. Daher fordert Dtn 29,8 »Also befolgt nun die Worte dieses Bundes, damit ihr alles, was ihr unternehmt, glücklich durchführt.«

Im Exil ist die Funktion der Wundererzählungen darin zu sehen, daß sie dem in seinen Grundlagen erschütterten Israel Erkenntnisgrund dafür sind, daß Jahwe jetzt sein Volk nicht im Stich läßt. Nach Dtn 29,3 ist das Gottesvolk erst jetzt in

der Lage, das Auszugsgeschehen richtig zu verstehen. Der Prediger aktualisiert nicht: »Überlegt, was damals war!« Er sagt: Nun könnt ihr erkennen, um was es damals eigentlich ging! Mitten in der Mutlosigkeit des Exils bricht hier Hoffnung auf Rettung auf: Wenn ihr jetzt Gott anerkennt, in seinen Bund eintretet, kommt Jahwe euch zu Hilfe.
Ps 78 thematisiert Geschichtslehre. Er kreist um das Mysterium der steten Zuwendung Gottes zu seinem Volk und der unfaßlichen Abwendung Israels von Jahwe. Der Psalm ist nachexilisch. Voraus steht Israels Pflicht, die Wunder Gottes zu erinnern, ihm zu vertrauen. Die Wirklichkeit wird anders beschrieben: Das Volk bewahrte den Bund nicht, es hielt sich nicht an die Weisung (v. 10), weil es seine Wunder und Taten vergaß (v. 11.42). So sündigten sie weiter und versuchten Gott (v. 17 f.41.42), glaubten nicht an seine Wunder (v. 32). Sie wurden treulos und abtrünnig wie ihre Väter (v. 57). Wenn Israel seinen Gott vergißt, versucht es Gott, indem es ihm Vertrauen und Gefolgschaft verweigert.
Ps 106, ein nachexilischer Psalm, beinhaltet eine groß angelegte Geschichtsdarstellung, in der besonders die Väter Israels angeklagt werden (v. 7): Die Väter erfaßten die Gabe und den Anspruch der Wunder nicht. Sie waren nicht dankbar, sondern wandten sich »am Schilfmeer« wider den Höchsten. Bald hatten die Geretteten vergessen, was Gott für sie getan (v. 13), und wandten sich von ihm ab. Auch am Sinai vergaßen sie Jahwe und machten sich einen anderen Gott (v. 21). Damals schützte nur die Fürbitte des Mose die Gemeinde vor dem Zorn Gottes. Ähnlich wie in der Darstellung von Ez 20 ist hier die Geschichte Israels als eine Aneinanderreihung von Taten gesehen, die den Zorn Jahwes hervorrufen. Nur »um seines Namens willen« (v. 8) läßt Jahwe Gnade vor Recht ergehen.
Das Moselied Dtn 32 ist unabhängig vom Dtn entstanden. Vv. 15–18 haben den Charakter einer prophetischen Anklage: Gott überhäufte Israel mit Wohltaten, aber als es dem Volk gut ging, verwarf es Jahwe, den »Fels seiner Hilfe«, und verachtete ihn. Aus dem vielfältigen Fehlhandeln wird

besonders der Fremdgötterkult hervorgehoben. Israel hat seinen »langerprobten« Gott gegen »Neulinge, die vor kurzem gekommen sind«, eingetauscht.

c) Gottes Antwort auf die Vergeßlichkeit und den Ungehorsam der Väter in der Wüste

Ps 95 ist entweder in der späten Königszeit oder unmittelbar nach der Exilszeit anzusetzen. Er enthält in vv. 7b–11 ein prophetisches Mahnwort:

7b »Erkennet heute sein (Gottes) Wirken. O, daß ihr doch auf seine Stimme hören wolltet.
8 Macht nicht euer Herz hart wie in Meriba, wie am Tage von Massa in der Wüste,
9 wo eure Väter mich versuchten, mich auf die Probe stellten, obwohl sie mein (Wunder-)Werk geschaut.
10 Vierzig Jahre ekelte mir vor diesem Geschlecht, ich sprach: Sie sind ein Volk mit verwirrtem Herzen, meine Wege haben sie nicht erkannt.
11 So schwur ich in meinem Zorn: Sie sollen nicht zu meiner Ruhe kommen.«

Der Text gibt einen Rückblick auf das »Gericht in der Wüste«. Der Autor verweist einmal auf Ex 17,1–7 zurück (vgl. hier S. 253). Dieser Text ist uneinheitlich und gründet auf einer Lokaltradition. Er erzählt, wie die Israeliten auf ihrer Wüstenwanderung an einen Ort kamen, an dem es nicht genügend Wasser gab. Sie murrten gegen Mose, der sie aus Ägypten an diesen Ort geführt hatte. Jahwe verheißt Hilfe und spendet wunderbar Wasser. Der Doppelname »Massa und Meriba« wird dort wie in Ps 95,8 als »Ort der Anklage und Versuchung« interpretiert.
Ferner ist an Num 20,1–13 erinnert (vgl. hier S. 257). Der Grundbestand gehört zu P, der Rest weist enge Übereinstimmung mit Ex 17,1–7 auf und wurde von dort hierher übernommen. Die Gemeinde beklagt den Wassermangel und op-

poniert gegen Mose und Aaron. Jahwe wirkt ein Wunder und behebt die Not.
In Num 13.14 wird von der Erkundung des verheißenen Landes erzählt. Die negative Qualifizierung (»widerspenstiges, murrendes Volk«) geht schon auf den Jahwisten zurück, der die ursprüngliche Landnahmeerzählung in eine Wüstenüberlieferung umgestaltete. In der heutigen Form – die jahwistische Überlieferung wurde in die priesterschriftliche eingearbeitet – bietet die Erzählung eine Begründung für den weiteren Aufenthalt Israels in der Wüste und den Tod der Wüstengeneration vor dem Einzug in das verheißene Land.
Nach Num 14,26–29.31–33.35–38 (P) wollte Jahwe den Aufruhr der bösen Gemeinde nicht mehr ertragen. Mose mußte Israel das als Jahweschwur formulierte Urteil verkünden: Alle Erwachsenen der Wüstengeneration außer Josua und Kaleb (v. 30) müssen in der Wüste sterben. In das verheißene Land kommen nur die, die sich nicht gegen Jahwe gewandt hatten. Diese zweite Generation muß sich vierzig Jahre in der Wüste bewähren und für den Abfall der Väter büßen (= erkennen, was Gottes Abwendung von Israel bedeutet). Nach vierzig Jahren ist die widerspenstige Generation ausgestorben. Die Begründung für das Urteil ist mehrfach wiedergegeben. Der Jahwist spricht vom Murren und der Aufsässigkeit des Volkes, in den Augen von P bestand Israels Sünde vor allem in der »Landschelte« (Num 13,32abα). Es ist ein Vergehen gegen Jahwe, den Herrn des Landes, wenn man seine Gabe als ein Land bezeichnet, »das seine Bewohner frißt«. So etwas kann Gott sich nicht bieten lassen. Weil Kaleb und Josua das Land »sehr, sehr gut« fanden (Num 14,7), blieben sie am Leben und erreichten das Land (v. 38). Wer sich gegen Jahwe wandte, starb in der Wüste.
Num 20,10 redet Mose die Gemeinde mit »ihr Widerspenstigen« an. Er fragt: »Können wir (Mose und Aaron) aus diesem Felsen Wasser hervorkommen lassen?« V. 12 bezeichnet die Haltung des Mose (und Aaron) als Unglauben. Nach der Theologie der Priesterschrift bestraft Jahwe die beiden für das fehlende Vertrauen in Gott. Sie dürfen nicht in das ver-

heißene Land kommen, ein anderer wird das Volk nach Kanaan bringen. Die Deuteronomisten hatten (Dtn 1,37: auch du sollst nicht dahin gelangen ... und 3,25 f: ... Jahwe war euretwegen gegen mich aufgebracht«.) den Tod Moses außerhalb des verheißenen Landes als ein tragisches Geschehen dargestellt, das den Gottesmann wegen der Sünden des Volkes traf. Er wurde wegen der Wüstengeneration mit vom Lande ausgeschlossen. Im Gegensatz dazu betont die priesterschriftliche Quelle hier ausdrücklich, daß Moses und Aarons Ende auf ihre persönliche Schuld zurückzuführen ist. Es ist keine »Schuld im Kollektiv«, sondern ihr Unglaube als persönliche Entscheidung, der das harte Strafurteil Jahwes verursacht hat. Mose und Aaron hatten die Aufgabe, Jahwe glaubend vor der Gemeinde »als den Heiligen zu erweisen«, d. h. Jahwes Heiligkeit, die sich in Machttaten manifestiert, deutlich zu machen. Die Glaubensprobe haben sie nicht bestanden. Deshalb haben sie Strafe verdient. Bei der Erzählung vom Tod des Mose bezieht sich die Priesterschrift (Num 27,14; Dtn 32,51) ausdrücklich auf Num 20,12 zurück.

Was im Pentateuch erzählt ist, nimmt Ps 95 als prophetische Mahnung wieder auf. Der Mensch kann Gottes Wirken wahrnehmen. Er darf sein Herz nicht hart machen, wie die Väter in der Wüste hart waren und Gottes Führung nicht anerkannten. Sie hatten Gott auf die Probe gestellt und wurden wiederum von ihm geprüft. Diese Prüfung hat die Wüstengeneration nicht bestanden. Die Uneinsichtigkeit gegenüber den »Werken Jahwes« erregte Gottes Zorn. Weil Israel »Gottes Wege« (vgl. Ex 32,8; Dtn 5,33; 11,28) nicht erkannte, hat Jahwe geschworen, dieser Generation das versprochene Land zu versagen. Dtn 12,9 legt nahe, das Heilsgut der Ruhe und den Landbesitz fast miteinander gleichzusetzen. Jahwe verspricht Ruhe nach langer Wanderung, Ruhe vor den Feinden ringsum (Dtn 25,19). Das Deuteronomium redet vom Land Kanaan fast wie von einem Paradies (Dtn 8,7–9; 11,10–12). Aus der Geschichte Israels in der Wüste sollten die Zeitgenossen des Psalmisten die Lehre ziehen, daß Israel Gottes Wunder sehen, sein Herz Gott öffnen und seine Wege gehen soll. Wer Gott vor Augen hat und ihn nicht vergißt, dem gilt die Verheißung der Ruhe Jahwes (Ps 95,11). Wer sich gegen Gott erhebt oder ihn vergißt, der ist dem Tode verfallen. Diese Erkenntnis gilt nicht nur für die Wüstengeneration. Daher erheben Propheten in der Geschichte Israels mahnend ihre Stimme.

d) Gottes Antwort auf den Ungehorsam des Volkes

Hosea 11: der umkehrbereite Liebeswille Jahwes und der fortdauernde Ungehorsam des Volkes. – Die geschichtstheologische Anklagerede ist von einer einheitlichen Thematik durchzogen: Von Anfang an beantwortet Israel die Liebe Gottes mit hartnäckigem Ungehorsam (Hos 11,7a: Mein Volk hält fest am Abfall von mir.). Der Text gehört in die Zeit um 722 v. Chr., als die Deportation aus dem Nordreich stattfand.
In v. 1 reflektiert der Prophet den Beginn des Gottesvolkes in der Berufung aus Ägypten. Jahwe hat Israel lieb gewonnen, diese Metapher steht für die Erwählung des Volkes. Der »Sohn« soll seinem »Vater«, der Israel adoptiert hat, gehorsam sein. Die Bindung des Volkes an seinen Gott wird nicht in der Bundeskategorie, sondern im persönlichen Liebesverhältnis des Sohnes zum Vater ausgesprochen. Der Vater wollte seinen Sohn erziehen. Aber Israel verließ mit dem Eintritt in Kanaan seinen Vater Jahwe und verfiel dem Baalskult. An die wunderbare Führung durch die Wüste dachte Israel nicht mehr.
In v. 5 beschreibt Hosea das Israel seiner Zeit. Es verweigert die Umkehr zu Jahwe und wendet sich statt dessen in Umkehrung der göttlichen Herausführung wieder Ägypten zu. Weil nach Jahwes Willen Assur weiter über Israel herrschen soll, leidet Israel unter seiner Eigenwilligkeit. Salmanassar V. straft die Abtrünnigen. Für Hosea ist das politische Unglück Folge der verweigerten Umkehr des Nordreichs zu seinem Gott. Israel hat sich Jahwe gegenüber verhärtet. Das Bun-

desvolk hält am Bundesbruch fest. Das heißt, auch zur Zeit des Propheten bleibt Israel dem Götzendienst zugewandt. Die politische Notlage war nicht Wirkung des göttlichen Zorns, sondern war Folge der Weigerung, zu Jahwe umzukehren.

Nun könnte Jahwe Israel seinem Zorn preisgeben, aber der heilige Gott muß nicht auf den Ungehorsam des Volkes reagieren. Der ganz Andere läßt sich nicht von seinem Zorn hinreißen: Er kommt nicht, um zu verderben (v. 11). Gott läßt die Ungehorsamen aus der Verbannung in das Land zurückkehren. Er holt Israel nochmals aus Ägypten. Dann werden sie (v. 10) hinter Jahwe herziehen, der »wie ein Löwe brüllt« – unüberhörbar!

Im Unterschied zu den anderen geschichtstheologischen Anklagereden mündet diese nicht in eine neue Gerichtsdrohung. Sie kündigt einen neuen Exodus aus den Ländern der Diaspora an, Gottes Liebe ist das Maß seines vergebenden Handelns. Der Heilige handelt nicht wie ein Mensch.

Jer 2,4–13: In der Nachfolge des Propheten Hosea (2,17) beschreibt Jeremia das Verhältnis zwischen Israel und Jahwe als Brautschaft. Die ideale Phase des Verhältnisses war in der Wüstenzeit. Israels Sinnen war auf Jahwe zentriert, keinen fremden Einflüssen hingegeben. Damals war Israel als Erstling Gottes vor menschlichen Feinden sicher.

Aber dann entfernten sich die Väter von Jahwe und liefen hinter nichtigen Göttern her, die unwirksam sind. Dem werden die Grundangebote Jahwes entgegengestellt: Herausführung aus Ägypten, Führung durch die Wüste und Landgabe, also alle Zeichen und Wunder, deren Israel dankbar gedenken sollte.

Israel war nicht dankbar und gehorsam. Sie machten in Israel das Land zum Greuel und vertauschten ihren Gott (vgl. Jer 2,20: Seit unvordenklichen Zeiten hast du dein Joch zerbrochen und deine Bande zerrissen und gesagt: Ich will nicht dienen.). Den Widersinn solchen Handelns beschreibt das Bild von v. 13: Wer eine Quelle mit frischem Wasser besitzt, macht sich keine Zisterne, um Regenwasser zu sammeln, das brackig wird oder verdunstet. Nur Israel macht den Fehler, seinen wirkmächtigen Gott gegen die erwiesenermaßen unwirksamen Götter Kanaans einzutauschen.

Der Götzendienst, die Untreue gegenüber Jahwe, ist die entscheidende Sünde Israels. Sie äußert sich im Bruch des Bundesrechts und ufert weit aus: »Stehlen, morden, ehebrechen, falsche Eide schwören, dem Baal räuchern, fremden Göttern nachlaufen« (Jer 7,9). Wer hinter dem Nichts herläuft, wird selber zu nichts (Jer 2,5). Der Judäer Ezechiel nennt das Zwölfstämmevolk »Haus Israel«. Damit ist die familienartige Zusammengehörigkeit dieser Gesamtgröße zum Ausdruck gebracht. In Ez 2,5–8 wird das »Haus Israel« in »Haus der Widerspenstigkeit« umbenannt. In der Namensaussage ist eine Wesensaussage gemacht. Israel ist der Sünde total verfallen. Bildreden und Geschichtsdarstellungen entfalten die Aussage. »Bis auf den heutigen Tag« (Ez 2,3 f) ist Israel wie seine Väter von Jahwe abgefallen. Andere Texte umschreiben breiter: Ez 12,2 f stellt scheltend und klagend fest, daß Israel Augen zum Sehen hat, aber nicht sieht, Ohren zum Hören hat, aber nicht hört (vgl. Jes 6,9 f; Jer 5,21; Jes 43,8; Dtn 29,3), obgleich (Ez 12,25) Jahwes Wort nicht vergänglich, sondern wirkmächtig ist. Was Gott auch unternimmt, das »Haus der Widerspenstigkeit« erkennt sich weder in der Fabel (Ez 17,12) noch im Gleichnis (Ez 24,3).

Ez 20,1–31 schildert die Ereignisse beim Exodus als Geschichte der Untreue Israels, das die Götter Ägyptens und andere »Scheusale« Jahwe vorzog. Andere Texte sagen dasselbe in Bildern: Ez 15: das Gleichnis vom Weinstock – Israel wird in v. 8 Treuebruch vorgeworfen –, in Ez 16,1–43 die Allegorie von der Treulosigkeit Israels. Jahwe hat Israel in der Wüste gefunden und aufgenommen. Diese Liebe hat Israel mit Undank belohnt. Ez 23 gibt Kunde von der Unzucht der Ohola und Oholiba (= Samaria und Jerusalem) mit anderen Göttern.

In Ez 22,1–16 wird der Prophet aufgerufen, über Jerusalem zu richten und seine Greuel zu verkünden. Während in Ez 20 die Anklage an den geschichtlichen Erinnerungen entlanggeht, ist in Ez 22 das Gottesrecht Gliederungselement. Ez 22,2 bezeichnet Jerusalem als »Blutstadt«, danach wird die Schuld detailliert aufgeführt. Ezechiel bezieht sich nicht auf konkrete Ereignisse in Jerusalem, seine Vorwürfe sind aus dem kodifizierten Gottesrecht abgeleitet. Blutschuld ist eine umfassende Kategorie, in der soziale Vergehen und kultische Frevel zusammengefaßt werden. Wer sich falschen Göttern zuwendet, der achtet auch das Lebensrecht seines Nächsten nicht. Ez 22,6–12 bildet das Korpus der Anklagerede. Die Stadt und ihre Herrscher haben vor dem Gesetz Jahwes völlig versagt. Die Herrscher sind gewalttätig. Eltern wird die Achtung versagt, Schutzbedürftige werden unterdrückt. Heiligtümer und Sabbat werden durch Israel entweiht. Ferner wendet sich Ezechiel gegen Verleumdung und Höhendienst und beklagt die Verletzung sexueller Tabus. In v. 12 wird den Jerusalemern Unordnung in den Besitz- und Geldverhältnissen vorgeworfen. Das letzte Wort weist auf die religiöse Dimension dieser vielfältigen Verfehlungen hin. Jahwe sagt: »Mich hast du vergessen!«

Ezechiel zeigt, wie das »Haus der Widerspenstigkeit« trotz aller Bemühungen Jahwes blind ist. Es vergißt seine Berufung und den einladenden Gott. Der Ungehorsam Israels besteht in der Nichterfüllung der göttlichen Grundforderung. Israel dient nicht »Jahwe allein«. Mit anderen Göttern treibt es Ehebruch. So fordert es den Zorn und die Vergeltung Jahwes heraus, denn er ist ein eifersüchtiger Gott. Die Abkehr Israels von den vielfältigen Lebensnormen zeigt beispielhaft den Ungehorsam gegen Jahwe, der von seinem Volk Treue, Gehorsam und Verehrung fordert. Gott kann das Handeln seines Volkes nicht unbeantwortet lassen. Er wird mit den Treulosen abrechnen (Ez 22,14b.15), die Landgabe rückgängig machen und das Volk unter die Völker zerstreuen. Israels Unreinheit soll in diesem Gericht vergehen. Aber Jahwes Name, den er mit Israel verbunden hatte, steht damit vor den Völkern »entweiht« da, wenn das unerbittliche Vernichtungsgericht an Israel vollzogen wird.

So wird, wie Ez 20 wiederholt sagt, Jahwe »um seines Namens willen« die Strafe nicht als letztes Wort zu Israel stehenlassen. Hinter den Worten vom Gericht steht Hoffnung auf Rückkehr, auf die Versöhnungsbereitschaft Jahwes, auf den »neuen Menschen« (vgl. Ez 36,23–28 und Jer 32,36–42).

Ausblick

Das Wunder war für den antiken Menschen ein *thauma,* Anstoß zum Staunen, Signal, Zeichen einer Überlegenheit, die in die menschliche Wirklichkeit übermächtig hineinragt. Im AT ist Jahwe der Herr der Wunder, der sich helfend seinem Volk zuwendet und von ihm Anerkennung fordert. Der heutige Mensch liest die uns überkommenen Wundererzählungen bisweilen mit einer »Unfähigkeit zu Staunen«.

Im Grunde stehen wir heutigen vor den Wundererzählungen des AT in derselben Position wie die nachgeborenen Generationen Israels, denen die Wunder der Frühzeit von den Vätern überliefert wurden. Die Wundererzählungen fragen nach unserer Entscheidung, ob wir Gottes Taten erkennen oder sie vergessen und uns dem Anderen und Vielen dieser Welt zuwenden wollen. Die Wundererzählung ist gläubiges, engagiertes Bekenntnis, das provozieren will.

»Befrage doch einmal die früheren Zeiten ... ob je ein Gott versucht hat, zu kommen, um sich ein Volk aus den anderen herauszunehmen, unter Prüfungen, Zeichen und Wundern und unter Kriegen und mit starker Hand und ausgestrecktem Arm, und unter großen Schrecknissen, wie das alles an euch Jahwe, euer Gott, in Ägypten getan hat vor euren eigenen Augen. Du hast es zu sehen bekommen, damit du erkennst, daß Jahwe der Gott ist, außer dem es keinen gibt.« (Dtn 4,32.34 f)

Anmerkungen

Einführung

[1] Vgl. W. Richter, Die sogenannten vorprophetischen Berufungsberichte, 1970, 57–133, über die Darstellung der J/E-Berufungserzählung Moses (Ex 3 f) in ihrer inhaltlichen Differenzierung.
[2] Vgl. B. Weissmahr, Gibt es von Gott gewirkte Wunder? in: Stimmen der Zeit, Januar 1973, 47–60. Er weist aaO., 48 f darauf hin, daß die übliche Definition eines Wunders als »göttliches Wirken in der Welt ohne innerweltliche Ursachen« unhaltbar ist: »Damit wäre ... Gott (zumindest zusätzlich) eine Naturkraft in der Reihe der übrigen Naturkräfte und nicht mehr der vollkommen transzendente Schöpfer der Welt, dessen Wirken niemals (also nicht einmal zusätzlich) mit dem Wirken des Geschöpfes verglichen, mit ihm auf die gleiche Ebene gestellt werden kann.« Weissmahr führt näher aus, daß Gott innerhalb der Welt nicht ohne geschöpfliche Ursachen handeln kann. »Gott vermag zwar in der Welt nur durch geschöpfliche Kräfte zu wirken, doch kann er unerwartete, vom Vorhandenen unableitbare Ereignisse in der Welt hervorbringen, weil von innerweltlichen Ursachen her stets mehr möglich ist, als was naturwissenschaftlich grundsätzlich erkennbar bzw. berechenbar ist« (aaO., 56). Seine zusammenfassende Schlußüberlegung lautet aaO., 59: »Das freie Wirken Gottes kann sich sinnvollerweise niemals auf bloße Dinge, sondern nur auf den Menschen, der selber Person ist, beziehen. Um in der Welt im wahren Sinn des Wortes unbeschränkte Freiheit zu besitzen, ist es für Gott nicht nötig, die Gegenstände der Welt verzaubern zu können, er muß nicht Taten verrichten können, die den von ihm gesetzten Wesenheiten der Dinge widersprechen. Es genügt vollkommen, wenn es in seiner Macht liegt, jeder Person gegenüber als Person zu handeln, d. h. sich als den kund zu tun, der das Schicksal des Menschen letztlich bestimmt und als absolutes, persönliches Gegenüber sein unerschöpfliches Leben ihm mitzuteilen bereit ist«. Vgl. vom selben Autor, Gottes Wirken in der Welt, 1973, und den Bericht »Das Problem der ›Wunder.‹« von B. Schwank, in: Erbe und Auftrag 49, 1973, sp 233–237. In der heutigen Diskussion stehen sich demnach zwei Auffassungen gegenüber. J. Haspecker, Wunder im Alten Testament, in: Theologische Akademie 2, 1965, 29–56 formu-

liert aaO., 33: »Wunder ist also das Sichtbarwerden der die Schöpfungsordnung transzendierenden, über sie hinausgehenden und sie umgestaltenden Heilsordnung.« B. Schwank hingegen sagt aaO., 253: »›Wunder‹ im theologischen Sinn sind historisch faßbare, außergewöhnliche Ereignisse, die ein vernünftig begründbarer Glaube als Dinge betrachtet, die Gott in besonderer Weise aber, durch Zweitursachen bewirkt hat.«

[3] G. Quell, Das Phänomen des Wunders im Alten Testament, in: Festschrift für W. Rudolph, 1961, 253–300, Zitat aaO., 282 f.

Was versteht das Alte Testament unter Wunder Jahwes?

[1] Z. B. in Dtn 5,15; 7,18; 8,2.18; 15,15; 16,3.12; 24,18.22.

[2] Jos 4,1–9 finden wir Spuren verschiedener Ortsüberlieferungen über die »Gedenksteine« der Führung durch den Jordan. Die eine Überlieferung findet ihren Endpunkt in Jos 4,20: Josua stellte die zwölf Steine aus dem Jordan in Gilgal auf. Die Verse 22–24 enthalten die religiöse Interpretation dieses »Denkmals«. Jos 4,9 hingegen kommt eine andere Überlieferung zu Wort, nach der die zwölf Steine im Jordanbett aufgestellt wurden. Der Endredaktor der Erzählung hatte offenbar keine klare Vorstellung mehr davon, wie es sich wirklich verhalten hat. Es ist möglich, daß die zweite Überlieferung an einer Wallfahrt zum Jordan interessiert war. Es wäre aber auch denkbar, daß diese zweite Tradition aus der Zeit und der Umgebung jener Propheten kommt, die den Kult von Gilgal als illegal angriffen (vgl. Hos 4,15; Am 4,4; 5,5). Es ist unsicher, ob der Lagerplatz der »Israeliten« nach dem Marsch durch den Jordan mit dem Gilgal identisch ist, gegen das sich die prophetische Kritik richtet.

[3] Vgl. für die alles umgreifende Macht Gottes Am 2,13 ff; 9,1–4; Jes 28,15–18. Himmel und Unterwelt sind Jahwe offen, vgl. Ps 136,26; Ijob 26,6.

[4] Vgl. Ijob 10,9 ff und Koh 11,5.

[5] Beide Worte können mit »Werk Jahwes« ins Deutsche übersetzt werden.

[6] Das Land war eigentlich Gottes Land. Das Recht auf einen Landanteil für jeden Israeliten war gesatztes sakrales Recht. Schon das Dtn predigt Rücksicht auf den Landlosen. Nach dem Exil, nach dem Erlebnis des Landverlustes und der zweiten Landgabe durch die Rückkehr macht sich die priesterschriftliche Theologie den Satz Lev 25,23 zu eigen: »Grund und Boden darf nicht für immer verkauft werden, denn mein ist das Land, ihr seid Fremdlinge bei mir und Beisassen!«

[7] Die Übersetzung folgt der LXX, der MT kann auch übersetzt werden: »ein Werk wird getan.« Vgl. BH z. St.

[8] G. von Rad, Das Werk Jahwes, in: Gesammelte Studien zum Alten Testament II, 1973, 237 (zuerst 1966 in der Festschrift für Th. C. Vriezen, 290–298, hier 291).
[9] Vgl. F. E. Wilms, Das jahwistische Bundesbuch in Exodus 34, 1973, zur Stelle und die Tabelle der Quellenzuweisungen.
[10] Vgl. Ps 77,12; 143,5.
[11] Vgl. BH zur Stelle, hier wird mit LXX übersetzt; MT hat »Werde ich . . .«.
[12] Der Vers ist ein Prosaeinschub, seine zeitliche Ansetzung kontrovers. O. Kaiser, ATD 17, 1970, 114 meint: Der Vers »dürfte sich am ungezwungensten aus der Zeit der Diadochen verstehen, in der Assur Deckname für die seleukidische Herrschaft wurde.« Ähnlich äußerte sich schon B. Duhm (Das Buch Jesaja, [5]1968, 99 f).
[13] Vgl. die Zionslieder Ps 46.48 und 76; ferner die prophetischen Texte Jes 17,12–14; 30,27–33; Ez 38 f; Sach 9,14–16; 12,1–9 u. ö.
[14] Gottes Taten dürfen nicht vergessen werden: Dtn 4,9.23; 6,12; 9,7; 32,18. Israel darf Gottes Auftrag nicht vergessen: Dtn 25,19. Im Gegensatz zu den Menschen wird Gott den Bund nicht vergessen, vgl. Dtn 4,31.
[15] Die Verse 4–6.47 sind der sekundäre Rahmen des Psalms. Das Thema ist Klage und Buße. In Notzeiten wird das gewohnte Lob der Großtaten Jahwes von Not- und Bußrufen umgeben. Das Bild der Geschichte wird durch theologische Interpretation akzentuiert. Hier kontrastiert die Treue Gottes der ständig wiederholten Untreue des Bundesvolkes.
[16] Ps 92,5 f; vgl. H. J. Kraus, Psalmen, BK XV 2, [3]1966, 643: »Hier ist weder an die Schöpfungswerke noch an die in der Geschichte Israels gewirkten Taten Jahwes gedacht.«
[17] Vier Stellen des Buches Kohelet reden im Gegensatz zu diesen Belegen davon, »daß der Mensch das Werk, das unter der Sonne gewirkt wird, nicht finden kann. Wie sich auch der Mensch müht, es zu suchen, er wird es nicht finden. Und wenn auch der Weise behauptet, er kenne es, so kann er es doch nicht finden« (Koh 8,17). Vgl. Koh 3,11; 7,13 und 11,5.

Teil I

[1] Vorzeichen suchen, weissagen, als Zeichen nehmen (Gen 44,5.15; 1 Kön 20,33), durch Zeichen erfahren (Gen 30,27) und allgemein »wahrsagen« ist für Israel verboten: vgl. Lev 19,26; Dtn 18,10; 2 Kön 17,17; 21,6; 2 Chr 33,6.
[2] Das Motiv der Verschonung der Israeliten findet sich in der jahwistischen Quellenschicht Ex 8,18; 9,4.26; 11,7.
[3] Über die »Herzensverhärtung« vgl. Teil III, 2. Kap., ab S. 340.

[4] Der Beleg steht Ex 10,1 f (J). Vgl. zur Selbstvorstellungsformel die grundlegende Arbeit von W. Zimmerli, Ich bin Jahwe, in: Festschrift für A. Alt, 1953, 179–209, und K. Elliger, Ich bin der Herr – euer Gott, in: Festschrift K. Heim, 1954, 9–34. Einige Belege im Pentateuch sind Ex 6,2.6.8.29; 7,5.17; 12,12; Num 10,10. Die Selbstvorstellungsformel offenbart den Gottesnamen in Verbindung mit seinen geschichtlichen Taten. Diese Offenbarung ermöglicht es dem Menschen, Gott anzurufen. Jahwe tritt nicht als Unbekannter auf, sondern verweist auf früher Geschehenes (z. B. Ex 3,6). Eine angeschlossene Verheißungsrede stellt das zukünftige Gotteshandeln in diesen historischen Kontext. Die Kurzform der Selbstvorstellungsformel ist die prägnante Zusammenfassung des göttlichen Machtanspruchs. Vgl. W. H. Schmidt, Alttestamentlicher Glaube in seiner Zeit, Berlin 1976, 54–58.

[5] »Dies soll dir das Zeichen dafür sein.« finden wir auch noch 1 Sam 2,34; 2 Kön 19,29 // Jes 37,30; 2 Kön 20,9 // Jes 38,7; Jer 44,29. Die ersten drei Belege zeigen die Zusammengehörigkeit von Prophetenspruch und Zeichen.

[6] Die Quellenzuweisung von Ex 4,1–9 ist umstritten. Manche rechnen den Passus zu E, andere zur Endredaktion. Ich gehe davon aus, daß er zur Quellenschicht E gehört.

[7] So formuliert G. Quell S. 294 in seinem Aufsatz »Das Phänomen des Wunders im Alten Testament«, in: Festschrift W. Rudolph, 1961, 254–300.

[8] Vgl. Ri 7,10–15. Das Vorzeichen des Sieges Gideons über das Lager der Midianiter besteht in einem Traum des feindlichen Soldaten und dessen Auslegung durch seinen Kameraden.

[9] Bei den Propheten entstanden Probleme, wenn der eine Heil, der andere Unheil verkündete (vgl. Jer 28 Jeremia contra Hananja). Die endgültige Stellungnahme gibt Dtn 13,2–4. Während die ältere Zeit in gewisser Weise naiv-zeichengläubig war und ein Zeichen als göttliche Autorisierung akzeptierte – die Belege werden anschließend besprochen –, haben die Prediger des Dtn hinter diese verwirrenden Legitimationswunder ihr Fragezeichen gesetzt: Die Sendung eines Propheten erweist sich nicht an irgendwelchen sinnenfälligen Zeichen oder der Fähigkeit, Zukünftiges vorauszusagen. Wenn ein Mensch – selbst mit solchen Fähigkeiten ausgestattet – die Exklusivrechte Jahwes auf Israel negiert, sind alle Zeichen, die er vorbringen kann, nicht von Gott. Die Orthopraxie des rechten Jahweglaubens ist das Maß, nicht noch so verwunderliche Zeichen.

[10] Parallele dazu ist Jes 37,30. Zu den historischen Problemen vgl. O. Kaiser, ATD 18, 1973, 297 ff. Jes 37,30 wird aaO., 314 f folgendermaßen interpretiert: »Das in V. 30 verheißene Zeichen liegt in der Zukunft. Scheinbar handelt es sich um die nüchterne Pro-

gnose, daß die von den Assyrern bedrohten Jerusalemer in dem laufenden Jahr die Ernte nicht einbringen und die Felder auch nicht für die Saat des folgenden Jahres umpflügen können, so daß sie im nächsten Jahr noch auf den Wildwuchs angewiesen sind, und das normale Wirtschaftsleben erst im 3. Jahre wiederkehrt. Aber V. 31 und V. 32 lassen fragen, ob das Zeichen nicht allegorisch gemeint ist ...«.

[11] Für den historischen Hintergrund vgl. S. Herrmann, Geschichte Israels in alttestamentlicher Zeit, 1973, 317–320 mit der dort angeführten Literatur gegenüber O. Kaiser, aaO., 317 f.

[12] Die Unterschiede zwischen den beiden Texten legt O. Kaiser, aaO., 317 f auseinander.

[13] Vgl. O. Kaiser, ATD 17, [3]1970, 76–84; R. Kilian, Die Verheißung Immanuels Jes 7,14, SBS 35, 1968; G. von Rad, ThAT II, [5]1960, 179 f; G. Fohrer, Studien zur alttestamentlichen Prophetie, 1967, 167–169; M. Rehm, Der königliche Messias im Lichte der Immanuel-Weissagungen des Buches Jesaia, 1968 und S. Herrmann, Die prophetischen Heilserwartungen im Alten Testament, 1965.

[14] Mit R. Kilian, aaO., 33 f ist daran zu denken, daß der König aus Gründen der Realpolitik diese Ausrede benutzte. Sein Plan sollte nicht durch göttliche Zeichen durcheinandergebracht werden.

[15] G. von Rad, aaO., 179 f.

[16] Vgl. G. Fohrer, Die prophetischen Zeichenhandlungen, 1953.

[17] Vgl. G. von Rad, aaO., 104–107. Er stellt mit Recht heraus, daß die prophetischen Zeichenhandlungen nicht »pädagogische Veranschaulichungen« des Wortes sind. Wort und Zeichen sind nicht nur eine Einheit, sie verkörpern die eine Wirklichkeit. Von Rad weist darauf hin, daß die Zeichenhandlung kein Privileg der Propheten ist. Verwunderlich war für die Zeitgenossen der Propheten nur, was diese Boten von Jahwe in ihren Handlungen verkündeten. Das Zeichen ist eine Art erhöhte Form der prophetischen Sprache. Man muß die Schwierigkeit sehen, daß dem Volk das Gebaren der Propheten oft lange Zeit – bis zur Erfüllung – unverständlich war.

[18] Vgl. W. Zimmerli, Ezechiel, BK XIII 1, 1969, 93–138, dem wir hier folgen.

[19] So formuliert F. Stolz in ThAT I, 1971, Sp. 94.

[20] Vgl. Ex 7,22; 8,3; oder Jer 28.

[21] Davon ist als Einschub Ex 6,13–30 auszuklammern.

[22] Dieser Stab hat mit dem Stab des Mose oder Aaron in den Plagenerzählungen nichts zu tun.

[23] H. Gunkel schreibt in seinem Genesiskommentar, [6]1964, 150: »Weshalb das Bundeszeichen hier der Regenbogen ist, ist aus dem Texte des P allein nicht zu sagen. Auch hier muß P also seine

Quelle wiedergegeben haben ... Nach dieser Vorstellung ist also Jahwe ein gewaltiger Krieger, der Pfeil und Bogen führt.«

[24] G. von Rad, Genesis, ATD 2/4, [9]1972, 156 fügt ausdrücklich hinzu: »Als Traditionselement gehört dieses ›ich will euch Gott sein‹ aber nicht ursprünglich der alten Väterverheißung zu, sondern ist eine Vordatierung des Sinaibundesinhaltes, denn die beiden wirklich alten Väterverheißungen sind Nachkommenschaft und Land.«

[25] Mit der Kārēt – Strafe wird in den Gesetzestexten die Ausrottung aus der völkisch-kultischen Gemeinschaft Israels als Bannung zum Schutze gewisser Tabus ausgesprochen. Teilweise finden wir die Vorstellung, daß Gott selbst die Strafe vollzieht, weil der Tatbestand, der unter Strafe steht, für Menschen nicht feststellbar ist (vgl. Lev 7,20.21; 20,3.5.6). Andere Texte denken aber an die Vollstreckung der Strafe durch die Gemeinde. In nachexilischer Zeit wird die Exkommunikation durch die Religionsgemeinschaft ausgesprochen. Texte in Auswahl: Ex 12,15.19; 30,33.38; Lev 17,4.9. 14. u. ö.

[26] Vgl. G. Quell, aaO., 290.

[27] Es ist nicht leicht auszumachen, wann »g^{e}būrā« eine umfassende geistige Bedeutung angenommen hat. Mich 3,8 und Ps 89,14 f führen Gottes Kraft neben Recht, Gerechtigkeit, Gnade und Treue auf. Alle göttlichen Eigenschaften werden durch die Kraft realisiert. Neben seinem Geist, seiner Einsicht, seinem Wissen, seinem Rat und seinem Verständnis wird Gottes Kraft in Jes 11,2; Ijob 12,13; Spr 8,14 erwähnt.

[28] ThWAT I, 1971, 927–956; sp. 938. Dort finden wir für die Anwendung des Wortes auf Menschen folgende Beispiele: Est 1,4; 6,3; 10,2; Ps 71,21.

[29] Mosis, aaO., 951.

[30] Zum sprachlichen Problem der Parallelen 2 Sam 7,21–23 und 1 Chr 17,19–21 vgl. R. Mosis in: ThWAT I, 939 und den Chronikkommentar von W. Rudolph, HAT 21, 1955, 132.

[31] Vgl. die Doxologien des Amosbuches Am 4,13; 5,9; 9,6 und ähnliche Formulierungen bei Deuterojesaja.

[32] Vgl. Jiftach Ri 11,33 und Simson Ri 15,8. Auch noch in späteren Kriegen wird von Schlägen gesprochen bei David 1 Sam 19,8 u. ö. und bei Abija 2 Chr 13,17.

[33] Bei den beiden anderen Vorkommen der »Gefährdung der Ahnfrau« und ihrer Errettung finden wir diesen Zug nicht. Gen 20,1–18 (E) wird Abimelech durch eine göttliche Epiphanie im Traum vor der Verbindung mit Sara gewarnt und durch ihre Fürbitte die Unfruchtbarkeit vom Hause Abimelechs weggenommen. Gen 26, 6–11 (J) ist noch weiter entfernt. Niemand nähert sich Rebekka, also bedarf es keiner Strafsanktionen.

[34] Jes 53,8b ist textlich gestört, wörtlich steht dort: »wegen der Sünden meines Volkes traf ihn ein Schlag.« Die BH macht den Vorschlag: »wegen unserer Sünden wurde er zum Tode getroffen«. Damit schließt sie sich den alten Übersetzungen an.

[35] Für die verschiedenen Interpretationsversuche vgl. W. Rudolph in HAT 21, 1955, 261. Die Übersetzung ist von dort übernommen.

[36] Vgl. die Verknüpfung des Lebens mit der Botschaft bei Hosea (1–3) und bei Protojesaja (7,3; 8,1–4.18). Jer 16,1–4 wird Jeremias Ehelosigkeit zum Zeugnis für das kommende Gottesgericht.

[37] Das AT kennt auch den Fall, daß Menschen durch ihre Uneinsichtigkeit, Halsstarrigkeit und Treulosigkeit »Gott in Versuchung bringen«, sich dieser Menschen zu entledigen wie in der Sintflut: vgl. die Massa-Erzählung Ex 17,1–7 in v. 2; Num 14,22 f an der Peripetie der Wüstenwanderung im Rückverweis auf Ex 17,2 ferner Dtn 6,16; Ps 78,18.41.56; 95,9; 106,14 schließlich Ri 6,36–40, wo Gideon (v. 39) die Probe mit der Wolle macht, um sich seiner Erwählung durch Gott zu vergewissern. Während in den anderen Belegen offene Mißbilligung der Versuchung als Erprobung Gottes mitschwingt, wird die Forderung eines Beglaubigungswunders nicht kritisiert. Die Skepsis des Gideon ermöglicht die Beglaubigung seiner Sendung. Ri 6,36–40 gehört zu der Gattung »erbauliche Betrachtung« und hat ganz andere Interessen als die voranstehenden Belege, die auf den Unglauben der Versucher hinweisen wollen.

[38] Sprachlich und thematisch steht die Einheit der vv. 2–6 einigen Jeremiatexten nahe: Man darf nicht auf die Träume hören (Jer 29,8), nicht auf die Propheten und ihre Worte (Jer 23,16; 27, 14.16). Propheten können Träume haben, die mit dem Gotteswort nichts zu tun haben (Jer 28,9). Der Unterschied zwischen den Äußerungen Jeremias und Dtn 13,2–6 besteht darin, daß Jeremia in einer konkreten, historischen Situation gegen Heilspropheten kämpft, während Dtn 13,2–6 eine Grundsatzentscheidung formuliert: Immer wenn ... sollst du nicht auf die Worte jenes Propheten hören!

[39] Vgl. Ps 77,17: Die Chaoswasser erstarren vor Jahwe; Jes 66,18: Gottes Herrlichkeit erscheint vor den Feinden; der Erhabene zerbricht die chaotische Macht (Ps 46,10). Über die Verwirrung der Feinde durch den Gottesschrecken im hl. Krieg lesen wir u. a. Dtn 7,23; 28,20; 1 Sam 5,9.11 f; 14,20; Jes 22,5; Ez 7,7; 22,5; Am 3,9; Sach 14,13. Wo der Mensch des Göttlichen inne wird, erfaßt ihn die Furcht.

[40] Vgl. weiter zum Thema Frauenliebe 2 Sam 13,2; Spr 30,18 f: »Drei Dinge sind zu wunderbar für mich, und vier Dinge begreife ich nicht: Der Weg des Adlers am Himmel, der Weg der Schlange am Felsgestein, der Weg des Schiffes inmitten des Meeres und der Weg des Mannes beim Weibe.«

[41] Auf welche Wunder der König sich bezieht, ist nicht klar. Dachte er an die wunderbare Errettung der Stadt im Jahre 701 v. Chr. oder an die Rettungstaten zwischen dem Exodus und seiner Zeit? Vielleicht teilte er die bei Jesaja häufig (29,1–10; 31,4–9; 37,3–7) ausgesprochene Hoffnung, daß die Gottesstadt uneinnehmbar sei? Vgl. dagegen Jer 27–29. Hier erinnert Jeremia in der Antwort Gottes durch die Formulierung »mit ausgestreckter Hand und mit starkem Arm« an die Exoduswunder (vgl. Ex 14,31; 15,12; Dtn 4,34; u. ö.).

[42] Jer 13,11 lesen wir es umgekehrt. In der symbolischen Schau am Euphrat sagt das abschließende Gotteswort, Gott habe sich das Haus Juda angeschlossen, »damit sie mein Volk, mein Ruhm, mein Preis und mein Schmuck seien. Aber sie haben nicht gehört.« Bittere Enttäuschung spricht aus diesem Schlußvers. Das babylonische Exil ist das Ende eines Bundes, den das Gottesvolk durch Ungehorsam aufgekündigt hatte. Israel hat damit seine Funktion als Ruhm Gottes und als Träger des Gotteslobes aufgegeben, indem es »sich weigert, meine Worte zu hören ... und hinter anderen Göttern herläuft« (v. 10). Jer 2,11 sagt: »Hat je ein Volk seine Götter vertauscht? Und das sind nicht einmal Götter. Mein Volk aber hat seine Herrlichkeit (kābōd) gegen Ohnmacht eingetauscht.« Andere Völker bleiben ihren sog. Göttern, die ohnmächtige Konstruktionen der Menschen sind, trotzdem treu. Israel aber läuft immer wieder hinter diesen nichtigen Gestalten her. Aber ihre Lebensgrundlage, ihre Kraft und Auszeichnung vor den anderen Völkern, den wahren Gott lassen die Israeliten undankbar zurück. Erst, wenn sie in äußerster Not sind, merken sie, wen sie verlassen haben (vgl. Ps 36,10). Die Degradierung Gottes bringt die Degradierung des Volkes mit sich. Seine Macht wird dadurch nicht in Frage gestellt, aber seine Macht zeigt die Fragwürdigkeit und Angreifbarkeit des Menschen, der dem Gericht Gottes verfällt.

[43] Die Belege des Gotteslobes in der Chronik sprechen auch von der Freude und der Bedeutsamkeit dieser Übung (2 Chr 5,13; 20, 19; 29,30 u. ö.). Das Gott-Loben ist aber institutionalisiert. Es wird als »Dienst«, der »von David« eingerichtet wurde, erklärt (2 Chr 7,6; 8,14; Neh 12,46). Eine feste Dienstordnung regelt alles (Neh 12,24): Zeit, Ort, Dienstart und Dienstkleidung der »Kirchenchöre« bestehend aus Priestern und Leviten sind genau festgelegt. Daß damit Formalismus und Erstarrung in das Gotteslob eindrangen, liegt auf der Hand und läßt sich an den anthologisch zusammengesetzten Psalmenstücken der Chronik (etwa 1 Chr 16, 7–36) leicht nachweisen.

[1] Vgl. W. Zimmerli, Erkenntnis Gottes nach dem Buche Ezechiel, Theol. Bücherei 19, [2]München 1963, 41–119; ders., Das Wort des göttlichen Selbsterweises (Erweiswort), aaO., 120–132; ders., Ezechiel, BK XIII, 1969, 55*–62*; W. Schottroff, jd', in: THAT I, 1971, Sp. 682–701 mit Literatur! J. Begrich, Studien zu Deuterojesaja, Stuttgart 1938, 217–231.

[2] Ob Num 14,34 (P) hier anzuführen ist, wird bestritten. Der Text spricht von einer Strafe, die Gott über die Wüstengeneration gebracht hatte. Das Nichterkennen Jahwes wird bestraft, wenn es schuldhaft verursacht ist. Es kommt zu einer negativen Erkenntnisaussage: Indem Jahwe straft, wird er nicht als der sich dem Menschen Zuwendende, sondern als der sich Abwendende und sich Verweigernde erkannt.

[3] Vgl. W. Zimmerli, Das Wort des göttlichen Selbsterweises (Erweiswort), eine prophetische Gattung, Anm. 1.

[4] Vgl. W. Zimmerli, Erkenntnis Gottes . . ., 90–98.

[5] Einige Unebenheiten im Text geben Anlaß zu der Vermutung, daß er nicht einheitlich ist. In v. 17 ist von der »Herrin des Hauses« die Rede. V. 20 steht »Witwe«. Der Ausdruck »Gottesmann« ist im Hebräischen in v. 18 und 24 verschieden formuliert. Manche Ausleger sehen einen Widerspruch darin, daß sich Elija einerseits »auf den Knaben wirft«, und andrerseits zu Gott betet und von ihm erhört wird.

Der »Gottesmann« tritt im AT sowohl »aus eigener Kraft« (z. B. 2 Kön 2,8.14; 4,16 f) wie auch ausdrücklich im Auftrage Gottes auf (vgl. 1 Kön 17,14; 2 Kön 2,21 f; 4,43 f). Oder er sagt bestimmte Ereignisse voraus (2 Kön 1,10.12; 2,10; 4,4; 5,10). Der Fluch des Gottesmannes verursacht den Tod (2 Kön 2,24) oder unheilbare Krankheit (2 Kön 5,27). – Vgl. N. P. Bratsiotis, Artikel 'Iš in: ThWAT I, 1971, sp. 250–252.

[6] »Umkehren«, »zurückwenden« meint hier nicht den prophetischen Begriff der Umkehr als Sinnesänderung, sondern eine Richtungsänderung, die Rückwendung aus der kultischen Doppelgleisigkeit zur ausschließlichen Jahweverehrung. Deuteronomistisch ist die erweiterte Erkenntnisformel. Das Gebet des Elija ist nicht ganz zuverlässig überliefert, wie ein Vergleich zwischen dem hebräischen und dem griechischen Text zeigt.

[7] Jahwe will, daß er allein verehrt wird. Naaman hat als hoher Offizier ein Problem (v. 18). Zu feierlichen Anlässen muß er mit seinem König den Reichstempel besuchen und sich dort vor dem Götterbild niederwerfen. Ist das dem Jahwegläubigen erlaubt? Der Prophet gibt in v. 19 eine großzügige Antwort: »Geh in Frieden!«

Naaman werden keine Einzelweisungen mitgegeben. Er ist der Führung seines Gottes empfohlen.

[8] Vgl. die Legitimationswunder bei Mose in Ex 4,1–9; die Erzählung von der Heilung des Naaman, von der Entscheidung am Karmel als Beispiele.

[9] Vgl. F. Hesse, Das Verstockungsproblem im Alten Testament, BZAW 74, Berlin 1955; J. Gnilka, Die Verstockung Israels, München 1961; A. Herrmann, Das steinharte Herz, in: Jahrbuch für Antike und Christentum 4, 1961, 77–107; K. Berger, Hartherzigkeit und Gottes Gesetz, die Vorgeschichte des antijüdischen Vorwurfs in Mc 10,5, in: ZNW 61, 1970, 1–47; R. Kilian, Der Verstockungsauftrag Jesaias, in: Bausteine biblischer Theologie, BBB 50, 1977, 209–225.

[10] Vgl. Dtn 11,18–32. Die Worte der Weisung werden Israel ans Herz gelegt für die jetzige und die kommenden Generationen. Die Landgabe ist an den Gehorsam gebunden, v. 26 ff zeichnen die Alternative: Fluch kommt aus dem Ungehorsam, Segen aus dem Gehorsam. Der Mensch kann wählen.

[11] Vgl. M. Noth, ATD 5, [3]1965, 61.

[12] Darauf bezieht sich 1 Sam 6,6: Die Philister geben die Gotteslade zurück, nachdem Jahwe die Philister mit Plagen in Furcht versetzt hatte.

[13] Der Vers steht zwischen den Belegen Ex 9,34 (J) und Ex 10,1 (R). Ex 9,35 ist also das Verbindungsglied zwischen den beiden anderen Belegen. Es ist möglich, daß Ex 9,35 an den vorangegangenen J-Beleg angeglichen wurde, als bei der Zusammenarbeit von J und E diese Verse nebeneinandergestellt wurden. Dann kann Ex 9,35 ursprünglich wie Ex 10,20.27 gelautet haben.

[14] Mit M. Noth, ATD 5, [3]1965, 53 und F. Stolz, in THAT I, 1971, sp. 866 nehmen andere Schriftausleger Ex 10,20.27 zur Quelle P. Die Zuweisung ist also kontrovers.

[15] P^g lehnt sich hier an das Fremdvölkerorakel über Sidon (Ez 28, 20–23) an. Das Eingreifen Jahwes wird nicht durch die Schuld der Stadt motiviert. Sidon soll Jahwe erkennen, er will sich verherrlichen. Dennoch ist Jahwes Handeln doppeldeutig: Gericht und Erweis der Herrlichkeit zugleich.

[16] Vgl. N. Lohfink, Beobachtungen zur Geschichte des Ausdrucks 'AM JHWH, in: Festschrift für G. von Rad, München 1971, 274–305.